ISBN 978-0-259-28607-3
PIBN 10673264

1 MONTH OF
FREE
READING

at

www.ForgottenBooks.com

By purchasing this book you are eligible for one month membership to ForgottenBooks.com, giving you unlimited access to our entire collection of over 1,000,000 titles via our web site and mobile apps.

To claim your free month visit:

www.forgottenbooks.com/free673264

English
Français
Deutsche
Italiano
Español
Português

www.forgottenbooks.com

Mythology Photography **Fiction**
Fishing Christianity **Art** Cooking
Essays Buddhism Freemasonry
Medicine **Biology** Music **Ancient
Egypt** Evolution Carpentry Physics
Dance Geology **Mathematics** Fitness
Shakespeare **Folklore** Yoga Marketing
Confidence Immortality Biographies
Poetry **Psychology** Witchcraft
Electronics Chemistry History **Law**
Accounting **Philosophy** Anthropology
Alchemy Drama Quantum Mechanics
Atheism Sexual Health **Ancient History**
Entrepreneurship Languages Sport
Paleontology Needlework Islam
Metaphysics Investment Archaeology
Parenting Statistics Criminology
Motivational

Einleitungen.

Die Leiden des jungen Werthers.

Wohl bei keinem Erzeugnisse der poetischen Litteratur lassen sich die Wechselwirkungen zwischen Thatsache und Darstellung so genau und sicher bis ins kleine und einzelne verfolgen, wie bei Goethes Roman über die Leiden des jungen Werthers. Nicht deshalb, weil der Dichter in der späten Schilderung seines Lebens sich über den Gegenstand ausführlich verbreitet hat, denn diese Partien seiner Darstellung gehören mehr in das Gebiet der Dichtung als der streng historischen Berichterstattung; sondern deshalb, weil günstige Umstände zusammengewirkt haben, die genauesten, gleichzeitigen Nachrichten sowohl über das Schicksal des jungen Menschen, dessen Selbstmord zu der Dichtung den äußeren Anstoß gab, als auch über die Gemütsverfassung des Dichters vor und nach der Katastrophe zu überliefern. Das umständlichere Detail gehört in die genauen Biographien des Dichters. Hier werden wenige Angaben hinreichen, um den materiellen und ideellen Gehalt des behandelten Stoffes, jeden für sich, erkennen zu lassen und den Anteil Goethes und Jerusalems an dem Werther der Dichtung zu sondern.

Goethe hatte bei seinem Aufenthalt zu Wetzlar im Sommer 1772 die Familie des Amtmanns Buff kennen gelernt und zu der zweiten Tochter des kinderreichen Hauses, Charlotte, einer blauaugigen Blondine, die in der Mitte zwischen 19 und 20 stand, eine lebhafte Neigung gefaßt. Sie war unverlobt, aber so gut wie verlobt mit dem hannöverschen Legationsrat Kestner, mit dem sich Goethe bald befreundete, ohne seine Neigung für Lotte zu beschränken. Zwar dachte er nicht daran, in ein näheres Verhältnis zu Lotte zu treten, und antwortete einem Freunde, der hingeworfen hatte, ‚Goethe spanne das Mädchen dem Kestner wohl gar ab‘, er sei nun einmal der Narr, das Mädchen für was Besonders zu halten, aber betrüge sie ihn, sei sie so ordinär und hätte den Kestner zum Fonds ihrer Handlung, um desto sicherer mit ihren Reizen zu wuchern: der erste

wirkten die Kräfte, die unsre Litteratur neu gestaltet haben. Beide
gelten als Abschluß unsicher strebender Richtungen, und von beiden
geht ein neues Leben aus, das, von der gleichzeitigen Lyrik Goethes
unterstützt, die Sprache der Natur, und zwar einer gehobenen Natur,
wiedergewann und dem Herzen, dem vollen, warmen Menschenherzen,
sein Recht neben und über den Spielen des Witzes und der berech-
nenden Vernunft wiedergab. Beide Werke und mehr noch Werther,
als Götz, stellten Muster der Komposition und des künstlerischen
Stils auf, eines Stils, der Zeichnung und Färbung aus dem
Charakter des Gegenstandes schöpft, ohne den Charakter des Dichters irgendwie zu verleugnen. Aber so wie der Werther zuerst vor
die Augen der Welt trat, blieb er nicht. Goethe hatte die Zerrüttung des aufgeregten Gemütes seines Helden ,durch hinzutretende
unglückliche Leidenschaften' und besonders durch eine endlose Liebe
herbeiführen wollen und ließ deshalb den in Jerusalems Geschichte
neben der Liebe wirkenden Ehrgeiz, wenn auch nicht in gleicher
Stärke, als Motiv zum Selbstmorde walten. Dies Motiv, das
einigen Beurteilern anstößig gewesen sein soll, wie Herder (und
Napoleon, der den Roman in Aegypten in der französischen Bearbeitung gelesen), drängte Goethe, als er seit 1782 an einer neuen
Redaktion arbeitete, noch weiter zurück. Mehr jedoch als dieser
(ästhetisch sehr untergeordnete) Punkt lagen ihm zwei andere am
Herzen, einmal das Bild, das er von Albert entworfen hatte, reiner
auszuführen, und sodann dem jungen Gemälde der Leidenschaft, die
auf Selbstzerstörung hinausgeht, eine andere zerstörende Leidenschaft
kontrastierend gegenüberzustellen. Während er, um jenen Zweck
zu erreichen, Alberten, an dessen Schilderung Kestner gerechten Anstoß genommen hatte, so zu stellen bestrebt war, daß ihn wohl der
leidenschaftliche Jüngling, aber doch der Leser nicht verkennen mochte,
schob er, um des anderen Zweckes willen, die Episode von dem
Bauerknecht ein, der, weit entfernt, einer unglücklichen Leidenschaft
wegen sich selbst zu zerstören, den Gegenstand seiner Liebe, den er
nicht besitzen kann, ermordet, damit ihn kein andrer besitzen könne.
Diese Erzählung am Schlusse Werthers (der Herausgeber an den
Leser) erklärte Goethe, als er sie am 22. August 1786 hinter sich
hatte, für sein schwerstes Pensum und wünschte, daß sie gut geraten
sein möge. Jedenfalls war diese Veränderung für den Charakter
des Ganzen bedeutender, als die Milderung des Motivs, das aus
dem Ehrgeiz hergenommen war und das auch jetzt noch nicht ganz
ausgeschieden wurde.

Die seit 1808 dem Werther angehängten, angeblich aus Werthers
Papieren entlehnten Briefe aus der Schweiz wollen nicht recht zu

dem Romane stimmen, wie sie denn in Wahrheit auch gar nicht dazu gehören. Die erste Abteilung stammt aus der Schweizerreise, die Goethe im Sommer 1775 mit dem Grafen Stolberg und mit Haugwitz machte. *)

Unterhaltungen.

Im Jahre 1793 begann Goethe die ‚Unterhaltungen deutscher Ausgewanderten‘, setzte dieselben im nächsten Jahre fort und schloß sie im Jahre 1795 mit dem Märchen ab. Sie erschienen zuerst im ersten Jahrgange von Schillers Horen 1795 und wurden dann unverändert 1808 in den zwölften Band der gesammelten Werke aufgenommen. — Eine deutsche Adelsfamilie, vom linken Rheinufer vor den Franzosen geflüchtet, befindet sich, nachdem diese zurückgedrängt, Frankfurt befreit und Mainz eingeschlossen, im Frühjahr 1793 auf einem am rechten Rheinufer belegenen Gute der Baronesse von C. seit längerer Zeit zum erstenmale wieder in einer behaglichen Lage, soweit die unsichre Zeit es gestattet. Aber die innre Verschiedenheit der Ansichten über politische Gegenstände läßt einen dauernden Zustand nicht aufkommen. Ein Vetter des Hauses, Karl, ist ein leidenschaftlicher Verfechter der Revolutionsideen, deren Verwirklichung ihn freilich selbst vertrieben hat. Von ihm vorzüglich geht der Unfrieden aus. Er gerät mit einem verehrten Gaste der Baronesse über die Franzosen und Mainzer Klubbisten heftig zusammen und veranlaßt durch sein hitziges, alle Gebote des guten Tons vernachlässigendes, allen Pflichten der Gastfreundschaft Hohn sprechendes Benehmen den Gegner, das Haus plötzlich zu räumen. Die Geselligkeit ist gestört, Unbehagen an die Stelle getreten. Unmutig spricht die Baronesse ein ernstes Wort und verbannt jedes politische Gespräch aus der allgemeinen Unterhaltung. Ein alter Geistlicher übernimmt die Kosten derselben und erzählt zu diesem Zwecke einige Geschichten, zuerst eine Gespensterhistorie, der sich einige von andern erzählte Anekdoten ähnlichen Inhalts anschließen, dann eine moralische Novelle, darauf eine kleine Familiengeschichte und zuletzt ein Märchen; mit Ausnahme des letzten alles einfach, plan, klar, faßlich; das Märchen hingegen dunkel, verwirrend und deshalb wie der zweite Teil des Faust den Deutungsversuchen der Erklärer am meisten Spielraum bietend.

---

*) Die zweite Abteilung der Briefe aus der Schweiz, die Reise darstellend, welche Goethe im Spätjahr 1779 nach der Schweiz unternahm, findet ihren Platz unter den autobiographischen Schriften Goethes und wird im Band XXI mitgeteilt.

Den Rahmen der ‚Unterhaltungen‘ fand Goethe bei den ältern Novellisten des Orients und Occidents vor. Irgend eine bestimmte Veranlassung führte Menschen zusammen, unter denen, bis die Veranlassung aufhört, Geschichten erzählt werden. Darauf beruhen die alten indischen Vetalgeschichten, die Fabeln des Bidpai, das Papageienbuch, die sieben weisen Meister, Tausend und eine Nacht, der Dekameron des Boccaccio, Chaucer, die unvollendeten Gartenwochen des Cervantes und zahlreiche andere Novellenbücher, die eine solche bestimmte Veranlassung an die Spitze stellen und aufhören, wenn der König Vikram nicht mehr zu antworten weiß, wenn der Sohn wieder sprechen und sich gegen die Stiefmutter rechtfertigen darf, wenn die Pest zu Florenz aufhört oder sonst auf irgend eine Weise der gleich zu Anfange vorhergezeigte Schluß gekommen ist. Bei Goethe ist kein Abschluß; die Geschichten hätten noch lange fortgeführt werden können, bis zum Schluße der französischen Revolution, bis zur Einnahme von Mainz, bis zur Versöhnung Karls mit dem Gegner oder zu einem andern Punkte, auf dem man keine fernere Novelle erwarten durfte. Goethe selbst fühlte diesen Mangel der Form; er nennt die ‚Unterhaltungen‘ einen ‚fragmentarischen Versuch‘, und in einem Briefe an Schiller vom 3. Februar 1798 sagt er, es liege ihm ein halb Dutzend Märchen und Geschichten im Sinn, die er als zweiten Teil der Unterhaltungen seiner Ausgewanderten bearbeiten und ‚dem Ganzen noch auf ein gewisses Fleck helfen werde‘. Auch in dem Eingange selbst liegen Momente genug, die auf eine weitere Ausführung der Rahmenerzählung zu schließen berechtigten. Weder Luises noch Friedrichs Verhältnisse werden weiter entwickelt, und bei der Ökonomie in Goethes Kompositionen ließ sich erwarten, daß er selbst mit den Leuten der Baronesse, die gleich anfangs lebendig, wenn auch nur als Nebenpersonen, eingeführt werden, weitergehende Absichten verfolgen wollte. — Der Eingang der ‚Unterhaltungen‘ ist für ein Glaubensbekenntnis Goethes über die französische Revolution genommen und deshalb verurteilt worden. Goethe gibt dem Verfechter der Revolution, Karl, allerdings unrecht, aber nicht aus materiellen, sondern aus formellen Gründen; Karl verletzt das Gastrecht, er wünscht der Guillotine in Deutschland eine gesegnete Ernte, er wird gegen den Geheimrat persönlich beleidigend. Man hat aber gar nicht nötig, Goethe zu entschuldigen; er tritt offenbar auf die Seite, die der hitzige Revolutionsfreund angreift; er bekennt sich schon dadurch, daß er einem Verfechter der Neufranken die Unarten beilegt, die Karl zeigt, selbst zum Gegner der von diesem verfochtenen Sache. Und warum sollte er nicht? War es denn 1793 zu billigen, wenn sich ein Deutscher angesichts des Mainzer Vaterlandsverrats für die Sache der Revolution erklärte? Kam nicht alles so, wie es Goethe von den Franzosen voraussagen läßt? Sie interessierten sich bei der Kapitulation von Mainz nicht im geringsten um das Schicksal der Verräter des Vaterlandes und überließen sie den alliierten Siegern. — Aber der Rahmen ist nicht fertig geworden. Wohin Goethe mit seinen Personen zielte, ist nicht sicher zu bestimmen. Hat er mit ihnen auch die Resultate ziehen wollen, welche man in seinen Prämissen erkennen will, die Verurteilung der Terroristen; wer ihn darüber selbst verurteilt, steht ihm nicht ohne Leidenschaft entgegen und kann schon deshalb nicht Richter über ihn sein.

Die eingelegten Erzählungen sind entlehnte. Die erste von der Sängerin Antonelli ist einer Begebenheit nacherzählt, welche die Schauspielerin Clairon erlebt haben will. Goethe kannte den Bericht der Clairon aus einem französischen Unterhaltungsblatt; Frau von Stein erkannte beim ersten Anblick die Geschichte wieder und wunderte sich, wie Goethe dazu komme, eine so verbreitete Geschichte für ein so respektables Journal wie Schillers Horen beizusteuern. Ihr waren auch die aus Bassompierres ‚sehr bekannten Memoiren‘ entlehnten Geschichten nicht neu; sie wunderte sich nur, wie man dergleichen für Gespenstergeschichten ausgeben könne, da sie doch körperlich genug seien. So urteilte damals die Gesellschaft, und so urteilt sie noch heute. Die künstlerische Form, die diese ‚Geschichten‘ in Goethes Behandlung erhalten haben, blieb unbeachtet. Auch bei der Klopfgeschichte, die ‚Bruder Fritz‘ erzählt, fiel der Frau von Stein sogleich die Quelle ein: ‚Herr von Pannewitz‘ hat sie erzählt; sie hat sich im Hause seiner Eltern zugetragen. Daß diese Erzählung, in welcher der Spuk mit einem sehr energischen Mittel beendet wird, nur deshalb auf die unerklärt gelassene von der Antonelli folgt, um mit etwas Scherzhaftem abzuwechseln, läßt sich leicht erkennen. Entlehnt ist auch die Geschichte von der jungen einsamen Frau und dem tugendhaften Prokurator, der, um die Sinnlichkeit der verliebten Frau zu vertreiben, ihr vorschlägt, sein Gelübde ihm zur Hälfte abzunehmen und einen Monat für ihn zu fasten. Diese in den Predigtbüchern des Mittelalters mehrfach umlaufende Geschichte nahm Goethe aus der zwölften Novelle des Malespini, der sie keiner Zeit wieder aus den cent nouvelles des burgundischen Hofes geschöpft hat. — Die Entlehnung dieser Geschichten läßt vermuten, daß auch die Familiengeschichte, in welcher der Sohn den Vater bestiehlt, sein Verbrechen aber bereut und büßt, nicht frei erfunden worden. Etwas Aehnliches liegt Ifflands Schauspiele, Verbrechen aus Ehrsucht, zum Grunde, wo der junge Ruhberg die Kasse be-

ftiehlt und zwar aus ähnlichen Veranlassungen wie hier Ferdinand.
Die innere Lösung ist aber verschieden: Iffland läßt den Defekt
durch andere ersetzen und der Verbrecher darf sich entfernen, nachdem er das Versprechen gegeben, nicht Hand an sich zu legen; er
nimmt das Bewußtsein der Schuld als Strafe mit sich, während
hier Ferdinand durch eigne Anstrengung den Ersatz erzielt und sich
innerlich läutert. — Ueberblickt man die deutsche Litteratur bis zu
der Zeit, in welcher Goethe diese kleinen Erzählungen niederschrieb,
so treten sie als die ersten Musterstücke in ihrer Art auf; es sind
die ersten Gespensterhistorien, die ersten Novellen, die ersten Familien-
geschichten, die in engen Rahmen den anekdotenhaften Stoff innerlich
vollständig und äußerlich mit vollkommener Objektivität behandeln;
sie sind entlehnt, aber die Novellenlitteratur beruht auf Tradition,
und nicht der Stoff, sondern die Behandlung macht ihren Wert.
Die größten Novellisten haben den geringsten Anspruch auf Selb-
ständigkeit in Erfindung der Stoffe; groß sind sie nur dadurch,
daß sie dem vorgefundenen Stoffe eine Gestalt geben, welche die
einzig mögliche zu sein scheint, um die in demselben liegenden
Momente mit Notwendigkeit zu begründen und allseitig zu entfalten.
Nur der dramatische Dichter kann einen weiteren Schritt wagen,
indem er den Stoff so umbildet, daß alles in körperlichen Gestalten
unmittelbar lebendig wird. Wer aber möchte nach Goethe die Geschichte des Prokurators noch einmal zu behandeln mit Glück unternehmen?

Das Märchen von der Erlösung des Prinzen und der schönen
Lilie ist für ein politisches ausgegeben. Da die Politik durch das
Gebot der Baronesse von den Unterhaltungen ausgeschlossen ist,
erkennt man zwar, daß auch ein politischer Charakter des Märchens
nicht statthaft sei; aber man hilft sich mit der Annahme, es sei
hier ironisch gezeigt, daß trotz des ausdrücklichsten Verbotes die
Politik dennoch eindringe; nur verhüllt. Das Ganze soll gegen die
französische Revolution gerichtet sein. Es liegen Deutungen von
Hartung, Hotho, Guhrauer, Göschel, Rosenkranz, Düntzer (Herrigs
Archiv 1847, 283 ff., wo man die übrigen nachgewiesen findet) und
von andern vor, aber kein Erklärer ist mit dem andern zufrieden.
Es liegt auch eine Erklärung von Schiller vor, an die man sich
freilich nicht lehrte. Er schreibt am 16. November 1795 an Cotta:
‚Vom Goetheschen Märchen wird das Publikum noch mehr erfahren.
Der Schlüssel liegt im Märchen selbst.‘ An Goethe schreibt er am
29. August 1795, einige Tage nach Empfang der ersten Hälfte:
‚Das Märchen ist bunt und lustig genug, und ich finde die Idee,
deren Sie einmal erwähnten, „das gegenseitige Hilfeleisten

der Kräfte und das Zurückweisen auf einander", recht artig aus=
geführt. Uebrigens haben Sie durch diese Behandlungsweise sich
die Verbindlichkeit aufgelegt, daß alles Symbol sei. Man kann sich
nicht enthalten, in allem eine Bedeutung zu suchen. Das Ganze
zeigt sich als die Produktion einer sehr fröhlichen Stimmung.' Die
‚Idee‘, ‚der Schlüssel‘ wird im Märchen offen dargelegt: ‚Ein ein=
zelner,‘ sagt der Alte mit der Lampe, ‚hilft nicht, sondern wer sich
mit vielen zur rechten Stunde vereinigt,‘ und bald darauf: ‚Wir
sind zur glücklichen Stunde beisammen, jeder verrichte sein Amt,
jeder thue seine Pflicht und ein allgemeines Glück wird die ein=
zelnen Schmerzen in sich auflösen, wie ein allgemeines Unglück ein=
zelne Freuden verzehrt.‘ Erwägt man die thatsächliche Wirkung der
vereinten Kräfte im Märchen selbst, die, daß die von der Kraft,
dem Glanze und der Weisheit ausgestattete, von der Liebe gebildete
Herrschaft im Tempel zur Geltung gelangt, so hat man die all=
gemeine Idee sicher gefunden und braucht sich dann nicht bei der
Deutung der einzelnen Figuren auf bestimmte Kräfte abzumüden.
Man liest ein Märchen und zwar ein Goethesches, das, an franzö=
sischen Mustern gebildet, nach diesen Mustern aufzufassen ist. Der
Charakter der französischen gemachten Märchen besteht aber lediglich
im freien Spielenlassen ungezügelter Phantasie, des willkürlichen
Verwandelns natürlicher Kräfte, der Umkehrung der Physik. Das
Schwere schwimmt leicht auf dem Leichteren, das Licht verursacht
keinen Schatten u. dgl. Eine so willkürlich schaltende Einbildungs=
kraft läßt keine sichere Deutung im einzelnen zu und hat ihre Freude
daran, mit ihren ‚bunten, lustigen‘ Erfindungen den Deutenden zu
necken. Das ist denn auch bei dem Goetheschen Märchen der Fall.
Goethe selbst hatte keinen ‚Spaß‘ daran, ‚die achtzehn Figuren dieses
Dramatis als so viele Rätsel den Rätselliebenden‘ vorzustellen und
über die einlaufenden Deutungen zu lachen. Daß Schiller über den
Sinn des Märchens ununterrichtet geblieben sein sollte, ist mehr
als unwahrscheinlich. Die Deutungen selbst werden freilich nicht
aufhören; denn ‚in dergleichen Dingen erfindet die Phantasie selbst
nicht so viel, als die Tollheit der Menschen wirklich ausheckt‘. Die
Aufnahme des Märchens war damals eine sehr beifällige. Wilhelm
von Humboldt schreibt am 20. November 1795 an Schiller (nach
dem Original), in dem Horenhefte sei neben Schillers Elegie das
Märchen das vorzüglichste. ‚Es strahlt ordentlich unter den Unter=
haltungen hervor, und ich fürchte mich schon, wenn an diese leichte
und hübsche Erzählung das grobe Fräulein wieder ihre Glossen
knüpfen wird. Das Märchen hat alle Eigenschaften, die ich von
dieser Gattung erwartete, es deutet auf einen gedankenvollen

Inhalt hin, ist behend und artig gewandt und versetzt die Phantasie
in eine so bewegliche, oft wechselnde Szene, in einen so bunten,
schimmernden und magischen Kreis, daß ich mich nicht erinnere, in
einem deutschen Schriftsteller sonst etwas gelesen zu haben, das dem
gleich käme.' Aug. Wilh. Schlegel war davon ‚entzückt'; für Chamisso
war es ‚ein wunderbares großes Ding', es löste sich für ihn aber
nur in vielfachen beweglichen Ahndungen auf, und er zweifelte, daß
man es, mit Zirkel und Winkelmaß in die Prosa flachgedrückt,
konstruieren oder nur in Menschensprache die Figuren nennen könne.
Die Romantiker fußten auf dem Goetheschen Muster und bildeten
danach ihre ebenso willkürlichen Märchen, bis man mit dem Charakter
des echten, nicht gemachten Märchens genauer bekannt wurde und
über jene symbolischen und allegorischen Erfindungen weniger vorteilhaft dachte.

Karl Goedeke.

Die Leiden des jungen Werthers.

Was ich von der Geschichte des armen Werthers nur habe auffinden können, habe ich mit Fleiß gesammelt und lege es euch hier vor und weiß, daß ihr mir's danken werdet. Ihr könnt seinem Geist und seinem Charakter eure Bewunderung und Liebe, seinem Schicksale eure Thränen nicht versagen.

Und du, gute Seele, die du eben den Drang fühlst, wie er, schöpfe Trost aus seinem Leiden und laß das Büchlein deinen Freund sein, wenn du aus Geschick oder eigener Schuld keinen nähern finden kannst.

Erstes Buch.

Am 4. Mai 1771.

Wie froh bin ich, daß ich weg bin! Bester Freund, was ist das Herz des Menschen! Dich zu verlassen, den ich so liebe, von dem ich unzertrennlich war, und froh zu sein! Ich weiß, du verzeihst mir's. Waren nicht meine übrigen Verbindungen recht ausgesucht vom Schicksal, um ein Herz wie das meine zu ängstigen? Die arme Leonore! Und doch war ich unschuldig. Konnt' ich dafür, daß, während die eigensinnigen Reize ihrer Schwester mir eine angenehme Unterhaltung verschafften, daß eine Leidenschaft in dem armen Herzen sich bildete! Und doch — bin ich ganz unschuldig? Hab' ich nicht ihre Empfindungen genährt? hab' ich mich nicht an den ganz wahren Ausdrücken der Natur, die uns so oft zu lachen machten, so wenig lächer= lich sie waren, selbst ergötzt? hab' ich nicht — O, was ist der Mensch, daß er über sich klagen darf! — Ich will, lieber Freund, ich verspreche dir's, ich will mich bessern, will nicht mehr das bißchen Uebel, das uns das Schicksal vorlegt, wiederkäuen, wie ich's immer gethan habe; ich will das Gegenwärtige ge= nießen, und das Vergangene soll mir vergangen sein. Gewiß,

du haft recht, Befter, der Schmerzen wären minder unter den
Menschen, wenn sie nicht — Gott weiß, warum sie so ge=
macht sind — mit so viel Emsigkeit der Einbildungskraft sich
beschäftigten, die Erinnerungen des vergangenen Uebels zurück=
zurufen, eher als eine gleichgültige Gegenwart zu ertragen.

Du bist so gut, meiner Mutter zu sagen, daß ich ihr
Geschäft bestens betreiben und ihr ehstens Nachricht davon
geben werde. Ich habe meine Tante gesprochen und habe bei
weitem das böse Weib nicht gefunden, das man bei uns aus
ihr macht. Sie ist eine muntere, heftige Frau von dem besten
Herzen. Ich erklärte ihr meiner Mutter Beschwerden über den
zurückgehaltenen Erbschaftsanteil; sie sagte mir ihre Gründe,
Ursachen und die Bedingungen, unter welchen sie bereit wäre,
alles heraus zu geben und mehr, als wir verlangten — Kurz,
ich mag jetzt nichts davon schreiben; sage meiner Mutter, es
werde alles gut gehen. Und ich habe, mein Lieber, wieder bei
diesem kleinen Geschäft gefunden: daß Mißverständnisse und
Trägheit vielleicht mehr Irrungen in der Welt machen, als
List und Bosheit. Wenigstens sind die beiden letztern gewiß
seltener.

Uebrigens befinde ich mich hier gar wohl. Die Einsam=
keit ist meinem Herzen köstlicher Balsam in dieser paradiesischen
Gegend, und diese Jahrszeit der Jugend wärmt mit aller
Fülle mein oft schauderndes Herz. Jeder Baum, jede Hede
ist ein Strauß von Blüten, man möchte zum Maienkäfer
werden, um in dem Meer von Wohlgerüchen herumschweben
und alle seine Nahrung darin finden zu können.

Die Stadt selbst ist unangenehm, dagegen rings umher
eine unaussprechliche Schönheit der Natur. Das bewog den
verstorbenen Grafen von M**, einen Garten auf einem der
Hügel anzulegen, die mit der schönsten Mannigfaltigkeit sich
kreuzen und die lieblichsten Thäler bilden. Der Garten ist
einfach, und man fühlt gleich bei dem Eintritte, daß nicht ein
wissenschaftlicher Gärtner, sondern ein fühlendes Herz den
Plan gezeichnet, das seiner selbst hier genießen wollte. Schon
manche Thräne hab' ich dem Abgeschiedenen in dem verfallenen
Kabinettchen geweint, das sein Lieblingsplätzchen war und
auch meines ist. Bald werde ich Herr vom Garten sein; der
Gärtner ist mir zugethan, nur seit den paar Tagen, und er
wird sich nicht übel dabei befinden.

Eine wunderbare Heiterkeit hat meine ganze Seele eingenommen, gleich den süßen Frühlingsmorgen, die ich mit ganzem Herzen genieße. Ich bin allein und freue mich meines Lebens in dieser Gegend, die für solche Seelen geschaffen ist, wie die meine. Ich bin so glücklich, mein Bester, so ganz in dem Gefühle von ruhigem Dasein versunken, daß meine Kunst darunter leidet. Ich könnte jetzt nicht zeichnen, nicht einen Strich, und bin nie ein größerer Maler gewesen, als in diesen Augenblicken. Wenn das liebe Thal um mich dampft und die hohe Sonne an der Oberfläche der undurchdringlichen Finsternis meines Waldes ruht und nur einzelne Strahlen sich in das innere Heiligtum stehlen, ich dann im hohen Grase am fallenden Bache liege und näher an der Erde tausend mannigfaltige Gräschen mir merkwürdig werden; wenn ich das Wimmeln der kleinen Welt zwischen Halmen, die unzähligen, unergründlichen Gestalten der Würmchen, der Mückchen näher an meinem Herzen fühle, und fühle die Gegenwart des Allmächtigen, der uns nach seinem Bilde schuf, das Wehen des Allliebenden, der uns in ewiger Wonne schwebend trägt und erhält — mein Freund, wenn's dann um meine Augen dämmert und die Welt um mich her und der Himmel ganz in meiner Seele ruhn, wie die Gestalt einer Geliebten; dann sehne ich mich oft und denke: ach, könntest du das wieder ausdrücken, könntest du dem Papier das einhauchen, was so voll, so warm in dir lebt, daß es würde der Spiegel deiner Seele, wie deine Seele ist der Spiegel des unendlichen Gottes. — Mein Freund — aber ich gehe darüber zu Grunde, ich erliege unter der Gewalt der Herrlichkeit dieser Erscheinungen.

Ich weiß nicht, ob täuschende Geister um diese Gegend schweben, oder ob die warme, himmlische Phantasie in meinem Herzen ist, die mir alles rings umher so paradiesisch macht. Da ist gleich vor dem Orte ein Brunnen, ein Brunnen, an den ich gebannt bin, wie Melusine mit ihren Schwestern. — Du gehst einen kleinen Hügel hinunter und findest dich vor einem Gewölbe, da wohl zwanzig Stufen hinab gehen, wo unten das klarste Wasser aus Marmorfelsen quillt. Die kleine Mauer, die oben umher die Einfassung macht, die hohen Bäume, die den Platz rings umher bedecken, die Kühle des Orts, das hat alles so was Anzügliches, was Schauerliches. Es vergeht

kein Tag, daß ich nicht eine Stunde da fitze. Da kommen
dann die Mädchen aus der Stadt und holen Waffer, das
harmloseste Geschäft und das nötigste, das ehmals die Töchter
der Könige selbst verrichteten. Wenn ich da fitze, so lebt die
patriarchalische Idee so lebhaft um mich, wie sie alle, die Altväter, am Brunnen Bekanntschaft machen und freien, und wie
um die Brunnen und Quellen wohlthätige Geister schweben.
O, der muß nie nach einer schweren Sommertagswanderung
sich an des Brunnens Kühle gelabt haben, der das nicht mitempfinden kann.

Am 13. Mai.

Du fragst, ob du mir meine Bücher schicken sollst? —
Lieber, ich bitte dich um Gottes willen, laß mir sie vom Halse!
Ich will nicht mehr geleitet, ermuntert, angefeuert sein; braust
dieses Herz doch genug aus sich selbst; ich brauche Wiegen-
gesang, und den habe ich in seiner Fülle gefunden in meinem
Homer. Wie oft lull' ich mein empörtes Blut zur Ruhe; denn
so ungleich, so unstät haft du nichts gesehn, als dieses Herz.
Lieber! brauch' ich dir das zu sagen, der du so oft die Last
getragen hast, mich vom Kummer zur Ausschweifung und von
süßer Melancholie zur verderblichen Leidenschaft übergehn zu
sehn? Auch halte ich mein Herzchen wie ein krankes Kind;
jeder Wille wird ihm gestattet. Sage das nicht weiter; es
gibt Leute, die mir es verübeln würden.

Am 15 Mai.

Die geringen Leute des Ortes kennen mich schon und
lieben mich, besonders die Kinder. Eine traurige Bemerkung
hab' ich gemacht. Wie ich im Anfange mich zu ihnen gesellte, sie freundschaftlich fragte über dies und das, glaubten
einige, ich wollte ihrer spotten, und fertigten mich wohl gar
grob ab. Ich ließ mich das nicht verdrießen; nur fühlte ich,
was ich schon oft bemerkt habe, auf das lebhafteste: Leute
von einigem Stande werden sich immer in kalter Entfernung
vom gemeinen Volke halten, als glaubten sie, durch An-
näherung zu verlieren; und dann gibt's Flüchtlinge und üble
Spaßvögel, die sich herab zu laffen scheinen, um ihren Uebermut dem armen Volke desto empfindlicher zu machen.

Ich weiß wohl, daß wir nicht gleich sind, noch sein
können; aber ich halte dafür, daß der, der nötig zu haben
glaubt, vom sogenannten Pöbel sich zu entfernen, um den

Respekt zu erhalten, eben so tadelhaft ist als ein Feiger,
der sich vor seinem Feinde verbirgt, weil er zu unterliegen
fürchtet.

Letzthin kam ich zum Brunnen und fand ein junges
Dienstmädchen, das ihr Gefäß auf die unterste Treppe gesetzt
hatte und sich umsah, ob keine Kamerädin kommen wollte,
ihr es auf den Kopf zu helfen. Ich stieg hinunter und sah
sie an. Soll ich Ihr helfen, Jungfer? sagte ich. Sie ward
rot über und über. O nein, Herr! sagte sie. — Ohne Umstände — Sie legte ihren Kringen zurecht, und ich half ihr.
Sie dankte und stieg hinauf.

Den 17. Mai.

Ich habe allerlei Bekanntschaft gemacht, Gesellschaft habe
ich noch keine gefunden. Ich weiß nicht, was ich Anzügliches
für die Menschen haben muß; es mögen mich ihrer so viele
und hängen sich an mich, und da thut mir's immer weh,
wenn unser Weg nur eine kleine Strecke mit einander geht.
Wenn du fragst, wie die Leute hier sind? muß ich dir sagen:
wie überall. Es ist ein einförmiges Ding um das Menschen-
geschlecht. Die meisten verarbeiten den größten Teil der
Zeit, um zu leben, und das bißchen, das ihnen von Freiheit übrig bleibt, ängstigt sie so, daß sie alle Mittel aufsuchen, um es los zu werden. O Bestimmung des Menschen!

Aber eine recht gute Art Volks! Wenn ich mich manchmal vergesse, manchmal mit ihnen die Freuden genieße, die
den Menschen noch gewährt sind, an einem artig besetzten
Tisch mit aller Offen- und Treuherzigkeit sich herum zu
spaßen, eine Spazierfahrt, einen Tanz zur rechten Zeit an-
zuordnen und dergleichen, das thut eine ganz gute Wirkung
auf mich; nur muß mir nicht einfallen, daß noch so viele
andere Kräfte in mir ruhen, die alle ungenutzt vermodern
und die ich sorgfältig verbergen muß. Ach, das engt das
ganze Herz so ein. — Und doch! mißverstanden zu werden,
ist das Schicksal von unsereinem.

Ach, daß die Freundin meiner Jugend dahin ist! ach,
daß ich sie je gekannt habe! — Ich würde zu mir sagen:
du bist ein Thor! du suchst, was hienieden nicht zu finden ist.
Aber ich habe sie gehabt, ich habe das Herz gefühlt, die
große Seele, in deren Gegenwart ich mir schien mehr zu
sein, als ich war, weil ich alles war, was ich sein konnte.
Guter Gott! blieb da eine einzige Kraft meiner Seele unge-

uutzt? Konnt' ich nicht vor ihr das ganze wunderbare Gefühl entwickeln, mit dem mein Herz die Natur umfaßt?
War unser Umgang nicht ein ewiges Weben von der feinsten
Empfindung, dem schärfsten Witze, dessen Modifikationen bis
zur Unart alle mit dem Stempel des Genies bezeichnet
waren? Und nun! — Ach, ihre Jahre, die sie voraus hatte,
führten sie früher ans Grab als mich. Nie werde ich sie
vergessen, nie ihren festen Sinn und ihre göttliche Duldung.

Vor wenig Tagen traf ich einen jungen B . . an, einen
offnen Jungen mit einer gar glücklichen Gesichtsbildung. Er
kommt erst von Akademieen, dünkt sich nicht eben weise, aber
glaubt doch, er wisse mehr als andere. Auch war er fleißig,
wie ich an allerlei spüre; kurz, er hat hübsche Kenntnisse.
Da er hörte, daß ich viel zeichnete und Griechisch könnte (zwei
Meteore hierzulande), wandte er sich an mich und kramte
viel Wissens aus, von Batteux bis zu Wood, von
de Piles zu Winckelmann, und versicherte mich, er habe
Sulzers Theorie, den ersten Teil, ganz durchgelesen und
besitze ein Manuskript von Heynen über das Studium der
Antike. Ich ließ das gut sein.

Noch gar einen braven Mann habe ich kennen lernen,
den fürstlichen Amtmann, einen offenen, treuherzigen Menschen.
Man sagt, es soll eine Seelenfreude sein, ihn unter seinen
Kindern zu sehen, deren er neun hat; besonders macht man
viel Wesens von seiner ältesten Tochter. Er hat mich zu sich
gebeten, und ich will ihn ehster Tage besuchen. Er wohnt
auf einem fürstlichen Jagdhofe, anderthalb Stunden von hier,
wohin er nach dem Tode seiner Frau zu ziehen die Erlaubnis erhielt, da ihm der Aufenthalt hier in der Stadt und
im Amthause zu weh that.

Sonst sind mir einige verzerrte Originale in den Weg
gelaufen, an denen alles unausstehlich ist, am unerträglichsten
ihre Freundschaftsbezeigungen.

Leb wohl! der Brief wird dir recht sein, er ist ganz
historisch.

Am 22. Mai.

Daß das Leben des Menschen nur ein Traum sei, ist
manchem schon so vorgekommen, und auch mit mir zieht
dieses Gefühl immer herum. Wenn ich die Einschränkung
ansehe, in welche die thätigen und forschenden Kräfte des
Menschen eingesperrt sind; wenn ich sehe, wie alle Wirksam-

keit dahinaus läuft, sich die Befriedigung von Bedürfnissen
zu verschaffen, die wieder keinen Zweck haben, als unsere
arme Existenz zu verlängern, und dann, daß alle Beruhigung
über gewisse Punkte des Nachforschens nur eine träumende
Resignation ist, da man sich die Wände, zwischen denen man
gefangen sitzt, mit bunten Gestalten und lichten Aussichten
bemalt — das alles, Wilhelm, macht mich stumm. Ich
kehre in mich selbst zurück und finde eine Welt! Wieder
mehr in Ahnung und dunkler Begier, als in Darstellung und
lebendiger Kraft. Und da schwimmt alles vor meinen Sinnen,
und ich lächle dann so träumend weiter in die Welt.

Daß die Kinder nicht wissen, warum sie wollen, darin
sind alle hochgelahrte Schul- und Hofmeister einig; daß
aber auch Erwachsene gleich Kindern auf diesem Erdboden
herumtaumeln und, wie jene, nicht wissen, woher sie kommen
und wohin sie gehen, eben so wenig nach wahren Zwecken
handeln, eben so durch Biskuit und Kuchen und Birkenreiser
regiert werden: das will niemand gern glauben, und mich
dünkt, man kann es mit Händen greifen.

Ich gestehe dir gern, denn ich weiß, was du mir hierauf sagen möchtest, daß diejenigen die Glücklichsten sind,
die gleich den Kindern in den Tag hinein leben, ihre Puppen
herumschleppen, aus- und anziehen und mit großem Respekt
um die Schublade umherschleichen, wo Mama das Zucker-
brot hineingeschlossen hat, und, wenn sie das gewünschte
endlich erhaschen, es mit vollen Backen verzehren und rufen:
Mehr! — Das sind glückliche Geschöpfe. Auch denen ist's
wohl, die ihren Lumpenbeschäftigungen, oder wohl gar ihren
Leidenschaften prächtige Titel geben und sie dem Menschen-
geschlechte als Riesenoperationen zu dessen Heil und Wohlfahrt anschreiben. — Wohl dem, der so sein kann! Wer
aber in seiner Demut erkennt, wo das alles hinausläuft,
wer so sieht, wie artig jeder Bürger, dem es wohl ist, sein
Gärtchen zum Paradiese zuzustutzen weiß, und wie unver-
drossen dann doch auch der Unglückliche unter der Bürde
seinen Weg fortkeucht und alle gleich interessiert sind, das
Licht dieser Sonne noch eine Minute länger zu sehn; — ja,
der ist still und bildet auch seine Welt aus sich selbst und ist
auch glücklich, weil er ein Mensch ist. Und dann, so eingeschränkt er ist, hält er doch immer im Herzen das süße Gefühl der Freiheit, und daß er diesen Kerker verlassen kann,
wann er will.

Du kennst von alters her meine Art, mich anzubauen, mir irgend an einem vertraulichen Orte ein Hüttchen aufzuschlagen und da mit aller Einschränkung zu herbergen. Auch hier habe ich wieder ein Plätzchen angetroffen, das mich angezogen hat.

Ungefähr eine Stunde von der Stadt liegt ein Ort, den sie Wahlheim*) nennen. Die Lage an einem Hügel ist sehr interessant, und wenn man oben auf dem Fußpfade zum Dorf herausgeht, übersieht man auf einmal das ganze Thal. Eine gute Wirtin, die gefällig und munter in ihrem Alter ist,—schenkt Wein, Bier, Kaffee; und was über alles geht, sind zwei Linden, die mit ihren ausgebreiteten Aesten den kleinen Platz vor der Kirche bedecken, der ringsum mit Bauerhäusern, Scheuern und Höfen eingeschlossen ist. So vertraulich, so heimlich hab' ich nicht leicht ein Plätzchen gefunden, und dahin laß' ich mein Tischchen aus dem Wirtshause bringen und meinen Stuhl, trinke meinen Kaffee da und lese meinen Homer. Das erste Mal, als ich durch einen Zufall an einem schönen Nachmittage unter die Linden kam, fand ich das Plätzchen so einsam. Es war alles im Felde; nur ein Knabe von ungefähr vier Jahren saß an der Erde und hielt ein anderes, etwa halbjähriges, vor ihm zwischen seinen Füßen sitzendes Kind mit beiden Armen wider seine Brust, so daß er ihm zu einer Art von Sessel diente und ungeachtet der Munterkeit, womit er aus seinen schwarzen Augen herumschaute, ganz ruhig saß. Mich vergnügte der Anblick: ich setzte mich auf einen Pflug, der gegenüber stand, und zeichnete die brüderliche Stellung mit vielem Ergötzen. Ich fügte den nächsten Zaun, ein Scheunenthor und einige gebrochene Wagenräder bei, alles, wie es hinter einander stand, und fand nach Verlauf einer Stunde, daß ich eine wohlgeordnete, sehr interessante Zeichnung verfertigt hatte, ohne das mindeste von dem Meinen hinzuzuthun. Das bestärkte mich in meinem Vorsatze, mich künftig allein an die Natur zu halten. Sie allein ist unendlich reich, und sie allein bildet den großen Künstler. Man kann zum Vorteile der Regeln viel sagen, ungefähr was man zum Lobe der bürgerlichen Gesellschaft sagen kann. Ein Mensch, der sich nach ihnen bildet, wird

---

*) Der Leser wird sich keine Mühe geben, die hier genannten Orte zu suchen; m hat sich genötigt gesehen, die im Originale befindlichen wahren Namen zu verändern.

nie etwas Abgeschmacktes und Schlechtes hervorbringen, wie
einer, der sich durch Gesetze und Wohlstand modeln läßt, nie
ein unerträglicher Nachbar, nie ein merkwürdiger Bösewicht
werden kann; dagegen wird aber auch alle Regel, man rede,
was man wolle, das wahre Gefühl von Natur und den
wahren Ausdruck derselben zerstören! Sagst du, das ist zu
hart! sie schränkt nur ein, beschneidet die geilen Reben 2c. —
Guter Freund, soll ich dir ein Gleichnis geben? Es ist da=
mit, wie mit der Liebe. Ein junges Herz hängt ganz an
einem Mädchen, bringt alle Stunden seines Tages bei ihr zu,
verschwendet all seine Kräfte, all sein Vermögen, um ihr
jeden Augenblick auszudrücken, daß er sich ganz ihr hingibt.
Und da käme ein Philister, ein Mann, der in einem öffent=
lichen Amte steht, und sagte zu ihm: Feiner junger Herr!
Lieben ist menschlich, nur müßt Ihr menschlich lieben! Teilet
Eure Stunden ein, die einen zur Arbeit, und die Erholungs=
stunden widmet Eurem Mädchen. Berechnet Euer Vermögen,
und was Euch von Eurer Notdurft übrig bleibt, davon ver=
wehr' ich Euch nicht ihr ein Geschenk, nur nicht zu oft, zu
machen, etwa zu ihrem Geburts= und Namenstage 2c. —
Folgt der Mensch, so gibt's einen brauchbaren jungen Men=
schen, und ich will selbst jedem Fürsten raten, ihn in ein
Kollegium zu setzen; nur mit seiner Liebe ist's am Ende und,
wenn er ein Künstler ist, mit seiner Kunst. O meine
Freunde! warum der Strom des Genies so selten ausbricht,
so selten in hohen Fluten hereinbraust und eure staunende
Seele erschüttert? — Lieben Freunde, da wohnen die ge=
lassenen Herren auf beiden Seiten des Ufers, denen ihre
Gartenhäuschen, Tulpenbeete und Krautfelder zu Grunde
gehen würden und die daher in Zeiten mit Dämmen und
Ableiten der künftig drohenden Gefahr abzuwehren wissen.

Am 27. Mai.

Ich bin, wie ich sehe, in Verzückung, Gleichnisse und
Deklamation verfallen und habe darüber vergessen, dir auszu=
erzählen, was mit den Kindern weiter geworden ist. Ich
saß, ganz in malerische Empfindungen vertieft, die dir mein
gestriges Blatt sehr zerstückt darlegt, auf meinem Pfluge
wohl zwei Stunden. Da kommt gegen Abend eine junge
Frau auf die Kinder los, die sich indes nicht gerührt hatten,
mit einem Körbchen am Arm, und ruft von weitem: Philipps,
du bist recht brav. Sie grüßte mich, ich dankte ihr, stand

auf, trat näher hin und fragte sie, ob sie Mutter von den
Kindern wäre? Sie bejahte es, und indem sie dem ältesten
einen halben Weck gab, nahm sie das Kleine auf und küßte
es mit aller mütterlichen Liebe. — Ich habe, sagte sie, meinem
Philipps das Kleine zu halten gegeben und bin mit meinem
ältesten in die Stadt gegangen, um Weißbrot zu holen und
Zucker und ein irden Breipfännchen. — Ich sah das alles
in dem Korbe, dessen Deckel abgefallen war. — Ich will
meinem Hans (das war der Name des jüngsten) ein Süppchen
kochen zum Abende; der lose Vogel, der Große, hat mir gestern
das Pfännchen zerbrochen, als er sich mit Philippsen um die
Scharre des Breis zankte. Ich fragte nach dem ältesten,
und sie hatte mir kaum gesagt, daß er sich auf der Wiese
mit ein paar Gänsen herumjage, als er gesprungen kam und
dem zweiten eine Haselgerte mitbrachte. Ich unterhielt mich
weiter mit dem Weibe und erfuhr, daß sie des Schulmeisters
Tochter sei und daß ihr Mann eine Reise in die Schweiz
gemacht habe, um die Erbschaft eines Vetters zu holen. —
Sie haben ihn drum betrügen wollen, sagte sie, und ihm
auf seine Briefe nicht geantwortet; da ist er selbst hineingegangen. Wenn ihm nur kein Unglück widerfahren ist;
ich höre nichts von ihm. — Es ward mir schwer, mich von
dem Weibe loszumachen, gab jedem der Kinder einen Kreuzer,
und auch fürs jüngste gab ich ihr einen, ihm einen Weck zur
Suppe mitzubringen, wenn sie in die Stadt ginge, und so
schieden wir von einander.

Ich sage dir, mein Schatz, wenn meine Sinnen gar
nicht mehr halten wollen, so lindert all den Tumult der
Anblick eines solchen Geschöpfs, das in glücklicher Gelassen-
heit den engen Kreis seines Daseins ausgeht, von einem Tage
zum andern sich durchhilft, die Blätter abfallen sieht und
nichts dabei denkt, als daß der Winter kommt.

Seit der Zeit bin ich oft draußen. Die Kinder sind
ganz an mich gewöhnt; sie kriegen Zucker, wenn ich Kaffee
trinke, und teilen das Butterbrot und die saure Milch mit
mir des Abends. Sonntags fehlt ihnen der Kreuzer nie;
und wenn ich nicht nach der Betstunde da bin, so hat die
Wirtin Ordre, ihn auszuzahlen.

Sie sind vertraut, erzählen mir allerhand, und besonders
ergötze ich mich an ihren Leidenschaften und simpeln Ausbrüchen des Begehrens, wenn mehr Kinder aus dem Dorfe
sich versammeln.

Viel Mühe hat mich's gekostet, der Mutter ihre Be=
sorgnis zu nehmen: sie möchten den Herrn inkommodieren.

Am 30. Mai.

Was ich dir neulich von der Malerei sagte, gilt gewiß
auch von der Dichtkunst; es ist nur, daß man das Vortreff=
liche erkenne und es auszusprechen wage, und das ist freilich
mit wenigem viel gesagt. Ich habe heut eine Szene ge=
habt, die, rein abgeschrieben, die schönste Idylle von der Welt
gäbe; doch was soll Dichtung, Szene und Idylle? Muß es
denn immer gebosselt sein, wenn wir teil an einer Natur=
erscheinung nehmen sollen?

Wenn du auf diesen Eingang viel Hohes und Vor=
nehmes erwartest, so bist du wieder übel betrogen; es ist
nichts, als ein Bauerbursch, der mich zu dieser lebhaften Teil=
nehmung hingerissen hat. — Ich werde, wie gewöhnlich,
schlecht erzählen, und du wirst mich, wie gewöhnlich, denk'
ich, übertrieben finden; es ist wieder Wahlheim, und immer
Wahlheim, das diese Seltenheiten hervorbringt.

Es war eine Gesellschaft draußen unter den Linden,
Kaffee zu trinken. Weil sie mir nicht ganz anstand, so blieb
ich unter einem Vorwande zurück.

Ein Bauerbursch kam aus einem benachbarten Hause
und beschäftigte sich, an dem Pfluge, den ich neulich ge=
zeichnet hatte, etwas zurecht zu machen. Da mir sein Wesen
gefiel, redete ich ihn an, fragte nach seinen Umständen, wir
waren bald bekannt und, wie mir's gewöhnlich mit dieser
Art Leuten geht, bald vertraut. Er erzählte mir, daß er
bei einer Witwe in Diensten sei und von ihr gar wohl ge=
halten werde. Er sprach so vieles von ihr und lobte sie der=
gestalt, daß ich bald merken konnte, er sei ihr mit Leib und
Seele zugethan. Sie sei nicht mehr jung, sagte er, sie sei
von ihrem ersten Mann übel gehalten worden, wolle nicht
mehr heiraten, und aus seiner Erzählung leuchtete so merk=
lich hervor, wie schön, wie reizend sie für ihn sei, wie sehr
er wünsche, daß sie ihn wählen möchte, um das Andenken
der Fehler ihres ersten Mannes auszulöschen, daß ich Wort
für Wort wiederholen müßte, um dir die reine Neigung, die
Liebe und Treue dieses Menschen anschaulich zu machen.
Ja, ich müßte die Gabe des größten Dichters besitzen, um
dir zugleich den Ausdruck seiner Gebärden, die Harmonie
seiner Stimme, das heimliche Feuer seiner Blicke lebendig

darstellen zu können. Nein, es sprechen keine Worte die
Zartheit aus, die in seinem ganzen Wesen und Ausdruck
war; es ist alles nur plump, was ich wieder vorbringen
könnte. Besonders rührte mich, wie er fürchtete, ich möchte
über sein Verhältnis zu ihr ungleich denken und an ihrer
guten Aufführung zweifeln. Wie reizend es war, wenn er
von ihrer Gestalt, von ihrem Körper sprach, der ihn ohne
jugendliche Reize gewaltsam an sich zog und fesselte, kann ich
mir nur in meiner innersten Seele wiederholen. Ich hab' in
meinem Leben die dringende Begierde und das heiße, sehn=
liche Verlangen nicht in dieser Reinheit gesehen, ja, wohl
kann ich sagen, in dieser Reinheit nicht gedacht und geträumt.
Schelte mich nicht, wenn ich dir sage, daß bei der Erinnerung
dieser Unschuld und Wahrheit mir die innerste Seele glüht
und daß mich das Bild dieser Treue und Zärtlichkeit überall
verfolgt, und daß ich, wie selbst davon entzündet, lechze und
schmachte.

Ich will nun suchen, auch sie ehstens zu sehn, oder viel=
mehr, wenn ich's recht bedenke, ich will's vermeiden. Es ist
besser, ich sehe sie durch die Augen ihres Liebhabers; viel=
leicht erscheint sie mir vor meinen eignen Augen nicht so, wie
sie jetzt vor mir steht, und warum soll ich mir das schöne
Bild verderben?

Am 16. Junius.

Warum ich dir nicht schreibe? — Fragst du das, und
bist doch auch der Gelehrten einer? Du solltest raten, daß
ich mich wohl befinde, und zwar — Kurz und gut, ich habe
eine Bekanntschaft gemacht, die mein Herz näher angeht. Ich
habe — ich weiß nicht.

Dir in der Ordnung zu erzählen, wie's zugegangen ist,
daß ich eins der liebenswürdigsten Geschöpfe habe kennen
lernen, wird schwer halten. Ich bin vergnügt und glücklich
und also kein guter Historienschreiber.

Einen Engel! — Pfui! das sagt jeder von der Seinigen,
nicht wahr? Und doch bin ich nicht imstande, dir zu sagen,
wie sie vollkommen ist, warum sie vollkommen ist; genug, sie
hat all meinen Sinn gefangen genommen.

So viel Einfalt bei so viel Verstand, so viel Güte bei
so viel Festigkeit, und die Ruhe der Seele bei dem wahren
Leben und der Thätigkeit. —

Das ist alles garstiges Gewäsch, was ich da von ihr

sage, leidige Abstraktionen, die nicht einen Zug ihres Selbst ausdrücken. Ein andermal — Nein, nicht ein andermal, jetzt gleich will ich dir's erzählen. Thu' ich's jetzt nicht, so geschäh' es niemals. Denn, unter uns, seit ich angefangen habe, zu schreiben, war ich schon dreimal im Begriffe, die Feder niederzulegen, mein Pferd satteln zu lassen und hinaus zu reiten. Und doch schwur ich mir heut früh, nicht hinaus zu reiten, und gehe doch alle Augenblick' ans Fenster, zu sehen, wie hoch die Sonne noch steht. — —

Ich hab's nicht überwinden können, ich mußte zu ihr hinaus. Da bin ich wieder, Wilhelm, will mein Butterbrot zu Nacht essen und dir schreiben. Welch eine Wonne das für meine Seele ist, sie in dem Kreise der lieben muntern Kinder, ihrer acht Geschwister, zu sehen! —

Wenn ich so fortfahre, wirst du am Ende so klug sein, wie am Anfange. Höre denn, ich will mich zwingen, ins Detail zu gehen.

Ich schrieb dir neulich, wie ich den Amtmann S... habe kennen lernen, und wie er mich gebeten habe, ihn bald in seiner Einsiedelei, oder vielmehr seinem kleinen Königreiche zu besuchen. Ich vernachlässigte das und wäre vielleicht nie hingekommen, hätte mir der Zufall nicht den Schatz entdeckt, der in der stillen Gegend verborgen liegt.

Unsere jungen Leute hatten einen Ball auf dem Lande angestellt, zu dem ich mich denn auch willig finden ließ. Ich bot einem hiesigen guten, schönen, übrigens unbedeutenden Mädchen die Hand, und es wurde ausgemacht, daß ich eine Kutsche nehmen, mit meiner Tänzerin und ihrer Base nach dem Orte der Lustbarkeit hinaus fahren und auf dem Wege Charlotten S... mitnehmen sollte. — Sie werden ein schönes Frauenzimmer kennen lernen, sagte meine Gesellschafterin, da wir durch den weiten, schön ausgehauenen Wald nach dem Jagdhause fuhren. Nehmen Sie sich in acht, versetzte die Base, daß Sie sich nicht verlieben! — Wie so? sagte ich. — Sie ist schon vergeben, antwortete jene, an einen sehr braven Mann, der weggereist ist, seine Sachen in Ordnung zu bringen, weil sein Vater gestorben ist, und sich um eine ansehnliche Versorgung zu bewerben. Die Nachricht war mir ziemlich gleichgültig.

Die Sonne war noch eine Viertelstunde vom Gebirge, als wir vor dem Hofthore anfuhren. Es war sehr schwül, und die Frauenzimmer äußerten ihre Besorgnis wegen eines

Gewitters, das sich in weißgrauen, dumpfichten Wölkchen rings
am Horizonte zusammenzuziehen schien. Ich täuschte ihre Furcht
mit anmaßlicher Wetterkunde, ob mir gleich selbst zu ahnen
anfing, unsere Lustbarkeit werde einen Stoß leiden.

Ich war ausgestiegen, und eine Magd, die ans Thor
kam, bat uns, einen Augenblick zu verziehen, Mamsell Lottchen
würde gleich kommen. Ich ging durch den Hof nach dem
wohlgebauten Hause, und da ich die vorliegende Treppe hinauf=
gestiegen war und in die Thür trat, fiel mir das reizendste
Schauspiel in die Augen, das ich je gesehen habe. In dem
Vorsaale wimmelten sechs Kinder von elf zu zwei Jahren um
ein Mädchen von schöner Gestalt, mittlerer Größe, die ein
simples weißes Kleid mit blaßroten Schleifen an Arm und
Brust anhatte. — Sie hielt ein schwarzes Brot und schnitt
ihren Kleinen rings herum jedem sein Stück nach Proportion
ihres Alters und Appetits ab, gab's jedem mit solcher Freund=
lichkeit, und jedes rief so ungekünstelt sein: Danke! indem
es mit den kleinen Händchen lange in die Höhe gereicht hatte,
ehe es noch abgeschnitten war, und nun mit seinem Abend=
brote vergnügt entweder wegsprang, oder nach seinem stillern
Charakter gelassen davonging, nach dem Hofthore zu, um die
Fremden und die Kutsche zu sehen, darinnen ihre Lotte weg=
fahren sollte. — Ich bitte um Vergebung, sagte sie, daß ich
Sie herein bemühe und die Frauenzimmer warten lasse. Ueber
dem Anziehen und allerlei Bestellungen fürs Haus in meiner
Abwesenheit habe ich vergessen, meinen Kindern ihr Vesper=
stück zu geben, und sie wollen von niemanden Brot geschnitten
haben, als von mir. — Ich machte ihr ein unbedeutendes
Kompliment; meine ganze Seele ruhte auf der Gestalt, dem
Tone, dem Betragen, und ich hatte eben Zeit, mich von der
Ueberraschung zu erholen, als sie in die Stube lief, ihre
Handschuhe und Fächer zu holen. Die Kleinen sahen mich
in einiger Entfernung so von der Seite an, und ich ging auf
das jüngste los, das ein Kind von der glücklichsten Gesichts=
bildung war. Es zog sich zurück, als eben Lotte zur Thüre
heraus kam und sagte: Louis, gib dem Herrn Vetter eine
Hand. Das that der Knabe sehr freimütig, und ich konnte
mich nicht enthalten, ihn, ungeachtet seines kleinen Rotznäschens,
herzlich zu küssen. — Vetter? sagte ich, indem ich ihr die
Hand reichte, glauben Sie, daß ich des Glücks wert sei, mit
Ihnen verwandt zu sein? — O, sagte sie mit einem leicht=
fertigen Lächeln, unsere Vetterschaft ist sehr weitläufig, und

es wäre mir leid, wenn Sie der Schlimmste drunter sein sollten.
— Im Gehen gab sie Sophien, der ältsten Schwester nach
ihr, einem Mädchen von ungefähr elf Jahren, den Auftrag,
wohl auf die Kinder acht zu haben und den Papa zu grüßen,
wenn er vom Spazierritte nach Hause käme. Den Kleinen
sagte sie, sie sollten ihrer Schwester Sophie folgen, als wenn
sie's selber wäre, das denn auch einige ausdrücklich versprachen.
Eine kleine naseweise Blondine aber, von ungefähr sechs Jahren,
sagte: Du bist's doch nicht, Lottchen; wir haben dich doch
lieber. — Die zwei ältsten Knaben waren hinten auf die
Kutsche geklettert, und auf mein Vorbitten erlaubte sie ihnen,
bis vor den Wald mitzufahren, wenn sie versprächen, sich nicht
zu necken und sich recht fest zu halten.

Wir hatten uns kaum zurecht gesetzt, die Frauenzimmer
sich bewillkommet, wechselsweise über den Anzug, vorzüglich über
die Hüte ihre Anmerkungen gemacht und die Gesellschaft, die
man zu finden erwartete, gehörig durchgezogen, als Lotte den
Kutscher halten und ihre Brüder herabsteigen ließ, die noch ein=
mal ihre Hand zu küssen begehrten, das denn der ältste mit aller
Zärtlichkeit, die dem Alter von fünfzehn Jahren eigen sein
kann, der andere mit viel Heftigkeit und Leichtsinn that. Sie
ließ die Kleinen noch einmal grüßen, und wir fuhren weiter.

Die Base fragte, ob sie mit dem Buche fertig wäre, das
sie ihr neulich geschickt hätte? Nein, sagte Lotte, es gefällt
mir nicht; Sie können's wieder haben. Das vorige war auch
nicht besser. — Ich erstaunte, als ich fragte, was es für Bücher
wären? und sie mir antwortete: *) — Ich fand so viel Cha=
rakter in allem, was sie sagte, ich sah mit jedem Wort neue
Reize, neue Strahlen des Geistes aus ihren Gesichtszügen
hervorbrechen, die sich nach und nach vergnügt zu entfalten
schienen, weil sie an mir fühlte, daß ich sie verstand.

Wie ich jünger war, sagte sie, liebte ich nichts so sehr
als Romane. Weiß Gott, wie wohl mir's war, wenn ich
mich Sonntags so in ein Eckchen setzen und mit ganzem Herzen
an dem Glück und Unstern einer Miß Jenny teilnehmen
konnte. Ich leugne auch nicht, daß die Art noch einige Reize
für mich hat. Doch da ich so selten an ein Buch komme,
so müssen sie auch recht nach meinem Geschmack sein. Und

---

*) Man sieht sich genötigt, diese Stelle des Briefes zu unterdrücken, um nie=
mand Gelegenheit zu einiger Beschwerde zu geben. Obgleich im Grunde jedem
Autor wenig an dem Urtelle eines einzelnen Mädchens und eines jungen, unstäten
Menschen gelegen sein kann.

der Autor ist mir der liebste, in dem ich meine Welt wieder
finde, bei dem es zugeht, wie um mich, und dessen Geschichte
mir doch so interessant und herzlich wird, als mein eigen
häuslich Leben, das freilich kein Paradies, aber doch im ganzen
eine Quelle unsäglicher Glückseligkeit ist.

Ich bemühte mich, meine Bewegungen über diese Worte
zu verbergen. Das ging freilich nicht weit: denn da ich sie
mit solcher Wahrheit im Vorbeigehen vom Landpriester von
Wakefield, vom *) — reden hörte, kam ich ganz außer mich,
sagte ihr alles, was ich wußte, und bemerkte erst nach einiger
Zeit, da Lotte das Gespräch an die andern wendete, daß
diese die Zeit über mit offnen Augen, als säßen sie nicht da,
dagesessen hatten. Die Base sah mich mehr als einmal mit
einem spöttischen Näschen an, daran mir aber nichts gelegen war.

Das Gespräch fiel aufs Vergnügen am Tanze. Wenn
diese Leidenschaft ein Fehler ist, sagte Lotte, so gestehe ich
Ihnen gern, ich weiß mir nichts übers Tanzen. Und wenn
ich was im Kopfe habe und mir auf meinem verstimmten
Klavier einen Kontretanz vortrommle, so ist alles wieder gut.

Wie ich mich unter dem Gespräche in den schwarzen Augen
weidete! wie die lebendigen Lippen und die frischen muntern
Wangen meine ganze Seele anzogen! wie ich, in den herrlichen Sinn ihrer Rede ganz versunken, oft gar die Worte
nicht hörte, mit denen sie sich ausdrückte! — davon hast du
eine Vorstellung, weil du mich kennst. Kurz, ich stieg aus
dem Wagen wie ein Träumender, als wir vor dem Lusthause stille hielten, und war so in Träumen rings in der
dämmernden Welt verloren, daß ich auf die Musik kaum
achtete, die uns von dem erleuchteten Saal herunter entgegen
schallte.

Die zwei Herren Audran und ein gewisser N. N. —
wer behält alle die Namen! — die der Base und Lottens
Tänzer waren, empfingen uns am Schlage, bemächtigten sich
ihrer Frauenzimmer, und ich führte die meinige hinauf.

Wir schlangen uns in Menuetts um einander herum; ich
forderte ein Frauenzimmer nach dem andern auf, und just die
unleidlichsten konnten nicht dazu kommen, einem die Hand zu
reichen und ein Ende zu machen. Lotte und ihr Tänzer

---

*) Man hat auch hier die Namen einiger vaterländischen Autoren ausgelassen.
Wer Teil an Lottens Beifall hat, wird es gewiß an seinem Herzen fühlen, wenn
er diese Stelle lesen sollte, und sonst braucht's ja niemand zu wissen.

fingen einen Englischen an, und wie wohl mir's war, als
sie auch in der Reihe die Figur mit uns anfing, magst du
fühlen. Tanzen muß man sie sehen! Siehst du, sie ist so
mit ganzem Herzen und mit ganzer Seele dabei, ihr ganzer
Körper eine Harmonie, so sorglos, so unbefangen, als wenn
das eigentlich alles wäre, als wenn sie sonst nichts dächte,
nichts empfände; und in dem Augenblicke gewiß schwindet
alles audere vor ihr.

Ich bat sie um den zweiten Kontretanz; sie sagte mir
den dritten zu, und mit der liebenswürdigsten Freimütigkeit
von der Welt versicherte sie mich, daß sie herzlich gern Deutsch
tanze. Es ist hier so Mode, fuhr sie fort, daß jedes Paar,
das zusammen gehört, beim Deutschen zusammen bleibt, und
mein Chapeau walzt schlecht und dankt mir's, wenn ich ihm
die Arbeit erlasse. Ihr Frauenzimmer kann's auch nicht und
mag nicht, und ich habe im Englischen gesehn, daß Sie gut
walzen; wenn Sie nun mein sein wollen fürs Deutsche, so
gehen Sie und bitten sich's von meinem Herrn aus, und ich
will zu Ihrer Dame gehen. — Ich gab ihr die Haud drauf,
und wir machten aus, daß ihr Tänzer inzwischen meine Tän=
zerin unterhalten sollte.

Nun ging's, und wir ergötzten uns eine Weile an mannig=
faltigen Schlingungen der Arme. Mit welchem Reize, mit
welcher Flüchtigkeit bewegte sie sich! Und da wir nun gar
aus Walzen kamen und wie die Sphären um einander herum
rollten, ging's freilich anfangs, weil's die wenigsten können,
ein bißchen bunt durch einander. Wir waren klug und ließen
sie anstoßen; und als die Ungeschicktesten den Plan geräumt
hatten, fielen wir ein und hielten mit noch einem Paare, mit
Audran und seiner Tänzerin, wacker aus. Nie ist mir's so
leicht vom Flecke gegangen. Ich war kein Mensch mehr. Das
liebenswürdigste Geschöpf in den Armen zu haben und mit
ihr herum zu fliegen wie Wetter, daß alles rings umher ver=
ging, und — Wilhelm, um ehrlich zu sein, that ich aber doch
den Schwur, daß ein Mädchen, das ich liebte, auf das ich
Ansprüche hätte, mir nie mit einem andern walzen sollte, als
mit mir, und wenn ich drüber zu Grunde gehen müßte. Du
verstehst mich!

Wir machten einige Touren gehend im Saale, um zu
verschnaufen. Dann setzte sie sich, und die Orangen, die ich
beiseite gebracht hatte, die nun die einzigen noch übrigen
waren, thaten vortreffliche Wirkung, nur daß mir mit jedem

Schnittchen, das sie einer unbescheidenen Nachbarin ehrenhalber zuteilte, ein Stich durchs Herz ging.

Beim dritten englischen Tanz waren wir das zweite Paar. Wie wir die Reihe durchtanzten und ich, weiß Gott, mit wie viel Wonne, an ihrem Arm und Auge hing, das voll vom wahrsten Ausdruck des offensten, reinsten Vergnügens war, kommen wir an eine Frau, die mir wegen ihrer liebenswürdigen Miene auf einem nicht mehr ganz jungen Gesichte merkwürdig gewesen war. Sie sieht Lotten lächelnd an, hebt einen drohenden Finger auf und nennt den Namen Albert zweimal im Vorbeifliegen mit viel Bedeutung.

Wer ist Albert, sagte ich zu Lotten, wenn's nicht Vermessenheit ist, zu fragen? Sie war im Begriff, zu antworten, als wir uns scheiden mußten, um die große Achte zu machen, und mich düulte, einiges Nachdenken auf ihrer Stirn zu sehen, als wir so vor einander vorbeikreuzten.. — Was soll ich's Ihnen leugnen, sagte sie, indem sie mir die Hand zur Promenade bot, Albert ist ein braver Mensch, dem ich so gut als verlobt bin! — Nun war mir das nichts Neues (denn die Mädchen hatten mir's auf dem Wege gesagt) und war mir doch so ganz neu, weil ich es noch nicht im Verhältnis auf sie, die mir in so wenig Augenblicken so wert geworden war, gedacht hatte. Genug, ich verwirrte mich, vergaß mich und kam zwischen das unrechte Paar hinein, daß alles drunter und drüber ging und Lottens ganze Gegenwart und Zerren und Ziehen nötig war, um es schnell wieder in Ordnung zu bringen.

Der Tanz war noch nicht zu Ende, als die Blitze, die wir schon lange am Horizonte leuchten gesehn und die ich immer für Wetterkühlen ausgegeben hatte, viel stärker zu werden anfingen und der Donner die Musik überstimmte. Drei Frauenzimmer liefen aus der Reihe, denen ihre Herren folgten; die Unordnung wurde allgemein, und die Musik hörte auf. Es ist natürlich, wenn uns ein Unglück oder etwas Schreckliches im Vergnügen überrascht, daß es stärkere Eindrücke auf uns macht, als sonst, teils wegen des Gegensatzes, der sich so lebhaft empfinden läßt, teils, und noch mehr, weil unsere Sinnen einmal der Fühlbarkeit geöffnet sind und also desto schneller einen Eindruck annehmen. Diesen Ursachen muß ich die wunderbaren Grimassen zuschreiben, in die ich mehrere Frauenzimmer ausbrechen sah. Die klügste setzte sich in eine Ecke, mit dem Rücken gegen das Fenster, und hielt die

Ohren zu. Eine andere kniete vor ihr nieder und verbarg
den Kopf in der ersten Schoß. Eine dritte schob sich zwischen
beide hinein und umfaßte ihre Schwesterchen mit tausend
Thränen. Einige wollten nach Hause; andere, die noch weniger
wußten, was sie thaten, hatten nicht so viel Besinnungskraft,
den Keckheiten unserer jungen Schlucker zu steuern, die sehr
beschäftigt zu sein schienen, alle die ängstlichen Gebete, die
dem Himmel bestimmt waren, von den Lippen der schönen
Bedrängten wegzufangen. Einige unserer Herren hatten sich
hinab begeben, um ein Pfeifchen in Ruhe zu rauchen; und die
übrige Gesellschaft schlug es nicht aus, als die Wirtin auf
den klugen Einfall kam, uns ein Zimmer anzuweisen, das
Läden und Vorhänge hätte. Kaum waren wir da angelangt,
als Lotte beschäftigt war, einen Kreis von Stühlen zu stellen
und, als sich die Gesellschaft auf ihre Bitte gesetzt hatte, den
Vortrag zu einem Spiele zu thun.

Ich sah manchen, der in Hoffnung auf ein saftiges Pfand
sein Mäulchen spitzte und seine Glieder reckte. — Wir spielen
Zählens, sagte sie. Nun gebt acht! Ich geh' im Kreise herum
von der Rechten zur Linken, und so zählt ihr auch rings herum
jeder die Zahl, die an ihn kommt, und das muß gehen wie
ein Lauffeuer, und wer stockt oder sich irrt, kriegt eine Ohrfeige, und so bis tausend. — Nun war das lustig anzusehen.
Sie ging mit ausgestrecktem Arm im Kreis herum. Eins,
fing der erste an, der Nachbar zwei, drei der folgende und
so fort. Dann fing sie an, geschwinder zu gehen, immer geschwinder; da versah's einer, patsch! eine Ohrfeige und, über
das Gelächter, der folgende auch patsch! und immer geschwinder. Ich selbst kriegte zwei Maulschellen und glaubte
mit innigem Vergnügen zu bemerken, daß sie stärker seien,
als sie sie den übrigen zuzumessen pflegte. Ein allgemeines
Gelächter und Geschwärm endigte das Spiel, ehe noch das
Tausend ausgezählt war. Die Vertrautesten zogen einander
beiseite, das Gewitter war vorüber, und ich folgte Lotten in
den Saal. Unterwegs sagte sie: Ueber die Ohrfeigen haben
sie Wetter und alles vergessen! — Ich konnte ihr nichts antworten! — Ich war, fuhr sie fort, eine der Furchtsamsten,
und indem ich mich herzhaft stellte, um den andern Mut zu
geben, bin ich mutig geworden. — Wir traten ans Fenster.
Es donnerte abseitwärts, und der herrliche Regen säuselte auf
das Land, und der erquickendste Wohlgeruch stieg in aller
Fülle einer warmen Luft zu uns auf. Sie stand auf ihren

Ellbogen gestützt; ihr Blick durchdrang die Gegend, sie sah
gen Himmel und auf mich; ich sah ihr Auge thränenvoll, sie
legte ihre Hand auf die meinige und sagte — Klopstock! —
Ich erinnerte mich sogleich der herrlichen Ode, die ihr in Ge=
danken lag, und versank in dem Strome von Empfindungen,
den sie in dieser Losung über mich ausgoß. Ich ertrug's
nicht, neigte mich auf ihre Hand und küßte sie unter den
wonnevollsten Thränen. Und sah nach ihrem Auge wieder —
Edler! hättest du deine Vergötterung in diesem Blicke gesehn,
und möcht' ich nun deinen so oft entweihten Namen nie wieder
nennen hören!

Am 19. Junius.

Wo ich neulich mit meiner Erzählung geblieben bin, weiß
ich nicht mehr; das weiß ich, daß es zwei Uhr des Nachts
war, als ich zu Bette kam, und daß, wenn ich dir hätte vor=
schwatzen können, statt zu schreiben, ich dich vielleicht bis an
den Morgen aufgehalten hätte.

Was auf unserer Hereinfahrt vom Balle geschehen ist,
habe ich noch nicht erzählt, habe auch heute keinen Tag dazu.

Es war der herrlichste Sonnenaufgang! Der tröpfelnde
Wald und das erfrischte Feld umher! Unsere Gesellschafterinnen
nickten ein. Sie fragte mich, ob ich nicht auch von der Partie
sein wollte? ihrentwegen sollt' ich unbekümmert sein. — So
lange ich diese Augen offen sehe, sagte ich und sah sie fest
an, so lange hat's keine Gefahr. — Und wir haben beide
ausgehalten bis an ihr Thor, da ihr die Magd leise auf=
machte und auf ihr Fragen versicherte, daß Vater und Kleine
wohl seien und alle noch schliefen. Da verließ ich sie mit
der Bitte, sie selbigen Tags noch sehen zu dürfen; sie gestand
mir's zu, und ich bin gekommen, und seit der Zeit können
Sonne, Mond und Sterne geruhig ihre Wirtschaft treiben,
ich weiß weder, daß Tag, noch daß Nacht ist, und die ganze
Welt verliert sich um mich her.

Am 21. Junius.

Ich lebe so glückliche Tage, wie sie Gott seinen Heiligen
ausspart, und mit mir mag werden, was will, so darf ich
nicht sagen, daß ich die Freuden, die reinsten Freuden des
Lebens nicht genossen habe. — Du kennst mein Wahlheim;
dort bin ich völlig etabliert, von dort habe ich nur eine halbe

Stunde zu Lotten, dort fühl' ich mich selbst und alles Glück, das dem Menschen gegeben ist.

Hätt' ich gedacht, als ich mir Wahlheim zum Zwecke meiner Spaziergänge wählte, daß es so nahe am Himmel läge! Wie oft habe ich das Jagdhaus, das nun alle meine Wünsche einschließt, auf meinen weiten Wanderungen bald vom Berge, bald von der Ebne über den Fluß gesehn!

Lieber Wilhelm, ich habe allerlei nachgedacht, über die Begier im Menschen, sich auszubreiten, neue Entdeckungen zu machen, herumzuschweifen; und dann wieder über den innern Trieb, sich der Einschränkung willig zu ergeben, in dem Gleise der Gewohnheit so hinzufahren und sich weder um rechts, noch um links zu bekümmern.

Es ist wunderbar: wie ich hierher kam und vom Hügel in das schöne Thal schaute, wie es mich rings umher anzog. — Dort das Wäldchen! — Ach, könntest du dich in seine Schatten mischen! — Dort die Spitze des Berges! — Ach, könntest du von da die weite Gegend überschauen! — Die in einander geketteten Hügel und vertraulichen Thäler! — O, könnte ich mich in ihnen verlieren! — — Ich eilte hin und kehrte zurück und hatte nicht gefunden, was ich hoffte. O, es ist mit der Ferne, wie mit der Zukunft! Ein großes dämmerndes Ganze ruht vor unserer Seele, unsere Empfindung verschwimmt darin wie unser Auge, und wir sehnen uns, ach! unser ganzes Wesen hinzugeben, uns mit all der Wonne eines einzigen, großen herrlichen Gefühls ausfüllen zu lassen — und, ach! wenn wir hinzu eilen, wenn das Dort nun Hier wird, ist alles vor wie nach, und wir stehen in unserer Armut, in unserer Eingeschränktheit, und unsere Seele lechzt nach entschlüpftem Labsale.

So sehnt sich der unruhigste Vagabund zuletzt wieder nach seinem Vaterlande und findet in seiner Hütte, an der Brust seiner Gattin, in dem Kreise seiner Kinder, in den Geschäften zu ihrer Erhaltung all die Wonne, die er in der weiten, öden Welt vergebens suchte.

Wenn ich so des Morgens mit Sonnenaufgange hinausgehe nach meinem Wahlheim und dort im Wirtsgarten mir meine Zuckererbsen selbst pflücke, mich hinsetze, sie abfädme und dazwischen in meinem Homer lese; wenn ich dann in der kleinen Küche mir einen Topf wähle, mir Butter aussteche, meine Schoten ans Feuer stelle, zudecke und mich dazusetze, sie manchmal umzuschütteln: da fühl' ich so lebhaft, wie die übermütigen Freier der Penelope Ochsen und Schweine schlach-

ten, zerlegen und braten. Es ist nichts, das mich so mit
einer stillen wahren Empfindung ausfüllte, als die Züge
patriarchalischen Lebens, die ich, Gott sei Dank, ohne Affekta-
tion in meine Lebensart verweben kann.

Wie wohl ist mir's, daß mein Herz die simple harmlose
Wonne des Menschen fühlen kann, der ein Krauthaupt auf
seinen Tisch bringt, das er selbst gezogen, und nun nicht den
Kohl allein, sondern all die guten Tage, den schönen Morgen,
da er ihn pflanzte, die lieblichen Abende, da er ihn begoß
und da er an dem fortschreitenden Wachstum seine Freude
hatte, alle in einem Augenblicke wieder mit genießt.

<hr>

Am 29. Junius.

Vorgestern kam der Medikus hier aus der Stadt hinaus
zum Amtmann und fand mich auf der Erde unter Lottens
Kindern, wie einige auf mir herumkrabbelten, andere mich
neckten, und wie ich sie kitzelte und ein großes Geschrei mit
ihnen verführte. Der Doktor, der eine sehr dogmatische Draht=
puppe ist, unterm Reden seine Manschetten in Falten legt
und einen Kräusel ohne Ende herauszupft, fand dieses unter
der Würde eines gescheiten Menschen: das merkte ich an seiner
Nase. Ich ließ mich aber in nichts stören, ließ ihn sehr ver=
nünftige Sachen abhandeln und baute den Kindern ihre
Kartenhäuser wieder, die sie zerschlagen hatten. Auch ging
er darauf in der Stadt herum und beklagte: des Amtmanns
Kinder wären so schon ungezogen genug, der Werther ver=
derbe sie nun völlig.

Ja, lieber Wilhelm, meinem Herzen sind die Kinder am
nächsten auf der Erde. Wenn ich ihnen zusehe und in dem
kleinen Dinge die Keime aller Tugenden, aller Kräfte sehe,
die sie einmal so nötig brauchen werden; wenn ich in dem
Eigensinne künftige Standhaftigkeit und Festigkeit des Charak=
ters, in dem Mutwillen guten Humor und Leichtigkeit, über
die Gefahren der Welt hinzuschlüpfen, erblicke, alles so un=
verdorben, so ganz! — immer, immer wiederhole ich dann die
goldenen Worte des Lehrers der Menschen: Wenn ihr nicht
werdet wie eines von diesen! Und nun, mein Bester, sie, die
unseresgleichen sind, die wir als unsere Muster ansehen
sollten, behandeln wir als Unterthanen. Sie sollen keinen
Willen haben! — Haben wir denn keinen? Und wo liegt
das Vorrecht? — Weil wir älter sind und gescheiter? —
Guter Gott von deinem Himmel! alle Kinder siehst du und

junge Kinder und nichts weiter, und an welchen du mehr
Freude haft, das hat dein Sohn schon lange verkündigt. Aber
sie glauben an ihn, und hören ihn nicht — das ist auch was
Altes — und bilden ihre Kinder nach sich, und — adien,
Wilhelm! ich mag darüber nicht weiter rabotieren.

————

Am 1. Jullus.

Was Lotte einem Kranken sein muß, fühl' ich an meinem
eigenen armen Herzen, das übler dran ist als manches, das
auf dem Siechbette verschmachtet. Sie wird einige Tage in
der Stadt bei einer rechtschaffenen Frau zubringen, die sich
nach der Aussage der Aerzte ihrem Ende naht und in diesen
letzten Augenblicken Lotten um sich haben will. Ich war
vorige Woche mit ihr, den Pfarrer von St . . . zu besuchen,
ein Oertchen, das eine Stunde seitwärts im Gebirge liegt.
Wir kamen gegen vier dahin. Lotte hatte ihre zweite Schwester
mitgenommen. Als wir in den von zwei hohen Nußbäumen
überschatteten Pfarrhof traten, saß der gute alte Mann auf
einer Bank vor der Hausthür, und da er Lotten sah, ward
er wie neu belebt, vergaß seinen Knotenstock und wagte sich
auf, ihr entgegen. Sie lief hin zu ihm, nötigte ihn, sich
niederzulassen, indem sie sich zu ihm setzte, brachte viele Grüße
von ihrem Vater, herzte seinen garstigen, schmutzigen jüngsten
Buben, das Quakelchen seines Alters. Du hättest sie sehen
sollen, wie sie den Alten beschäftigte, wie sie ihre Stimme
erhob, um seinen halb tauben Ohren vernehmlich zu werden,
wie sie ihm von jungen robusten Leuten erzählte, die unvermutet gestorben wären, von der Vortrefflichkeit des Karls-
bades, und wie sie seinen Entschluß lobte, künftigen Sommer
hinzugehen, wie sie fand, daß er viel besser aussehe, viel
munterer sei als das letzte Mal, da sie ihn gesehen. — Ich
halle indes der Frau Pfarrerin meine Höflichkeiten gemacht.
Der Alte wurde ganz munter, und da ich nicht umhin konnte,
die schönen Nußbäume zu loben, die uns so lieblich beschatteten,
fing er an, uns, wiewohl mit einiger Beschwerlichkeit, die
Geschichte davon zu geben. — Den alten, sagte er, wissen wir
nicht, wer den gepflanzt hat: einige sagen dieser, andere jener
Pfarrer. Der jüngere aber dort hinten ist so alt als meine
Frau, im Oktober funfzig Jahre. Ihr Vater pflanzte ihn des
Morgens, als sie gegen Abend geboren wurde. Er war mein
Vorfahr im Amt, und wie lieb ihm der Baum war, ist nicht
zu sagen; mir ist er's gewiß nicht weniger. Meine Frau

faß darunter auf einem Ballen und strickte, da ich vor sieben=
undzwanzig Jahren als ein armer Student zum erstenmal hier
in den Hof kam. — Lotte fragte nach seiner Tochter; es hieß,
sie sei mit Herrn Schmidt auf die Wiese hinaus zu den Arbei=
tern, und der Alte fuhr in seiner Erzählung fort, wie sein
Vorfahr ihn lieb gewonnen, und die Tochter dazu, und wie
er erst sein Vilar und dann sein Nachfolger geworden.   Die
Geschichte war nicht lange zu Ende, als die Jungfer Pfarrerin
mit dem sogenannten Herrn Schmidt durch den Garten her=
kam: sie bewillkommte Lotten mit herzlicher Wärme, und ich
muß sagen, sie gefiel mir nicht übel; eine rasche, wohl ge=
wachsene Brünette, (die einen die Kurzeit über auf dem Lande
wohl unterhalten hätte.) Ihr Liebhaber (denn als solchen
stellte sich Herr Schmidt gleich dar), ein feiner, doch stiller
Mensch, der sich nicht in unsere Gespräche mischen wollte, ob
ihn gleich Lotte immer herein zog.   Was mich am meisten
betrübte, war, daß ich an seinen Gesichtszügen zu bemerken
schien, es sei mehr Eigensinn und übler Humor, als Ein=
geschränktheit des Verstandes, der ihn sich mitzuteilen hinderte.
In der Folge ward dies leider nur zu deutlich; denn als
Friederike beim Spazierengehen mit Lotten und gelegentlich
auch mit mir ging, wurde des Herrn Angesicht, das ohnedies
einer bräunlichen Farbe war, so sichtlich verdunkelt, daß es
Zeit war, daß Lotte mich beim Aermel zupfte und mir zu
verstehen gab, daß ich mit Friederiken zu artig gethan.   Nun
verdrießt mich nichts mehr, als wenn die Menschen einander
plagen, am meisten, wenn junge Leute in der Blüte des
Lebens, da sie am offensten für alle Freuden sein könnten,
einander die paar guten Tage mit Fratzen verderben und nur
erst zu spät das Unersetzliche ihrer Verschwendung einsehen.
Mir wurmte das, und ich konnte nicht umhin, da wir gegen
Abend in den Pfarrhof zurückkehrten und an einem Tische
Milch aßen und das Gespräch auf Freude und Leid der Welt
sich wendete, den Faden zu ergreifen und recht herzlich gegen
die üble Laune zu reden.   Wir Menschen beklagen uns oft,
fing ich an, daß der guten Tage so wenig sind und der
schlimmen so viel, und, wie mich dünkt, meist mit Unrecht.
Wenn wir immer ein offenes Herz hätten, das Gute zu ge=
nießen, das uns Gott für jeden Tag bereitet, wir würden
alsdann auch Kraft genug haben, das Uebel zu tragen, wenn
es kommt. — Wir haben aber unser Gemüt nicht in unserer
Gewalt, versetzte die Pfarrerin; wie viel hängt vom Körper

ab! wenn einem nicht wohl ist, ist's einem überall nicht recht.
— Ich gestand ihr das ein. Wir wollen es also, fuhr ich
fort, als eine Krankheit ansehn und fragen, ob dafür kein
Mittel ist! — Das läßt sich hören, sagte Lotte; ich glaube
wenigstens, daß viel von uns abhängt. Ich weiß es an mir:
wenn mich etwas neckt und mich verdrießlich machen will,
spring' ich auf und sing' ein paar Kontretänze den Garten
auf und ab, gleich ist's weg. — Das war's, was ich sagen
wollte, versetzte ich; es ist mit der üblen Laune völlig wie mit
der Trägheit, denn es ist eine Art von Trägheit. Unsere
Natur hängt sehr dahin, und doch, wenn wir nur einmal die
Kraft haben, uns zu ermannen, geht uns die Arbeit frisch
von der Hand, und wir finden in der Thätigkeit ein wahres
Vergnügen. — Friederike war sehr aufmerksam, und der junge
Mensch wandte mir ein: daß man nicht Herr über sich selbst
sei und am wenigsten über seine Empfindungen gebieten könne.
— Es ist hier die Frage von einer unangenehmen Empfindung, versetzte ich, die doch jedermann gerne los ist; und
niemand weiß, wie weit seine Kräfte gehen, bis er sie ver-
sucht hat. Gewiß, wer krank ist, wird bei allen Aerzten
herum fragen, und die größten Resignationen, die bittersten
Arzneien wird er nicht abweisen, um seine gewünschte Gesundheit zu erhalten. Ich bemerkte, daß der ehrliche Alte sein
Gehör anstrengte, um an unserm Diskurse teilzunehmen;
ich erhob die Stimme, indem ich die Rede gegen ihn wandte.
Man predigt gegen so viele Laster, sagte ich; ich habe noch
nie gehört, daß man gegen die üble Laune vom Predigtstuhle
gearbeitet hätte.*) — Das müßten die Stadtpfarrer thun,
sagte er, die Bauern haben keinen bösen Humor; doch könnte
es auch zuweilen nichts schaden, es wäre eine Lektion für
seine Frau wenigstens und für den Herrn Amtmann. — Die
Gesellschaft lachte, und er herzlich mit, bis er in einen Husten
verfiel, der unsern Diskurs eine Zeitlang unterbrach; darauf
denn der junge Mensch wieder das Wort nahm: Sie nannten
den bösen Humor ein Laster; mich deucht, das ist übertrieben.
— Mit nichten, gab ich zur Antwort, wenn das, womit man
sich selbst und seinem Nächsten schadet, diesen Namen verdient.
Ist es nicht genug, daß wir einander nicht glücklich machen
können, müssen wir auch noch einander das Vergnügen rauben,
das jedes Herz sich noch manchmal selbst gewähren kann? Und

---

*) Wir haben nun von Lavatern eine treffliche Predigt hierüber, unter denen
über das Buch Jonas.

nennen Sie mir den Menschen, der übler Laune ist und so
brav dabei, sie zu verbergen, sie allein zu tragen, ohne die
Freude um sich her zu zerstören! Oder, ist sie nicht vielmehr
ein innerer Unmut über unsre eigne Unwürdigkeit, ein Miß=
fallen an uns selbst, das immer mit einem Neide verknüpft
ist, der durch eine thörichte Eitelkeit aufgehetzt wird? Wir
sehen glückliche Menschen, die wir nicht glücklich machen, und
das ist unerträglich. — Lotte lächelte mich an, da sie die Be=
wegung sah, mit der ich redete, und eine Thräne in Friede=
rikens Auge spornte mich, fortzufahren. — Wehe denen, sagte
ich, die sich der Gewalt bedienen, die sie über ein Herz haben,
um ihm die einfachen Freuden zu rauben, die aus ihm selbst
hervorkeimen. (Alle Geschenke, alle Gefälligkeiten der Welt
ersetzen nicht einen Augenblick Vergnügen an sich selbst, den
uns eine neidische Unbehaglichkeit unsers Tyrannen vergällt hat.)

Mein ganzes Herz war voll in diesem Augenblicke; die
Erinnerung so manches Vergangenen drängte sich an meine
Seele, und die Thränen kamen mir in die Augen.

Wer sich das nur täglich sagte, rief ich aus, du vermagst
nichts auf deine Freunde, als ihnen ihre Freude zu lassen und
ihr Glück zu vermehren, indem du es mit ihnen genießest.
Vermagst du, wenn ihre innere Seele von einer ängstigenden
Leidenschaft gequält, vom Kummer zerrüttet ist, ihnen einen
Tropfen Linderung zu geben?

Und wenn die letzte, bangste Krankheit dann über das
Geschöpf herfällt, das du in blühenden Tagen untergraben
hast, und sie nun da liegt in dem erbärmlichsten Ermatten,
das Auge gefühllos gen Himmel sieht, der Todesschweiß auf
der blassen Stirne abwechselt und du vor dem Bette stehst
wie ein Verdammter, in dem innigsten Gefühl, daß du nichts
vermagst mit deinem ganzen Vermögen, und die Angst dich
inwendig krampft, daß du alles hingeben möchtest, dem unter=
gehenden Geschöpfe einen Tropfen Stärkung, einen Funken
Mut einflößen zu können.

Die Erinnerung einer solchen Szene, wobei ich gegen=
wärtig war, fiel mit ganzer Gewalt bei diesen Worten über
mich. Ich nahm das Schnupftuch vor die Augen und ver=
ließ die Gesellschaft, und nur Lottens Stimme, die mir rief:
wir wollten fort, brachte mich zu mir selbst. Und wie sie mich
auf dem Wege schalt, über den zu warmen Anteil an allem,
und daß ich drüber zu Grunde gehen würde! daß ich mich
schonen sollte! — O der Engel! Um deinetwillen muß ich leben!

Sie ist immer um ihre sterbende Freundin und ist immer
dieselbe, immer das gegenwärtige, holde Geschöpf, das, wo
sie hinsieht, Schmerzen lindert und Glückliche macht. Sie
ging gestern abend mit Mariannen und dem kleinen Malchen
spazieren; ich wußte es und traf sie an, und wir gingen zusammen. Nach einem Wege von anderthalb Stunden kamen
wir gegen die Stadt zurück, an den Brunnen, der mir so wert
und nun tausendmal werter ist. Lotte setzte sich aufs Mäuer-
chen, wir standen vor ihr. Ich sah umher, ach! und die Zeit,
da mein Herz so allein war, lebte wieder vor mir auf. Lieber
Brunnen, sagte ich, seither hab' ich nicht mehr an deiner Kühle
geruht, hab' in eilendem Vorübergehen dich manchmal nicht
angesehn. — Ich blickte hinab und sah, daß Malchen mit
einem Glase Wasser sehr beschäftigt herauf stieg. — Ich sah
Lotten an und fühlte alles, was ich an ihr habe. Indem so
kommt Malchen mit einem Glase. Marianne wollt' es ihr
abnehmen: nein! rief das Kind mit dem süßesten Ausdrucke,
nein, Lottchen, du sollst zuerst trinken! — Ich ward über die
Wahrheit, über die Güte, womit sie das ausrief, so entzückt,
daß ich meine Empfindung mit nichts ausdrücken konnte, als
ich nahm das Kind von der Erde und küßte es lebhaft, das
sogleich zu schreien und zu weinen anfing. — Sie haben übel
gethan, sagte Lotte. — Ich war betroffen. — Komm, Malchen, fuhr sie fort, indem sie es bei der Hand nahm und die
Stufen hinab führte; da wasche dich aus der frischen Quelle,
geschwind, geschwind, da thut's nichts. — Wie ich so dastand
und zusah, mit welcher Emsigkeit das Kleine mit seinen nassen
Häudchen die Backen rieb, mit welchem Glauben, daß durch die
Wunderquelle alle Verunreinigung abgespült und die Schmach
abgethan würde, einen häßlichen Bart zu kriegen; wie Lotte
sagte: es ist genug, und das Kind doch immer eifrig fort
wusch, als wenn viel mehr thäte als wenig — Ich sage dir,
Wilhelm, ich habe mit mehr Respekt nie einer Taufhandlung
beigewohnt — und als Lotte herauf kam, hätte ich mich gern
vor ihr niedergeworfen, wie vor einem Propheten, der die
Schulden einer Nation weggeweiht hat.

Des Abends konnte ich nicht umhin, in der Freude meines
Herzens den Vorfall einem Manne zu erzählen, dem ich
Menschensinn zutraute, weil er Verstand hat; aber wie kam
ich an! Er sagte, das sei sehr übel von Lotten gewesen; man
solle die Kinder nichts weis machen; dergleichen gäbe zu un-

zähligen Irrtümern und Aberglauben Anlaß, wovor man die
Kinder frühzeitig bewahren müsse. — Nun fiel mir ein, daß
der Mann vor acht Tagen hatte taufen lassen, drum ließ ich's
vorbeigehen und blieb in meinem Herzen der Wahrheit getreu:
Wir sollen es mit den Kindern machen, wie Gott mit uns,
der uns am glücklichsten macht, wenn er uns in freundlichem
Wahne so hintaumeln läßt.

Am 8. Julius.

Was man ein Kind ist! Was man nach einem Blicke
geizt! Was man ein Kind ist! — Wir waren nach Wahlheim
gegangen. Die Frauenzimmer fuhren hinaus, und während
unserer Spaziergänge glaubte ich in Lottens schwarzen Augen
— Ich bin ein Thor, verzeih mir's! du solltest sie sehen,
diese Augen! — Daß ich kurz bin (denn die Augen fallen
mir zu vor Schlaf), siehe, die Frauenzimmer stiegen ein, da
standen um die Kutsche der junge W . . ., Selstadt und
Audran und ich. Da ward aus dem Schlage geplaudert mit
den Kerlchen, die freilich leicht und lüstig genug waren. — Ich
suchte Lottens Augen. Ach, sie gingen von einem zum andern!
Aber auf mich! mich! mich! der ganz allein auf sie resigniert
dastand, fielen sie nicht! — Mein Herz sagte ihr tausend Adieu!
Und sie sah mich nicht! Die Kutsche fuhr vorbei, und eine
Thräne stand mir im Auge. Ich sah ihr nach und sah Lottens
Kopfputz sich zum Schlag heraus lehnen, und sie wandte sich
um zu sehen, ach! nach mir? — Lieber! in dieser Ungewiß=
heit schwebe ich; das ist mein Trost: Vielleicht hat sie sich
nach mir umgesehen! Vielleicht! — Gute Nacht! O, was
ich ein Kind bin!

Am 10. Julius.

Die alberne Figur, die ich mache, wenn in Gesellschaft
von ihr gesprochen wird, solltest du sehen! Wenn man mich
nun gar fragt, wie sie mir gefällt — Gefällt! Das Wort
hasse ich auf den Tod. Was muß das für ein Mensch sein,
dem Lotte gefällt, dem sie nicht alle Sinnen, alle Empfin=
dungen ausfüllt! Gefällt! Neulich fragte mich einer, wie
mir Ossian gefiele!

Am 11. Julius.

Frau M . . ist sehr schlecht; ich bete für ihr Leben, weil
ich mit Lotten dulde. Ich sehe sie selten bei meiner Freundin,

und heute hat sie mir einen wunderbaren Vorfall erzählt.
— Der alte M.. ist ein geiziger, rangiger Filz, der seine
Frau im Leben was Rechts geplagt und eingeschränkt hat; doch
hat sich die Frau immer durchzuhelfen gewußt. Vor wenigen
Tagen, als der Arzt ihr das Leben abgesprochen hatte, ließ sie
ihren Mann kommen — Lotte war im Zimmer — und redete ihn
also an: Ich muß dir eine Sache gestehen, die nach meinem
Tode Verwirrung und Verdruß machen könnte. Ich habe
bisher die Haushaltung geführt, so ordentlich und sparsam
als möglich: allein du wirst mir verzeihen, daß ich dich diese
dreißig Jahre her hintergangen habe. Du bestimmtest im
Anfange unsrer Heirat ein Geringes für die Bestreitung der
Küche und anderer häuslichen Ausgaben. Als unsere Haus=
haltung stärker wurde, unser Gewerbe größer, warst du nicht
zu bewegen, mein Wochengeld nach dem Verhältnisse zu ver=
mehren; kurz, du weißt, daß du in den Zeiten, da sie am
größten war, verlangtest, ich solle mit sieben Gulden die
Woche auskommen. — Die habe ich denn ohne Widerrede
genommen und mir den Ueberschuß wöchentlich aus der Losung
geholt, da niemand vermutete, daß die Frau die Kasse be=
stehlen würde. Ich habe nichts verschwendet und wäre auch,
ohne es zu bekennen, getrost der Ewigkeit entgegengegangen,
wenn nicht diejenige, die nach mir das Hauswesen zu führen
hat, sich nicht zu helfen wissen würde und du doch immer
darauf bestehen könntest, deine erste Frau sei damit ausgekommen.

Ich redete mit Lotten über die unglaubliche Verblendung
des Menschensinns, daß einer nicht argwohnen soll, dahinter
müsse was anders stecken, wenn eins mit sieben Gulden hin=
reicht, wo man den Aufwand vielleicht um zweimal so viel
sieht. Aber ich habe selbst Leute gekannt, die des Propheten
ewiges Oelkrüglein ohne Verwunderung in ihrem Hause an=
genommen hätten.

———

Am 13 Julius.

Nein, ich betrüge mich nicht! Ich lese in ihren schwarzen
Augen wahre Teilnehmung an mir und meinem Schicksal.
Ja, ich fühle, und darin darf ich meinem Herzen trauen, daß
sie — o darf ich, kann ich den Himmel in diesen Worten
aussprechen? — daß sie mich liebt!

Mich liebt! — Und wie wert ich mir selbst werde, wie
ich — dir darf ich's wohl sagen, du hast Sinn für so etwas
— wie ich mich selbst anbete, seitdem sie mich liebt!

Ob das Vermessenheit ist, oder Gefühl des wahren Ver=
hältnisses? — Ich kenne den Menschen nicht, von dem ich
etwas in Lottens Herzen fürchtete: und doch — wenn sie
von ihrem Bräutigam spricht, mit solcher Wärme, solcher Liebe
von ihm spricht — da ist mir's wie einem, der aller seiner
Ehren und Würden entsetzt und dem der Degen abgenom=
men wird.

Am 16. Jullus.

Ach, wie mir das durch alle Adern läuft, wenn mein
Finger unversehens den ihrigen berührt, wenn unsere Füße
sich unter dem Tische begegnen! Ich ziehe zurück, wie vom
Feuer, und eine geheime Kraft zieht mich wieder vorwärts —
mir wird's so schwindlich vor allen Sinnen — O! und ihre
Unschuld, ihre unbefangene Seele fühlt nicht, wie sehr mich
die kleinen Vertraulichkeiten peinigen. — Wenn sie gar im
Gespräch ihre Hand auf die meinige legt und im Interesse
der Unterredung näher zu mir rückt, daß der himmlische Atem
ihres Mundes meine Lippen erreichen kann. — Ich glaube zu
versinken, wie vom Wetter gerührt. — Und, Wilhelm! wenn
ich mich jemals unterstehe, diesen Himmel, dieses Vertrauen —!
Du verstehst mich. Nein, mein Herz ist so verderbt nicht!
Schwach! schwach genug! — Und ist das nicht Verderben? —
Sie ist mir heilig. Alle Begier schweigt in ihrer Gegen=
wart. Ich weiß nie, wie mir ist, wenn ich bei ihr bin;
es ist, als wenn die Seele sich mir in allen Nerven um=
lehrte. — Sie hat eine Melodie, die sie auf dem Klavier
spielt mit der Kraft eines Engels, so simpel und so geistvoll!
Es ist ihr Leiblied, und mich stellt es von aller Pein, Ver=
wirrung und Grillen her, wenn sie nur die erste Note davon
greift.

Kein Wort von der alten Zauberkraft der Musik ist mir
unwahrscheinlich, wie mich der einfache Gesang angreift. Und
wie sie ihn anzubringen weiß, oft zur Zeit, wo ich mir eine
Kugel vor den Kopf schießen möchte! Die Irrung und
Finsternis meiner Seele zerstreut sich, und ich atme wieder
freier.

Am 18. Jullus.

Wilhelm, was ist unserem Herzen die Welt ohne Liebe!
Was eine Zauberlaterne ist ohne Licht! Kaum bringst du
das Lämpchen hinein, so scheinen dir die buntesten Bilder an

deine weiße Wand! Und wenn's nichts wäre, als das,
als vorübergehende Phantome, so macht's doch immer unser
Glück, wenn wir wie frische Jungen davor stehen und uns
über die Wundererscheinungen entzücken. Heute konnte ich
nicht zu Lotten, eine unvermeidliche Gesellschaft hielt mich ab.
Was war zu thun? Ich schickte meinen Diener hinaus, nur
um einen Menschen um mich zu haben, der ihr heute nahe
gekommen wäre. Mit welcher Ungeduld ich ihn erwartete,
mit welcher Freude ich ihn wiedersah! Ich hätte ihn gern
beim Kopfe genommen und geküßt, wenn ich mich nicht ge=
schämt hätte.

Man erzählt von dem Bononischen Steine, daß er, wenn
man ihn in die Sonne legt, ihre Strahlen anzieht und eine
Weile bei Nacht leuchtet. So war mir's mit dem Burschen.
Das Gefühl, daß ihre Augen auf seinem Gesichte, seinen
Backen, seinen Rockknöpfen und dem Kragen am Sürtout
geruht hatten, machte mir das alles so heilig, so wert! Ich
hätte in dem Augenblick den Jungen nicht um tausend Thaler
gegeben. Es war mir so wohl in seiner Gegenwart. —
Bewahre dich Gott, daß du darüber lachest. Wilhelm, sind
das Phantome, wenn es uns wohl ist?

Am 19. Jullus.

Ich werde sie sehen! ruf' ich morgens aus, wenn ich
mich ermuntere und mit aller Heiterkeit der schönen Sonne
entgegenblicke; ich werde sie sehen! Und da habe ich für
den ganzen Tag keinen Wunsch weiter. Alles, alles ver=
schlingt sich in dieser Aussicht.

Am 20. Jullus.

Eure Idee will noch nicht die meinige werden, daß ich
mit dem Gesandten nach *** gehen soll. Ich liebe die Sub=
ordination nicht sehr, und wir wissen alle, daß der Mann
noch dazu ein widriger Mensch ist. Meine Mutter möchte
mich gern in Aktivität haben, sagst du: das hat mich zu
lachen gemacht. Bin ich jetzt nicht auch aktiv? und ist's im
Grunde nicht einerlei, ob ich Erbsen zähle oder Linsen? Alles
in der Welt läuft doch auf eine Lumperei hinaus, und ein
Mensch, der um anderer willen, ohne daß es seine eigene
Leidenschaft, sein eigenes Bedürfnis ist, sich um Geld oder
Ehre oder sonst was abarbeitet, ist immer ein Thor.

Da dir so viel daran gelegen ist, daß ich mein Zeichnen nicht vernachlässige, möchte ich lieber die ganze Sache über=gehen, als dir sagen, daß seither wenig gethan wird.

Noch nie war ich glücklicher, noch nie meine Empfindung an der Natur, bis aufs Steinchen, aufs Gräschen herunter, voller und inniger, und doch — ich weiß nicht, wie ich mich ausdrücken soll, meine vorstellende Kraft ist so schwach, alles schwimmt und schwankt so vor meiner Seele, daß ich keinen Umriß packen kann; aber ich bilde mir ein, wenn ich Thon hätte oder Wachs, so wollte ich's wohl herausbilden. Ich werde auch Thon nehmen, wenn's länger währt, und kneten, und sollten's Kuchen werden!

Lottens Porträt habe ich dreimal angefangen und habe mich dreimal prostituiert; das mich um so mehr verdrießt, weil ich vor einiger Zeit sehr glücklich im Treffen war. Darauf habe ich denn ihren Schattenriß gemacht, und damit soll mir gnügen.

Ja, liebe Lotte, ich will alles besorgen und bestellen; geben Sie mir nur mehr Aufträge, nur recht oft. Um eins bitte ich Sie: keinen Sand mehr auf die Zettelchen, die Sie mir schreiben. Heute führte ich es schnell nach der Lippe, und die Zähne knisterten mir.

Ich habe mir schon so manchmal vorgenommen, sie nicht so oft zu sehen. Ja, wer das halten könnte! Alle Tage unterlieg' ich der Versuchung und verspreche mir heilig: morgen willst du einmal wegbleiben; und wenn der Morgen kommt, finde ich doch wieder eine unwiderstehliche Ursache, und ehe ich mich's versehe, bin ich bei ihr. Entweder sie hat des Abends gesagt: Sie kommen doch morgen? — Wer könnte da wegbleiben? Oder sie gibt mir einen Auftrag, und ich finde schicklich, ihr selbst die Antwort zu bringen; oder der Tag ist gar zu schön, ich gehe nach Wahlheim, und wenn ich nun da bin, ist's nur noch eine halbe Stunde zu ihr! — Ich bin zu nahe in der Atmosphäre — Zuck! so bin ich dort. Meine Großmutter hatte ein Märchen vom Magnetenberg: die Schiffe, die zu nahe kamen, wurden auf einmal alles Eisenwerks beraubt, die Nägel flogen dem Berge zu, und

die armen Elenden ſcheiterten zwiſchen den über einander
ſtürzenden Brettern.

———

Albert iſt angekommen, und ich werde gehen; und wenn
er der beſte, der edelſte Menſch wäre, unter den ich mich in
jeder Betrachtung zu ſtellen bereit wäre, ſo wär's unerträg=
lich, ihn vor meinem Angeſicht im Beſitz ſo vieler Vollkommen=
heiten zu ſehen. — Beſitz! — Genug, Wilhelm, der Bräuti=
gam iſt da! Ein braver, lieber Mann, dem man gut ſein
muß. Glücklicherweiſe war ich nicht beim Empfange! Das
hätte mir das Herz zerriſſen. Auch iſt er ſo ehrlich und hat
Lotten in meiner Gegenwart noch nicht ein einzigmal ge=
küßt. Das lohn' ihm Gott! Um des Reſpekts willen, den
er vor dem Mädchen hat, muß ich ihn lieben. Er will mir
wohl, und ich vermute, das iſt Lottens Werk mehr, als ſeiner
eigenen Empfindung; denn darin ſind die Weiber fein und
haben recht: wenn ſie zwei Verehrer in gutem Vernehmen
mit einander erhalten können, iſt der Vorteil immer ihr, ſo
ſelten es auch angeht.

Judes kann ich Alberten meine Achtung nicht verſagen.
Seine gelaſſene Außenſeite ſticht gegen die Unruhe meines
Charakters ſehr lebhaft ab, die ſich nicht verbergen läßt.
Er hat viel Gefühl und weiß, was er an Lotten hat. Er
ſcheint wenig üble Laune zu haben, und du weißt, das iſt
die Sünde, die ich ärger haſſe am Menſchen, als alle andre.

Er hält mich für einen Menſchen von Sinn, und meine
Anhänglichkeit an Lotten, meine warme Freude, die ich an
allen ihren Handlungen habe, vermehrt ſeinen Triumph, und
er liebt ſie nur deſto mehr. Ob er ſie nicht manchmal heim=
lich mit kleiner Eiferſüchtelei peinigt, das laſſe ich dahin ge=
ſtellt ſein; wenigſtens würd' ich an ſeinem Platze nicht ganz
ſicher vor dieſem Teufel bleiben.

Dem ſei nun, wie ihm wolle! meine Freude, bei Lotten
zu ſein, iſt hin. Soll ich das Thorheit nennen oder Ver=
blendung? — Was braucht's Namen! Erzählt die Sache
an ſich! — Ich wußte alles, was ich jetzt weiß, ehe Albert
kam; ich wußte, daß ich keine Prätenſionen auf ſie zu machen
hatte, machte auch keine — das heißt, inſofern es möglich
iſt, bei ſo viel Liebenswürdigkeiten nicht zu begehren — und
jetzt macht der Fratze große Augen, da der andere nun wirk=
lich kommt und ihm das Mädchen wegnimmt.

Ich beiße die Zähne auf einander und spotte über mein
Elend, und spottete derer doppelt und dreifach, die sagen
könnten, ich sollte mich resignieren, und weil es nun einmal
nicht anders sein könnte — Schafft mir diese Strohmänner
vom Halse! — Ich laufe in den Wäldern herum, und wenn
ich zu Lotten komme und Albert bei ihr sitzt im Gärtchen
unter der Laube und ich nicht weiter kann, so bin ich ausgelassen närrisch und fange viel Possen, viel verwirrtes Zeug
an. — Um Gottes willen, sagte mir Lotte heut, ich bitte
Sie, keine Szene, wie die von gestern abend! Sie sind
fürchterlich, wenn Sie so lustig sind. — Unter uns, ich passe
die Zeit ab, wenn er zu thun hat; wutsch! bin ich draus,
und da ist mir's immer wohl, wenn ich sie allein finde.

Am 8 August.

Ich bitte dich, lieber Wilhelm, es war gewiß nicht auf
dich geredt, wenn ich die Menschen unerträglich schalt, die
von uns Ergebung in unvermeidliche Schicksale fordern. Ich
dachte wahrlich nicht daran, daß du von ähnlicher Meinung
sein könntest. Und im Grunde hast du recht. Nur eins,
mein Bester! In der Welt ist es sehr selten mit dem Entweder Oder gethan; die Empfindungen und Handlungs-
weisen schattieren sich so mannigfaltig, als Abfälle zwischen
einer Habichts- und Stumpfnase sind.

Du wirst mir also nicht übel nehmen, wenn ich dir dein
ganzes Argument einräume und mich doch zwischen dem Entweder Oder durchzustehlen suche.

Entweder, sagst du, hast du Hoffnung auf Lotten, oder
du hast keine. Gut! im ersten Fall suche sie durchzutreiben,
suche die Erfüllung deiner Wünsche zu umfassen; im andern
Fall ermanne dich und suche einer elenden Empfindung los
zu werden, die alle deine Kräfte verzehren muß. — Bester!
das ist wohl gesagt und — bald gesagt.

Und kannst du von dem Unglücklichen, dessen Leben
unter einer schleichenden Krankheit unaufhaltsam allmählich
abstirbt, kannst du von ihm verlangen, er solle durch einen
Dolchstoß der Qual auf einmal ein Ende machen? und raubt
das Uebel, das ihm die Kräfte verzehrt, ihm nicht auch zugleich den Mut, sich davon zu befreien?

Zwar könntest du mir mit einem verwandten Gleichnisse
antworten: Wer ließe sich nicht lieber den Arm abnehmen,
als daß er durch Zaudern und Zagen sein Leben aufs Spiel

setzte? — Ich weiß nicht! — und wir wollen uns nicht in Gleichnissen herumbeißen. Genug — Ja, Wilhelm, ich habe manchmal so einen Augenblick aufspringenden, abschüttelnden Mutes, und da — wenn ich nur wüßte, wohin? ich ginge wohl.

Abends

Mein Tagebuch, das ich seit einiger Zeit vernachlässiget, fiel mir heut wieder in die Hände, und ich bin erstaunt, wie ich so wissentlich in das alles, Schritt vor Schritt, hineingegangen bin! Wie ich über meinen Zustand immer so klar gesehen und doch gehandelt habe, wie ein Kind; jetzt noch so klar sehe und es noch keinen Anschein zur Besserung hat.

Am 10. August.

Ich könnte das beste, glücklichste Leben führen, wenn ich nicht ein Thor wäre. So schöne Umstände vereinigen sich nicht leicht, eines Menschen Seele zu ergötzen, als die sind, in denen ich mich jetzt befinde. Ach, so gewiß ist's, daß unser Herz allein sein Glück macht. — Ein Glied der liebenswürdigen Familie zu sein; von dem Alten geliebt zu werden wie ein Sohn, von den Kleinen wie ein Vater; und von Lotten! — dann der ehrliche Albert, der durch keine launische Unart mein Glück stört; der mich mit herzlicher Freundschaft umfaßt; dem ich nach Lotten das Liebste auf der Welt bin! — Wilhelm, es ist eine Freude, uns zu hören, wenn wir spazieren gehn und uns einander von Lotten unterhalten: es ist in der Welt nichts Lächerlicheres erfunden worden als dieses Verhältnis, und doch kommen mir oft darüber die Thränen in die Augen.

Wenn er mir von ihrer rechtschaffenen Mutter erzählt: wie sie auf ihrem Todbette Lotten ihr Haus und ihre Kinder übergeben und ihm Lotten anbefohlen habe; wie seit der Zeit ein ganz anderer Geist Lotten belebt; wie sie in der Sorge für ihre Wirtschaft und in dem Ernste eine wahre Mutter geworden; wie kein Augenblick ihrer Zeit ohne thätige Liebe, ohne Arbeit verstrichen und dennoch ihre Munterkeit, ihr leichter Sinn sie nie dabei verlassen habe. — Ich gehe so neben ihm hin und pflücke Blumen am Wege, füge sie sehr sorgfältig in einen Strauß und — werfe sie in den vorüberfließenden Strom und sehe ihnen nach, wie sie leise hinunterwallen. — Ich weiß nicht, ob ich dir geschrieben habe, daß Albert hier bleiben und ein Amt mit einem artigen Aus=

kommen vom Hofe erhalten wird, wo er sehr beliebt ist. In
Ordnung und Emsigkeit in Geschäften habe ich wenig seines-
gleichen gesehen.

Am 12. August.

Gewiß, Albert ist der beste Mensch unter dem Himmel.
Ich habe gestern eine wunderbare Szene mit ihm gehabt.
Ich kam zu ihm, um Abschied von ihm zu nehmen; denn mich
wandelte die Lust an, ins Gebirge zu reiten, von woher ich
dir auch jetzt schreibe; und wie ich in der Stube auf und ab
gehe, fallen mir seine Pistolen in die Augen. Borge mir
die Pistolen, sagte ich, zu meiner Reise. Meinetwegen, sagte
er, wenn du dir die Mühe nehmen willst, sie zu laden; bei
mir hängen sie nur pro forma. Ich nahm eine herunter,
und er fuhr fort: Seit mir meine Vorsicht einen so unartigen
Streich gespielt hat, mag ich mit dem Zeuge nichts mehr zu
thun haben. — Ich war neugierig, die Geschichte zu wissen.
— Ich hielt mich, erzählte er, wohl ein Vierteljahr auf dem
Lande bei einem Freunde auf, hatte ein paar Terzerolen ungeladen und schlief ruhig. Einmal an einem regnichten Nachmittage, da ich müßig sitze, weiß ich nicht, wie mir einfällt:
wir könnten überfallen werden, wir könnten die Terzerolen
nötig haben und könnten — du weißt ja, wie das ist. —
— Ich gab sie dem Bedienten, sie zu putzen und zu laden;
und der dahlt mit den Mädchen, will sie erschrecken, und, Gott
weiß wie, das Gewehr geht los, da der Ladstock noch drin
steckt, und schießt den Ladstock einem Mädchen zur Maus
herein an der rechten Hand und zerschlägt ihr den Daumen.
Da hatte ich das Lamentieren und die Kur zu bezahlen oben-
drein, und seit der Zeit laß' ich alles Gewehr ungeladen.
Lieber Schatz, was ist Vorsicht? Die Gefahr läßt sich nicht
auslernen! Zwar — Nun weißt du, daß ich den Menschen
sehr lieb habe bis auf seine Zwar; denn versteht sich's nicht
von selbst, daß jeder allgemeine Satz Ausnahmen leidet?
Aber so rechtfertig ist der Mensch! wenn er glaubt, etwas
Uebereiltes, Allgemeines, Halbwahres gesagt zu haben, so hört
er dir nicht auf, zu limitieren, zu modifizieren und ab und
zu zu thun, bis zuletzt gar nichts mehr an der Sache ist.
Und bei diesem Anlaß kam er sehr tief in Text; ich hörte
endlich gar nicht weiter auf ihn, verfiel in Grillen, und mit
einer auffahrenden Gebärde druckte ich mir die Mündung der
Pistole übers rechte Aug' an die Stirn. Pfui, sagte Albert,

indem er mir die Pistole herabzog, was soll das? — Sie ist nicht geladen, sagte ich. — Und auch so, was soll's? versetzte er ungeduldig. Ich kann mir nicht vorstellen, wie ein Mensch so thöricht sein kann, sich zu erschießen; der bloße Gedanke erregt mir Widerwillen.

Daß ihr Menschen, rief ich aus, um von einer Sache zu reden, gleich sprechen müßt: das ist thöricht, das ist klug, das ist gut, das ist bös! Und was will das alles heißen? Habt ihr deswegen die inneren Verhältnisse einer Handlung erforscht? wißt ihr mit Bestimmtheit die Ursachen zu entwickeln, warum sie geschah, warum sie geschehen mußte? Hättet ihr das, ihr würdet nicht so eilfertig mit euren Urteilen sein.

Du wirst mir zugeben, sagte Albert, daß gewisse Handlungen lasterhaft bleiben, sie mögen geschehen, aus welchem Beweggrunde sie wollen.

Ich zuckte die Achseln und gab's ihm zu. Doch, mein Lieber, fuhr ich fort, finden sich auch hier einige Ausnahmen. Es ist wahr, der Diebstahl ist ein Laster: aber der Mensch, der, um sich und die Seinigen vom schmählichen Hungertode zu erretten, auf Raub ausgeht, verdient der Mitleiden oder Strafe? Wer hebt den ersten Stein auf gegen den Ehemann, der im gerechten Zorne sein untreues Weib und ihren nichtswürdigen Verführer aufopfert? gegen das Mädchen, das in einer wonnevollen Stunde sich in den unaufhaltsamen Freuden der Liebe verliert? Unsere Gesetze selbst, diese kaltblütigen Pedanten, lassen sich rühren und halten ihre Strafe zurück.

Das ist ganz was anders, versetzte Albert, weil ein Mensch, den seine Leidenschaften hinreißen, alle Besinnungskraft verliert und als ein Trunkener, als ein Wahnsinniger angesehen wird.

Ach, ihr vernünftigen Leute! rief ich lächelnd aus. Leidenschaft! Trunkenheit! Wahnsinn! Ihr steht so gelassen, so ohne Teilnehmung da, ihr sittlichen Menschen! scheltet den Trinker, verabscheut den Unsinnigen, geht vorbei, wie der Priester, und dankt Gott, wie der Pharisäer, daß er euch nicht gemacht hat, wie einen von diesen. Ich bin mehr als einmal trunken gewesen, und meine Leidenschaften waren nie weit vom Wahnsinn, und beides reut mich nicht; denn ich habe in meinem Maße begreifen lernen, wie man alle außerordentlichen Menschen, die etwas Großes, etwas unmöglich Scheinendes wirkten, von jeher für Trunkene und Wahnsinnige ausschreien mußte.

Goethe, Werke. XV.

Aber auch im gemeinen Leben ist's unerträglich, fast einem jeden bei halbweg einer freien, edlen, unerwarteten That nachrufen zu hören: Der Mensch ist trunken, der ist närrisch! Schämt euch, ihr Nüchternen! Schämt euch, ihr Weisen!

Das sind nun wieder von deinen Grillen, sagte Albert. Du überspannst alles und hast wenigstens hier gewiß unrecht, daß du den Selbstmord, wovon jetzt die Rede ist, mit großen Handlungen vergleichst, da man es doch für nichts anders als eine Schwäche halten kann. Denn freilich ist es leichter, zu sterben, als ein qualvolles Leben standhaft zu ertragen.

Ich war im Begriff, abzubrechen, denn kein Argument bringt mich so aus der Fassung, als wenn einer mit einem unbedeutenden Gemeinspruche angezogen kommt, wenn ich aus ganzem Herzen rede. Doch faßte ich mich, weil ich's schon oft gehört und mich öfter darüber geärgert hatte, und versetzte ihm mit einiger Lebhaftigkeit: Du nennst das Schwäche! Ich bitte dich, laß dich vom Anscheine nicht verführen. Ein Volk, das unter dem unerträglichen Joch eines Tyrannen seufzt, darfst du das schwach heißen, wenn es endlich aufgärt und seine Ketten zerreißt? Ein Mensch, der über dem Schrecken, daß Feuer sein Haus ergriffen hat, alle Kräfte gespannt fühlt und mit Leichtigkeit Lasten wegträgt, die er bei ruhigem Sinne kaum bewegen kann; einer, der in der Wut der Beleidigung es mit sechsen aufnimmt und sie überwältigt, sind die schwach zu nennen? Und, mein Guter, wenn Anstrengung Stärke ist, warum soll die Ueberspannung das Gegenteil sein? — Albert sah mich an und sagte: Nimm mir's nicht übel, die Beispiele, die du da gibst, scheinen hierher gar nicht zu gehören. — Es mag sein, sagte ich; man hat mir schon öfter vorgeworfen, daß meine Kombinationsart manchmal an Radotage grenze. Laßt uns denn sehen, ob wir uns auf eine andere Weise vorstellen können, wie dem Menschen zu Mute sein mag, der sich entschließt, die sonst so angenehme Bürde des Lebens abzuwerfen. Denn nur insofern wir mitempfinden, haben wir Ehre, von einer Sache zu reden.

Die menschliche Natur, fuhr ich fort, hat ihre Grenzen: sie kann Freude, Leid, Schmerzen bis auf einen gewissen Grad ertragen und geht zu Grunde, sobald der überstiegen ist. Hier ist also nicht die Frage, ob einer schwach oder stark ist? sondern ob er das Maß seines Leidens ausdauern kann? es mag nun moralisch oder körperlich sein: und ich finde es eben so wunderbar, zu sagen, der Mensch ist feige, der sich das Leben nimmt, als es ungehörig wäre, den einen Feigen zu nennen, der an einem bösartigen Fieber stirbt.

Paradox! sehr paradox! rief Albert aus. — Nicht so sehr, als du denkst, versetzte ich. Du gibst mir zu, wir nennen das eine Krankheit zum Tode, wodurch die Natur so angegriffen wird, daß teils ihre Kräfte verzehrt, teils so außer Wirkung gesetzt werden, daß sie sich nicht wieder aufzuhelfen, durch keine glückliche Revolution den gewöhnlichen Umlauf des Lebens wieder herzustellen fähig ist.

Nun, mein Lieber, laß uns das auf den Geist anwenden. Sieh den Menschen an in seiner Eingeschränktheit, wie Eindrücke auf ihn wirken, Ideen sich bei ihm festsetzen, bis endlich eine wachsende Leidenschaft ihn aller ruhigen Sinneskraft beraubt und ihn zu Grunde richtet.

Vergebens, daß der gelassene, vernünftige Mensch den Zustand des Unglücklichen übersieht, vergebens, daß er ihm zuredet! Ebenso wie ein Gesunder, der am Bette des Kranken steht, ihm von seinen Kräften nicht das geringste einflößen kann.

Alberten war das zu allgemein gesprochen. Ich erinnerte ihn an ein Mädchen, das man vor weniger Zeit im Wasser tot gefunden, und wiederholte ihm ihre Geschichte. — Ein gutes junges Geschöpf, das in dem engen Kreise häuslicher Beschäftigungen, wöchentlicher bestimmter Arbeit herangewachsen war, das weiter keine Aussicht von Vergnügen kannte, als etwa Sonntags in einem nach und nach zusammengeschafften Putz mit ihresgleichen um die Stadt spazieren zu gehen, vielleicht alle hohe Feste einmal zu tanzen und übrigens mit aller Lebhaftigkeit des herzlichsten Anteils manche Stunde über den Anlaß eines Gezänkes, einer üblen Nachrede mit einer Nachbarin zu verplaudern — deren feurige Natur fühlt nun endlich innigere Bedürfnisse, die durch die Schmeicheleien der Männer vermehrt werden; all ihre vorigen Freuden werden ihr nach und nach unschmackhaft, bis sie endlich einen Menschen antrifft, zu dem ein unbekanntes Gefühl sie unwiderstehlich hinreißt, auf den sie nun alle ihre Hoffnungen wirft, die Welt rings um sich vergißt, nichts hört, nichts sieht, nichts fühlt, als ihn, den einzigen, sich nur sehnt nach ihm, dem einzigen. Durch die leeren Vergnügungen einer unbeständigen Eitelkeit nicht verdorben, zieht ihr Verlangen gerade nach dem Zweck: sie will die Seinige werden, sie will in ewiger Verbindung all das Glück antreffen, das ihr mangelt, die Vereinigung aller Freuden genießen, nach

denen sie sich sehnte. Wiederholtes Versprechen, das ihr die
Gewißheit aller Hoffnungen versiegelt, kühne Liebkosungen,
die ihre Begierden vermehren, umfangen ganz ihre Seele;
sie schwebt in einem dumpfen Bewußtsein, in einem Vorgefühl
aller Freuden, sie ist bis auf den höchsten Grad gespannt, sie
streckt endlich ihre Arme aus, all ihre Wünsche zu umfassen —
und ihr Geliebter verläßt sie. — Erstarrt, ohne Sinne, steht sie
vor einem Abgrunde; alles ist Finsternis um sie her, keine
Aussicht, kein Trost, keine Ahnung! denn der hat sie verlassen, in dem sie allein ihr Dasein fühlte. Sie sieht nicht
die weite Welt, die vor ihr liegt, nicht die vielen, die ihr
den Verlust ersetzen könnten, sie fühlt sich allein, verlassen
von aller Welt — und blind, in die Enge gepreßt von der
entsetzlichen Not ihres Herzens, stürzt sie sich hinunter, um
in einem rings umfangenden Tode alle ihre Qualen zu er-
sticken. — Sieh, Albert, das ist die Geschichte so manches
Menschen! und sag', ist das nicht der Fall der Krankheit?
Die Natur findet keinen Ausweg aus dem Labyrinthe der
verworrenen und widersprechenden Kräfte, und der Mensch
muß sterben.

Wehe dem, der zusehen und sagen könnte: Die Thörin!
hätte sie gewartet, hätte sie die Zeit wirken lassen, die Verzweiflung würde sich schon gelegt, es würde sich schon ein
anderer, sie zu trösten, vorgefunden haben. — Das ist eben,
als wenn einer sagte: Der Thor, stirbt am Fieder! hätte er
gewartet, bis seine Kräfte sich erholt, seine Säfte sich ver-
bessert, der Tumult seines Blutes sich gelegt hätten: alles
wäre gut gegangen, und er lebte bis auf den heutigen Tag.

Albert, dem die Vergleichung noch nicht anschaulich war,
wandte noch einiges ein und unter andern: ich hätte nur von
einem einfältigen Mädchen gesprochen; wie aber ein Mensch
von Verstande, der nicht so eingeschränkt sei, der mehr Verhältnisse übersehe, zu entschuldigen sein möchte, könne er nicht
begreifen. — Mein Freund, rief ich aus, der Mensch ist
Mensch, und das bißchen Verstand, das einer haben mag,
kommt wenig oder nicht in Anschlag, wenn Leidenschaft wütet
und die Grenzen der Menschheit einen drängen. Vielmehr
— ein andermal davon, sagte ich und griff nach meinem
Hute. O, mir war das Herz so voll, — Und wir gingen
aus einander, ohne einander verstanden zu haben. Wie denn
auf dieser Welt keiner leicht den andern versteht.

Es ist doch gewiß, daß in der Welt den Menschen nichts notwendig macht, als die Liebe. Ich fühl's an Lotten, daß sie mich ungern verlöre, und die Kinder haben keinen andern Begriff, als daß ich immer morgen wieder kommen würde. Heute war ich hinausgegangen, Lottens Klavier zu stimmen; ich konnte aber nicht dazu kommen, denn die Kleinen verfolgten mich um ein Märchen, und Lotte sagte selbst, ich sollte ihnen den Willen thun. Ich schnitt ihnen das Abendbrot, das sie nun fast so gern von mir als von Lotten annehmen, und erzählte ihnen das Hauptstückchen von der Prinzessin, die von Händen bedient wird. Ich lerne viel dabei, das versichre ich dich, und ich bin erstaunt, was es auf sie für Eindrücke macht. Weil ich manchmal einen Inzidenzpunkt erfinden muß, den ich beim zweitenmal vergesse, sagen sie gleich, das vorige Mal wär' es anders gewesen, so daß ich mich jetzt übe, sie unveränderlich in einem singenden Silbenfall an einem Schnürchen weg zu rezitieren. Ich habe daraus gelernt, wie ein Autor durch eine zweite veränderte Ausgabe seiner Geschichte, und wenn sie poetisch noch so besser geworden wäre, notwendig seinem Buche schaden muß. Der erste Eindruck findet uns willig, und der Mensch ist so gemacht, daß man ihm das Abenteuerlichste überreden kann; das haftet aber auch gleich so fest, und wehe dem, der es wieder auskratzen und austilgen will!

Mußte denn das so sein, daß das, was des Menschen Glückseligkeit macht, wieder die Quelle seines Elendes würde?

Das volle, warme Gefühl meines Herzens an der lebendigen Natur, das mich mit so vieler Wonne überströmte, das rings umher die Welt mir zu einem Paradiese schuf, wird mir jetzt zu einem unerträglichen Peiniger, zu einem quälenden Geist, der mich auf allen Wegen verfolgt. Wenn ich sonst vom Felsen über den Fluß bis zu jenen Hügeln das fruchtbare Thal überschaute und alles um mich her keimen und quellen sah; wenn ich jene Berge vom Fuße bis auf zum Gipfel mit hohen, dichten Bäumen bekleidet, jene Thäler in ihren mannigfaltigen Krümmungen von den lieblichsten Wäldern beschattet sah, und der sanfte Fluß zwischen den lispelnden Rohren dahingleitete und die lieben Wolken abspiegelte, die der sanfte Abendwind am Himmel herüber wiegte;

wenn ich dann die Vögel um mich den Wald beleben hörte,
und die Millionen Mückenschwärme im letzten roten Strahle
der Sonne mutig tanzten, und ihr letzter zuckender Blick den
summenden Käfer aus seinem Grase befreite; und das Schwir=
ren und Weben um mich her mich auf den Boden aufmerksam
machte und das Moos, das meinem harten Felsen seine
Nahrung abzwingt, und das Geniste, das den dürren Sand=
hügel hinunter wächst, mir das innere glühende, heilige Leben
der Natur eröffnete: wie faßte ich das alles in mein warmes
Herz, fühlte mich in der überfließenden Fülle wie vergöttert,
und die herrlichen Gestalten der unendlichen Welt bewegten
sich allbelebend in meiner Seele. Ungeheure Berge umgaben
mich, Abgründe lagen vor mir, und Wetterbäche stürzten her=
unter, die Flüsse strömten unter mir, und Wald und Gebirg
erklang; und ich sah sie wirken und schaffen in einander in
den Tiefen der Erde, alle die unergründlichen Kräfte; und
nun über der Erde und unter dem Himmel wimmeln die
Geschlechter der mannigfaltigen Geschöpfe, alles, alles bevölkert
mit tausendfachen Gestalten; und die Menschen dann sich in
Häuslein zusammen sichern und sich annisten und herrschen in
ihrem Sinne über die weite Welt! Armer Thor, der du alles
so gering achtest, weil du so klein bist! — Vom unzugänglichen
Gebirge über die Einöde, die kein Fuß betrat, bis ans Ende
des unbekannten Ozeans weht der Geist des Ewigschaffenden
und freut sich jedes Staubes, der ihn vernimmt und lebt. —
Ach, damals, wie oft habe ich mich mit Fittichen eines Kra=
nichs, der über mich hinflog, zu dem Ufer des ungemessenen
Meeres gesehnt, aus dem schäumenden Becher des Unendlichen
jene schwellende Lebenswonne zu trinken und nur einen Augen=
blick, in der eingeschränkten Kraft meines Busens, einen Tropfen
der Seligkeit des Wesens zu fühlen, das alles in sich und
durch sich hervordringt.

　　Bruder, nur die Erinnerung jener Stunden macht mir
wohl. Selbst diese Anstrengung, jene unsäglichen Gefühle
zurückzurufen, wieder auszusprechen, hebt meine Seele über
sich selbst und läßt mich dann das Bange des Zustands doppelt
empfinden, der mich jetzt umgibt.

　　Es hat sich vor meiner Seele wie ein Vorhang weg=
gezogen, und der Schauplatz des unendlichen Lebens verwandelt
sich vor mir in den Abgrund des ewig offnen Grabs. Kannst
du sagen: Das ist! da alles vorüber geht? da alles mit der
Wetterschnelle vorüber rollt, so selten die ganze Kraft seines

Daseins ausdauert, ach! in den Strom fortgerissen, unter-
getaucht und an Felsen zerschmettert wird? Da ist kein Augenblick, der nicht dich verzehrte und die Deinigen um dich her,
kein Augenblick, da du nicht ein Zerstörer bist, sein mußt. Der
harmloseste Spaziergang kostet tausend armen Würmchen das
Leben, es zerrüttet ein Fußtritt die mühseligen Gebäude der
Ameisen und stampft eine kleine Welt in ein schmähliches
Grab. Ha! nicht die große, seltene Not der Welt, diese Fluten,
die eure Dörfer wegspülen, diese Erdbeben, die eure Städte
verschlingen, rühren mich; mir untergräbt das Herz die ver-
zehrende Kraft, die in dem All der Natur verborgen liegt,
die nichts gebildet hat, das nicht seinen Nachbar, nicht sich
selbst zerstörte. Und so taumle ich beängstigt! Himmel und
Erde und ihre webenden Kräfte um mich her: ich sehe nichts,
als ein ewig verschlingendes, ewig wiederkäuendes Ungeheuer.'

Am 21. August.

Umsonst strecke ich meine Arme nach ihr aus, morgens,
wenn ich von schweren Träumen aufdämmere; vergebens suche
ich sie nachts in meinem Bette, wenn mich ein glücklicher,
unschuldiger Traum getäuscht hat, als säß' ich neben ihr auf
der Wiese und hielte ihre Hand und deckte sie mit tausend
Küssen. Ach, wenn ich dann noch halb im Taumel des Schlafes
nach ihr tappe und drüber mich ermuntere — ein Strom von
Thränen bricht aus meinem gepreßten Herzen, und ich weine
trostlos einer finstern Zukunft entgegen.

Am 22. August.

Es ist ein Unglück, Wilhelm! meine thätigen Kräfte sind
zu einer unruhigen Lässigkeit verstimmt, ich kann nicht müßig
sein und kann doch auch nichts thun. Ich habe keine Vorstellungskraft, kein Gefühl an der Natur, und die Bücher
ekeln mich an. Wenn wir uns selbst fehlen, fehlt uns doch
alles. Ich schwöre dir, manchmal wünschte ich, ein Tag-
löhner zu sein, um nur des Morgens beim Erwachen eine
Aussicht auf den künftigen Tag, einen Drang, eine Hoffnung
zu haben. Oft beneide ich Alberten, den ich über die Ohren
in Akten begraben sehe, und bilde mir ein, mir wäre wohl,
wenn ich an seiner Stelle wäre! Schon etlichemal ist mir's
so aufgefahren, ich wollte dir schreiben und dem Minister und
um die Stelle bei der Gesandtschaft anhalten, die, wie du
versicherst, mir nicht versagt werden würde. Ich glaube es

selbst. Der Minister liebt mich seit langer Zeit, hatte lange
mir angelegen, ich sollte mich irgend einem Geschäfte widmen;
und eine Stunde ist mir's auch wohl drum zu thun. Hernach, wenn ich wieder dran denke und mir die Fabel vom
Pferde einfällt, das, seiner Freiheit ungeduldig, sich Sattel
und Zeug auflegen läßt und zu Schanden geritten wird; —
ich weiß nicht, was ich soll — Und, mein Lieber! ist nicht
vielleicht das Sehnen in mir nach Veränderung des Zustandes
eine innere, unbehagliche Ungeduld, die mich überall hin verfolgen wird?

Am 28. August.

Es ist wahr, wenn meine Krankheit zu heilen wäre, so
würden diese Menschen es thun. Heute ist mein Geburtstag;
und in aller Frühe empfange ich ein Päckchen von Alberten.
Mir fällt beim Eröffnen sogleich eine der blaßroten Schleifen
in die Augen, die Lotte vorhatte, als ich sie kennen lernte,
und um die ich sie seither etlichemal gebeten hatte. Es
waren zwei Büchelchen in Duodez dabei, der kleine Wetsteinische
Homer, eine Ausgabe, nach der ich so oft verlangt, um mich
auf dem Spaziergange mit dem Ernestischen nicht zu schleppen.
Sieh, so kommen sie meinen Wünschen zuvor, so suchen sie
alle die kleinen Gefälligkeiten der Freundschaft auf, die tausendmal werter sind, als jene blendenden Geschenke, wodurch uns
die Eitelkeit des Gebers erniedrigt. Ich küsse diese Schleife
tausendmal, und mit jedem Atemzuge schlürfe ich die Erinnerung jener Seligkeiten ein, mit denen mich jene wenige, glückliche, unwiederbringliche Tage überfüllten. Wilhelm, es ist
so, und ich murre nicht, die Blüten des Lebens sind nur Erscheinungen! Wie viele gehn vorüber, ohne eine Spur hinter
sich zu lassen! wie wenige setzen Frucht an, und wie wenige
dieser Früchte werden reif! Und doch sind deren noch genug
da; und doch — o mein Bruder! — können wir gereifte
Früchte vernachlässigen, verachten, ungenossen verwelken und
verfaulen lassen?

Lebe wohl! Es ist ein herrlicher Sommer; ich sitze oft
auf den Obstbäumen in Lottens Baumstück mit dem Obst-
brecher, der langen Stange, und hole die Birnen aus dem
Gipfel. Sie steht unten und nimmt sie ab, wenn ich sie ihr
hinunter lasse.

Unglücklicher! Biſt du nicht ein Thor? Betrügſt du dich
nicht ſelbſt? Was ſoll dieſe tobende, endloſe Leidenſchaft? Ich
habe kein Gebet mehr, als an ſie; meiner Einbildungskraft
erſcheint keine andere Geſtalt, als die ihrige, und alles in der
Welt um mich her ſehe ich nur im Verhältniſſe mit ihr. Und
das macht mir denn ſo manche glückliche Stunde — bis ich
mich wieder von ihr losreißen muß. Ach, Wilhelm! wozu
mich mein Herz oft drängt! — Wenn ich bei ihr geſeſſen bin,
zwei, drei Stunden, und mich an ihrer Geſtalt, an ihrem Be=
tragen, an dem himmliſchen Ausbruck ihrer Worte geweidet
habe, und nun ſo nach und nach alle meine Sinnen aufgeſpannt
werden, mir es düſter vor den Augen wird, ich kaum noch
höre und es mich an die Gurgel faßt, wie ein Meuchelmörder,
dann mein Herz in wilden Schlägen den bedrängten Sinnen
Luft zu machen ſucht und ihre Verwirrung nur vermehrt —
Wilhelm, ich weiß oft nicht, ob ich auf der Welt bin! Und
— wenn nicht manchmal die Wehmut das Uebergewicht nimmt
und Lotte mir den elenden Troſt erlaubt, auf ihrer Hand
meine Beklemmung auszuweinen, — ſo muß ich fort, muß
hinaus! und ſchweife dann weit im Feld umher. Einen gähen
Berg zu klettern, iſt dann meine Freude, durch einen unweg=
ſamen Wald einen Pfad durchzuarbeiten, durch die Hecken,
die mich verletzen, durch die Dornen, die mich zerreißen! Da
wird mir's etwas beſſer! Etwas! Und wenn ich für Müdig=
keit und Durſt manchmal unterwegs liegen bleibe, manchmal
in der tiefen Nacht, wenn der hohe Vollmond über mir ſteht,
im einſamen Walde auf einen krummgewachſenen Baum mich
ſetze, um meinen verwundeten Sohlen nur einige Linderung
zu verſchaffen, und dann in einer ermattenden Ruhe in dem
Dämmerſchein hinſchlummre! O Wilhelm! die einſame Woh=
nung einer Zelle, das härene Gewand und der Stachelgürtel
wären Labſale, nach denen meine Seele ſchmachtet. Adieu!
Ich ſehe dieſes Elendes kein Ende als das Grab.

Ich muß fort! Ich danke dir, Wilhelm, daß du meinen
wankenden Entſchluß beſtimmt haſt. Schon vierzehn Tage
gehe ich mit dem Gedanken um, ſie zu verlaſſen. Ich muß
fort. Sie iſt wieder in der Stadt bei einer Freundin. Und
Albert — und — ich muß fort!

Das war eine Nacht! Wilhelm! Nun überstehe ich alles.
Ich werde sie nicht wiedersehn! O, daß ich nicht an deinen
Hals fliegen, dir mit tausend Thränen und Entzückungen aus=
drücken kann, mein Bester, all die Empfindungen, die mein
Herz bestürmen! Hier sitze ich und schnappe nach Luft, suche
mich zu beruhigen, erwarte den Morgen, und mit Sonnen=
aufgang sind die Pferde bestellt.

Ach, sie schläft ruhig und denkt nicht, daß sie mich nie
wieder sehen wird. Ich habe mich losgerissen, bin stark genug
gewesen, in einem Gespräch von zwei Stunden mein Vorhaben
nicht zu verraten. Und, Gott, welch ein Gespräch!

Albert hatte mir versprochen, gleich nach dem Nachtessen
mit Lotten im Garten zu sein. Ich stand auf der Terrasse
unter den hohen Kastanienbäumen und sah der Sonne nach,
die mir nun zum letztenmal über dem lieblichen Thale, über
dem sanften Fluß unterging. So oft hatte ich hier gestanden
mit ihr und eben dem herrlichen Schauspiele zugesehen, und
nun — Ich ging in der Allee auf und ab, die mir so lieb
war; ein geheimer sympathetischer Zug hatte mich hier so oft
gehalten, ehe ich noch Lotten kannte, und wie freuten wir uns,
als wir im Anfang unserer Bekanntschaft die wechselseitige
Neigung zu diesem Plätzchen entdeckten, das wahrhaftig eins
von den romantischten ist, die ich von der Kunst hervorgebracht
gesehen habe.

Erst hast du zwischen den Kastanienbäumen die weite
Aussicht — Ach, ich erinnere mich, ich habe dir, deuk' ich,
schon viel davon geschrieben, wie hohe Buchenwände einen
endlich einschließen und durch ein daran stoßendes Boskett die
Allee immer düsterer wird, bis zuletzt alles sich in ein ge=
schlossenes Plätzchen endigt, das alle Schauer der Einsamkeit
umschweben. Ich fühle es noch, wie heimlich mir's ward, als
ich zum erstenmal an einem hohen Mittage hineintrat; ich
ahnte ganz leise, was für ein Schauplatz das noch werden
sollte von Seligkeit und Schmerz.

Ich hatte mich etwa eine halbe Stunde in den schmach=
tenden, süßen Gedanken des Abscheidens, des Wiedersehens
geweidet, als ich sie die Terrasse heraufsteigen hörte. Ich lief
ihnen entgegen, mit einem Schauer faßte ich ihre Hand und
küßte sie. Wir waren eben heraufgetreten, als der Mond
hinter dem buschigen Hügel aufging; wir redeten mancherlei
und kamen unvermerkt dem düstern Kabinette näher. Lotte

trat hinein und setzte sich, Albert neben sie, ich auch; doch meine Unruhe ließ mich nicht lange sitzen; ich stand auf, trat vor sie, ging auf und ab, setzte mich wieder: es war ein ängst= licher Zustand. Sie machte uns aufmerksam auf die schöne Wirkung des Mondenlichts, das am Ende der Buchenwände die ganze Terrasse vor uns erleuchtete: ein herrlicher Anblick, der um so viel frappanter war, weil uns rings eine tiefe Dämmerung einschloß. Wir waren still, und sie fing nach einer Weile an: Niemals gehe ich im Mondenlichte spazieren, niemals, daß mir nicht der Gedanke an meine Verstorbenen begegnete, daß nicht das Gefühl von Tod, von Zukunft über mich käme. Wir werden sein! fuhr sie mit der Stimme des herrlichsten Gefühls fort; aber, Werther, sollen wir uns wieder finden? wieder erkennen? Was ahnen Sie? was sagen Sie?

Lotte, sagte ich, indem ich ihr die Hand reichte und mir die Augen voll Thränen wurden, wir werden uns wieder= sehn! hier und dort wiedersehn! — Ich konnte nicht weiter reden — Wilhelm, mußte sie mich das fragen, da ich diesen ängstlichen Abschied im Herzen hatte!

Und ob die lieben Abgeschiednen von uns wissen, fuhr sie fort, ob sie fühlen, wenn's uns wohl geht, daß wir mit warmer Liebe uns ihrer erinnern? O! die Gestalt meiner Mutter schwebt immer um mich, wenn ich so am stillen Abend unter ihren Kindern, unter meinen Kindern sitze und sie um mich versammelt sind, wie sie um sie versammelt waren. Wenn ich dann mit einer sehnenden Thräne gen Himmel sehe und wünsche, daß sie hereinschauen könnte einen Augenblick, wie ich mein Wort halte, das ich ihr in der Stunde des Todes gab: die Mutter ihrer Kinder zu sein. Mit welcher Empfin= dung rufe ich aus: Verzeihe mir's, Teuerste, wenn ich ihnen nicht bin, was du ihnen warst. Ach! thue ich doch alles, was ich kann; sind sie doch gekleidet, genährt, ach, und was mehr ist, als das alles, gepflegt und geliebt. Könntest du unsere Eintracht sehen, liebe Heilige! du würdest mit dem heißesten Danke den Gott verherrlichen, den du mit den letzten bitter= sten Thränen um die Wohlfahrt deiner Kinder batest. --

Sie sagte das! o Wilhelm, wer kann wiederholen, was sie sagte! Wie kann der kalte, tote Buchstabe diese himmlische Blüte des Geistes darstellen! Albert fiel ihr sanft in die Rede: Es greift Sie zu stark an, liebe Lotte! ich weiß, Ihre Seele hängt sehr nach diesen Ideen, aber ich bitte Sie — O Albert, sagte sie, ich weiß, du vergißt nicht die Abende, da wir

zusammen saßen an dem kleinen runden Tischchen, wenn der
Papa verreist war und wir die Kleinen schlafen geschickt hatten.
Du hattest oft ein gutes Buch und kamst so selten dazu, etwas
zu lesen — War der Umgang dieser herrlichen Seele nicht
mehr als alles? die schöne, sanfte, muntere und immer thätige
Frau! Gott kennt meine Thränen, mit denen ich mich oft in
meinem Bette vor ihn hinwarf: er möchte mich ihr gleich
machen.

Lotte! rief ich aus, indem ich mich vor sie hinwarf, ihre
Hand nahm und mit tausend Thränen netzte, Lotte! der Segen
Gottes ruht über dir und der Geist deiner Mutter! — Wenn
Sie sie gekannt hätten, sagte sie, indem sie mir die Hand
drückte, — sie war wert, von Ihnen gekannt zu sein! — Ich
glaubte zu vergehen. Nie war ein größeres, stolzeres Wort
über mich ausgesprochen worden — und sie fuhr fort: Und
diese Frau mußte in der Blüte ihrer Jahre dahin, da ihr
jüngster Sohn nicht sechs Monate alt war! Ihre Krankheit
dauerte nicht lange; sie war ruhig, hingegeben, nur ihre Kinder
thaten ihr weh, besonders das kleine. Wie es gegen das
Ende ging und sie zu mir sagte: Bring mir sie herauf, und
wie ich sie herein führte, die kleinen, die nicht wußten, und
die ältesten, die ohne Sinne waren, wie sie ums Bette
standen, und wie sie die Hände aufhob und über sie betete
und sie küßte nach einander und sie wegschickte und zu mir
sagte: Sei ihre Mutter! Ich gab ihr die Hand drauf. Du
versprichst viel, meine Tochter, sagte sie, das Herz einer Mutter
und das Aug' einer Mutter. Ich habe oft an deinen dank=
baren Thränen gesehen, daß du fühlst, was das sei. Habe
es für deine Geschwister und für deinen Vater die Treue
und den Gehorsam einer Frau. Du wirst ihn trösten. Sie
fragte nach ihm: er war ausgegangen, um uns den unerträg=
lichen Kummer zu verbergen, den er fühlte; der Mann war
ganz zerrissen.

Albert, du warst im Zimmer. Sie hörte jemand gehn
und fragte und forderte dich zu sich, und wie sie dich ansah
und mich, mit dem getrösteten, ruhigen Blicke, daß wir glück=
lich sein, zusammen glücklich sein würden — Albert fiel ihr
um den Hals und küßte sie und rief: Wir sind es! wir werden
es sein! Der ruhige Albert war ganz aus seiner Fassung, und
ich wußte nichts von mir selber.

Werther, fing sie an, und diese Frau sollte dahin sein!
Gott! wenn ich manchmal denke, wie man das Liebste seines

Lebens wegtragen läßt und niemand als die Kinder das so scharf fühlt, die sich noch lange beklagten: die schwarzen Männer hätten die Mama weggetragen.

Sie stand auf, und ich ward erweckt und erschüttert, blieb sitzen und hielt ihre Hand. Wir wollen fort, sagte sie, es wird Zeit. Sie wollte ihre Hand zurückziehen, und ich hielt sie fester. Wir werden uns wiedersehn, rief ich, wir werden uns finden, unter allen Gestalten werden wir uns erkennen. Ich gehe, fuhr ich fort, ich gehe willig, und doch, wenn ich sagen sollte, auf ewig, ich würde es nicht aushalten. Leb wohl, Lotte! Leb wohl, Albert! Wir sehn uns wieder. — Morgen, denke ich, versetzte sie scherzend. — Ich fühlte das Morgen! Ach, sie wußte nicht, als sie ihre Hand aus der meinen zog — Sie gingen die Allee hinaus, ich stand, sah ihnen nach im Mondscheine und warf mich an die Erde und weinte mich aus und sprang auf und lief auf die Terrasse hervor und sah noch dort unten im Schatten der hohen Linden= bäume ihr weißes Kleid nach der Gartenthür schimmern, ich streckte meine Arme aus, und es verschwand.

Zweites Buch.

Gestern sind wir hier angelangt. Der Gesandte ist un= paß und wird sich also einige Tage einhalten. Wenn er nur nicht so unhold wäre, wär' alles gut. Ich merke, ich merke, das Schicksal hat mir harte Prüfungen zugedacht. Doch gutes Muts! Ein leichter Sinn trägt alles! Ein leichter Sinn, das macht mich zu lachen, wie das Wort in meine Feder kommt. O, ein bißchen leichteres Blut würde mich zum Glück= lichsten unter der Sonne machen. Was! da, wo andere mit ihrem bißchen Kraft und Talent vor mir in behaglicher Selbst= gefälligkeit herum schwadronieren, verzweifle ich an meiner Kraft, an meinen Gaben? Guter Gott, der du mir das alles schenktest, warum hieltest du nicht die Hälfte zurück und gabst mir Selbstvertrauen und Genügsamkeit!

Geduld! Geduld! es wird besser werden. Denn ich sage dir, Lieber, du hast recht. Seit ich unter dem Volke so alle Tage herum getrieben werde und sehe, was sie thun und wie sie's treiben, stehe ich viel besser mit mir selbst. Gewiß,

weil wir doch einmal so gemacht sind, daß wir alles mit uns
und uns mit allem vergleichen, so liegt Glück oder Elend in
den Gegenständen, womit wir uns zusammenhalten, und da
ist nichts gefährlicher als die Einsamkeit. Unsere Einbildungs=
kraft, durch ihre Natur gedrungen, sich zu erheben, durch die
phantastischen Bilder der Dichtkunst genährt, bildet sich eine
Reihe Wesen hinauf, wo wir das unterste sind und alles
außer uns herrlicher erscheint, jeder andre vollkommner ist.
Und das geht ganz natürlich zu. Wir fühlen so oft, daß
uns manches mangelt, und eben, was uns fehlt, scheint uns
oft ein anderer zu besitzen, dem wir denn auch alles dazu
geben, was wir haben, und noch eine gewisse idealische Be=
haglichkeit dazu. Und so ist der Glückliche vollkommen fertig,
das Geschöpf unserer selbst.

Dagegen, wenn wir mit all unserer Schwachheit und
Mühseligkeit nur gerade fortarbeiten, so finden wir gar oft,
daß wir mit unserm Schlendern und Lavieren es weiter
bringen, als andere mit ihrem Segeln und Rudern — und
— das ist doch ein wahres Gefühl seiner selbst, wenn man
andern gleich oder gar vorläuft.

<hr>

Am 26 November

Ich fange an, mich insofern ganz leidlich hier zu be=
finden. Das Beste ist, daß es zu thun genug gibt; und dann,
die vielerlei Menschen, die allerlei neue Gestalten machen mir
ein buntes Schauspiel vor meiner Seele. Ich habe den Grafen
C.. kennen lernen, einen Mann, den ich jeden Tag mehr
verehren muß, einen weiten, großen Kopf, und der deswegen
nicht kalt ist, weil er viel übersieht; aus dessen Umgang so
viel Empfindung für Freundschaft und Liebe hervorleuchtet.
Er nahm teil an mir, als ich einen Geschäftsauftrag an ihn
ausrichtete und er bei den ersten Worten merkte, daß wir
uns verstanden, daß er mit mir reden konnte, wie nicht mit
jedem. Auch kann ich sein offenes Betragen gegen mich nicht
genug rühmen. So eine wahre, warme Freude ist nicht in
der Welt, als eine große Seele zu sehen, die sich gegen
einen öffnet.

<hr>

Am 24. Dezember.

Der Gesandte macht mir viel Verdruß, ich habe es
vorausgesehn. Er ist der pünktlichste Narr, den es nur geben
kann; Schritt vor Schritt und umständlich wie eine Base;

ein Mensch, der nie mit sich selbst zufrieden ist, und dem es
daher niemand zu Danke machen kann. Ich arbeite gern
leicht weg, und wie es steht, so steht es; da ist er imstande,
mir einen Aufsatz zurück zu geben und zu sagen: Er ist gut,
aber sehen Sie ihn durch; man findet immer ein besseres
Wort, eine reinere Partikel. Da möchte ich des Teufels
werden. Kein Und, kein Bindwörtchen sonst darf außenbleiben,
und von allen Inversionen, die mir manchmal entfahren, ist er
ein Todfeind; wenn man seine Perioden nicht nach der hergebrachten Melodie heraborgelt, so versteht er gar nichts drin.
Das ist ein Leiden, mit so einem Menschen zu thun zu haben.

Das Vertrauen des Grafen von C.. ist noch das einzige, was mich schadlos hält. Er sagte mir letzthin ganz
aufrichtig, wie unzufrieden er mit der Langsamkeit und Be-
denklichkeit meines Gesandten sei. Die Leute erschweren es
sich und andern; doch, sagte er, man muß sich darein resignieren, wie ein Reisender, der über einen Berg muß; freilich,
wäre der Berg nicht da, so wäre der Weg viel bequemer
und kürzer; er ist nun aber da, und man soll hinüber!

Mein Alter spürt auch wohl den Vorzug, den mir der
Graf vor ihm gibt, und das ärgert ihn, und er ergreift jede
Gelegenheit, Uebels gegen mich vom Grafen zu reden; ich
halte, wie natürlich, Widerpart, und dadurch wird die Sache
nur schlimmer. Gestern gar brachte er mich auf, denn ich
war mit gemeint: Zu so Weltgeschäften sei der Graf ganz
gut, er habe viel Leichtigkeit, zu arbeiten, und führe eine
gute Feder; doch an gründlicher Gelehrsamkeit mangle es ihm,
wie allen Belletristen. Dazu machte er eine Miene, als ob
er sagen wollte: Fühlst du den Stich? Aber es that bei mir
nicht die Wirkung; ich verachtete den Menschen, der so denken
und sich so betragen konnte. Ich hielt ihm stand und focht
mit ziemlicher Heftigkeit. Ich sagte, der Graf sei ein Mann,
vor dem man Achtung haben müsse wegen seines Charakters
sowohl, als wegen seiner Kenntnisse. Ich habe, sagt' ich,
niemand gekannt, dem es so geglückt wäre, seinen Geist zu
erweitern, ihn über unzählige Gegenstände zu verbreiten, und
doch diese Thätigkeit fürs gemeine Leben zu behalten. Das
waren dem Gehirne spanische Dörfer, und ich empfahl mich,
um nicht über ein weiteres Deräsonnement noch mehr Galle
zu schlucken.

Und daran seid ihr alle schuld, die ihr mich in das Joch
geschwatzt und mir so viel von Aktivität vorgesungen habt.

Aftivität! Wenn nicht der mehr thut, der Kartoffeln steckt
und in die Stadt reitet, sein Korn zu verkaufen, als ich, so
will ich zehn Jahre noch mich auf der Galeere abarbeiten,
auf der ich nun angeschmiedet bin.

Und das glänzende Elend, die Langeweile unter dem
garstigen Volke, das sich hier neben einander sieht! Die Rang=
sucht unter ihnen, wie sie nur wachen und aufpassen, ein=
ander ein Schrittchen abzugewinnen; die elendesten, erbärm=
lichsten Leidenschaften, ganz ohne Röckchen! Da ist ein Weib
zum Exempel, die jedermann von ihrem Adel und ihrem Lande
unterhält, so daß jeder Fremde denken muß: das ist eine
Närrin, die sich auf das bißchen Adel und auf den Ruf ihres
Landes Wunderstreiche einbildet — Aber es ist noch viel
ärger: eben das Weib ist hier aus der Nachbarschaft eine
Amtsschreibers Tochter. — Sieh, ich kann das Menschen=
geschlecht nicht begreifen, das so wenig Sinn hat, um sich so
platt zu prostituieren.

Zwar, ich merke täglich mehr, mein Lieber, wie thöricht
man ist, andere nach sich zu berechnen. Und weil ich so viel
mit mir selbst zu thun habe und dieses Herz so stürmisch ist
— ach, ich lasse gern die andern ihres Pfades gehen, wenn
sie mich nur auch könnten gehen lassen.

Was mich am meisten neckt, sind die fatalen bürgerlichen
Verhältnisse. Zwar weiß ich so gut als einer, wie nötig der
Unterschied der Stände ist, wie viel Vorteile er mir selbst
verschafft: nur soll er mir nicht eben gerade im Wege stehen,
wo ich noch ein wenig Freude, einen Schimmer von Glück
auf dieser Erde genießen könnte. Ich lernte neulich auf dem
Spaziergange eine Fräulein von B... kennen, ein liebens=
würdiges Geschöpf, das sehr viel Natur mitten in dem steifen
Leben erhalten hat. Wir gefielen uns in unserem Gespräche,
und da wir schieden, bat ich sie um Erlaubnis, sie bei sich
sehen zu dürfen. Sie gestattete mir das mit so vieler Frei=
mütigkeit, daß ich den schicklichen Augenblick kaum erwarten
konnte, zu ihr zu gehen. Sie ist nicht von hier und wohnt
bei einer Tante im Hause. Die Physiognomie der Alten
gefiel mir nicht. Ich bezeigte ihr viel Aufmerksamkeit, mein
Gespräch war meist an sie gewandt, und in minder als einer
halben Stunde hatte ich so ziemlich weg, was mir das Fräu=
lein nachher selbst gestand: daß die liebe Tante in ihrem Alter
und dem Mangel an allem, vom anständigen Vermögen an
bis auf den Geist, keine Stütze hat als die Reihe ihrer Vor=

fahren, keinen Schirm als den Stand, in den sie sich ver-
palissadiert, und kein Ergötzen, als von ihrem Stockwerk herab
über die bürgerlichen Häupter weg zu sehen. In ihrer Jugend
soll sie schön gewesen sein und ihr Leben weggegaukelt, erst
mit ihrem Eigensinne manchen armen Jungen gequält und
in den reiferen Jahren sich unter den Gehorsam eines alten
Offiziers geduckt haben, der gegen diesen Preis und einen
leidlichen Unterhalt das eherne Jahrhundert mit ihr zubrachte
und starb. Nun sieht sie im eisernen sich allein und würde,
nicht angesehen, wäre ihre Nichte nicht so liebenswürdig.

Am 8. Januar 1772.

Was das für Menschen sind, deren ganze Seele auf dem
Zeremoniell ruht, deren Dichten und Trachten jahrelang dahin geht, wie sie um einen Stuhl weiter hinauf bei Tische
sich einschieben wollen! Und nicht, daß sie sonst keine Angelegenheit hätten: nein, vielmehr häufen sich die Arbeiten,
eben weil man über den kleinen Verdrießlichkeiten von Be-
förderung der wichtigen Sachen abgehalten wird. Vorige
Woche gab es bei der Schlittenfahrt Händel, und der ganze
Spaß wurde verdorben.

Die Thoren, die nicht sehen, daß es eigentlich auf den
Platz gar nicht ankommt und daß der, der den ersten hat,
so selten die erste Rolle spielt! Wie mancher König wird
durch seinen Minister, wie mancher Minister durch seinen
Sekretär regiert! Und wer ist denn der erste? Der, dünkt
mich, der die andern übersieht und so viel Gewalt oder List
hat, ihre Kräfte und Leidenschaften zu Ausführung seiner
Plane anzuspannen.

Am 20. Januar.

Ich muß Ihnen schreiben, liebe Lotte, hier in der Stube
einer geringen Bauernherberge, in die ich mich vor einem
schweren Wetter geflüchtet habe. So lange ich in dem traurigen Neste D..., unter dem fremden, meinem Herzen ganz
fremden Volke herumziehe, habe ich keinen Augenblick gehabt,
keinen, an dem mein Herz mich geheißen hätte, Ihnen zu
schreiben; und jetzt in dieser Hütte, in dieser Einsamkeit, in
dieser Einschränkung, da Schnee und Schloßen wider mein
Fensterchen wüten, hier waren Sie mein erster Gedanke.
Wie ich herein trat, überfiel mich Ihre Gestalt, Ihr Andenken,
o Lotte! so heilig, so warm! Guter Gott! der erste glückliche
Augenblick wieder.

Goethe, Werke. XV.

Wenn Sie mich sähen, meine Beste, in dem Schwall von Zerstreuung! wie ausgetrocknet meine Sinnen werden; nicht einen Augenblick der Fülle des Herzens, nicht eine selige Stunde! nichts! nichts! Ich stehe wie vor einem Raritäten=kasten und sehe die Männchen und Gäulchen vor mir herum=rücken und frage mich oft, ob es nicht optischer Betrug ist. Ich spiele mit, vielmehr, ich werde gespielt wie eine Mario=nette und fasse manchmal meinen Nachbar an der hölzernen Hand und schaudere zurück. Des Abends nehme ich mir vor, den Sonnenaufgang zu genießen, und komme nicht aus dem Bette; am Tage hoffe ich, mich des Mondscheins zu erfreuen, und bleibe in meiner Stube. Ich weiß nicht recht, warum ich aufstehe, warum ich schlafen gehe.

Der Sauerteig, der mein Leben in Bewegung setzte, fehlt; der Reiz, der mich in tiefen Nächten munter erhielt, ist hin, der mich des Morgens aus dem Schlafe weckte, ist weg.

Ein einzig weibliches Geschöpf habe ich hier gefunden, eine Fräulein von B...; sie gleicht Ihnen, liebe Lotte, wenn man Ihnen gleichen kann. Ei! werden Sie sagen, der Mensch legt sich auf niedliche Komplimente! Ganz unwahr ist es nicht. Seit einiger Zeit bin ich sehr artig, weil ich doch nicht anders sein kann, habe viel Witz, und die Frauenzimmer sagen: es wüßte niemand so sein zu loben, als ich (und zu lügen, setzen Sie hinzu; denn ohne das geht es nicht ab, verstehen Sie?). Ich wollte von Fräulein B... reden. Sie hat viel Seele, die voll aus ihren blauen Augen hervorblickt. Ihr Stand ist ihr zur Last, der keinen der Wünsche ihres Herzens befriedigt. Sie sehnt sich aus dem Getümmel, und wir verphantasieren manche Stunde in ländlichen Szenen von ungemischter Glückseligkeit, ach! und von Ihnen! Wie oft muß sie Ihnen huldigen, muß nicht, thut es freiwillig, hört so gern von Ihnen, liebt Sie —

O, säß' ich zu Ihren Füßen in dem lieben vertraulichen Zimmerchen, und unsere kleinen Lieben wälzten sich mit ein=ander um mich herum, und wenn sie Ihnen zu laut würden, wollte ich sie mit einem schauerlichen Märchen um mich zur Ruhe versammeln.

Die Sonne geht herrlich unter über der schneeglänzenden Gegend, der Sturm ist hinüber gezogen, und ich — muß mich wieder in meinen Käfig sperren — Adieu! Ist Albert bei Ihnen? Und wie —? Gott verzeihe mir diese Frage!

Wir haben seit acht Tagen das abscheulichste Wetter, und mir ist es wohlthätig. Denn so lang ich hier bin, ist mir noch kein schöner Tag am Himmel erschienen, den mir nicht jemand verdorben oder verleidet hätte. Wenn's nun recht regnet und stöbert und fröstelt und taut, ha! deul' ich, kann's doch zu Hause nicht schlimmer werden, als es draußen ist, oder umgekehrt, und so ist's gut. Geht die Sonne des Morgens auf und verspricht einen feinen Tag, erwehr' ich mir niemals, auszurufen:'(da haben sie doch wieder ein himmlisches Gut, warum sie einander bringen können. Es ist nichts, warum sie einander nicht bringen: Gesundheit, guter Name, Freudigkeit, Erholung! Und meist aus Albern= heit, Unbegriff und Enge, und wenn man sie anhört, mit der besten Meinung. Manchmal möcht' ich sie auf den Knieen bitten, nicht so rasend in ihre eigne Eingeweide zu wüten.

Ich fürchte, mein Gesandter und ich halten es zusammen nicht lange mehr aus. Der Mann ist ganz und gar uner= träglich. Seine Art, zu arbeiten und Geschäfte zu treiben, ist so lächerlich, daß ich mich nicht enthalten kann, ihm zu wider= sprechen und oft eine Sache nach meinem Kopf und meiner Art zu machen, das ihm denn, wie natürlich, niemals recht ist. Darüber hat er mich neulich bei Hofe verklagt, und der Minister gab mir einen zwar sanften Verweis, aber es war doch ein Verweis, und ich stand im Begriffe, meinen Abschied zu begehren, als ich einen Privatbrief *) von ihm erhielt, einen Brief, vor dem ich niedergekniet und den hohen, edlen, weisen Sinn angebetet habe. Wie er meine allzugroße Em= pfindlichkeit zurecht weiset, wie er meine überspannten Ideen von Wirksamkeit, von Einfluß auf andere, von Durchdringen in Geschäften als jugendlichen guten Mut zwar ehrt, sie nicht auszurotten, nur zu mildern und dahin zu leiten sucht, wo sie ihr wahres Spiel haben, ihre kräftige Wirkung thun können. Auch bin ich auf acht Tage gestärkt und in mir selbst einig geworden. Die Ruhe der Seele ist ein herrliches

---

*) Man hat aus Ehrfurcht für diesen trefflichen Herrn gedachten Brief und einen andern, dessen weiter hinten erwähnt wird, dieser Sammlung entzogen, weil man nicht glaubte, eine solche Kühnheit durch den wärmsten Dank des Publikums entschuldigen zu können

Ding und die Freude an sich selbst. Lieber Freund, wenn nur das Kleinod nicht eben so zerbrechlich wäre, als es schön und kostbar ist.

Gott segne euch, meine Lieben, gebe euch alle die guten Tage, die er mir abzieht!

Ich danke dir, Albert, daß du mich betrogen hast: ich wartete auf Nachricht, wann euer Hochzeittag sein würde, und hatte mir vorgenommen, feierlichst an demselben Lottens Schattenriß von der Wand zu nehmen und sie unter andre Papiere zu begraben. Nun seid ihr ein Paar, und ihr Bild ist noch hier! Nun, so soll es bleiben! Und warum nicht? Ich weiß, ich bin ja auch bei euch, bin dir unbeschadet in Lottens Herzen, habe, ja ich habe den zweiten Platz darin und will und muß ihn behalten. O, ich würde rasend werden, wenn sie vergessen könnte — Albert, in dem Gedanken liegt eine Hölle. Albert, leb' wohl! Leb' wohl, Engel des Himmels! Leb' wohl, Lotte!

Ich habe einen Verdruß gehabt, der mich von hier weg-treiben wird. Ich knirsche mit den Zähnen! Teufel! er ist nicht zu ersetzen, und ihr seid doch allein schuld daran, die ihr mich sporntet und triebt und quältet, mich in einen Posten zu begeben, der nicht nach meinem Sinne war. Nun habe ich's! nun habt ihr's! Und daß du nicht wieder sagst, meine überspannten Ideen verdürben alles, so hast du hier, lieber Herr, eine Erzählung, plan und nett, wie ein Chroniken-schreiber das aufzeichnen würde.

Der Graf von C . . . liebt mich, distinguiert mich, das ist bekannt, das habe ich dir schon hundertmal gesagt. Nun war ich gestern bei ihm zu Tafel, eben an dem Tage, da abends die noble Gesellschaft von Herren und Frauen bei ihm zusammenkommt, an die ich nie gedacht habe, auch mir nie aufgefallen ist, daß wir Subalternen nicht hinein gehören. Gut. Ich speise bei dem Grafen, und nach Tische gehn wir in dem großen Saal auf und ab, ich rede mit ihm, mit dem Obristen B . ., der dazu kommt, und so rückt die Stunde der Gesellschaft heran. Ich denke, Gott weiß, an nichts. Da tritt herein die übergnädige Dame von S . . mit ihrem Herrn Gemahl und wohl ausgebrüteten Gänslein Tochter mit der

flachen Bruſt und niedlichem Schnürleibe, machen en passant
ihre hergebrachten hochadligen Augen und Naslöcher, und
wie mir die Nation von Herzen zuwider iſt, wollte ich mich
eben empfehlen und wartete nur, bis der Graf vom garſtigen
Gewäſche frei wäre, als mein Fräulein B . . . hereintrat. Da
mir das Herz immer ein bißchen aufgeht, wenn ich ſie ſehe,
blieb ich eben, ſtellte mich hinter ihren Stuhl und bemerkte
erſt nach einiger Zeit, daß ſie mit weniger Offenheit als ſonſt,
mit einiger Verlegenheit mit mir redte. Das fiel mir auf.
Iſt ſie auch wie alle das Volk! dachte ich und war angeſtochen
und wollte gehen; und doch blieb ich, weil ich ſie gerne ent=
ſchuldigt hätte und es nicht glaubte und noch ein gut Wort
von ihr hoffte, und — was du willſt. Unterdeſſen füllt ſich
die Geſellſchaft. Der Baron F . . mit der ganzen Garderobe
von den Krönungszeiten Franz des Erſten her, der Hofrat
R . . ., hier aber in qualitate Herr von R . . . genannt, mit
ſeiner tauben Frau 2c., den übel fournierten J . . nicht zu
vergeſſen, der die Lücken ſeiner altfränkiſchen Garderobe mit
neumodiſchen Lappen ausflickt: das kommt zuhauf, und ich
rede mit einigen meiner Bekanntſchaft, die alle ſehr lakoniſch
ſind. Ich dachte — und gab nur auf meine B . . . acht. Ich
merkte nicht, daß die Weiber am Ende des Saales ſich in
die Ohren flüſterten, daß es auf die Männer zirkulierte, daß
Frau von S . . . mit dem Grafen redete (das alles hat mir
Fräulein B . . . nachher erzählt), bis endlich der Graf auf
mich losging und mich in ein Fenſter nahm. Sie wiſſen,
ſagte er, unſere wunderbaren Verhältniſſe; die Geſellſchaft
iſt unzufrieden, merke ich, Sie hier zu ſehen. Ich wollte nicht
um alles — Ihro Erzellenz, fiel ich ein, ich bitte tauſendmal
um Verzeihung; ich hätte eher daran denken ſollen, und ich
weiß, Sie vergeben mir dieſe Inkonſequenz; ich wollte ſchon
vorhin mich empfehlen, ein böſer Genius hat mich zurückgehal=
ten, ſetzte ich lächelnd hinzu, indem ich mich neigte. Der Graf
drückte meine Hände mit einer Empfindung, die alles ſagte.
Ich ſtrich mich ſachte aus der vornehmen Geſellſchaft, ging,
ſetzte mich in ein Kabriolett und fuhr nach M . . ., dort vom
Hügel die Sonne untergehen zu ſehen und dabei in meinem
Homer den herrlichen Geſang zu leſen, wie Ulyß von dem
trefflichen Schweinhirten bewirtet wird. Das war alles gut.

Des Abends komme ich zurück zu Tiſche. Es waren noch
wenige in der Gaſtſtube; die würfelten auf einer Ecke, hatten
das Tiſchtuch zurückgeſchlagen. Da kommt der ehrliche A . . .

hinein, legt seinen Hut nieder, indem er mich ansieht, tritt
zu mir und sagt leise: Du hast Verdruß gehabt? — Ich?
sagte ich. — Der Graf hat dich aus der Gesellschaft gewiesen.
— Hole sie der Teufel! sagt' ich; mir war's lieb, daß ich in
die freie Luft kam. — Gut, sagte er, daß du es auf die
leichte Achsel nimmst! Nur verdrießt mich's, es ist schon
überall herum. — Da fing mir das Ding erst an zu wurmen.
Alle, die zu Tische kamen und mich ansahen, dachte ich, die
sehen dich darum an! Das gab böses Blut.

Und da man nun heute gar, wo ich hintrete, mich be=
dauert, da ich höre, daß meine Neider nun triumphieren und
sagen: da sähe man's, wo es mit den Uebermütigen hinaus=
ginge, die sich ihres bißchen Kopfs überhüben und glaubten,
sich darum über alle Verhältnisse hinaussetzen zu dürfen, und
was des Hundegeschwätzes mehr ist — da möchte man sich
ein Messer ins Herz bohren. Denn man rede von Selbständig=
keit, was man will, den will ich sehen, der dulden kann, daß
Schurken über ihn reden, wenn sie einen Vorteil über ihn
haben; wenn ihr Geschwätze leer ist, ach, da kann man sie
leicht lassen.

Am 16. März.

Es hetzt mich alles. Heute treffe ich Fräulein B... in
der Allee; ich konnte mich nicht enthalten, sie anzureden und
ihr, sobald wir etwas entfernt von der Gesellschaft waren,
meine Empfindlichkeit über ihr neuliches Betragen zu zeigen.
O Werther, sagte sie mit einem innigen Tone, konnten Sie
meine Verwirrung so auslegen, da Sie mein Herz kennen?
Was ich gelitten habe um Ihrentwillen, von dem Augenblicke
an, da ich in den Saal trat! Ich sah alles voraus, hundert=
mal saß mir's auf der Zunge, es Ihnen zu sagen. Ich wußte,
daß die von S... und T... mit ihren Männern eher auf=
brechen würden, als in Ihrer Gesellschaft zu bleiben; ich wußte,
daß der Graf es mit ihnen nicht verderben darf, — und jetzo
der Lärm! — Wie, Fräulein? sagte ich und verbarg meinen
Schrecken; denn alles, was Adelin mir ehegestern gesagt hatte,
lief mir wie siedend Wasser durch die Adern in diesem Augen=
blicke. — Was hat es mich schon gekostet! sagte das süße Ge=
schöpf, indem ihr die Thränen in den Augen standen. — Ich
war nicht Herr mehr von mir selbst, war im Begriffe, mich ihr
zu Füßen zu werfen. Erklären Sie sich, rief ich. Die Thränen
liefen ihr die Wangen herunter. Ich war außer mir. Sie

trocknete sie ab, ohne sie verbergen zu wollen. Meine Tante kennen Sie, fing sie an; sie war gegenwärtig und hat, o mit was für Augen hat sie das angesehen! Werther, ich habe gestern nacht ausgestanden und heute früh eine Predigt über meinen Umgang mit Ihnen, und ich habe müssen zuhören Sie herabsetzen, erniedrigen, und konnte und durfte Sie nur halb verteidigen.

Jedes Wort, das sie sprach, ging mir wie ein Schwert durchs Herz. Sie fühlte nicht, welche Barmherzigkeit es gewesen wäre, mir das alles zu verschweigen; und nun fügte sie noch dazu, was weiter würde geträtscht werden, was eine Art Menschen darüber triumphieren würde. Wie man sich nunmehr über die Strafe meines Uebermuts und meiner Geringschätzung anderer, die sie mir schon lange vorwerfen, kitzeln und freuen würde. Das alles, Wilhelm, von ihr zu hören, mit der Stimme der wahrsten Teilnehmung — Ich war zerstört und bin noch wütend in mir. Ich wollte, daß sich einer unterstünde, mir es vorzuwerfen, daß ich ihm den Degen durch den Leib stoßen könnte; wenn ich Blut sähe, würde mir's besser werden. Ach, ich habe hundertmal ein Messer ergriffen, um diesem gedrängten Herzen Luft zu machen. Man erzählt von einer edlen Art Pferde, die, wenn sie schrecklich erhitzt und aufgejagt sind, sich selbst aus Instinkt eine Ader aufbeißen, um sich zum Atem zu helfen. So ist mir's oft; ich möchte mir eine Ader öffnen, die mir die ewige Freiheit schaffte.

Am 24. März.

Ich habe meine Entlassung vom Hofe verlangt und werde sie, hoffe ich, erhalten, und ihr werdet mir verzeihen, daß ich nicht erst Erlaubnis dazu bei euch geholt habe. Ich muß nun einmal fort, und was ihr zu sagen hattet, um mir das Bleiben einzureden, weiß ich alles, und also — Bring das meiner Mutter in einem Säftchen bei; ich kann mir selbst nicht helfen, und sie mag sich's gefallen lassen, wenn ich ihr auch nicht helfen kann. Freilich muß es ihr wehe thun. Den schönen Lauf, den ihr Sohn gerade zum Geheimenrat und Gesandten ansetzte, so auf einmal Halte zu sehen, und rückwärts mit dem Tierchen in den Stall! Macht nun draus, was ihr wollt, und kombiniert die möglichen Fälle, unter denen ich hätte bleiben können und sollen; genug, ich gehe. Und damit ihr wißt, wo ich hinkomme, so ist hier der Fürst **, der vielen

Geschmack an meiner Gesellschaft findet; der hat mich gebeten, da er von meiner Absicht hörte, mit ihm auf seine Güter zu gehen und den schönen Frühling da zuzubringen. Ich soll ganz mir selbst gelassen sein, hat er mir versprochen, und da wir uns zusammen bis auf einen gewissen Punkt verstehen, so will ich es denn auf gut Glück wagen und mit ihm gehen.

Den 19 April.

Zur Nachricht.

Danke für deine beiden Briefe. Ich antwortete nicht, weil ich dieses Blatt liegen ließ, bis mein Abschied vom Hofe da wäre; ich fürchtete, meine Mutter möchte sich an den Minister wenden und mir mein Vorhaben erschweren. Nun aber ist es geschehen, mein Abschied ist da. Ich mag euch nicht sagen, wie ungern man mir ihn gegeben hat, und was mir der Minister schreibt; ihr würdet in neue Lamentationen ausbrechen. Der Erbprinz hat mir zum Abschied fünfund= zwanzig Dukaten geschickt, mit einem Wort, das mich bis zu Thränen gerührt hat; also brauche ich von der Mutter das Geld nicht, um das ich neulich schrieb.

Am 5 Mai.

Morgen gehe ich von hier ab, und weil mein Geburts= ort nur sechs Meilen vom Wege liegt, so will ich den auch wiedersehen, will mich der alten, glücklich verträumten Tage erinnern. Zu eben dem Thore will ich hineingehen, aus dem meine Mutter mit mir herausfuhr, als sie nach dem Tode meines Vaters den lieben vertraulichen Ort verließ, um sich in ihre unerträgliche Stadt einzusperren. Adieu, Wilhelm! du sollst von meinem Zuge hören.

Am 9. Mai.

Ich habe die Wallfahrt nach meiner Heimat mit aller Andacht eines Pilgrims vollendet, und manche unerwartete Gefühle haben mich ergriffen. An der großen Linde, die eine Viertelstunde vor der Stadt nach S... zu steht, ließ ich halten, stieg aus und hieß den Postillon fortfahren, um zu Fuße jede Erinnerung ganz neu, lebhaft, nach meinem Herzen zu kosten. Da stand ich nun unter der Linde, die ehedem, als Knabe, das Ziel und die Grenze meiner Spaziergänge gewesen. Wie anders! Damals sehnte ich mich in glücklicher

Unwissenheit hinaus in die unbekannte Welt, wo ich für mein Herz so viele Nahrung, so vielen Genuß hoffte, meinen streben= den, sehnenden Busen auszufüllen und zu befriedigen. Jetzt komme ich zurück aus der weiten Welt — o mein Freund, mit wie viel fehlgeschlagenen Hoffnungen, mit wie viel zer= störten Planen! — Ich sah das Gebirge vor mir liegen, das so tausendmal der Gegenstand meiner Wünsche gewesen war. Stundenlang konnt' ich hier sitzen und mich hinüber sehnen, mit inniger Seele mich in den Wäldern, den Thälern ver= lieren, die sich meinen Augen so freundlich=dämmernd dar= stellten; und wenn ich denn nun die bestimmte Zeit wieder zurück mußte, mit welchem Widerwillen verließ ich nicht den lieben Platz! — Ich kam der Stadt näher; alle die alten bekannten Gartenhäuschen wurden von mir gegrüßt, die neuen waren mir zuwider, sowie auch alle Veränderungen, die man sonst vorgenommen hatte. Ich trat zum Thore hinein und fand mich doch gleich und ganz wieder. Lieber, ich mag nicht ins Detail gehen; so reizend, als es mir war, so einförmig würde es in der Erzählung werden. Ich hatte beschlossen, auf dem Markte zu wohnen, gleich neben unserem alten Hause. Im Hingehen bemerkte ich, daß die Schulstube, wo ein ehr= liches altes Weib unsere Kindheit zusammengepfercht hatte, in einen Kramladen verwandelt war. Ich erinnerte mich der Unruhe, der Thränen, der Dumpfheit des Sinnes, der Herzens= angst, die ich in dem Loche ausgestanden hatte. — Ich that keinen Schritt, der nicht merkwürdig war. Ein Pilger im heiligen Lande trifft nicht so viele Stätten religiöser Erinne= rungen an, und seine Seele ist schwerlich so voll heiliger Bewegung. — Noch eins für tausend. Ich ging den Fluß hinab bis an einen gewissen Hof; das war sonst auch mein Weg, und die Plätzchen, wo wir Knaben uns übten, die meisten Sprünge der flachen Steine im Wasser hervorzubringen. Ich erinnere mich so lebhaft, wenn ich manchmal stand und dem Wasser nachsah, mit wie wunderbaren Ahnungen ich es verfolgte, wie abenteuerlich ich mir die Gegenden vorstellte, wo es nun hinflösse; und wie ich da so bald Grenzen meiner Vorstellungskraft fand; und doch mußte das weiter gehen, immer weiter, bis ich mich ganz in dem Anschauen einer un= sichtbaren Ferne verlor. — Sieh, mein Lieber, so beschränkt und so glücklich waren die herrlichen Altväter! so kindlich ihr Gefühl, ihre Dichtung! Wenn Ulyß von dem ungemeßnen Meer und von der unendlichen Erde spricht, das ist so wahr,

menschlich, innig, eng und geheimnisvoll. Was hilft mir's,
daß ich jetzt mit jedem Schulknaben nachsagen kann, daß sie
rund sei? Der Mensch braucht nur wenige Erdschollen, um
drauf zu genießen, weniger, um drunter zu ruhen.

Nun bin ich hier auf dem fürstlichen Jagdschloß. Es
läßt sich noch ganz wohl mit dem Herrn leben, er ist wahr
und einfach. Wunderliche Menschen sind um ihn herum, die
ich gar nicht begreife. Sie scheinen keine Schelmen und
haben doch auch nicht das Ansehen von ehrlichen Leuten.
Manchmal kommen sie mir ehrlich vor, und ich kann ihnen
doch nicht trauen. Was mir noch leid thut, ist, daß er oft
von Sachen redet, die er nur gehört und gelesen hat, und
zwar aus eben dem Gesichtspunkte, wie sie ihm der andere
vorstellen mochte.

Auch schätzt er meinen Verstand und meine Talente mehr
als dies Herz, das doch mein einziger Stolz ist, das ganz
allein die Quelle von allem ist, aller Kraft, aller Seligkeit
und alles Elendes. Ach, was ich weiß, kann jeder wissen —
mein Herz habe ich allein.

Am 25. Mai.

Ich hatte etwas im Kopfe, davon ich euch nichts sagen
wollte, bis es ausgeführt wäre: jetzt, da nichts draus wird, ist
es eben so gut. Ich wollte in den Krieg; das hat mir lange
am Herzen gelegen. Vornehmlich darum bin ich dem Fürsten
hierher gefolgt, der General in ***schen Diensten ist. Auf
einem Spaziergang entdeckte ich ihm mein Vorhaben; er
widerriet mir es, und es müßte bei mir mehr Leidenschaft
als Grille gewesen sein, wenn ich seinen Gründen nicht hätte
Gehör geben wollen.

Am 11. Junius.

Sage, was du willst, ich kann nicht länger bleiben. Was
soll ich hier? Die Zeit wird mir lang. Der Fürst hält mich,
so gut man nur kann, und doch bin ich nicht in meiner Lage.
Wir haben im Grunde nichts gemein mit einander. Er ist
ein Mann von Verstande, aber von ganz gemeinem Verstande;
sein Umgang unterhält mich nicht mehr, als wenn ich ein wohl=
geschriebenes Buch lese. Noch acht Tage bleibe ich, und dann
ziehe ich wieder in der Irre herum. Das Beste, was ich hier
gethan habe, ist mein Zeichnen. Der Fürst fühlt in der Kunst
und würde noch stärker fühlen, wenn er nicht durch das garstige

wissenschaftliche Wesen und durch die gewöhnliche Terminologie eingeschränkt wäre. Manchmal knirsche ich mit den Zähnen, wenn ich ihn mit warmer Imagination an Natur und Kunst herumführe, und er es auf einmal recht gut zu machen deukt, wenn er mit einem gestempelten Kunstworte drein stolpert.

Am 16. Junius.

Ja wohl bin ich nur ein Wandrer, ein Waller auf der Erde! Seid ihr denn mehr?

Am 18. Junius.

Wo ich hin will? Das laß dir im Vertrauen eröffnen. Vierzehn Tage muß ich doch noch hier bleiben, und dann habe ich mir weis gemacht, daß ich die Bergwerke im **schen besuchen wollte, ist aber im Grunde nichts dran, ich will nur Lotten wieder näher, das ist alles. Und ich lache über mein eignes Herz — und thu' ihm seinen Willen.

Am 29. Julius.

Nein, es ist gut! es ist alles gut! — Ich — ihr Mann! O Gott, der du mich machtest, wenn du mir diese Seligkeit bereitet hättest, mein ganzes Leben sollte ein anhaltendes Gebet sein. Ich will nicht rechten, und verzeihe mir diese Thränen, verzeihe mir meine vergeblichen Wünsche! — Sie meine Frau! Wenn ich das liebste Geschöpf unter der Sonne in meine Arme geschlossen hätte — Es geht mir ein Schauder durch den ganzen Körper, Wilhelm, wenn Albert sie um den schlanken Leib faßt.

Und, darf ich es sagen? Warum nicht, Wilhelm? Sie wäre mit mir glücklicher geworden, als mit ihm! O, er ist nicht der Mensch, die Wünsche dieses Herzens alle zu füllen. Ein gewisser Mangel an Fühlbarkeit, ein Mangel — nimm es, wie du willst; daß sein Herz nicht sympathetisch schlägt, bei — oh! — bei der Stelle eines lieben Buches, wo mein Herz und Lottens in einem zusammentreffen; in hundert andern Vorfällen, wenn es kommt, daß unsere Empfindungen über eine Handlung eines dritten laut werden. Lieber Wilhelm! — Zwar, er liebt sie von ganzer Seele, und so eine Liebe, was verdient die nicht! —

Ein unerträglicher Mensch hat mich unterbrochen. Meine Thränen sind getrocknet. Ich bin zerstreut. Adieu, Lieber!

Es geht mir nicht allein so. Alle Menschen werden in ihren Hoffnungen getäuscht, in ihren Erwartungen betrogen. Ich besuchte mein gutes Weib unter der Linde. Der älteste Junge lief mir entgegen, sein Freudengeschrei führte die Mutter herbei, die sehr niedergeschlagen aussah. Ihr erstes Wort war: Guter Herr, ach, mein Hans ist mir gestorben! Es war der jüngste ihrer Knaben. Ich war stille. Und mein Mann, sagte sie, ist aus der Schweiz zurück und hat nichts mitgebracht, und ohne gute Leute hätte er sich heraus betteln müssen; er hatte das Fieber unterwegs gekriegt. — Ich konnte ihr nichts sagen und schenkte dem Kleinen was; sie bat mich, einige Aepfel anzunehmen, das ich that und den Ort des traurigen Andenkens verließ.

Wie man eine Hand umwendet, ist es anders mit mir. Manchmal will wohl ein freudiger Blick des Lebens wieder aufdämmern, ach! nur für einen Augenblick! Wenn ich mich so in Träumen verliere, kann ich mich des Gedankens nicht erwehren: Wie, wenn Albert stürbe? Du würdest! ja, sie würde — und dann laufe ich dem Hirngespinste nach, bis es mich an Abgründe führt, vor denen ich zurückbebe.

Wenn ich zum Thore hinausgehe, den Weg, den ich zum erstenmal fuhr, Lotten zum Tanze zu holen, wie war das so ganz anders! Alles, alles ist vorüber gegangen! Kein Wink der vorigen Welt, kein Pulsschlag meines damaligen Gefühles. Mir ist es, wie es einem Geiste sein müßte, der in das ausgebrannte, zerstörte Schloß zurückkehrte, das er als blühender Fürst einst gebaut und, mit allen Gaben der Herrlichkeit ausgestattet, sterbend seinem geliebten Sohne hoffnungsvoll hinterlassen hatte.

Ich begreife manchmal nicht, wie sie ein andrer lieb haben kann, lieb haben darf, da ich sie so ganz allein, so innig, so voll liebe, nichts andres kenne, noch weiß, noch habe, als sie!

Ja, es ist so. Wie die Natur sich zum Herbste neigt, wird es Herbst in mir und um mich her. Meine Blätter werden gelb, und schon sind die Blätter der benachbarten

Bäume abgefallen. Hab' ich dir nicht einmal von einem
Bauerburschen geschrieben, gleich da ich herkam? Jetzt er=
kundigte ich mich wieder nach ihm in Wahlheim; es hieß,
er sei aus dem Dienste gejagt worden, und niemand wollte
was weiter von ihm wissen. Gestern traf ich ihn von un=
gefähr auf dem Wege nach einem andern Dorfe; ich redete
ihn an, und er erzählte mir seine Geschichte, die mich dop=
pelt und dreifach gerührt hat, wie du leicht begreifen wirst,
wenn ich dir sie wieder erzähle. Doch, wozu das alles?
warum behalt' ich nicht für mich, was mich ängstigt und
kränkt? warum betrüb' ich noch dich? warum geb' ich dir
immer Gelegenheit, mich zu bedauern und mich zu schelten?
Sei's denn, auch das mag zu meinem Schicksal gehören!

Mit einer stillen Traurigkeit, in der ich ein wenig scheues
Wesen zu bemerken schien, antwortete der Mensch mir erst
auf meine Fragen; aber gar bald offner, als wenn er sich
und mich auf einmal wieder erkennte, gestand er mir seine
Fehler, klagte er mir sein Unglück. Könnt' ich dir, mein
Freund, jedes seiner Worte vor Gericht stellen! Er bekannte,
ja, er erzählte mit einer Art von Genuß und Glück der
Wiedererinnerung, daß die Leidenschaft zu seiner Hausfrau sich
in ihm tagtäglich vermehrt, daß er zuletzt nicht gewußt habe, was
er thue, nicht, wie er sich ausdrückte, wo er mit dem Kopfe
hin gesollt? Er habe weder essen, noch trinken, noch schlafen
können; es habe ihm in der Kehle gestockt; er habe gethan,
was er nicht thun sollte; was ihm aufgetragen worden, hab'
er vergessen; er sei als wie von einem bösen Geist verfolgt
gewesen, bis er eines Tags, als er sie in einer obern Kammer
gewußt, ihr nachgegangen, ja vielmehr ihr nachgezogen worden
sei. Da sie seinen Bitten kein Gehör gegeben, hab' er sich
ihrer mit Gewalt bemächtigen wollen; er wisse nicht, wie ihm
geschehen sei, und nehme Gott zum Zeugen, daß seine Ab=
sichten gegen sie immer redlich gewesen und daß er nichts
sehnlicher gewünscht, als daß sie ihn heiraten, daß sie mit
ihm ihr Leben zubringen möchte. Da er eine Zeit lang ge=
redet hatte, fing er an zu stocken wie einer, der noch etwas
zu sagen hat und sich es nicht herauszusagen getraut; endlich
gestand er mir auch mit Schüchternheit, was sie ihm für
kleine Vertraulichkeiten erlaubt und welche Nähe sie ihm ver=
gönnet. Er brach zwei=, dreimal ab und wiederholte die leb=
haftesten Protestationen, daß er das nicht sage, um sie schlecht
zu machen, wie er sich ausdrückte, daß er sie liebe und schätze,

wie vorher, daß so etwas nicht über seinen Mund gekommen
sei, und daß er es mir nur sage, um mich zu überzeugen,
daß er kein ganz verkehrter und unsinniger Mensch sei. —
Und hier, mein Bester, sang' ich mein altes Lied wieder an,
das ich ewig anstimmen werde: könnt' ich dir den Menschen
vorstellen, wie er vor mir stand, wie er noch vor mir steht!
Könnt' ich dir alles recht sagen, damit du fühltest, wie ich
an seinem Schicksal teilnehme, teilnehmen muß! Doch
genug! da du auch mein Schicksal kennst, auch mich kennst,
so weißt du nur zu wohl, was mich zu allen Unglücklichen,
was mich besonders zu diesem Unglücklichen hinzieht.

Da ich das Blatt wieder durchlese, seh' ich, daß ich das
Ende der Geschichte zu erzählen vergessen habe, das sich aber
leicht hinzudenken läßt. Sie erwehrte sich sein; ihr Bruder
kam dazu, der ihn schon lange gehaßt, der ihn schon lange
aus dem Hause gewünscht hatte, weil er fürchtete, durch eine
neue Heirat der Schwester werde seinen Kindern die Erbschaft entgehn, die ihnen jetzt, da sie kinderlos ist, schöne
Hoffnungen gibt; dieser habe ihn gleich zum Hause hinaus-
gestoßen und einen solchen Lärm von der Sache gemacht, daß
die Frau, auch selbst wenn sie gewollt, ihn nicht wieder hätte
aufnehmen können. Jetzo habe sie wieder einen andern
Knecht genommen; auch über den, sage man, sei sie mit dem
Bruder zerfallen, und man behaupte für gewiß, sie werde
ihn heiraten, aber er sei fest entschlossen, das nicht zu erleben.

Was ich dir erzähle, ist nicht übertrieben, nichts ver-
zärtelt; ja, ich darf wohl sagen, schwach, schwach hab' ich's
erzählt, und vergröbert hab' ich's, indem ich's mit unsern
hergebrachten sittlichen Worten vorgetragen habe.

Diese Liebe, diese Treue, diese Leidenschaft ist also keine
dichterische Erfindung. Sie lebt, sie ist in ihrer größten
Reinheit unter der Klasse von Menschen, die wir ungebildet,
die wir roh nennen. Wir Gebildeten — zu nichts Ver-
bildeten! Lies die Geschichte mit Andacht, ich bitte dich. Ich
bin heute still, indem ich das hinschreibe; du siehst an meiner
Hand, daß ich nicht so strudele und sudele, wie sonst. Lies,
mein Geliebter, und denke dabei, daß es auch die Geschichte
deines Freundes ist. Ja, so ist mir's gegangen, so wird
mir's gehn, und ich bin nicht halb so brav, nicht halb so entschlossen, als der arme Unglückliche, mit dem ich mich zu vergleichen mich fast nicht getraue.

Sie hatte ein Zettelchen an ihren Mann aufs Land ge=
schrieben, wo er sich Geschäfte wegen aufhielt. Es fing an:
Bester, Liebster, komme, sobald du kannst, ich erwarte dich
mit tausend Freuden. — Ein Freund, der hereinkam, brachte
Nachricht, daß er wegen gewisser Umstände sobald noch nicht
zurückkehren würde. Das Billet blieb liegen und fiel mir
abends in die Hände. Ich las es und lächelte; sie fragte,
worüber? — Was die Einbildungskraft für ein göttliches
Geschenk ist! rief ich aus; ich konnte mir einen Augenblick
vorspiegeln, als wäre es an mich geschrieben. Sie brach ab,
es schien ihr zu mißfallen; und ich schwieg.

Es hat schwer gehalten, bis ich mich entschloß, meinen
blauen einfachen Frack, in dem ich mit Lotten zum ersten=
mal tanzte, abzulegen; er ward aber zuletzt gar unscheinbar.
Auch habe ich mir einen machen lassen, ganz wie den vorigen,
Kragen und Aufschlag und auch wieder so gelbe Weste und
Beinkleider dazu.

Ganz will es doch die Wirkung nicht thun. Ich weiß
nicht. — Ich denke, mit der Zeit soll mir der auch lieber
werden.

Sie war einige Tage verreist, Alberten abzuholen. Heute
trat ich in ihre Stube, sie kam mir entgegen, und ich küßte
ihre Hand mit tausend Freuden.

Ein Kanarienvogel flog von dem Spiegel ihr auf die
Schulter. Einen neuen Freund! sagte sie und lockte ihn auf
ihre Hand; er ist meinen Kleinen zugedacht. Er thut gar
zu lieb! Sehen Sie ihn! Wenn ich ihm Brot gebe, flat=
tert er mit den Flügeln und pickt so artig. Er küßt mich
auch, sehen Sie!

Als sie dem Tierchen den Mund hinhielt, drückte es sich
so lieblich in die süßen Lippen, als wenn es die Seligkeit
hätte fühlen können, die es genoß.

Er soll Sie auch küssen, sagte sie und reichte den Vogel
herüber. Das Schnäbelchen machte den Weg von ihrem
Munde zu dem meinigen, und die pickende Berührung war
wie ein Hauch, eine Ahnung liebevollen Genusses.

Sein Kuß, sagte ich, ist nicht ganz ohne Begierde; er

sucht Nahrung und kehrt unbefriedigt von der leeren Lieb=
kosung zurück.

Er ißt mir auch aus dem Munde, sagte sie. Sie reichte
ihm einige Brosamen mit ihren Lippen, aus denen die Freuden
unschuldig teilnehmender Liebe in aller Wonne lächelten.

Ich kehrte das Gesicht weg. Sie sollte es nicht thun!
sollte nicht meine Einbildungskraft mit diesen Bildern himm=
lischer Unschuld und Seligkeit reizen und mein Herz aus dem
Schlafe, in den es manchmal die Gleichgültigkeit des Lebens
wiegt, nicht wecken! — Und warum nicht? — Sie traut
mir so! sie weiß, wie ich sie liebe!

Am 15. September.

Man möchte rasend werden, Wilhelm, daß es Menschen
geben soll, ohne Sinn und Gefühl an dem wenigen, was
auf Erden noch einen Wert hat. Du kennst die Nußbäume,
unter denen ich bei dem ehrlichen Pfarrer zu St.. mit Lotten
gesessen, die herrlichen Nußbäume, die mich, Gott weiß,
immer mit dem größten Seelenvergnügen füllten! Wie ver=
traulich sie den Pfarrhof machten, wie kühl! und wie herr=
lich die Aeste waren! Und die Erinnerung bis zu den ehr=
lichen Geistlichen, die sie vor so vielen Jahren pflanzten!
Der Schulmeister hat uns den einen Namen oft genannt,
den er von seinem Großvater gehört hatte; so ein braver
Mann soll er gewesen sein, und sein Andenken war mir
immer heilig unter den Bäumen. Ich sage dir, dem Schul=
meister standen die Thränen in den Augen, da wir gestern
davon redeten, daß sie abgehauen worden. — Abgehauen!
Ich möchte toll werden, ich könnte den Hund ermorden, der
den ersten Hieb dran that. Ich, der ich mich vertrauern
könnte, wenn so ein paar Bäume in meinem Hofe stünden
und einer davon stürbe vor Alter ab, ich muß zusehen.
Lieber Schatz, eins ist doch dabei! Was Menschengefühl ist!
Das ganze Dorf murrt, und ich hoffe, die Frau Pfarrerin
soll es an Butter und Eiern und übrigem Zutrauen spüren,
was für eine Wunde sie ihrem Orte gegeben hat. Denn
sie ist es, die Frau des neuen Pfarrers (unser alter ist auch
gestorben), ein hageres, kränkliches Geschöpf, das sehr Ursache
hat, an der Welt keinen Anteil zu nehmen, denn niemand
nimmt Anteil an ihr. Eine Närrin, die sich abgibt, gelehrt
zu sein, sich in die Untersuchung des Kanons meliert, gar
viel an der neumodischen, moralisch=kritischen Reformation

des Christentums arbeitet und über Lavaters Schwärmereien
die Achseln zuckt, eine ganz zerrüttete Gesundheit hat und
deswegen auf Gottes Erdboden keine Freude. So einer
Kreatur war es auch allein möglich, meine Nußbäume abzu=
hauen. Siehst du, ich komme nicht zu mir! Stelle dir vor,
die abfallenden Blätter machen ihr den Hof unrein und
dumpfig, die Bäume nehmen ihr das Tageslicht, und wenn
die Nüsse reif sind, so werfen die Knaben mit Steinen dar=
nach, und das fällt ihr auf die Nerven, das stört sie in
ihren tiefen Ueberlegungen, wenn sie Kennikot, Semler und
Michaelis gegen einander abwiegt. Da ich die Leute im
Dorfe, besonders die alten, so unzufrieden sah, sagte ich:
Warum habt ihr es gelitten? — Wenn der Schulze will,
hierzulande, sagten sie, was kann man machen? Aber
eins ist recht geschehen: der Schulze und der Pfarrer, der
doch auch von seiner Frauen Grillen, die ihm ohnedies die
Suppen nicht fett machen, was haben wollte, dachten es mit
einander zu teilen; da erfuhr es die Kammer und sagte:
hier herein! denn sie hatte noch alte Prätensionen an den
Teil des Pfarrhofes, wo die Bäume standen, und verkaufte
sie an den Meistbietenden. Sie liegen! O, wenn ich Fürst
wäre! ich wollte die Pfarrerin, den Schulzen und die Kammer
— Fürst! — Ja, wenn ich Fürst wäre, was kümmerten
mich die Bäume in meinem Lande!

Am 10. Oktober.

Wenn ich nur ihre schwarzen Augen sehe, ist mir's schon
wohl! Sieh, und was mich verdrießt, ist, daß Albert nicht
so beglückt zu sein scheinet, als er — hoffte, — als ich —
zu sein glaubte, wenn — Ich mache nicht gern Gedanken=
striche, aber hier kann ich mich nicht anders ausdrücken —
und mich dünkt, deutlich genug.

Am 12 Oktober.

Ossian hat in meinem Herzen den Homer verdrängt.
Welch eine Welt, in die der Herrliche mich führt! Zu wan=
dern über die Heide, umsaust vom Sturmwinde, der in
dampfenden Nebeln die Geister der Väter im dämmernden
Lichte des Mondes hinführt. Zu hören vom Gebirge her,
im Gebrülle des Waldstroms, halb verwehtes Aechzen der
Geister aus ihren Höhlen und die Wehklagen des zu Tode
sich jammernden Mädchens, um die vier moosbedeckten, gras=

bewachſenen Steine des Edelgefallnen, ihres Geliebten. Wenn
ich ihn dann finde, den wandelnden grauen Barden, der auf
der weiten Heide die Fußstapfen seiner Väter sucht und, ach!
ihre Grabsteine findet und dann jammernd nach dem lieben
Sterne des Abends hinblickt, der sich ins rollende Meer verbirgt, und die Zeiten der Vergangenheit in des Helden
Seele lebendig werden, da noch der freundliche Strahl den
Gefahren der Tapfern leuchtete und der Mond ihr bekränztes,
siegrückkehrendes Schiff beschien. Wenn ich den tiefen Kummer
auf seiner Stirne lese, den letzten, verlaßnen Herrlichen in aller
Ermattung dem Grabe zuwanken sehe, wie er immer neue,
schmerzlich glühende Freuden in der kraftlosen Gegenwart der
Schatten seiner Abgeschiedenen einsaugt und nach der kalten
Erde, dem hohen, wehenden Grase niedersieht und ausruft:
Der Wanderer wird kommen, kommen, der mich kannte in
meiner Schönheit, und fragen: Wo ist der Sänger, Fingals
trefflicher Sohn? Sein Fußtritt geht über mein Grab hin,
und er fragt vergebens nach mir auf der Erde. — O Freund!
ich möchte gleich einem edlen Waffenträger das Schwert
ziehen, meinen Fürsten von der zückenden Qual des langsam absterbenden Lebens auf einmal befreien und dem be-
freiten Halbgott meine Seele nachsenden.

Am 19 Oktober.

Ach, diese Lücke! diese entsetzliche Lücke, die ich hier in
meinem Busen fühle! — Ich denke oft, wenn du sie nur
einmal, nur einmal an dieses Herz drücken könntest, diese
ganze Lücke würde ausgefüllt sein.

Am 26. Oktober

Ja, es wird mir gewiß, Lieber! gewiß und immer gewisser, daß an dem Dasein eines Geschöpfes wenig gelegen
ist, ganz wenig. Es kam eine Freundin zu Lotten, und ich
ging herein ins Nebenzimmer, ein Buch zu nehmen, und
tonnte nicht lesen, und dann nahm ich eine Feder, zu
schreiben. Ich hörte sie leise reden; sie erzählten einander
unbedeutende Sachen, Stadtneuigkeiten: wie diese heiratet,
wie jene krank, sehr krank ist; sie hat einen trocknen Husten,
die Knochen stehn ihr zum Gesicht heraus, und kriegt Ohn-
machten; ich gebe keinen Kreuzer für ihr Leben, sagte die
eine. Der N. N. ist auch so übel dran, sagte Lotte. Er ist
schon geschwollen, sagte die andere. — Und meine lebhafte

Einbildungskraft versetzte mich ans Bett dieser Armen; ich sah sie, mit welchem Widerwillen sie dem Leben den Rücken wandten, wie sie — Wilhelm! und meine Weibchen redeten davon, wie man eben davon redet — daß ein Fremder stirbt. — Und wenn ich mich umsehe und sehe das Zimmer an, und rings um mich herum Lottens Kleider, hier ihre Ohrringe auf dem Tischchen, und Alberts Skripturen, und diese Möbel, denen ich nun so befreundet bin, sogar diesem Tintenfasse, und denke: Siehe, was du nun diesem Hause bist! Alles in allem. Deine Freunde ehren dich! du machst oft ihre Freude, und deinem Herzen scheint es, als wenn es ohne sie nicht sein könnte; und doch — wenn du nun gingst, wenn du aus diesem Kreise schiedest? würden sie, wie lange würden sie die Lücke fühlen, die dein Verlust in ihr Schicksal reißt? wie lang? — O, so vergänglich ist der Mensch, daß er auch da, wo er seines Daseins eigentliche Gewißheit hat, da, wo er den einzigen wahren Eindruck seiner Gegenwart macht, in dem Andenken, in der Seele seiner Lieben, daß er auch da verlöschen, verschwinden muß, und das so bald!

Am 27. Oktober.

Ich möchte mir oft die Brust zerreißen und das Gehirn einstoßen, daß man einander so wenig sein kann. Ach, die Liebe, Freude, Wärme und Wonne, die ich nicht hinzu bringe, wird mir der andere nicht geben, und mit einem ganzen Herzen voll Seligkeit werde ich den andern nicht beglücken, der kalt und kraftlos vor mir steht.

Abends.

Ich habe so viel, und die Empfindung an ihr verschlingt alles; ich habe so viel, und ohne sie wird mir alles zu nichts.

Am 30. Oktober.

Wenn ich nicht schon hundertmal auf dem Punkte gestanden bin, ihr um den Hals zu fallen! Weiß der große Gott, wie einem das thut, so viele Liebenswürdigkeit vor einem herumkreuzen zu sehen und nicht zugreifen zu dürfen; und das Zugreifen ist doch der natürlichste Trieb der Menschheit! Greifen die Kinder nicht nach allem, was ihnen in den Sinn fällt! — Und ich?

Am 3. November.

Weiß Gott! Ich lege mich so oft zu Bette mit dem Wunsche, ja, manchmal mit der Hoffnung, nicht wieder zu

erwachen: Und morgens schlage ich die Augen auf, sehe die
Sonne wieder und bin elend. O, daß ich launisch sein könnte,
könnte die Schuld aufs Wetter, auf einen dritten, auf eine
fehlgeschlagene Unternehmung schieben, so würde die unerträg=
liche Last des Unwillens doch nur halb auf mir ruhen. Wehe
mir! Ich fühle zu wahr, daß an mir allein alle Schuld
liegt, — nicht Schuld! — Genug, daß in mir die Quelle
alles Elends verborgen ist, wie ehemals die Quelle aller
Seligkeiten. Bin ich nicht noch eben derselbe, der ehemals
in aller Fülle der Empfindung herumschwebte, dem auf jedem
Tritte ein Paradies folgte, der ein Herz hatte, eine ganze
Welt liebevoll zu umfassen? Und dies Herz ist jetzt tot, aus
ihm fließen keine Entzückungen mehr, meine Augen sind
trocken, und meine Sinnen, die nicht mehr von erquickenden
Thränen gelabt werden, ziehen ängstlich meine Stirn zu=
sammen. Ich leide viel, denn ich habe verloren, was meines
Lebens einzige Wonne war, die heilige belebende Kraft, mit
der ich Welten um mich schuf; sie ist dahin! — Wenn ich
zu meinem Fenster hinaus an den fernen Hügel sehe, wie
die Morgensonne über ihn her den Nebel durchbricht und den
stillen Wiesengrund bescheint, und der sanfte Fluß zwischen
seinen entblätterten Weiden zu mir herschlängelt, — o! wenn
da diese herrliche Natur so vor mir steht, wie ein lackiertes
Bildchen, und alle die Wonne keinen Tropfen Seligkeit aus
meinem Herzen herauf in das Gehirn pumpen kann, und der
ganze Kerl vor Gottes Angesicht steht wie ein versiegter
Brunn, wie ein verlechter Eimer! Ich habe mich oft auf den
Boden geworfen und Gott um Thränen gebetet, wie ein
Ackersmann um Regen, wenn der Himmel ehern über ihm
ist und um ihn die Erde verdürstet.

Aber, ach! ich fühle es, Gott gibt Regen und Sonnen=
schein nicht unserm ungestümen Bitten, und jene Zeiten,
deren Andenken mich quält, warum waren sie so selig? als
weil ich mit Geduld seinen Geist erwartete und die Wonne,
die er über mich ausgoß, mit ganzem, innig dankbarem Herzen
aufnahm!

Am 8. November

Sie hat mir meine Exzesse vorgeworfen! Ach, mit so
viel Liebenswürdigkeit! Meine Exzesse, daß ich mich manchmal
von einem Glase Wein verleiten lasse, eine Bouteille zu
trinken. Thun Sie es nicht! sagte sie; denken Sie an Lotten!

— Denken! sagte ich, brauchen Sie mir das zu heißen? —
Ich denke! — ich denke nicht! Sie sind immer vor meiner
Seele. Heute saß ich an dem Flecke, wo Sie neulich aus
der Kutsche stiegen — Sie redete was anders, um mich nicht
tiefer in den Text kommen zu lassen. Bester, ich bin da=
hin! Sie kann mit mir machen, was sie will.

Am 15. November.

Ich danke dir, Wilhelm, für deinen herzlichen Anteil,
für deinen wohlmeinenden Rat und bitte dich, ruhig zu sein.
Laß mich ausdulden; ich habe bei aller meiner Müdseligkeit
noch Kraft genug durchzusetzen. Ich ehre die Religion, das
weißt du, ich fühle, daß sie manchem Ermatteten Stab,
manchem Verschmachtenden Erquickung ist. Nur — kann sie
denn, muß sie denn das einem jeden sein? Wenn du die
große Welt ansiehst, so siehst du Tausende, denen sie es nicht
war, Tausende, denen sie es nicht sein wird, geprebigt oder
ungeprebigt, und muß sie mir es denn sein? Sagt nicht
selbst der Sohn Gottes: daß die um ihn sein würden, die
ihm der Vater gegeben hat? Wenn ich ihm nun nicht ge=
geben bin? Wenn mich nun der Vater für sich behalten
will, wie mir mein Herz sagt? — Ich bitte dich, lege das
nicht falsch aus; sieh nicht etwa Spott in diesen unschuldigen
Worten; es ist meine ganze Seele, die ich dir vorlege; sonst
wollte ich lieber, ich hätte geschwiegen: wie ich denn über alles
das, wovon jedermann so wenig weiß als ich, nicht gerne ein
Wort verliere. Was ist es anders als Menschenschicksal, sein
Maß auszuleiden, seinen Becher auszutrinken? — Und ward
der Kelch dem Gott vom Himmel auf seiner Menschenlippe
zu bitter, warum soll ich groß thun und mich stellen, als
schmeckte er mir süß? Und warum sollte ich mich schämen,
in dem schrecklichen Augenblick, da mein ganzes Wesen zwischen
Sein und Nichtsein zittert, da die Vergangenheit wie ein Blitz
über dem finstern Abgrunde der Zukunft leuchtet und alles
um mich her versinkt und mit mir die Welt untergeht —
Ist es da nicht die Stimme der ganz in sich gedrängten, sich
selbst ermangelnden und unaufhaltsam hinabstürzenden Krea=
tur, in den innern Tiefen ihrer vergebens aufarbeitenden
Kräfte zu knirschen: Mein Gott! mein Gott! Warum hast
du mich verlassen? Und sollt' ich mich des Ausdruckes schämen,
sollte mir es vor dem Augenblicke bange sein, da ihm der
nicht entging, der die Himmel zusammenrollt wie ein Tuch?

Sie sieht nicht, sie fühlt nicht, daß sie einen Gift be=
reitet, der mich und sie zu Grunde richten wird; und ich,
mit voller Wollust, schlürfe den Becher aus, den sie mir zu
meinem Verberben reicht. Was soll der gütige Blick, mit
dem sie mich oft — oft? — nein, nicht oft, aber doch manch=
mal ansieht, die Gefälligkeit, womit sie einen unwillkürlichen
Ausdruck meines Gefühles aufnimmt, das Mitleiden mit
meiner Dulbung, das sich auf ihrer Stirne zeichnet?

Gestern, als ich wegging, reichte sie mir die Hand und
sagte: Abieu, lieber Werther! — Lieber Werther! Es war
das erste Mal, daß sie mich Lieber hieß, und es ging mir
durch Mark und Bein. Ich habe es mir hundertmal wieder=
holt, und gestern nacht, da ich zu Bette gehen wollte und
mit mir selbst allerlei schwatzte, sagte ich so auf einmal: Gute
Nacht, lieber Werther, und mußte hernach selbst über mich lachen.

Ich kann nicht beten: Laß mir sie! Und doch kommt sie
mir oft als die Meine vor. Ich kann nicht beten: Gib mir
sie! Denn sie ist eines andern. Ich witzle mich mit meinen
Schmerzen herum; wenn ich mir's nachließe, es gäbe eine
ganze Litanei von Antithesen.

Sie fühlt, was ich bulde. Heute ist mir ihr Blick tief
durchs Herz gedrungen. Ich faud sie allein; ich sagte nichts,
und sie sah mich an. Und ich sah nicht mehr in ihr die
liebliche Schönheit, nicht mehr das Leuchten des trefflichen
Geistes, das war alles vor meinen Augen verschwunden. Ein
weit herrlicherer Blick wirkte auf mich, voll Ausbruck des
innigsten Anteils, des süßesten Mitleidens. Warum durfte
ich mich nicht ihr zu Füßen werfen? warum durft' ich nicht
an ihrem Halse mit tausend Küssen antworten? Sie nahm
ihre Zuflucht zum Klavier und hauchte mit süßer leiser
Stimme harmonische Laute zu ihrem Spiele. Nie habe ich
ihre Lippen so reizend gesehen; es war, als wenn sie sich
lechzend öffneten, jene süßen Töne in sich zu schlürfen, die
aus dem Instrument hervorquollen, und nur der heimliche
Widerschall aus dem reinen Munde zurückklänge — Ja,
wenn ich dir das so sagen könnte! — Ich widerstand nicht
länger, neigte mich und schwur: Nie will ich es wagen, einen

Kuß euch aufzudrücken, Lippen! auf denen die Geister des
Himmels schweben. — Und doch — ich will — Ha! siehst
du, das steht wie eine Scheidewand vor meiner Seele —
diese Seligkeit — und dann untergegangen, diese Sünde ab=
zubüßen — Sünde?

Am 26. November.

Manchmal sag' ich mir: Dein Schicksal ist einzig; preise
die übrigen glücklich — so ist noch keiner gequält worden.
Dann lese ich einen Dichter der Vorzeit, und es ist mir, als
säh' ich mein eignes Herz. Ich habe so viel auszustehen!
Ach, sind denn Menschen vor mir schon so elend gewesen?

Am 30. November

Ich soll, ich soll nicht zu mir selbst kommen! Wo ich
hintrete, begegnet mir eine Erscheinung, die mich aus aller
Fassung bringt. Heute! o Schicksal! o Menschheit!

Ich gehe an dem Wasser hin in der Mittagsstunde, ich
hatte keine Lust, zu essen. Alles war öde, ein naßkalter
Abendwind blies vom Berge, und die grauen Regenwolken
zogen in das Thal hinein. Von fern seh' ich einen Menschen
in einem grünen, schlechten Rocke, der zwischen den Felsen
herumkrabbelte und Kräuter zu suchen schien. Als ich näher
zu ihm kam und er sich auf das Geräusch, das ich machte,
herumdrehte, sah ich eine gar interessante Physiognomie, darin
eine stille Trauer den Hauptzug machte, die aber sonst nichts
als einen geraden guten Sinn ausdrückte; seine schwarzen
Haare waren mit Nadeln in zwei Rollen gesteckt und die
übrigen in einen starken Zopf geflochten, der ihm den Rücken
herunterhing. Da mir seine Kleidung einen Menschen von
geringem Stande zu bezeichnen schien, glaubte ich, er würde
es nicht übelnehmen, wenn ich auf seine Beschäftigung auf=
merksam wäre, und daher fragte ich ihn, was er suchte? Ich
suche, antwortete er mit einem tiefen Seufzer, Blumen —
und finde keine. — Das ist auch die Jahreszeit nicht, sagte
ich lächelnd. — Es gibt so viele Blumen, sagte er, indem er
zu mir herunter kam. In meinem Garten sind Rosen und
Jelängerjelieber zweierlei Sorten, eine hat mir mein Vater
gegeben, sie wachsen wie Unkraut; ich suche schon zwei Tage
darnach und kann sie nicht finden. Da haußen sind auch
immer Blumen, gelbe und blaue und rote, und das Tausend=

güldenkraut hat ein schönes Blümchen. Keines kann ich fin=
den. — Ich merkte was Unheimliches, und drum fragte ich
durch einen Umweg: Was will Er denn mit den Blumen?
Ein wunderbares zuckendes Lächeln verzog sein Gesicht. —
Wenn Er mich nicht verraten will, sagte er, indem er den
Finger auf den Mund drückte, ich habe meinem Schatz einen
Strauß versprochen. — Das ist brav, sagte ich. — O, sagte
er, sie hat viel andere Sachen, sie ist reich. — Und doch hat
sie Seinen Strauß lieb, versetzte ich. — O! fuhr er fort, sie
hat Juwelen und eine Krone. — Wie heißt sie denn? —
Wenn mich die Generalstaaten bezahlen wollten, versetzte er,
ich wär' ein anderer Mensch! Ja, es war einmal eine Zeit,
da mir's so wohl war! Jetzt ist es aus mit mir. Ich bin
nun — ein nasser Blick zum Himmel drückte alles aus. Er
war also glücklich? fragte ich. — Ach, ich wollte, ich wäre
wieder so! sagte er. Da war mir's so wohl, so lustig, so
leicht, wie einem Fische im Wasser! — Heinrich! rief eine
alte Frau, die den Weg herkam, Heinrich, wo steckst du? Wir
haben dich überall gesucht, komm zum Essen. — Ist das Euer
Sohn? fragt' ich, zu ihr tretend. Wohl, mein armer Sohn!
versetzte sie. Gott hat mir ein schweres Kreuz aufgelegt.
Wie lange ist er so? fragte ich. So stille, sagte sie, ist er
nun ein halbes Jahr: Gott sei Dank, daß er nur so weit
ist; vorher war er ein ganzes Jahr rasend! Da hat er an
Ketten im Tollhause gelegen. Jetzt thut er niemand nichts;
nur hat er immer mit Königen und Kaisern zu schaffen. Er
war ein so guter, stiller Mensch, der mich ernähren half, seine
schöne Hand schrieb, und auf einmal wird er tiefsinnig, fällt
in ein hitziges Fieber, daraus in Raserei, und nun ist er,
wie Sie ihn sehen. Wenn ich Ihm erzählen sollte, Herr —
Ich unterbrach den Strom ihrer Worte mit der Frage: Was
war denn das für eine Zeit, von der er rühmt, daß er so
glücklich, so wohl darin gewesen sei? Der thörichte Mensch!
rief sie mit mitleidigem Lächeln, da meint er die Zeit, da er
von sich war, das rühmt er immer; das ist die Zeit, da er
im Tollhause war, wo er nichts von sich wußte. — Das fiel
mir auf wie ein Donnerschlag; ich drückte ihr ein Stück Geld
in die Hand und verließ sie eilend.

Da du glücklich warst! rief ich aus, schnell vor mich
hin nach der Stadt zu gehend, da dir's wohl war, wie einem
Fisch im Wasser! — Gott im Himmel! Hast du das zum
Schicksale der Menschen gemacht, daß sie nicht glücklich sind,

als ehe sie zu ihrem Verstande kommen und wenn sie ihn wieder verlieren! — Elender! und auch wie beneide ich deinen Trübsinn, die Verwirrung deiner Sinne, in der du verschmachtest! Du gehst hoffnungsvoll aus, deiner Königin Blumen zu pflücken — im Winter — und trauerst, da du keine findest, und begreifst nicht, warum du keine finden kannst. Und ich — und ich gehe ohne Hoffnung, ohne Zweck heraus und kehre wieder heim, wie ich gekommen bin. — Du wähnst, welcher Mensch du sein würdest, wenn die Generalstaaten dich bezahlten. Seliges Geschöpf, das den Mangel seiner Glückseligkeit einer irdischen Hindernis zuschreiben kann! Du fühlst nicht, daß in deinem zerstörten Herzen, in deinem zerrütteten Gehirne dein Elend liegt, wovon alle Könige der Erde dir nicht helfen können.

Müsse der trostlos umkommen, der eines Kranken spottet, der nach der entferntesten Quelle reist, die seine Krankheit vermehren, sein Ausleben schmerzhafter machen wird! der sich über das bedrängte Herz erhebt, das, um seine Gewissensbisse los zu werden und die Leiden seiner Seele abzuthun, eine Pilgrimschaft nach dem heiligen Grade thut! Jeder Fußtritt, der seine Sohlen auf ungebahntem Wege durchschneidet, ist ein Linderungstropfen der geängsteten Seele, und mit jeder ausgedauerten Tagreise legt sich das Herz um viele Bedrängnisse leichter nieder. — Und dürft ihr das Wahn nennen, ihr Wortkrämer auf euren Polstern? — Wahn! — O Gott! du siehst meine Thränen! Mußtest du, der du den Menschen arm genug erschufst, ihm auch Brüder zugeben, die ihm das bißchen Armut, das bißchen Vertrauen noch raubten, das er auf dich hat, auf dich, du Allliebender! Denn das Vertrauen zu einer heilenden Wurzel, zu den Thränen des Weinstockes, was ist es, als Vertrauen zu dir, daß du in alles, was uns umgibt, Heil- und Linderungskraft gelegt hast, der wir so stündlich bedürfen? Vater! den ich nicht kenne! Vater! der sonst meine ganze Seele füllte und nun sein Angesicht von mir gewendet hat! rufe mich zu dir! schweige nicht länger! dein Schweigen wird diese dürstende Seele nicht aufhalten. — Und würde ein Mensch, ein Vater zürnen können, dem sein unvermutet rückkehrender Sohn um den Hals fiele und riefe: Ich bin wieder da, mein Vater! Zürne nicht, daß ich die Wanderschaft abbreche, die ich nach deinem Willen länger anshalten sollte. Die Welt ist überall einerlei, auf Mühe und Arbeit, Lohn und Freude; aber was soll mir das? Mir ist nur

wohl, wo du bist, und vor deinem Angesichte will ich leiden
und genießen. — Und du, lieber himmlischer Vater, solltest
ihn von dir weisen?

Am 1. Dezember

Wilhelm! der Mensch, von dem ich dir schrieb, der glück=
liche Unglückliche, war Schreiber bei Lottens Vater, und eine
Leidenschaft zu ihr, die er nährte, verbarg, entdeckte und
worüber er aus dem Dienst geschickt wurde, hat ihn rasend ge=
macht. Fühle bei diesen trocknen Worten, mit welchem Un=
sinne mich die Geschichte ergriffen hat, da sie mir Albert eben
so gelassen erzählte, als du sie vielleicht liesest.

Am 4. Dezember

Ich bitte dich — Siehst du, mit mir ist's aus, ich trag'
es nicht länger! Heute saß ich bei ihr — saß, sie spielte auf
ihrem Klavier, mannigfaltige Melodieen, und all den Ausdruck!
all! — all! — Was willst du? — Ihr Schwesterchen putzte
ihre Puppe auf meinem Knie. Mir kamen die Thränen in die
Augen. Ich neigte mich, und ihr Trauring fiel mir ins Ge=
sicht — meine Thränen flossen — Und auf einmal fiel sie in
die alte himmelsüße Melodie ein, so auf einmal, und mir
durch die Seele gehn ein Trostgefühl und eine Erinnerung
des Vergangenen, der Zeiten, da ich das Lied gehört, der
düstern Zwischenräume, des Verdrusses, der fehlgeschlagenen
Hoffnungen, und dann — Ich ging in der Stube auf und
nieder, mein Herz erstickte unter dem Zudringen. Um Gottes
willen, sagte ich, mit einem heftigen Ausbruch hin gegen sie
fahrend, um Gottes willen, hören Sie auf! Sie hielt und
sah mich starr an. Werther, sagte sie mit einem Lächeln, das
mir durch die Seele ging, Werther, Sie sind sehr krank, Ihre
Lieblingsgerichte widerstehen Ihnen. Gehen Sie! Ich bitte
Sie, beruhigen Sie sich. Ich riß mich von ihr weg, und —
Gott! du siehst mein Elend und wirst es enden.

Am 6. Dezember.

Wie mich die Gestalt verfolgt! Wachend und träumend
füllt sie meine ganze Seele! Hier, wenn ich die Augen schließe,
hier in meiner Stirne, wo die innere Sehkraft sich vereinigt,
stehn ihre schwarzen Augen. Hier! Ich kann dir es nicht aus=
drücken. Mache ich meine Augen zu, so sind sie da; wie ein
Meer, wie ein Abgrund ruhen sie vor mir, in mir, füllen die
Sinne meiner Stirne.

Was ist der Mensch, der gepriesene Halbgott! Ermangeln ihm nicht eben da die Kräfte, wo er sie am nötigsten braucht? Und wenn er in Freude sich aufschwingt, oder im Leiden versinkt, wird er nicht in beiden eben da aufgehalten, eben da zu dem stumpfen, kalten Bewußtsein wieder zurückgebracht, da er sich in der Fülle des Unendlichen zu verlieren sehnte?

Der Herausgeber an den Leser.

Wie sehr wünscht' ich, daß uns von den letzten merkwürdigen Tagen unsers Freundes so viel eigenhändige Zeugnisse übrig geblieben wären, daß ich nicht nötig hätte, die Folge seiner hinterlaßnen Briefe durch Erzählung zu unterbrechen.

Ich habe mir angelegen sein laffen, genaue Nachrichten aus dem Munde derer zu sammeln, die von seiner Geschichte wohl unterrichtet sein konnten; sie ist einfach, und es kommen alle Erzählungen davon bis auf wenige Kleinigkeiten mit einander überein; nur über die Sinnesarten der handelnden Personen sind die Meinungen verschieden und die Urteile geteilt.

Was bleibt uns übrig, als dasjenige, was wir mit wiederholter Mühe erfahren können, gewissenhaft zu erzählen; die von dem Abscheidenden hinterlaßnen Briefe einzuschalten und das kleinste aufgefundene Blättchen nicht gering zu achten; zumal, da es so schwer ist, die eigensten, wahren Triebfedern auch nur einer einzelnen Handlung zu entdecken, wenn sie unter Menschen vorgeht, die nicht gemeiner Art sind.

Unmut und Unlust hatten in Werthers Seele immer tiefer Wurzel geschlagen, sich fester unter einander verschlungen und sein ganzes Wesen nach und nach eingenommen. Die Harmonie seines Geistes war völlig zerstört, eine innerliche Hitze und Heftigkeit, die alle Kräfte seiner Natur durch einander arbeitete, brachte die widrigsten Wirkungen hervor und ließ ihm zuletzt nur eine Ermattung übrig, aus der er noch ängstlicher empor strebte, als er mit allen Uebeln bisher gekämpft hatte. Die Beängstigung seines Herzens zehrte die übrigen Kräfte seines Geistes, seine Lebhaftigkeit, seinen Scharffinn auf; er ward ein trauriger Gesellschafter, immer unglücklicher, und immer ungerechter, je unglücklicher er ward. Wenigstens sagen dies Alberts Freunde; sie behaupten, daß Werther einen reinen, ruhigen Mann, der nun eines lang gewünschten Glückes teilhaftig geworden, und sein Betragen, sich dieses Glück auch auf die Zukunft zu erhalten, nicht habe beurteilen können, er, der gleichsam mit jedem Tage sein ganzes Vermögen verzehrte, um an dem Abend zu leiden und zu darben? Albert, sagen sie, hatte sich in so kurzer Zeit nicht verändert, er war noch immer derselbige, den Werther so vom Anfang her kannte, so sehr schätzte und ehrte. Er liebte Lotten über alles, er war stolz auf sie und wünschte sie auch von jedermann als das herrlichste Geschöpf anerkannt zu wissen. War es ihm daher zu verdenken, wenn er auch jeden Schein des Verdachtes abzuwenden wünschte, wenn er in dem Augenblicke mit niemand diesen köstlichen Besitz auch auf die unschuldigste Weise zu teilen Lust hatte? Sie gestehen ein, daß Albert oft das Zimmer seiner Frau verlassen, wenn Werther bei ihr war, aber nicht aus Haß noch Abneigung gegen seinen Freund, sondern nur, weil er gefühlt habe, daß dieser von seiner Gegenwart gedrückt sei.

Lottens Vater war von einem Uebel befallen worden, das ihn in der Stube hielt; er schickte ihr seinen Wagen, und sie fuhr hinaus. Es war ein schöner Wintertag, der erste Schnee war stark gefallen und deckte die ganze Gegend.

Werther ging ihr den andern Morgen nach, um, wenn Albert sie nicht abzuholen käme, sie herein zu begleiten.

Das klare Wetter konnte wenig auf sein trübes Gemüt wirken, ein dumpfer Druck lag auf seiner Seele, die traurigen Bilder hatten sich bei ihm festgesetzt, und sein Gemüt kannte keine Bewegung, als von einem schmerzlichen Gedanken zum andern.

Wie er mit sich in ewigem Unfrieden lebte, schien ihm auch der Zustand andrer nur bedenklicher und verworrener; er glaubte, das schöne Verhältnis zwischen Albert und seiner Gattin gestört zu haben, er machte sich Vorwürfe darüber, in die sich ein heimlicher Unwille gegen den Gatten mischte.

Seine Gedanken fielen auch unterwegs auf diesen Gegenstand. Ja, ja, sagte er zu sich selbst, mit heimlichem Zähneknirschen, das ist der vertraute, freundliche, zärtliche, an allem teilnehmende Umgang, die ruhige, dauernde Treue! Sattigkeit ist's und Gleichgültigkeit! Zieht ihn nicht jedes elende Geschäft mehr an, als die teure köstliche Frau? Weiß er sein Glück zu schätzen? Weiß er sie zu achten, wie sie es verdient? Er hat sie, nun gut, er hat sie — Ich weiß das, wie ich was anders auch weiß, ich glaube, an den Gedanken gewöhnt zu sein, er wird mich noch rasend machen, er wird mich noch umbringen — Und hat denn die Freundschaft zu mir Stich gehalten? Sieht er nicht in meiner Anhänglichkeit an Lotten schon einen Eingriff in seine Rechte, in meiner Aufmerksamkeit für sie einen stillen Vorwurf? Ich weiß es wohl, ich fühl' es, er sieht mich ungern, er wünscht meine Entfernung, meine Gegenwart ist ihm beschwerlich.

Oft hielt er seinen raschen Schritt an, oft stand er stille und schien umkehren zu wollen; allein er richtete seinen Gang immer wieder vorwärts und war mit diesen Gedanken und Selbstgesprächen endlich gleichsam wider Willen bei dem Jagdhause angekommen.

Er trat in die Thür, fragte nach dem Alten und nach Lotten, er fand das Haus in einiger Bewegung. Der älteste Knabe sagte ihm, es sei drüben in Wahlheim ein Unglück geschehen, es sei ein Bauer erschlagen worden. — Es machte das weiter keinen Eindruck auf ihn. — Er trat in die Stube und fand Lotten beschäftigt, dem Alten zuzureden, der ungeachtet seiner Krankheit hinüber wollte, um an Ort und Stelle die That zu untersuchen. Der Thäter war noch unbekannt, man hatte den Erschlagenen des Morgens vor der Hausthür gefunden, man hatte Mutmaßungen: der Entleibte war Knecht einer Witwe, die vorher einen andern im Dienste gehabt, der mit Unfrieden aus dem Hause gekommen war.

Da Werther dieses hörte, fuhr er mit Heftigkeit auf. Ist's möglich! rief er aus; ich muß hinüber, ich kann nicht einen Augenblick ruhn. Er eilte nach Wahlheim zu, jede Erinnerung ward ihm lebendig, und er zweifelte nicht einen Augenblick, daß jener Mensch die That begangen, den er so manchmal gesprochen, der ihm so wert geworden war.

Da er durch die Linden mußte, um nach der Schenke zu kommen, wo sie den Körper hingelegt hatten, entsetzt' er sich vor dem sonst so geliebten Platze. Jene Schwelle, worauf die Nachbarskinder so oft gespielt hatten, war mit Blut besudelt. Liebe und Treue, die schönsten menschlichen Empfindungen, hatten sich in Gewalt und Mord verwandelt. Die starken Bäume standen ohne Laub und bereist; die schönen Hecken, die sich über die niedrige Kirchhofmauer wölbten, waren entblättert, und die Grabsteine sahen, mit Schnee bedeckt, durch die Lücken hervor.

Als er sich der Schenke näherte, vor welcher das ganze Dorf versammelt war, entstand auf einmal ein Geschrei. Man

erblickte von fern einen Trupp bewaffneter Männer, und ein
jeder rief, daß man den Thäter herbeiführe. Werther sah
hin und blieb nicht lange zweifelhaft. Ja! es war der Knecht,
der jene Witwe so sehr liebte, den er vor einiger Zeit mit
dem stillen Grimme, mit der heimlichen Verzweiflung umher=
gehend angetroffen hatte.

Was hast du begangen, Unglücklicher! rief Werther aus,
indem er auf den Gefangenen losging. Dieser sah ihn still
an, schwieg und versetzte endlich ganz gelassen: „Keiner wird
sie haben, sie wird keinen haben." Man brachte den Ge=
fangnen in die Schenke, und Werther eilte fort.

Durch die entsetzliche, gewaltige Berührung war alles,
was in seinem Wesen lag, durch einander geschüttelt worden.
Aus seiner Trauer, seinem Mißmut, seiner gleichgültigen Hin=
gegebenheit wurde er auf einen Augenblick herausgerissen;
unüberwindlich bemächtigte sich die Teilnehmung seiner, und
es ergriff ihn eine unsägliche Begierde, den Menschen zu
retten. Er fühlte ihn so unglücklich, er fand ihn als Ver=
brecher selbst so schuldlos, er setzte sich so tief in seine Lage,
daß er gewiß glaubte, auch andere davon zu überzeugen.
Schon wünschte er, für ihn sprechen zu können, schon drängte
sich der lebhafteste Vortrag nach seinen Lippen, er eilte nach
dem Jagdhause und konnte sich unterwegs nicht enthalten,
alles das, was er dem Amtmann vorstellen wollte, schon halb
laut auszusprechen.

Als er in die Stube trat, fand er Alberten gegenwärtig,
dies verstimmte ihn einen Augenblick; doch faßte er sich bald
wieder und trug dem Amtmann feurig seine Gesinnungen
vor. Dieser schüttelte einigemal den Kopf, und obgleich
Werther mit der größten Lebhaftigkeit, Leidenschaft und Wahr=
heit alles vorbrachte, was ein Mensch zur Entschuldigung
eines Menschen sagen kann, so war doch, wie sich's leicht
denken läßt, der Amtmann dadurch nicht gerührt. Er ließ
vielmehr unsern Freund nicht ausreden, widersprach ihm eifrig
und tadelte ihn, daß er einen Meuchelmörder in Schutz nehme;
er zeigte ihm, daß auf diese Weise jedes Gesetz aufgehoben,
alle Sicherheit des Staats zu Grunde gerichtet werde; auch
setzte er hinzu, daß er in einer solchen Sache nichts thun
könne, ohne sich die größte Verantwortung aufzuladen, es
müsse alles in der Ordnung, in dem vorgeschriebenen Gang gehen.

Werther ergab sich noch nicht, sondern bat nur, der Amt=
mann möchte durch die Finger sehn, wenn man dem Menschen

zur Flucht behilflich wäre! Auch damit wies ihn der Amt=
mann ab. Albert, der sich endlich ins Gespräch mischte, trat
auch auf des Alten Seite; Werther wurde überstimmt, und
mit einem entsetzlichen Leiden machte er sich auf den Weg,
nachdem ihm der Amtmann einigemal gesagt hatte: Nein,
er ist nicht zu retten!

Wie sehr ihm diese Worte aufgefallen sein müssen, sehen
wir aus einem Zettelchen, das sich unter seinen Papieren
fand und das gewiß an dem nämlichen Tage geschrieben worden:

*   *
*

„Du bist nicht zu retten, Unglücklicher! Ich sehe wohl,
daß wir nicht zu retten sind."

Was Albert zuletzt über die Sache des Gefangenen in
Gegenwart des Amtmanns gesprochen, war Werthern höchst
zuwider gewesen: er glaubte einige Empfindlichkeit gegen sich
darin bemerkt zu haben, und wenn gleich bei mehrerem Nach=
denken seinem Scharfsinne nicht entging, daß beide Männer
recht haben möchten, so war es ihm doch, als ob er seinem
innersten Dasein entsagen müßte, wenn er es gestehen, wenn
er es zugeben sollte.

Ein Blättchen, das sich darauf bezieht, das vielleicht sein
ganzes Verhältnis zu Albert ausdrückt, finden wir unter seinen
Papieren.

*   *
*

– „Was hilft es, daß ich mir's sage und wieder sage, er
ist brav und gut, aber es zerreißt mir mein inneres Einge=
weide; ich kann nicht gerecht sein."

Weil es ein gelinder Abend war und das Wetter an=
fing, sich zum Tauen zu neigen, ging Lotte mit Alberten zu
Fuße zurück. Unterwegs sah sie sich hier und da um, eben,
als wenn sie Werthers Begleitung vermißte. Albert fing von
ihm an zu reden, er tadelte ihn, indem er ihm Gerechtigkeit
widerfahren ließ. Er berührte seine unglückliche Leidenschaft
und wünschte, daß es möglich sein möchte, ihn zu entfernen.
Ich wünsch' es auch um unsertwillen, sagt' er, und ich bitte
dich, fuhr er fort, siehe zu, seinem Betragen gegen dich eine
andere Richtung zu geben, seine öftern Besuche zu vermindern.
Die Leute werden aufmerksam, und ich weiß, daß man hier
und da drüber gesprochen hat. Lotte schwieg, und Albert
schien ihr Schweigen empfunden zu haben; wenigstens seit der

Zeit erwähnte er Werthers nicht mehr gegen sie, und wenn sie seiner erwähnte, ließ er das Gespräch fallen oder lenkte es wo anders hin.

Der vergebliche Versuch, den Werther zur Rettung des Unglücklichen gemacht hatte, war das letzte Auflodern der Flamme eines verlöschenden Lichtes; er versank nur desto tiefer in Schmerz und Unthätigkeit; besonders kam er fast außer sich, als er hörte, daß man ihn vielleicht gar zum Zeugen gegen den Menschen, der sich nun aufs Leugnen legte, auffordern könnte.

Alles, was ihm Unangenehmes jemals in seinem wirksamen Leben begegnet war, der Verdruß bei der Gesandtschaft, alles, was ihm sonst mißlungen war, was ihn je gekränkt hatte, ging in seiner Seele auf und nieder. Er fand sich durch alles dieses wie zur Unthätigkeit berechtigt, er fand sich abgeschnitten von aller Aussicht, unfähig, irgend eine Handhabe zu ergreifen, mit denen man die Geschäfte des gemeinen Lebens anfaßt, und so rückte er endlich, ganz seiner wunderbaren Empfindung, Denkart und einer endlosen Leidenschaft hingegeben, in dem ewigen Einerlei eines traurigen Umgangs mit dem liebenswürdigen und geliebten Geschöpfe, dessen Ruhe er störte, in seine Kräfte stürmend, sie ohne Zweck und Aussicht abarbeitend, immer einem traurigen Ende näher.

Von seiner Verworrenheit, Leidenschaft, von seinem rastlosen Treiben und Streben, von seiner Lebensmüde sind einige hinterlaßne Briefe die stärksten Zeugnisse, die wir hier einrücken wollen.

<hr>

Am 12. Dezember.

„Lieber Wilhelm, ich bin in einem Zustande, in dem jene Unglücklichen gewesen sein müssen, von denen man glaubte, sie würden von einem bösen Geiste umhergetrieben. Manchmal ergreift mich's; es ist nicht Angst, nicht Begier — es ist ein inneres unbekanntes Toben, das meine Brust zu zerreißen droht, das mir die Gurgel zupreßt! Wehe! wehe! Und dann schweife ich umher in den furchtbaren nächtlichen Szenen dieser menschenfeindlichen Jahrszeit.

Gestern abend mußte ich hinaus. Es war plötzlich Tauwetter eingefallen; ich hatte gehört, der Fluß sei übergetreten, alle Bäche geschwollen und von Wahlheim herunter mein liebes Thal überschwemmt! Nachts nach elfe rannte ich hinaus. Ein fürchterliches Schauspiel, vom Fels herunter die wühlenden

Fluten in dem Mondlichte wirbeln zu sehen, über Aecker und Wiesen und Hecken und alles, und das weite Thal hinauf und hinab eine stürmende See im Sausen des Windes! Und wenn dann der Mond wieder hervortrat und über der schwarzen Wolke ruhte, und vor mir hinaus die Flut in fürchterlich=herrlichem Widerschein rollte und klang: da überfiel mich ein Schauer, und wieder ein Sehnen! Ach, mit offnen Armen stand ich gegen den Abgrund und atmete hinab! hinab! und verlor mich in der Wonne, meine Qualen, meine Leiden da hinab zu stürmen! dahin zu brausen wie die Wellen! Oh! — und den Fuß vom Boden zu heben, vermochtest du nicht, und alle Qualen zu euden! — Meine Uhr ist noch nicht ausge=laufen, ich fühle es! O Wilhelm! wie gern hätte ich mein Menschsein drum gegeben, mit jenem Sturmwinde die Wolken zu zerreißen, die Fluten zu fassen! Ha! und wird nicht viel=leicht dem Eingekerkerten einmal diese Wonne zu teil? —

Und wie ich wehmütig hinabsah auf ein Plätzchen, wo ich mit Lotten unter einer Weide geruht, auf einem heißen Spaziergange, — das war auch überschwemmt, und kaum daß ich die Weide erkannte! Wilhelm! Und ihre Wiesen, dachte ich, die Gegend um ihr Jagdhaus! wie verstört jetzt vom reißenden Strom unsere Laube, dacht' ich. Und der Ver=gangenheit Sonnenstrahl blickte herein, wie einem Gefangenen ein Traum von Herden, Wiesen und Ehrenämtern! Ich stand! — Ich schelte mich nicht, denn ich habe Mut, zu sterben. — Ich hätte — Nun sitze ich hier, wie ein altes Weib, das ihr Holz von Zäunen stoppelt und ihr Brot an den Thüren, um ihr hinsterbendes, freudeloses Dasein noch einen Augenblick zu verlängern und zu erleichtern."

Am 14 Dezember.

„Was ist das, mein Lieber? Ich erschrecke vor mir selbst! Ist nicht meine Liebe zu ihr die heiligste, reinste, brüderlichste Liebe? Habe ich jemals einen strafbaren Wunsch in meiner Seele gefühlt? — Ich will nicht beteuern — Und nun — Träume! O wie wahr fühlten die Menschen, die so wider=sprechende Wirkungen fremden Mächten zuschrieben! Diese Nacht! ich zittere, es zu sagen, hielt ich sie in meinen Armen, fest an meinen Busen gedrückt, und deckte ihren liebelispelnden Mund mit unendlichen Küssen; mein Auge schwamm in der Trunkenheit des ihrigen! Gott! bin ich strafbar, daß ich auch jetzt noch eine Seligkeit fühle, mir diese glühenden Freuden mit voller Innigkeit zurück zu rufen? Lotte! Lotte! — Und mit mir ist es aus! — Meine Sinnen verwirren sich, schon acht Tage habe ich keine Besinnungskraft mehr, meine Augen sind voll Thränen; ich bin nirgend wohl, und überall wohl; ich wünsche nichts, ich verlange nichts; mir wäre besser, ich ginge."

———————

Der Entschluß, die Welt zu verlassen, hatte in dieser Zeit, unter solchen Umständen, in Werthers Seele immer mehr Kraft gewonnen. Seit der Rückkehr zu Lotten war es immer seine letzte Aussicht und Hoffnung gewesen; doch hatte er sich gesagt, es solle keine übereilte, keine rasche That sein, er wolle mit der besten Ueberzeugung, mit der möglichst ruhigen Entschlossenheit diesen Schritt thun.

Seine Zweifel, sein Streit mit sich selbst blicken aus einem Zettelchen hervor, das wahrscheinlich ein angefangener Brief an Wilhelmen ist und ohne Datum unter seinen Papieren gefunden worden.

* * *

„Ihre Gegenwart, ihr Schicksal, ihre Teilnehmung an dem meinigen preßt noch die letzten Thränen aus meinem versengten Gehirn.

Den Vorhang aufzuheben und dahinter zu treten! das ist alles! Und warum das Zaudern und Zagen? — Weil man nicht weiß, wie es dahinten aussieht? und man nicht wiederkehrt? Und daß das nun die Eigenschaft unseres Geistes ist, da Verwirrung und Finsternis zu ahnen, wovon wir nichts Bestimmtes wissen."

———————

Endlich ward er mit dem traurigen Gedanken immer mehr verwandt und befreundet, und sein Vorsatz fest und unwiderruflich, wovon folgender zweideutige Brief, den er an seinen Freund schrieb, ein Zeugnis abgibt.

Am 20. Dezember.

„Ich danke deiner Liebe, Wilhelm, daß du das Wort so aufgefangen hast. Ja, du hast recht: mir wäre besser, ich ginge. Der Vorschlag, den du zu einer Rückkehr zu euch thust, gefällt mir nicht ganz; wenigstens möchte ich noch gerne einen Umweg machen, besonders da wir anhaltenden Frost und gute Wege zu hoffen haben. Auch ist mir's sehr lieb, daß du kommen willst, mich abzuholen; verziehe nur noch vierzehn Tage und erwarte noch einen Brief von mir mit dem weiteren. Es ist nötig, daß nichts gepflückt werde, ehe es reif ist; und vierzehn Tage auf oder ab thun viel. Meiner Mutter sollst du sagen: daß sie für ihren Sohn beten soll, und daß ich sie um Vergebung bitte wegen alles Verdrusses, den ich ihr gemacht habe. Das war nun mein Schicksal, die zu betrüben, denen ich Freude schuldig war. Leb wohl, mein Teuerster! Allen Segen des Himmels über dich! Leb wohl!"

Was in dieser Zeit in Lottens Seele vorging, wie ihre Gesinnungen gegen ihren Mann, gegen ihren unglücklichen Freund gewesen, getrauen wir uns kaum mit Worten auszudrücken, ob wir uns gleich davon, nach der Kenntnis ihres Charakters, wohl einen stillen Begriff machen können und eine schöne weibliche Seele sich in die ihrige denken und mit ihr empfinden kann.

So viel ist gewiß, sie war fest bei sich entschlossen, alles zu thun, um Werthern zu entfernen, und wenn sie zauderte, so war es eine herzliche, freundschaftliche Schonung, weil sie wußte, wie viel es ihm kosten, ja, daß es ihm beinahe unmöglich sein würde. Doch ward sie in dieser Zeit mehr gedrängt, Ernst zu machen; es schwieg ihr Mann ganz über dies Verhältnis, wie sie auch immer darüber geschwiegen hatte, und um so mehr war ihr angelegen, ihm durch die That zu beweisen, wie ihre Gesinnungen der seinigen wert seien.

An demselben Tage, als Werther den zuletzt eingeschalteten Brief an seinen Freund geschrieben, es war der Sonntag vor Weihnachten, kam er abends zu Lotten und fand sie allein. Sie beschäftigte sich, einige Spielwerke in Ordnung zu bringen, die sie ihren kleinen Geschwistern zum Christgeschenke zurecht gemacht hatte. Er redete von dem Vergnügen, das die Kleinen haben würden, und von den Zeiten, da einen die unerwartete Oeffnung der Thür und die Erscheinung eines aufgeputzten Baumes mit Wachslichtern, Zuckerwerk und Aepfeln in paradiesische Entzückung setzte. Sie sollen, sagte Lotte, indem sie ihre Verlegenheit unter ein liebes Lächeln verbarg, Sie sollen auch beschert kriegen, wenn Sie recht geschickt sind, ein Wachsstöckchen und noch was. — „Und was heißen Sie geschickt sein?" rief er aus, „wie soll ich sein? wie kann ich sein, beste Lotte?" — Donnerstag abend, sagte sie, ist Weihnachtsabend, da kommen die Kinder, mein Vater auch, da kriegt jedes das Seinige, da kommen Sie auch — aber nicht eher. —

Werther stutzte. — Ich bitte Sie, fuhr sie fort, es ist nun einmal so; ich bitte Sie um meiner Ruhe willen; es kann nicht, es kann nicht so bleiben. — Er wendete seine Augen von ihr und ging in der Stube auf und ab und murmelte das: „Es kann nicht so bleiben!" zwischen den Zähnen. Lotte, die den schrecklichen Zustand fühlte, worein ihn diese Worte versetzt hatten, suchte durch allerlei Fragen seine Gedanken abzulenken, aber vergebens. „Nein, Lotte," rief er aus, „ich werde Sie nicht wiedersehen!" — Warum das? versetzte sie; Werther, Sie können, Sie müssen uns wiedersehen, nur mäßigen Sie sich. O, warum mußten Sie mit dieser Heftigkeit, dieser unbezwing= lich haftenden Leidenschaft für alles, was Sie einmal anfassen, geboren werden! Ich bitte Sie, fuhr sie fort, indem sie ihn bei der Hand nahm, mäßigen Sie sich! Ihr Geist, Ihre Wissen= schaften, Ihre Talente, was bieten die Ihnen für mannig= faltige Ergötzungen dar! Sein Sie ein Mann! Wenden Sie diese traurige Anhänglichkeit von einem Geschöpf, das nichts thun kann, als Sie bedauern. — Er knirrte mit den Zähnen und sah sie düster an. Sie hielt seine Hand. — Nur einen Augenblick ruhigen Sinn, Werther! sagte sie. Fühlen Sie nicht, daß Sie sich betrügen, sich mit Willen zu Grunde richten? Warum denn mich, Werther? just mich, das Eigentum eines andern? just das? Ich fürchte, ich fürchte, es ist nur die Un= möglichkeit, mich zu besitzen, die Ihnen diesen Wunsch so reizend macht. Er zog seine Hand aus der ihrigen, indem er sie mit einem starren, unwilligen Blick ansah. „Weise!" rief er, „sehr weise! Hat vielleicht Albert diese Anmerkung gemacht? Po= litisch! sehr politisch!" — Es kann sie jeder machen, versetzte sie darauf. Und sollte denn in der weiten Welt kein Mädchen sein, das die Wünsche Ihres Herzens erfüllte? Gewinnen Sie's über sich, suchen Sie darnach, und ich schwöre Ihnen, Sie werden sie finden; denn schon lange ängstet mich für Sie und uns die Einschränkung, in die Sie sich diese Zeit her selbst gebannt haben. Gewinnen Sie es über sich! eine Reise wird Sie, muß Sie zerstreuen! Suchen Sie, finden Sie einen werten Gegenstand Ihrer Liebe und kehren Sie zurück und lassen Sie uns zusammen die Seligkeit einer wahren Freundschaft genießen.

„Das könnte man," sagte er mit einem kalten Lachen, „drucken lassen und allen Hofmeistern empfehlen! Liebe Lotte! lassen Sie mir noch ein klein wenig Ruh, es wird alles wer= den!" — Nur das, Werther, daß Sie nicht eher kommen als Weihnachtsabend! — Er wollte antworten, und Albert trat in die Stube. Man bot sich einen frostigen Guten Abend und ging verlegen im Zimmer neben einander auf und nieder. Werther fing einen unbedeutenden Diskurs an, der bald aus war, Albert desgleichen, der sodann seine Frau nach gewissen Aufträgen fragte und, als er hörte, sie seien noch nicht ausgerichtet, ihr einige Worte sagte, die Werthern kalt, ja gar hart vorkamen. Er wollte gehen, er konnte nicht und zauderte bis acht, da sich denn sein Unmut und Unwillen immer vermehrte, bis der Tisch gedeckt wurde und er Hut und Stock nahm. Albert lud ihn zu bleiben, er aber, der nur ein unbedeutendes Kompliment zu hören glaubte, dankte kalt dagegen und ging weg.

Er kam nach Hause, nahm seinem Burschen, der ihm leuchten wollte, das Licht aus der Hand und ging allein in sein Zimmer, weinte laut, redete aufgebracht mit sich selbst, ging heftig die Stube auf und ab und warf sich endlich in seinen Kleidern aufs Bette, wo ihn der Bediente fand, der es gegen elfe wagte, hineinzugehen, um zu fragen, ob er dem Herrn die Stiefel ausziehen sollte? das er denn zuließ und dem Bedienten verbot, den andern Morgen ins Zimmer zu kommen, bis er ihm rufen würde.

Montags früh, den einundzwanzigsten Dezember, schrieb er folgenden Brief an Lotten, den man nach seinem Tode versiegelt auf seinem Schreibtische gefunden und ihr überbracht hat und den ich absatzweise hier einrücken will, so wie aus den Umständen erhellet, daß er ihn geschrieben habe.

*   *   *

„Es ist beschlossen, Lotte, ich will sterben, und das schreibe ich dir ohne romantische Ueberspannung, gelassen, an dem Morgen des Tags, an dem ich dich zum letztenmal sehen werde. Wenn du dieses liesest, meine Beste, deckt schon das kühle Grab die erstarrten Reste des Unruhigen, Unglücklichen, der für die letzten Augenblicke seines Lebens keine größere Süßigkeit weiß, als sich mit dir zu unterhalten. Ich habe eine schreckliche Nacht gehabt und, ach! eine wohlthätige Nacht. Sie ist es, die meinen Entschluß befestigt, bestimmt hat: ich will sterben! Wie ich mich gestern von dir riß, in der fürchterlichen Empörung meiner Sinnen, wie sich alles das nach meinem Herzen drängte und mein hoffnungsloses, freudeloses Dasein neben dir in gräßlicher Kälte mich anpackte — ich erreichte kaum mein Zimmer, ich warf mich außer mir auf meine Kniee, und o Gott! du gewährtest mir das letzte Labsal der bittersten Thränen! Tausend Anschläge, tausend Aussichten wüteten durch meine Seele,

und zuletzt stand er da, fest, ganz, der letzte, einzige Gedanke:
Ich will sterben! — Ich legte mich nieder, und morgens, in der
Ruhe des Erwachens, steht er noch fest, noch ganz stark in meinem
Herzen: Ich will sterben. — Es ist nicht Verzweiflung, es ist Gewißheit, daß ich ausgetragen habe und daß ich mich opfere für
dich. Ja, Lotte! warum sollte ich es verschweigen? Eins von
uns dreien muß hinweg, und das will ich sein! O meine
Beste! in diesem zerrissenen Herzen ist es wütend herumge-
schlichen, oft — deinen Mann zu ermorden! — dich — mich!
— So sei's denn! — Wenn du hinaufsteigst auf den Berg an
einem schönen Sommerabende, dann erinnere dich meiner, wie
ich so oft das Thal heraufkam, und dann blicke nach dem Kirchhofe hinüber nach meinem Grabe, wie der Wind das hohe
Gras im Scheine der sinkenden Sonne hin und her wiegt. —
Ich war ruhig, da ich anfing; und nun weine ich wie ein
Kind, da alles das so lebhaft um mich wird —"

Gegen zehn Uhr rief Werther seinem Bedienten, und
unter dem Anziehen sagte er ihm, wie er in einigen Tagen
verreisen würde, er solle daher die Kleider auskehren und
alles zum Einpacken zurecht machen; auch gab er ihm Befehl,
überall Conti zu fordern, einige ausgeliehene Bücher abzuholen und einigen Armen, denen er wöchentlich etwas zu
geben gewohnt war, ihr Zugeteiltes auf zwei Monate vor-
auszubezahlen.

Er ließ sich das Essen auf die Stube bringen, und nach
Tische ritt er hinaus zum Amtmanne, den er nicht zu Hause
antraf. Er ging tiefsinnig im Garten auf und ab und schien
noch zuletzt alle Schwermut der Erinnerung auf sich häufen
zu wollen.

Die Kleinen ließen ihn nicht lange in Ruhe, sie verfolgten ihn, sprangen an ihm hinauf, erzählten ihm, daß,
wenn morgen und wieder morgen und noch ein Tag wäre,
sie die Christgeschenke bei Lotten holten, und erzählten ihm
Wunder, die sich ihre kleine Einbildungskraft versprach. Morgen!
rief er aus, und wieder morgen und noch ein Tag! und küßte
sie alle herzlich und wollte sie verlassen, als ihm der Kleine
noch etwas in das Ohr sagen wollte. Der verriet ihm, die
großen Brüder hätten schöne Neujahrswünsche geschrieben, so
groß! und einen für den Papa, für Albert und Lotten einen
und auch einen für Herrn Werther; die wollten sie am Neu-
jahrstage früh überreichen. Das übermannte ihn; er schenkte

jedem etwas, ſetzte ſich zu Pferde, ließ den Alten grüßen und
ritt mit Thränen in den Augen davon.

Gegen fünf kam er nach Hauſe, befahl der Magd, nach
dem Feuer zu ſehen und es bis in die Nacht zu unterhalten.
Den Bedienten hieß er Bücher und Wäſche unten in den
Koffer packen und die Kleider einnähen. Darauf ſchrieb er
wahrſcheinlich folgenden Abſatz ſeines letzten Briefes an Lotten:

* * *

„Du erwarteſt mich nicht! du glaubſt, ich würde gehor=
chen und erſt Weihnachtsabend dich wiederſehn. O Lotte! heut
oder nie mehr. Weihnachtsabend hältſt du dieſes Papier in
deiner Hand, zitterſt und benetzeſt es mit deinen lieben Thrä=
nen. Ich will, ich muß! O, wie wohl iſt es mir, daß ich ent=
ſchloſſen bin.“

————

Lotte war indes in einen ſonderbaren Zuſtand geraten.
Nach der letzten Unterredung mit Werthern hatte ſie empfun=
den, wie ſchwer es ihr fallen werde, ſich von ihm zu trennen,
was er leiden würde, wenn er ſich von ihr entfernen ſollte.

Es war wie im Vorübergehn in Alberts Gegenwart ge=
ſagt worden, daß Werther vor Weihnachtsabend nicht wieder
kommen werde, und Albert war zu einem Beamten in der
Nachbarſchaft geritten, mit dem er Geſchäfte abzuthun hatte
und wo er über Nacht ausbleiben mußte.

Sie ſaß nun allein, keins von ihren Geſchwiſtern war
um ſie, ſie überließ ſich ihren Gedanken, die ſtille über ihren
Verhältniſſen herumſchweiſten. Sie ſah ſich nun mit dem
Mann auf ewig verbunden, deſſen Liebe und Treue ſie kannte,
dem ſie von Herzen zugethan war, deſſen Ruhe, deſſen Zu=
verläſſigkeit recht vom Himmel dazu beſtimmt zu ſein ſchien,
daß eine wackere Frau das Glück ihres Lebens darauf gründen
ſollte; ſie fühlte, was er ihr und ihren Kindern auf immer
ſein würde. Auf der andern Seite war ihr Werther ſo teuer
geworden, gleich von dem erſten Augenblick ihrer Bekannt=
ſchaft an hatte ſich die Uebereinſtimmung ihrer Gemüter ſo
ſchön gezeigt, der lange dauernde Umgang mit ihm, ſo manche
durchlebte Situationen hatten einen unauslöſchlichen Eindruck
auf ihr Herz gemacht. Alles, was ſie Intereſſantes fühlte
und dachte, war ſie gewohnt mit ihm zu teilen, und ſeine
Entfernung drohete in ihr ganzes Weſen eine Lücke zu reißen,
die nicht wieder ausgefüllt werden konnte. O, hätte ſie ihn
in dem Augenblick zum Bruder umwandeln können! wie glück=

lich wäre sie gewesen! — Hätte sie ihn einer ihrer Freundinnen
verheiraten dürfen, hätte sie hoffen können, auch sein Verhält=
nis gegen Albert ganz wieder herzustellen!

Sie hatte ihre Freundinnen der Reihe nach durchgedacht
und saud bei einer jeglichen etwas auszusetzen, saud keine, der
sie ihn gegönnt hätte.

Ueber allen diesen Betrachtungen fühlte sie erst tief, ohne
sich es deutlich zu machen, daß ihr herzliches heimliches Ver=
langen sei, ihn für sich zu behalten, und sagte sich daneben,
daß sie ihn nicht behalten könne, behalten dürfe; ihr reines,
schönes, sonst so leichtes und leicht sich helfendes Gemüt empfand
den Druck einer Schwermut, dem die Aussicht zum Glück ver=
schlossen ist. Ihr Herz war gepreßt, und eine trübe Wolke
lag über ihrem Auge.

So war es bald sieben geworden, als sie Werthern die
Treppe herauf kommen hörte und seinen Tritt, seine Stimme,
die nach ihr fragte, bald erkannte. Wie schlug ihr Herz, und
wir dürfen fast sagen: zum erstenmal, bei seiner Ankunft. Sie
hätte sich gern vor ihm verleugnen lassen, und als er herein=
trat, rief sie ihm mit einer Art von leidenschaftlicher Verwir=
rung entgegen: Sie haben nicht Wort gehalten. — Ich habe
nichts versprochen, war seine Antwort. — So hätten Sie
wenigstens meiner Bitte stattgeben sollen, versetzte sie, ich bat
Sie um unser beider Ruhe willen.

Sie wußte nicht recht, was sie sagte, eben so wenig, was
sie that, als sie nach einigen Freundinnen schickte, um nicht
mit Werthern allein zu sein. Er legte einige Bücher hin, die
er gebracht hatte, fragte nach andern, und sie wünschte bald,
daß ihre Freundinnen kommen, bald, daß sie wegbleiben möchten.
Das Mädchen kam zurück und brachte die Nachricht, daß sich
beide entschuldigen ließen.

Sie wollte das Mädchen mit ihrer Arbeit in das Neben=
zimmer sitzen lassen; dann besann sie sich wieder anders. Werther
ging in der Stube auf und ab; sie trat ans Klavier und fing
einen Menuett an, er wollte nicht fließen. Sie nahm sich zu=
sammen und setzte sich gelassen zu Werthern, der seinen ge=
wöhnlichen Platz auf dem Kanapee eingenommen hatte.

Haden Sie nichts zu lesen? sagte sie. Er hatte nichts.
Da drin in meiner Schublade, fing sie an, liegt Ihre Ueber=
setzung einiger Gesänge Ossians; ich habe sie noch nicht ge=
lesen, denn ich hoffte immer, sie von Ihnen zu hören; aber
seither hat sich's nicht finden, nicht machen wollen. Er lächelte,

holte die Lieder, ein Schauer überfiel ihn, als er sie in die Hände nahm, und die Augen standen ihm voll Thränen, als er hineinsah. Er setzte sich nieder und las.

* * *

„Stern der dämmernden Nacht, schön funkelst du in Westen, hebst dein strahlend Haupt aus deiner Wolke, wandelst stattlich deinen Hügel hin. Wornach blickst du auf die Heide? Die stürmenden Winde haben sich gelegt; von ferne kommt des Gießbachs Murmeln; rauschende Wellen spielen am Felsen ferne; das Gesumme der Abendfliegen schwärmt übers Feld! Wornach siehst du, schönes Licht? Aber du lächelst und gehst; freudig umgeben dich die Wellen und baden dein liebliches Haar. Lebe wohl, ruhiger Strahl! Erscheine, du herrliches Licht von Ossians Seele.

„Und es erscheint in seiner Kraft. Ich sehe meine geschiedenen Freunde, sie sammeln sich auf Lora, wie in den Tagen, die vorüber sind — Fingal kommt wie eine feuchte Nebelsäule; um ihn sind seine Helden und, siehe! die Barden des Gesanges: grauer Ullin! stattlicher Ryno! Alpin, lieblicher Sänger! und du, sanftklagende Minona! — Wie verändert seid ihr, meine Freunde, seit den festlichen Tagen auf Selma, da wir buhlten um die Ehre des Gesanges, wie Frühlingslüfte den Hügel hin wechselnd beugen das schwachlispelnde Gras.

„Da trat Minona hervor in ihrer Schönheit, mit niedergeschlagenem Blick und thränenvollem Auge; schwer floß ihr Haar im unstäten Winde, der von dem Hügel her stieß. — Düster ward's in der Seele der Helden, als sie die liebliche Stimme erhob; denn oft hatten sie das Grab Salgars gesehen, oft die finstere Wohnung der weißen Kolma. Kolma, verlassen auf dem Hügel mit der harmonischen Stimme. Salgar versprach, zu kommen; aber ringsum zog sich die Nacht. Höret Kolmas Stimme, da sie auf dem Hügel allein saß.

Kolma.

„Es ist Nacht! — ich bin allein, verloren auf dem stürmischen Hügel. Der Wind saust im Gebirge. Der Strom heult den Felsen hinab. Keine Hütte schützt mich vor dem Regen, mich Verlaßne auf dem stürmischen Hügel.

„Tritt, o Mond, aus deinen Wolken! erscheinet, Sterne der Nacht! Leite mich irgend ein Strahl zu dem Orte, wo meine Liebe ruht von den Beschwerden der Jagd, sein Bogen

neben ihm abgespannt, seine Hunde schnobend um ihn! Aber
hier muß ich sitzen allein auf dem Felsen des verwachsenen
Stroms. Der Strom und der Sturm saust, ich höre nicht
die Stimme meines Geliebten.

„Warum zaudert mein Salgar? Hat er sein Wort ver=
gessen? — Da ist der Fels und der Baum, und hier der
rauschende Strom! Mit einbrechender Nacht versprachst du
hier zu sein; ach! wohin hat sich mein Salgar verirrt? Mit
dir wollt' ich fliehen, verlassen Vater und Bruder, die Stolzen!
Lange sind unsere Geschlechter Feinde, aber wir sind keine
Feinde, o Salgar!

„Schweig eine Weile, o Wind! still eine kleine Weile,
o Strom! daß meine Stimme klinge durchs Thal, daß mein
Wanderer mich höre. Salgar! ich bin's, die ruft! Hier ist
der Baum und der Fels! Salgar, mein Lieber! hier bin ich;
warum zauderst du, zu kommen?

„Sieh, der Mond erscheint, die Flut glänzt im Thale,
die Felsen stehen grau den Hügel hinauf. Aber ich seh' ihn
nicht auf der Höhe, seine Hunde vor ihm her verkündigen
nicht seine Ankunft. Hier muß ich sitzen allein.

„Aber wer sind, die dort unten liegen auf der Heide? —
Mein Geliebter? Mein Bruder? — Redet, o meine Freunde!
Sie antworten nicht. Wie geängstet ist meine Seele! — Ach,
sie sind tot! Ihre Schwerter rot vom Gefechte! O mein
Bruder, o mein Bruder! warum hast du meinen Salgar er=
schlagen? O mein Salgar! warum hast du meinen Bruder
erschlagen? — Ihr wart mir beide so lieb! O, du warst schön
an dem Hügel unter Tausenden! Er war schrecklich in der
Schlacht. Antwortet mir! hört meine Stimme, meine Ge=
liebten! Aber, ach, sie sind stumm, stumm auf ewig! kalt, wie
die Erde, ist ihr Busen!

„O, von dem Felsen des Hügels, von dem Gipfel des
stürmenden Berges, redet, Geister der Toten! Redet! mir soll
es nicht grausen! — Wohin seid ihr zur Ruhe gegangen?
In welcher Gruft des Gebirges soll ich euch finden? — Keine
schwache Stimme vernehme ich im Winde, keine wehende Ant=
wort im Sturme des Hügels.

„Ich sitze in meinem Jammer, ich harre auf den Morgen
in meinen Thränen. Wühlet das Grab, ihr Freunde der
Toten, aber schließt es nicht, bis ich komme. Mein Leben
schwindet wie ein Traum; wie sollt' ich zurück bleiben. Hier
will ich wohnen mit meinen Freunden, an dem Strome des

klingenden Felsens — Wenn's Nacht wird auf dem Hügel und der Wind kommt über die Heide, soll mein Geist im Winde stehn und trauern den Tod meiner Freunde. Der Jäger hört mich aus seiner Laube, fürchtet meine Stimme und liebt sie; denn süß soll meine Stimme sein um meine Freunde; sie waren mir beide so lieb!

„Das war dein Gesang, o Minona, Thormans sanfte errötende Tochter. Unsere Thränen flossen um Kolma, und unsere Seele ward düster.

„Ullin trat auf mit der Harfe und gab uns Alpins Ge= sang — Alpins Stimme war freundlich, Rynos Seele ein Feuerstrahl. Aber schon ruhten sie im engen Hause, und ihre Stimme war verhallet in Selma. Einst kehrte Ullin zurück von der Jagd, ehe die Helden noch fielen. Er hörte ihren Wettgesang auf dem Hügel. Ihr Lied war sanft, aber traurig. Sie klagten Morars Fall, des ersten der Helden. Seine Seele war wie Fingals Seele, sein Schwert wie das Schwert Oskars — Aber er fiel, und sein Vater jammerte, und seiner Schwester Augen waren voll Thränen, Minonas Augen waren voll Thränen, der Schwester des herrlichen Morars. Sie trat zurück vor Ullins Gesang, wie der Mond in Westen, der den Sturmregen voraus sieht und sein schönes Haupt in eine Wolke verbirgt. — Ich schlug die Harfe mit Ullin zum Ge= sange des Jammers.

Ryno.

„Vorbei sind Wind und Regen, der Mittag ist so heiter, die Wolken teilen sich. Fliehend bescheint den Hügel die un= beständige Sonne. Rötlich fließt der Strom des Berges im Thale hin. Süß ist dein Murmeln, Strom; doch süßer die Stimme, die ich höre. Es ist Alpins Stimme, er bejammert den Toten. Sein Haupt ist vor Alter gebeugt und rot sein thränendes Auge. Alpin, trefflicher Sänger! warum allein auf dem schweigenden Hügel? warum jammerst du, wie ein Windstoß im Walde, wie eine Welle am fernen Gestade?

Alpin.

„Meine Thränen, Ryno, sind für den Toten, meine Stimme für die Bewohner des Grabs. Schlank bist du auf dem Hügel, schön unter den Söhnen der Heide. Aber du wirst fallen, wie Morar, und auf deinem Grabe der Trauernde sitzen. Die Hügel werden dich vergessen, dein Bogen in der Halle liegt ungespannt.

„Du warst schnell, o Morar, wie ein Reh auf dem Hügel, schrecklich wie die Nachtfeuer am Himmel. Dein Grimm war ein Sturm, dein Schwert in der Schlacht wie Wetterleuchten über der Heide. Deine Stimme glich dem Waldstrome nach dem Regen, dem Donner auf fernen Hügeln. Manche fielen vor deinem Arm, die Flamme deines Grimmes verzehrte sie. Aber wenn du wiederkehrtest vom Kriege, wie friedlich war deine Stimme! Dein Angesicht war gleich der Sonne nach dem Gewitter, gleich dem Monde in der schweigenden Nacht, ruhig deine Brust, wie der See, wenn sich des Windes Brausen gelegt hat.

„Eng ist nun deine Wohnung, finster deine Stätte! Mit drei Schritten mess' ich dein Grab, o du! der du ehe so groß warst! Vier Steine mit moosigen Häuptern sind dein einziges Gedächtnis; ein entblätterter Baum, langes Gras, das im Winde wispelt, deutet dem Auge des Jägers das Grab des mächtigen Morars. Keine Mutter hast du, dich zu beweinen, kein Mädchen mit Thränen der Liebe; tot ist, die dich gebar, gefallen die Tochter von Morglan.

„Wer auf seinem Stabe ist das? Wer ist es, dessen Haupt weiß ist vor Alter, dessen Augen rot sind von Thränen? — Es ist dein Vater, o Morar! der Vater keines Sohnes außer dir. Er hörte von deinem Ruf in der Schlacht; er hörte von zerstobenen Feinden: er hörte Morars Ruhm! Ach! nichts von seiner Wunde? Weine, Vater Morars! weine! aber dein Sohn hört dich nicht. Tief ist der Schlaf der Toten, niedrig ihr Kissen von Staub. Nimmer achtet er auf die Stimme, nie erwacht er auf deinen Ruf. O, wann wird es Morgen im Grabe, zu bieten dem Schlummerer: Erwache!

„Lebe wohl, edelster der Menschen, du Eroberer im Felde! Aber nimmer wird dich das Feld sehen, nimmer der düstere Wald leuchten vom Glanze deines Stahls! Du hinterließest keinen Sohn, aber der Gesang soll deinen Namen erhalten; künftige Zeiten sollen von dir hören, hören von dem gefallenen Morar.

„Laut ward die Trauer der Helden, am lautesten Armins berstender Seufzer. Ihn erinnerte es an den Tod seines Sohnes, er fiel in den Tagen der Jugend. Karmor saß nahe bei dem Helden, der Fürst des hallenden Galmal. Warum schluchzet der Seufzer Armins? sprach er; was ist hier zu weinen? Klingt nicht Lied und Gesang, die Seele zu schmelzen und zu ergötzen? Sie sind wie sanfter Nebel, der steigend vom

See aufs Thal sprüht, und die blühenden Blumen füllet das Naß; aber die Sonne kommt wieder in ihrer Kraft, und der Nebel ist gegangen. Warum bist du so jammervoll, Armin, Herrscher des seeumflossenen Gorma?

„Jammervoll! Wohl, das bin ich, und nicht gering die Ursache meines Wehs. — Karmor, du verlorst keinen Sohn, verlorst keine blühende Tochter! Kolgar, der tapfere, lebt, und Amira, die schönste der Mädchen. Die Zweige deines Hauses blühen, o Karmor; aber Armin ist der letzte seines Stammes. Finster ist dein Bett, o Daura! dumpf ist dein Schlaf im Grabe — Wann erwachst du mit deinen Gesängen, mit deiner melodischen Stimme? Auf! ihr Winde des Herbstes! auf! stürmt über die finstere Heide! Waldströme, braust! Heult, Stürme im Gipfel der Eichen! Wandle durch gebrochene Wolken, o Mond, zeige wechselnd dein bleiches Gesicht! Erinnre mich der schrecklichen Nacht, da meine Kinder umkamen, da Arindal, der mächtige, fiel, Daura, die liebe, verging.

„Daura, meine Tochter, du warst schön! schön wie der Mond auf den Hügeln von Fura, weiß wie der gefallene Schnee, süß wie die atmende Luft! Arindal, dein Bogen war stark, dein Speer schnell auf dem Felde, dein Blick wie Nebel auf der Welle, dein Schild eine Feuerwolke im Sturme!

„Armar, berühmt im Kriege, kam und warb um Dauras Liebe; sie widerstand nicht lange. Schön waren die Hoffnungen ihrer Freunde.

„Erath, der Sohn Odgals, grollte, denn sein Bruder lag erschlagen von Armar. Er kam, in einen Schiffer verkleidet. Schön war sein Nachen auf der Welle, weiß seine Locken vor Alter, ruhig sein ernstes Gesicht. Schönste der Mädchen, sagte er, liebliche Tochter von Armin, dort am Felsen, nicht fern in der See, wo die rote Frucht vom Baume herblinkt, dort wartet Armar auf Daura; ich komme, seine Liebe zu führen über die rollende See.

„Sie folgt’ ihm und rief nach Armar; nichts antwortete, als die Stimme des Felsens. Armar, mein Lieber! mein Lieber! warum ängstest du mich so? Höre, Sohn Arnaths! höre! Daura ist’s, die dich ruft!

„Erath, der Verräter, floh lachend zum Lande. Sie erhod ihre Stimme, rief nach ihrem Vater und Bruder: Arindal! Armin! Ist keiner, seine Daura zu retten?

„Ihre Stimme kam über die See. Arindal, mein Sohn, stieg vom Hügel herab, rauh in der Beute der Jagd; seine

Pfeile raffelten an seiner Seite, seinen Bogen trug er in der Hand, fünf schwarzgraue Doggen waren um ihn. Er sah den kühnen Erath am Ufer, faßte und band ihn an die Eiche; fest umflocht er seine Hüften, der Gefesselte füllte mit Aechzen die Winde.

„Arindal betritt die Wellen in seinem Boote, Daura herüber zu bringen. Armar kam in seinem Grimme, drückt' ab den graubefiederten Pfeil, er klang, er sant in dein Herz, o Arindal, mein Sohn! Statt Erath, des Verräters, kamst du um, das Boot erreichte den Felsen, er sant dran nieder und starb. Zu deinen Füßen floß deines Bruders Blut; welch war dein Jammer, o Daura!

„Die Wellen zerschmettern das Boot. Armar stürzt sich in die See, seine Daura zu retten oder zu sterben. Schnell stürmt ein Stoß vom Hügel in die Wellen, er sank und hob sich nicht wieder.

„Allein auf dem seebespülten Felsen hört' ich die Klage meiner Tochter. Viel und laut war ihr Schreien, doch kounte sie ihr Vater nicht retten. Die ganze Nacht stand ich am Ufer, ich sah sie im schwachen Strahle des Mondes, die ganze Nacht hörte ich ihr Schreien; laut war der Wind, und der Regen schlug scharf nach der Seite des Berges. Ihre Stimme ward schwach, ehe der Morgen erschien; sie starb weg, wie die Abendluft zwischen dem Grase der Felsen. Beladen mit Jammer starb sie und ließ Armin allein! Dahin ist meine Stärke im Kriege, gefallen mein Stolz unter den Mädchen.

„Wenn die Stürme des Berges kommen, wenn der Nord die Wellen hoch hebt, sitze ich am schallenden Ufer, schaue nach dem schrecklichen Felsen. Oft im sinkenden Moude sehe ich die Geister meiner Kinder, halbdämmernd wandeln sie zusammen in trauriger Eintracht."

Ein Strom von Thränen, der aus Lottens Augen brach und ihrem gepreßten Herzen Luft machte, hemmte Werthers Gesang. Er warf das Papier hin, faßte ihre Hand und weinte die bittersten Thränen. Lotte ruhte auf der andern und verbarg ihre Augen ins Schnupftuch. Die Bewegung beider war fürchterlich. Sie fühlten ihr eigenes Elend in dem Schicksal der Edlen, fühlten es zusammen, und ihre Thränen vereinigten sich. Die Lippen und Augen Werthers glühten an Lottens Arme; ein Schauer überfiel sie; sie wollte sich entfernen, und Schmerz und Anteil lagen betäubend wie Blei auf ihr. Sie atmete, sich zu erholen, und bat ihn schluchzend, fortzufahren, bat mit der ganzen Stimme des Himmels! Werther zitterte, sein Herz wollte bersten, er hob das Blatt auf und las halb gebrochen:

„Warum weckst du mich, Frühlingsluft? Du buhlst und sprichst: Ich betaue mit Tropfen des Himmels! Aber die Zeit meines Welkens ist nahe, nahe der Sturm, der meine Blätter herabstört! Morgen wird der Wanderer kommen, kommen, der mich sah in meiner Schönheit, ringsum wird sein Auge im Felde mich suchen und wird mich nicht finden. —"

Die ganze Gewalt dieser Worte fiel über den Unglück= lichen. Er warf sich vor Lotten nieder in der vollen Ver= zweiflung, faßte ihre Hände, drückte sie in seine Augen, wider seine Stirn, und ihr schien eine Ahnung seines schrecklichen Vorhabens durch die Seele zu fliegen. Ihre Sinnen ver= wirrten sich, sie drückte seine Hände, drückte sie wider ihre Brust, neigte sich mit einer wehmütigen Bewegung zu ihm, und ihre glühenden Wangen berührten sich. Die Welt ver= ging ihnen. Er schlang seine Arme um sie her, preßte sie an seine Brust und deckte ihre zitternden, stammelnden Lippen mit wütenden Küssen. Werther! rief sie mit erstickter Stimme, sich abwendend, Werther! und drückte mit schwacher Hand seine Brust von der ihrigen; Werther! rief sie mit dem ge= faßten Tone des edelsten Gefühles. Er widerstand nicht, ließ sie aus seinen Armen und warf sich unsinnig vor sie hin. Sie riß sich auf, und in ängstlicher Verwirrung, bebend zwischen Liebe und Zorn, sagte sie: Das ist das letzte Mal, Werther! Sie sehn mich nicht wieder. Und mit dem vollsten Blick der Liebe auf den Elenden eilte sie ins Nebenzimmer und schloß hinter sich zu. Werther streckte ihr die Arme nach, getraute sich nicht, sie zu halten. Er lag an der Erde, den Kopf auf dem Kanapee, und in dieser Stellung blieb er über eine halbe Stunde, bis ihn ein Geräusch zu sich selbst rief. Es war das Mädchen, das den Tisch decken wollte. Er ging im Zimmer auf und ab, und da er sich wieder allein sah, ging er zur Thüre des Kabinetts und rief mit leiser Stimme: Lotte! Lotte! nur noch ein Wort! ein Lebewohl! — Sie schwieg. Er harrte und bat und harrte; dann riß er sich weg und rief: Lebe wohl! Lotte! auf ewig lebe wohl!

Er kam ans Stadtthor. Die Wächter, die ihn schon gewohnt waren, ließen ihn stillschweigend hinaus. Es stiebte zwischen Regen und Schnee, und erst gegen elfe klopfte er wieder. Sein Diener bemerkte, als Werther nach Hause kam, daß seinem Herrn der Hut fehlte. Er getraute sich nicht, etwas zu sagen, entkleidete ihn, alles war naß. Man hat nachher den Hut auf einem Felsen, der an dem Abhange des Hügels ins Thal sieht, gefunden, und es ist unbegreiflich, wie er ihn in einer finstern, feuchten Nacht, ohne zu stürzen, erstiegen hat.

Er legte sich zu Bette und schlief lange. Der Bediente fand ihn schreiben, als er ihm den andern Morgen auf sein Rufen den Kaffee brachte. Er schrieb folgendes am Briefe an Lotten:

*　　*　　*

„Zum letztenmale denn, zum letztenmale schlage ich diese Augen auf. Sie sollen, ach! die Sonne nicht mehr sehen; ein trüber, neblichter Tag hält sie bedeckt. So traure denn, Natur! dein Sohn, dein Freund, dein Geliebter naht sich seinem Ende. Lotte! das ist ein Gefühl ohnegleichen, und doch kommt es dem dämmernden Traum am nächsten, zu sich zu sagen: das ist der letzte Morgen. Der letzte! Lotte, ich habe keinen Sinn für das Wort: der letzte! Stehe ich nicht da in meiner ganzen Kraft, und morgen liege ich ausgestreckt und schlaff am Boden. Sterben! Was heißt das? Siehe, wir träumen, wenn wir vom Tode reden. Ich habe manchen sterben sehen; aber so eingeschränkt ist die Menschheit, daß sie für ihres Daseins Anfang und Ende keinen Sinn hat. Jetzt noch mein, dein! dein, o Geliebte! Und einen Augen= blick — getrennt, geschieden — vielleicht auf ewig? — Nein, Lotte, nein — Wie kann ich vergehen? wie kannst du ver= gehen? Wir sind ja! — Vergehen! — Was heißt das? Das ist wieder ein Wort! ein leerer Schall! ohne Gefühl für mein Herz. — — Tot, Lotte! eingescharrt der kalten Erde, so eng! so finster! — Ich hatte eine Freundin, die mein alles war meiner hilflosen Jugend; sie starb, und ich folgte ihrer Leiche und stand an dem Grabe, wie sie den Sarg hinunterließen und die Seile schnurrend unter ihm weg und wieder herauf schnellten, dann die erste Schaufel hinunter schollerte, und die ängstliche Lade einen dumpfen Ton wieder= gab, und dumpfer und immer dumpfer, und endlich bedeckt war! — Ich stürzte neben das Grab hin — ergriffen, er= schüttert, geängstet, zerrissen mein Innerstes, aber ich wußte nicht, wie mir geschah — wie mir geschehen wird — Sterben! Grab! Ich verstehe die Worte nicht!

O, vergib mir! vergib mir! Gestern! Es hätte der letzte Augenblick meines Lebens sein sollen. O du Engel! zum erstenmale, zum erstenmale ganz ohne Zweifel durch mein Inniginnerstes durchglühte mich das Wonnegefühl: Sie liebt mich! Sie liebt mich! Es brennt noch auf meinen Lippen, das heilige Feuer, das von den deinigen strömte! neue warme Wonne ist in meinem Herzen. Vergib mir! vergib mir!

Ach, ich wußte, daß du mich liebtest, wußte es an den ersten seelenvollen Blicken, an dem ersten Händedruck; und doch, wenn ich wieder weg war, wenn ich Alberten an deiner Seite sah, verzagte ich wieder in fieberhaften Zweifeln.

Erinnerst du dich der Blumen, die du mir schicktest, als du in jener fatalen Gesellschaft mir kein Wort sagen, keine Hand reichen konntest? O, ich habe die halbe Nacht davor gekniet, und sie versiegelten mir deine Liebe. Aber, ach! diese Eindrücke gingen vorüber, wie das Gefühl der Gnade seines Gottes allmählich wieder aus der Seele des Gläubigen weicht, die ihm mit ganzer Himmelsfülle im heiligen sichtbaren Zeichen gereicht ward.

Alles das ist vergänglich, aber keine Ewigkeit soll das glühende Leben auslöschen, das ich gestern auf deinen Lippen genoß, das ich in mir fühle! Sie liebt mich! Dieser Arm hat sie umfaßt, diese Lippen auf ihren Lippen gezittert, dieser Mund an dem ihrigen gestammelt. Sie ist mein! Du bist mein! ja, Lotte, auf ewig.

Und was ist das, daß Albert dein Mann ist? Mann! — Das wäre denn für diese Welt — und für diese Welt Sünde, daß ich dich liebe, daß ich dich aus seinen Armen in die meinigen reißen möchte? Sünde? Gut, und ich strafe mich dafür; ich habe sie in ihrer ganzen Himmelswonne geschmeckt, diese Sünde, habe Lebensbalsam und Kraft in mein Herz gesaugt. Du bist von diesem Augenblicke mein! mein, o Lotte! Ich gehe voran! gehe zu meinem Vater, zu deinem Vater. Dem will ich's klagen, und er wird mich trösten, bis du kommst, und ich fliege dir entgegen und fasse dich und bleibe bei dir vor dem Angesichte des Unendlichen in ewigen Umarmungen.

Ich träume nicht, ich wähne nicht. Nahe am Grabe wird mir es heller. Wir werden sein! wir werden uns wiedersehen! Deine Mutter sehen! ich werde sie sehen, werde sie finden, ach! und vor ihr mein ganzes Herz ausschütten! Deine Mutter, dein Ebenbild."

Gegen elfe fragte Werther seinen Bedienten, ob wohl Albert zurückgekommen sei? Der Bediente sagte: ja, er habe deſſen Pferd dahinführen ſehen. Drauf gibt ihm der Herr ein offenes Zettelchen, des Inhalts:

*　　　*

　　*

„Wollten Sie mir wohl zu einer vorhabenden Reise Ihre Piſtolen leihen? Leben Sie recht wohl!"

―――――

Die liebe Frau hatte die letzte Nacht wenig geſchlafen; was ſie gefürchtet hatte, war entſchieden, auf eine Weiſe ent= ſchieden, die ſie weder ahnen noch fürchten konnte. Ihr ſonſt ſo rein und leicht fließendes Blut war in einer fieberhaften Empörung, tauſenderlei Empfindungen zerrütteten das ſchöne Herz. War es das Feuer von Werthers Umarmungen, das ſie in ihrem Buſen fühlte? war es Unwille über ſeine Ver= wegenheit? war es eine unmutige Vergleichung ihres gegen= wärtigen Zuſtandes mit jenen Tagen ganz unbefangener freier Unſchuld und ſorgloſen Zutrauens an ſich ſelbſt? Wie ſollte ſie ihrem Manne entgegen gehen? wie ihm eine Szene be= kennen, die ſie ſo gut geſtehen durfte und die ſie ſich doch zu geſtehen nicht getraute? Sie hatten ſo lange gegen einander geſchwiegen, und ſollte ſie die erſte ſein, die das Stillſchweigen bräche und eben zur unrechten Zeit ihrem Gatten eine ſo un= erwartete Entdeckung machte? Schon fürchtete ſie, die bloße Nachricht von Werthers Beſuch werde ihm einen unangenehmen Eindruck machen, und nun gar dieſe unerwartete Kataſtrophe! Konnte ſie wohl hoffen, daß ihr Mann ſie ganz im rechten Lichte ſehen, ganz ohne Vorurteil aufnehmen würde? und konnte ſie wünſchen, daß er in ihrer Seele leſen möchte? Und doch wieder, konnte ſie ſich verſtellen gegen den Mann, vor dem ſie immer wie ein kryſtallhelles Glas offen und frei geſtanden, und dem ſie keine ihrer Empfindungen jemals ver= heimlicht, noch verheimlichen können? Eins und das andere machte ihr Sorgen und ſetzte ſie in Verlegenheit, und immer kehrten ihre Gedanken wieder zu Werthern, der für ſie ver= loren war, den ſie nicht laſſen konnte, den ſie, leider! ſich ſelbſt überlaſſen mußte und dem, wenn er ſie verloren hatte, nichts mehr übrig blieb.

Wie ſchwer lag jetzt, was ſie ſich in dem Augenblick nicht deutlich machen konnte, die Stockung auf ihr, die ſich unter ihnen feſtgeſetzt hatte! So verſtändige, ſo gute Menſchen fingen wegen gewiſſer heimlicher Verſchiedenheiten unter einander

zu schweigen an, jedes dachte seinem Recht und dem Unrechte
des andern nach, und die Verhältnisse verwickelten und ver-
hetzten sich dergestalt, daß es unmöglich ward, den Knoten
eben in dem kritischen Momente, von dem alles abhing, zu
lösen. Hätte eine glückliche Vertraulichkeit sie früher wieder
einander näher gebracht, wäre Liebe und Nachsicht wechselsweise
unter ihnen lebendig worden und hätte ihre Herzen auf-
geschlossen, vielleicht wäre unser Freund noch zu retten gewesen.

Noch ein sonderbarer Umstand kam dazu. Werther hatte,
wie wir aus seinen Briefen wissen, nie ein Geheimnis daraus
gemacht, daß er sich diese Welt zu verlassen sehnte. Albert
hatte ihn oft bestritten, auch war zwischen Lotten und ihrem
Mann manchmal die Rede davon gewesen. Dieser, wie er
einen entschiedenen Widerwillen gegen die That empfand,
hatte auch gar oft mit einer Art von Empfindlichkeit, die
sonst ganz außer seinem Charakter lag, zu erkennen gegeben,
daß er an dem Ernst eines solchen Vorsatzes sehr zu zweifeln
Ursach finde; er hatte sich sogar darüber einigen Scherz erlaubt und seinen Unglauben Lotten mitgeteilt. Dies beruhigte
sie zwar von einer Seite, wenn ihre Gedanken ihr das
traurige Bild vorführten, von der andern aber fühlte sie sich
auch dadurch gehindert, ihrem Manne die Besorgnisse mitzuteilen, die sie in dem Augenblicke quälten.

Albert kam zurück, und Lotte ging ihm mit einer ver-
legnen Hastigkeit entgegen; er war nicht heiter, sein Geschäft
war nicht vollbracht, er hatte an dem benachbarten Amtmanne
einen unbiegsamen, kleinsinnigen Menschen gefunden. Der
üble Weg auch hatte ihn verdrießlich gemacht.

Er fragte, ob nichts vorgefallen sei, und sie antwortete
mit Uebereilung: Werther sei gestern abends da gewesen. Er
fragte, ob Briefe gekommen, und er erhielt zur Antwort, daß
einige Briefe und Pakete auf seiner Stube lägen. Er ging
hinüber, und Lotte blied allein. Die Gegenwart des Mannes,
den sie liebte und ehrte, hatte einen neuen Eindruck in ihr Herz
gemacht. Das Andenken seines Edelmuts, seiner Liebe und
Güte hatte ihr Gemüt mehr beruhigt, sie fühlte einen heimlichen Zug, ihm zu folgen, sie nahm ihre Arbeit und ging
auf sein Zimmer, wie sie mehr zu thun pflegte. Sie fand
ihn beschäftigt, die Pakete zu erbrechen und zu lesen. Einige
schienen nicht das Angenehmste zu enthalten. Sie that einige
Fragen an ihn, die er kurz beantwortete und sich an den
Pult stellte, zu schreiben.

Sie waren auf diese Weise eine Stunde neben einander gewesen, und es ward immer dunkler in Lottens Gemüt. Sie fühlte, wie schwer es ihr werden würde, ihrem Mann, auch wenn er bei dem besten Humor wäre, das zu entdecken, was ihr auf dem Herzen lag: sie verfiel in eine Wehmut, die ihr um desto ängstlicher ward, als sie solche zu verbergen und ihre Thränen zu verschlucken suchte.

Die Erscheinung von Werthers Knaben setzte sie in die größte Verlegenheit; er überreichte Alberten das Zettelchen, der sich gelassen nach seiner Frau wendete und sagte: „Gib ihm die Pistolen. — Ich lasse ihm glückliche Reise wünschen," sagte er zum Jungen. Das fiel auf sie wie ein Donnerschlag; sie schwankte aufzustehen, sie wußte nicht, wie ihr geschah. Langsam ging sie nach der Wand, zitternd nahm sie das Gewehr herunter, putzte den Staub ab und zauderte und hätte noch lange gezögert, wenn nicht Albert durch einen fragenden Blick sie gedrängt hätte. Sie gab das unglückliche Werkzeug dem Knaben, ohne ein Wort vorbringen zu können, und als er zum Hause hinaus war, machte sie ihre Arbeit zusammen, ging in ihr Zimmer, in dem Zustande der unaussprechlichsten Ungewißheit. Ihr Herz weissagte ihr alle Schrecknisse. Bald war sie im Begriffe, sich zu den Füßen ihres Mannes zu werfen, ihm alles zu entdecken, die Geschichte des gestrigen Abends, ihre Schuld und ihre Ahnungen. Dann sah sie wieder keinen Ausgang des Unternehmens, am wenigsten konnte sie hoffen, ihren Mann zu einem Gange nach Werthern zu bereden. Der Tisch ward gedeckt, und eine gute Freundin, die nur etwas zu fragen kam, gleich gehen wollte — und blieb, machte die Unterhaltung bei Tisch erträglich; man zwang sich, man redete, man erzählte, man vergaß sich.

Der Knabe kam mit den Pistolen zu Werthern, der sie ihm mit Entzücken abnahm, als er hörte, Lotte habe sie ihm gegeben. Er ließ sich Brot und Wein bringen, hieß den Knaben zu Tische gehen und setzte sich nieder, zu schreiben.

*　*　*

„Sie sind durch deine Hände gegangen, du hast den Staub davon geputzt, ich küsse sie tausendmal, du hast sie berührt! Und du, Geist des Himmels, begünstigst meinen Entschluß! und du, Lotte, reichst mir das Werkzeug, du, von deren Händen ich den Tod zu empfangen wünschte und, ach! nun empfange. O, ich habe meinen Jungen ausgefragt. Du zittertest, als du sie ihm reichtest, du sagtest kein Lebewohl! — Wehe! wehe! kein Lebewohl! — Solltest du dein Herz für mich verschlossen haben, um des Augenblicks willen, der mich ewig an dich befestigte? Lotte, kein Jahrtausend vermag den Eindruck auszulöschen! und ich fühle es, du kannst den nicht hassen; der so für dich glüht!"

Nach Tische hieß er den Knaben alles vollends einpacken, zerriß viele Papiere, ging aus und brachte noch kleine Schulden in Ordnung. Er kam wieder nach Hause, ging wieder aus vors Thor, ungeachtet des Regens, in den gräflichen Garten, schweifte weiter in der Gegend umher und kam mit anbrechender Nacht zurück und schrieb.

"Wilhelm, ich habe zum letztenmale Feld und Wald und den Himmel gesehen. Lebe wohl auch du! Liebe Mutter, verzeiht mir! Tröste sie, Wilhelm! Gott segne euch! Meine Sachen sind alle in Ordnung. Lebt wohl! wir sehen uns wieder und freudiger."

"Ich habe dir übel gelohnt, Albert, und du vergibst mir. Ich habe den Frieden deines Hauses gestört, ich habe Mißtrauen zwischen euch gebracht. Lebe wohl! ich will es enden. O, daß ihr glücklich wäret durch meinen Tod! Albert! Albert! mache den Engel glücklich! Und so wohne Gottes Segen über dir!"

Er kramte den Abend noch viel in seinen Papieren, zerriß vieles und warf es in den Ofen, versiegelte einige Päcke mit Adressen an Wilhelm. Sie enthielten kleine Aufsätze, abgerissene Gedanken, deren ich verschiedene gesehn habe; und nachdem er um zehn Uhr Feuer hatte nachlegen und sich eine Flasche Wein geben lassen, schickte er den Bedienten, dessen Kammer wie auch die Schlafzimmer der Hausleute weit hinten hinaus waren, zu Bette, der sich dann in seinen Kleidern niederlegte, um frühe bei der Hand zu sein; denn sein Herr hatte gesagt, die Postpferde würden vor sechse vors Haus kommen.

Nach elfe.

"Alles ist so still um mich her und so ruhig meine Seele. Ich danke dir, Gott, der du diesen letzten Augenblicken diese Wärme, diese Kraft schenkest.

Ich trete an das Fenster, meine Beste! und sehe, und sehe noch durch die stürmenden vorüberfliehenden Wolken einzelne

Sterne des ewigen Himmels! Nein, ihr werdet nicht fallen! der Ewige trägt euch an seinem Herzen, und mich. Ich sehe die Deichselsterne des Wagens, des liebsten unter allen Gestirnen. Wenn ich nachts von dir ging, wie ich aus deinem Thore trat, stand er gegen mir über. Mit welcher Trunkenheit habe ich ihn oft angesehen, oft mit aufgehabenen Händen ihn zum Zeichen, zum heiligen Merksteine meiner gegenwärtigen Seligkeit gemacht! und noch — O Lotte, was erinnert mich nicht an dich! umgibst du mich nicht! und habe ich nicht, gleich einem Kinde, ungenügsam allerlei Kleinigkeiten zu mir gerissen, die du Heilige berührt hattest!

Liebes Schattenbild! Ich vermache dir es zurück, Lotte, und bitte dich, es zu ehren. Tausend, tausend Küsse habe ich drauf gedrückt, tausend Grüße ihm zugewinkt, wenn ich ausging oder nach Hause kam.

Ich habe deinen Vater in einem Zettelchen gebeten, meine Leiche zu schützen. Auf dem Kirchhofe sind zwei Lindenbäume, hinten in der Ecke nach dem Felde zu; dort wünsche ich zu ruhen. Er kann, er wird das für seinen Freund thun. Bitte ihn auch. Ich will frommen Christen nicht zumuten, ihren Körper neben einem armen Unglücklichen niederzulegen. Ach, ich wollte, ihr begrübt mich am Wege oder im einsamen Thale, daß Priester und Levite vor dem bezeichnenden Steine sich segnend vorübergingen und der Samariter eine Thräne weinte.

Hier, Lotte! Ich schaudre nicht, den kalten schrecklichen Kelch zu fassen, aus dem ich den Taumel des Todes trinken soll! Du reichtest mir ihn, und ich zage nicht. All! All! So sind alle die Wünsche und Hoffnungen meines Lebens erfüllt! So kalt, so starr an der ehernen Pforte des Todes anzuklopfen.

Daß ich des Glücks hätte teilhaftig werden können, für dich zu sterben, Lotte! für dich mich hinzugeben! Ich wollte mutig, ich wollte freudig sterben, wenn ich dir die Ruhe, die Wonne deines Lebens wieder schaffen könnte. Aber, ach! das ward nur wenigen Edlen gegeben, ihr Blut für die Ihrigen zu vergießen und durch ihren Tod ein neues hundertfältiges Leben ihren Freunden anzufachen!

In diesen Kleidern, Lotte, will ich begraben sein; du hast sie berührt, geheiligt; ich habe auch deinen Vater darum gebeten. Meine Seele schwebt über dem Sarge. Man soll meine Taschen nicht aussuchen. Diese blaßrote Schleife, die du am Busen hattest, als ich dich zum erstenmale unter

deinen Kindern saud — O, küsse sie tausendmal und erzähle
ihnen das Schicksal ihres unglücklichen Freundes. Die Lieben!
sie wimmeln um mich. Ach, wie ich mich an dich schloß! seit
dem ersten Augenblicke dich nicht lassen konnte! — Diese
Schleife soll mit mir begraben werden, an meinem Geburts=
tage schenktest du mir sie! Wie ich das alles verschlang! —
Ach, ich dachte nicht, daß mich der Weg hierher führen
sollte! — — Sei ruhig, ich bitte dich, sei ruhig! —
Sie sind geladen — Es schlägt zwölfe! — So sei es
denn! — Lotte! Lotte, lebe wohl! lebe wohl!"

Ein Nachbar sah den Blick vom Pulver und hörte den
Schuß fallen; da aber alles still blieb, achtete er nicht weiter drauf.

Morgens um sechse tritt der Bediente herein mit dem
Lichte. Er findet seinen Herrn an der Erde, die Pistole und
Blut. Er ruft, er faßt ihn an; keine Antwort, er röchelt nur
noch. Er lauft nach den Aerzten, nach Alberten. Lotte hört
die Schelle ziehen, ein Zittern ergreift alle ihre Glieder. Sie
weckt ihren Mann, sie stehen auf, der Bediente bringt heulend
und stotternd die Nachricht, Lotte sinkt ohnmächtig vor
Alberten nieder.

Als der Medikus zu dem Unglücklichen kam, saud er ihn
an der Erde ohne Rettung, der Puls schlug, die Glieder waren
alle gelähmt. Ueber dem rechten Auge hatte er sich durch den
Kopf geschossen, das Gehirn war herausgetrieben. Man ließ
ihm zum Ueberfluß eine Ader am Arme, das Blut lief, er
holte noch immer Atem.

Aus dem Blut auf der Lehne des Sessels konnte man
schließen, er habe sitzend vor dem Schreibtische die That voll=
bracht, dann ist er heruntergesunken, hat sich konvulsivisch um
den Stuhl herumgewälzt. Er lag gegen das Fenster entkräftet
auf dem Rücken, war in völliger Kleidung, gestiefelt, im blauen
Frack mit gelber Weste.

Das Haus, die Nachbarschaft, die Stadt kam in Aufruhr.
Albert trat herein. Werthern hatte man auf das Bett gelegt,
die Stirn verbunden; sein Gesicht schon wie eines Toten, er
rührte kein Glied, die Lunge röchelte noch fürchterlich, bald
schwach, bald stärker; man erwartete sein Ende.

Von dem Weine hatte er nur ein Glas getrunken. Emilia
Galotti lag auf dem Pulte aufgeschlagen.

Von Alberts Bestürzung, von Lottens Jammer laßt mich
nichts sagen.

Der alte Amtmann kam auf die Nachricht hereingesprengt, er küßte den Sterbenden unter den heißesten Thränen. Seine ältesten Söhne kamen bald nach ihm zu Fuße, sie fielen neben dem Bette nieder im Ausdrucke des unbändigsten Schmerzens, küßten ihm die Hände und den Mund, und der ältste, den er immer am meisten geliebt, hing an seinen Lippen, bis er verschieden war und man den Knaben mit Gewalt wegriß. Um zwölfe mittags starb er. Die Gegenwart des Amt-mannes und seine Anstalten tuschten einen Auflauf. Nachts gegen elfe ließ er ihn an die Stätte begraben, die er sich erwählt hatte. Der Alte folgte der Leiche und die Söhne, Albert vermocht's nicht. Man fürchtete für Lottens Leben. Handwerker trugen ihn. Kein Geistlicher hat ihn begleitet.

Briefe aus der Schweiz.

(Erste Abteilung.)

Als vor mehreren Jahren uns nachstehende Briefe ab=
schriftlich mitgeteilt wurden, behauptete man, sie unter
Werthers Papieren gefunden zu haben, und wollte wissen,
daß er vor seiner Bekanntschaft mit Lotten in der Schweiz
gewesen. Die Originale haben wir niemals gesehen und
mögen übrigens dem Gefühl und Urteil des Lesers auf keine
Weise vorgreifen: denn, wie dem auch sei, so wird man die
wenigen Blätter nicht ohne Teilnahme durchlaufen können.

Wie ekeln mich meine Beschreibungen an, wenn ich sie
wieder lese! Nur dein Rat, dein Geheiß, dein Befehl können
mich dazu vermögen. Ich las auch so viele Beschreibungen
dieser Gegenstände, ehe ich sie sah. Gaben sie mir denn ein
Bild oder nur irgend einen Begriff? Vergebens arbeitete
meine Einbildungskraft, sie hervorzubringen, vergebens mein
Geist, etwas dabei zu denken. Nun steh' ich und schaue diese
Wunder, und wie wird mir dabei? Ich denke nichts, ich
empfinde nichts und möchte so gern etwas dabei denken und
empfinden. Diese herrliche Gegenwart regt mein Innerstes
auf, fordert mich zur Thätigkeit auf, und was kann ich thun,
was thue ich! Da setz' ich mich hin und schreibe und beschreibe.
So geht denn hin, ihr Beschreibungen! betrügt meinen Freund,
macht ihn glauben, daß ich etwas thue, daß er etwas sieht
und liest. —

Frei wären die Schweizer? frei diese wohlhabenden Bürger
in den verschlossenen Städten? frei diese armen Teufel an
ihren Klippen und Felsen? Was man dem Menschen nicht
alles weismachen kann! besonders wenn man so ein altes

Märchen in Spiritus aufbewahrt. Sie machten sich einmal
von einem Tyrannen los und konnten sich in einem Augen=
blick frei denken; nun erschuf ihnen die liebe Sonne aus dem
Aas des Unterdrückers einen Schwarm von kleinen Tyrannen
durch eine sonderbare Wiedergeburt; nun erzählen sie das alte
Märchen immerfort, man hört bis zum Ueberdruß: sie hätten
sich einmal frei gemacht und wären frei geblieben; und nun
sitzen sie hinter ihren Mauern, eingefangen von ihren Ge=
wohnheiten und Gesetzen, ihren Fraubasereien und Philiste=
reien,) und da draußen auf den Felsen ist's auch wohl der
Mühe wert, von Freiheit zu reden, wenn man das halbe
Jahr vom Schnee wie ein Murmeltier gefangen gehalten wird.

Pfui, wie sieht so ein Menschenwerk und so ein schlechtes
notgedrungenes Menschenwerk, so ein schwarzes Städtchen,
so ein Schindel= und Steinhaufen, mitten in der großen herr=
lichen Natur aus! Große Kiesel= und andere Steine auf den
Dächern, daß ja der Sturm ihnen die traurige Decke nicht
vom Kopfe wegführe, und den Schmutz, den Mist! und stau=
nende Wahnsinnige! — Wo man den Menschen nur wieder
begegnet, möchte man von ihnen und ihren kümmerlichen
Werken gleich davon fliehen.

Daß in den Menschen so viele geistige Anlagen sind, die
sie im Leben nicht entwickeln können, die auf eine bessere
Zukunft, auf ein harmonisches Dasein deuten, darin sind wir
einig, mein Freund, und meine andere Grille kann ich auch
nicht aufgeben, ob du mich gleich schon oft für einen Schwär=
mer erklärt hast. Wir fühlen auch die Ahnung körperlicher
Anlagen, auf deren Entwickelung wir in diesem Leben Ver=
zicht thun müssen: so ist es ganz gewiß mit dem Fliegen.
So wie mich sonst die Wolken schon reizten, mit ihnen fort
in fremde Länder zu ziehen, wenn sie hoch über meinem
Haupte wegzogen, so steh' ich jetzt oft in Gefahr, daß sie
mich von einer Felsenspitze mitnehmen, wenn sie an mir vor=
beiziehen. Welche Begierde fühl' ich, mich in den unendlichen
Luftraum zu stürzen, über den schauerlichen Abgründen zu
schweben und mich auf einen unzugänglichen Felsen niederzu=
lassen! Mit welchem Verlangen hol' ich tiefer und tiefer Atem,
wenn der Adler in dunkler blauer Tiefe, unter mir, über

Felsen und Wäldern schwebt und in Gesellschaft eines Weib=
chens um den Gipfel, dem er seinen Horst und seine Jungen
anvertrauet hat, große Kreise in sanfter Eintracht zieht! Soll
ich denn nur immer die Höhe erkriechen, am höchsten Felsen
wie am niedrigsten Boden kleben und, wenn ich mühselig
mein Ziel erreicht habe, mich ängstlich anklammern, vor der
Rückkehr schaudern und vor dem Falle zittern?

Mit welchen sonderbaren Eigenheiten sind wir doch ge=
boren! welches unbestimmte Streben wirkt in uns! wie selt=
sam wirken Einbildungskraft und körperliche Stimmungen gegen
einander! Sonderbarkeiten meiner frühen Jugend kommen wieder
hervor. Wenn ich einen langen Weg vor mich hingehe und
der Arm an meiner Seite schlenkert, greif' ich manchmal zu,
als wenn ich einen Wurfspieß fassen wollte; ich schleudere ihn,
ich weiß nicht, auf wen, ich weiß nicht, auf was; dann kommt
ein Pfeil gegen mich angeflogen und durchbohrt mir das Herz;
ich schlage mit der Hand auf die Brust und fühle eine unaus=
sprechliche Süßigkeit, und kurz darauf bin ich wieder in meinem
natürlichen Zustande. Woher kommt mir die Erscheinung?
was soll sie heißen, und warum wiederholt sie sich immer
ganz mit denselben Bildern, derselben körperlichen Bewegung,
derselben Empfindung?

Man sagt mir wieder, daß die Menschen, die mich unter=
weges gesehen haben, sehr wenig mit mir zufrieden sind. Ich
will es gern glauben, denn auch niemand von ihnen hat zu
meiner Zufriedenheit beigetragen. Was weiß ich, wie es
zugeht, daß die Gesellschaften mich drücken, daß die Höflich=
keit mir unbequem ist, daß das, was sie mir sagen, mich nicht
interessiert, daß das, was sie mir zeigen, mir entweder gleich=
gültig ist oder mich ganz anders aufregt. Seh' ich eine ge=
zeichnete, eine gemalte Landschaft, so entsteht eine Unruhe in
mir, die unaussprechlich ist. Die Fußzehen in meinen Schuhen
fangen an zu zucken, als ob sie den Boden ergreifen wollten,
die Finger der Hände bewegen sich krampfhaft, ich beiße in
die Lippen, und es mag schicklich oder unschicklich sein, ich
suche der Gesellschaft zu entfliehen, ich werfe mich der herr=
lichen Natur gegenüber auf einen unbequemen Sitz, ich suche
sie mit meinen Augen zu ergreifen, zu durchbohren und kritzle
in ihrer Gegenwart ein Blättchen voll, das nichts darstellt

und doch mir so unendlich wert bleibt, weil es mich an einen
glücklichen Augenblick erinnert, dessen Seligkeit mir diese
stümperhafte Uebung ertragen hat. Was ist denn das, dieses
sonderbare Streben von der Kunst zur Natur, von der Natur
zur Kunst zurück? Deutet es auf einen Künstler, warum fehlt
mir die Stätigkeit? Ruft mich's zum Genuß, warum kann
ich ihn nicht ergreifen? Man schickte uns neulich einen Korb
mit Obst; ich war entzückt wie von einem himmlischen Anblick: dieser Reichtum, diese Fülle, diese Mannigfaltigkeit und
Verwandtschaft! Ich konnte mich nicht überwinden, eine Beere
abzupflücken, eine Pfirsche, eine Feige aufzubrechen. Gewiß,
dieser Genuß des Auges und des innern Sinnes ist höher,
des Menschen würdiger; er ist vielleicht der Zweck der Natur,
wenn die hungrigen und durstigen Menschen glauben, für
ihren Gaum habe sich die Natur in Wundern erschöpft.
Ferdinand kam und fand mich in meinen Betrachtungen; er
gab mir recht und sagte dann lächelnd mit einem tiefen
Seufzer: „Ja, wir sind nicht wert, diese herrlichen Naturprodukte zu zerstören; wahrlich, es wäre schade! Erlaube mir,
daß ich sie meiner Geliebten schicke." Wie gern sah ich den
Korb wegtragen! wie liebte ich Ferdinanden! wie dankte ich
ihm für das Gefühl, das er in mir erregte, über die Aussicht, die er mir gab! Ja, wir sollen das Schöne kennen, wir
sollen es mit Entzücken betrachten und uns zu ihm, zu seiner
Natur zu erheben suchen; und um das zu vermögen, sollen
wir uns uneigennützig erhalten, wir sollen es uns nicht zueignen, wir sollen es lieber mitteilen, es denen aufopfern,
die uns lieb und wert sind.

Was bildet man nicht immer an unserer Jugend! Da
sollen wir bald diese, bald jene Unart ablegen, und doch sind
die Unarten meist eben so viel Organe, die dem Menschen
durch das Leben helfen. Was ist man nicht hinter dem
Knaben her, dem man einen Funken Eitelkeit abmerkt! Was
ist der Mensch für eine elende Kreatur, wenn er alle Eitelkeit abgelegt hat! Wie ich zu dieser Reflexion gekommen,
will ich dir sagen: Vorgestern gesellte sich ein junger Mensch
zu uns, der mir und Ferdinanden äußerst zuwider war.
Seine schwachen Seiten waren so herausgekehrt, seine Leer-
heit so deutlich, seine Sorgfalt fürs Aeußere so auffallend,
wir hielten ihn so weit unter uns, und überall war er besser

aufgenommen als wir. Unter andern Thorheiten trug er eine Unterwefte von rotem Atlas, die am Halfe fo zugeschnitten war, daß sie wie ein Ordensband aussah. Wir konnten unsern Spott über diese Albernheit nicht verbergen; er ließ alles über sich ergehen, zog den besten Vorteil hervor und lachte uns wahrscheinlich heimlich aus. Denn Wirt und Wirtin, Kutscher, Knecht und Mägde, sogar einige Passagiere ließen sich durch diese Scheinzierde betrügen, begegneten ihm höflicher als uns; er ward zuerst bedient, und zu unserer größten Demütigung sahen wir, daß die hübschen Mädchen im Haus besonders nach ihm schielten. Zuletzt mußten wir die durch sein vornehmes Wesen teurer gewordene Zeche zu gleichen Teilen tragen. Wer war nun der Narr im Spiel? Er wahrhaftig nicht!

––––––––

Es ist was Schönes und Erbauliches um die Sinn= bilder und Sittensprüche, die man hier auf den Öfen an= trifft. Hier haft du die Zeichnung von einem solchen Lehr= bild, das mich besonders ansprach. Ein Pferd, mit dem Hinter= fuße an einen Pfahl gebunden, graft umher, so weit es ihm der Strick zuläßt; unten steht geschrieben: „Laß mich mein bescheiden Teil Speise dahin nehmen." So wird es ja wohl auch bald mit mir werden, wenn ich nach Hause komme und nach eurem Willen, wie das Pferd in der Mühle, meine Pflicht thue und dafür, wie das Pferd hier am Ofen, einen wohl abgemessenen Unterhalt empfahe. Ja, ich komme zurück, und was mich erwartet, war wohl der Mühe wert, diese Berghöhen zu erklettern, diese Thäler zu durchirren und diesen blauen Himmel zu sehen, zu sehen, daß es eine Natur gibt, die durch eine ewige stumme Notwendigkeit besteht, die unbe= dürftig, gefühllos und göttlich ist, indes wir in Flecken und Städten unser kümmerliches Bedürfnis zu sichern haben und nebenher alles einer verworrenen Willkür unterwerfen, die wir Freiheit nennen.

––––––––

Ja, ich habe die Furka, den Gotthard bestiegen! Diese erhabenen, unvergleichlichen Naturszenen werden immer vor meinem Geiste stehen; ja, ich habe die römische Geschichte ge= lesen, um bei der Vergleichung recht lebhaft zu fühlen, was für ein armseliger Schlucker ich bin.

Es ist mir nie so deutlich geworden, wie die letzten Tage, daß ich in der Beschränkung glücklich sein könnte, so gut glücklich sein könnte wie jeder andere, wenn ich nur ein Geschäft wüßte, ein rühriges, das aber keine Folge auf den Morgen hätte, das Fleiß und Bestimmtheit im Augenblick erforderte, ohne Vorsicht und Rücksicht zu verlangen. Jeder Handwerker scheint mir der glücklichste Mensch; was er zu thun hat, ist ausgesprochen; was er leisten kann, ist entschieden; er besinnt sich nicht bei dem, was man von ihm fordert; er arbeitet, ohne zu denken, ohne Anstrengung und Hast, aber mit Applikation und Liebe, wie der Vogel sein Nest, wie die Biene ihre Zellen herstellt; er ist nur eine Stufe über dem Tier und ist ein ganzer Mensch. Wie beneid' ich den Töpfer an seiner Scheibe, den Tischer hinter seiner Hobelbank!

Der Ackerbau gefällt mir nicht; diese erste und notwendige Beschäftigung der Menschen ist mir zuwider; man äfft die Natur nach, die ihre Samen überall ausstreut, und will nun auf diesem besondern Feld diese besondre Frucht hervorbringen. Das geht nun nicht so; das Unkraut wächst mächtig, Kälte und Nässe schadet der Saat, und Hagelwetter zerstört sie. Der arme Landmann harrt das ganze Jahr, wie etwa die Karten über den Wolken fallen mögen, ob er sein Paroli gewinnt oder verliert. Ein solcher ungewisser zweideutiger Zustand mag den Menschen wohl angemessen sein in unserer Dumpfheit, da wir nicht wissen, woher wir kommen, noch, wohin wir gehen. Mag es denn auch erträglich sein, seine Bemühungen dem Zufall zu übergeben; hat doch der Pfarrer Gelegenheit, wenn es recht schlecht aussieht, seiner Götter zu gedenken und die Sünden seiner Gemeine mit Naturbegebenheiten zusammenzuhängen.

So habe ich denn Ferdinanden nichts vorzuwerfen! Auch mich hat ein liebes Abenteuer erwartet. Abenteuer? warum brauche ich das alberne Wort! es ist nichts Abenteuerliches in einem sanften Zuge, der Menschen zu Menschen hinzieht. Unser bürgerliches Leben, unsere falschen Verhältnisse, das sind die Abenteuer, das sind die Ungeheuer; und sie kommen uns doch so bekannt, so verwandt wie Onkel und Tanten vor!

Wir waren bei dem Herrn Tüdou eingeführt, und wir
fanden uns in der Familie sehr glücklich: reiche, offne, gute,
lebhafte Menschen, die das Glück des Tages, ihres Vermögens,
der herrlichen Lage mit ihren Kindern sorglos und anständig
genießen. Wir jungen Leute waren nicht genötigt, wie es
in so vielen steifen Häusern geschieht, uns um der Alten
willen am Spieltisch aufzuopfern. Die Alten gesellten sich
vielmehr zu uns, Vater, Mutter und Tante, wenn wir kleine
Spiele aufbrachten, in denen Zufall, Geist und Witz durch
einander wirken. Eleonore, denn ich muß sie nun doch ein=
mal nennen, die zweite Tochter, — ewig wird mir ihr Bild
gegenwärtig sein, — eine schlanke, zarte Gestalt, eine reine
Bildung, ein heiteres Auge, eine blasse Farbe, die bei Mäd=
chen dieses Alters eher reizend als abschreckend ist, weil sie
auf eine heilbare Krankheit deutet; im ganzen eine unglaublich
angenehme Gegenwart. Sie schien fröhlich und lebhaft, und
man war so gern mit ihr. Bald, ja, ich darf sagen gleich,
gleich den ersten Abend gesellte sie sich zu mir, setzte sich
neben mich, und wenn uns das Spiel trennte, wußte sie mich
doch wieder zu finden. Ich war froh und heiter; die Reise,
das schöne Wetter, die Gegend, alles hatte mich zu einer
unbedingten, ja, ich möchte fast sagen, zu einer aufgespannten
Fröhlichkeit gestimmt; ich nahm sie von jedem auf und teilte
sie jedem mit, sogar Ferdinand schien einen Augenblick seiner
Schönen zu vergessen. Wir hatten uns in abwechselnden
Spielen erschöpft, als wir endlich aufs Heiraten fielen, das
als Spiel lustig genug ist. Die Namen von Männern und
Frauen werden in zwei Hüte geworfen und so die Ehen gegen
einander gezogen. Auf jede, die herauskommt, macht eine
Person in der Gesellschaft, an der die Reihe ist, das Gedicht.
Alle Personen in der Gesellschaft, Vater, Mutter und Tanten
mußten in die Hüte, alle bedeutende Personen, die wir aus
ihrem Kreise kannten; und um die Zahl der Kandidaten zu
vermehren, warfen wir noch die bekanntesten Personen der
politischen und litterarischen Welt mit hinein. Wir fingen
an, und es wurden gleich einige bedeutende Paare gezogen.
Nicht jedermann konnte mit den Versen sogleich nach. Sie,
Ferdinand und ich und eine von den Tanten, die sehr artige
französische Verse macht, wir teilten uns bald in das Sekre=
tariat. Die Einfälle waren meist gut und die Verse leidlich;
besonders hatten die ihrigen ein Naturell, das sich vor allen
andern auszeichnete, eine glückliche Wendung, ohne eben geist=

reich zu sein, Scherz ohne Spott, und einen guten Willen
gegen jedermann. Der Vater lachte herzlich und glänzte vor
Freuden, als man die Verse seiner Tochter neben den unsern
für die besten anerkennen mußte. Unser unmäßiger Beifall
freute ihn hoch; wir lobten, wie man das Unerwartete preist,
wie man preist, wenn uns der Autor bestochen hat. Endlich
kam auch mein Los, und der Himmel hatte mich ehrenvoll
bedacht; es war niemand weniger als die russische Kaiserin,
die man mir zur Gefährtin meines Lebens herausgezogen
hatte. Man lachte herzlich, und Eleonore behauptete, auf
ein so hohes Beilager müßte sich die ganze Gesellschaft an-
greifen. Alle griffen sich an; einige Federn waren zerkaut;
sie war zuerst fertig, wollte aber zuletzt lesen, die Mutter
und die eine Tante brachten gar nichts zustande, und obgleich
der Vater ein wenig geradezu, Ferdinand schalkhaft und die
Tante zurückhaltend gewesen war, so konnte man doch durch
alles ihre Freundschaft und gute Meinung sehen. Endlich
kam es an sie; sie holte tief Atem, ihre Heiterkeit und Freiheit verließ sie, sie las nicht, sie lispelte es nur und legte
es vor mich hin zu den andern. Ich war erstaunt, erschrocken:
so bricht die Knospe der Liebe in ihrer größten Schönheit
und Bescheidenheit auf! Es war mir, als wenn ein ganzer
Frühling auf einmal seine Blüten auf mich herunter schüttelte.
Jedermann schwieg; Ferdinanden verließ seine Gegenwart des
Geistes nicht, er rief: „Schön, sehr schön! er verdient das
Gedicht so wenig als ein Kaisertum."— „Wenn wir es nur verstanden hätten!" sagte der Vater; man verlangte, ich sollte es
noch einmal lesen. Meine Augen hatten bisher auf diesen
köstlichen Worten geruht, ein Schauder überlief mich vom
Kopf bis auf die Füße; Ferdinand merkte meine Verlegenheit, nahm das Blatt weg und las; sie ließ ihn kaum endigen,
als sie schon ein anderes Los zog. Das Spiel dauerte nicht
lange mehr, und das Essen ward aufgetragen.

Soll ich, oder soll ich nicht? Ist es gut, dir etwas zu
verschweigen, dem ich so viel, dem ich alles sage? Soll ich
dir etwas Bedeutendes verschweigen, indessen ich dich mit so
vielen Kleinigkeiten unterhalte, die gewiß niemand lesen möchte,
als du, der du eine so große und wunderbare Vorliebe für
mich gefaßt hast; oder soll ich etwas verschweigen, weil es
dir einen falschen, einen üblen Begriff von mir geben könnte?

Nein! du kennst mich besser, als ich mich selbst kenne; du wirst auch das, was du mir nicht zutraust, zurecht legen, wenn ich's thun konnte; du wirst mich, wenn ich tabelnswert bin, nicht verschonen, mich leiten und führen, wenn meine Sonderbarkeiten mich vom rechten Wege abführen sollten.

Meine Freude, mein Entzücken an Kunstwerfen, wenn sie wahr, wenn sie unmittelbar geistreiche Aussprüche der Natur sind, macht jedem Besitzer, jedem Liebhaber die größte Freude. Diejenigen, die sich Kenner nennen, sind nicht immer meiner Meinung; nun geht mich doch ihre Kennerschaft nichts an, wenn ich glücklich bin. Drückt sich nicht die lebendige Natur lebhaft dem Sinne des Auges ein, bleiben die Bilder nicht fest vor meiner Stirn, verschönern sie sich nicht, und freuen sie sich nicht, den durch Menschengeist verschönerten Bildern der Kunst zu begegnen? Ich gestehe dir, darauf beruht bisher meine Liebe zur Natur, meine Liebhaberei zur Kunst, daß ich jene so schön, so schön, so glänzend und so entzückend sah, daß mich das Nachstreben des Künstlers, das unvollkommene Nachstreben, fast wie ein vollkommenes Vorbild hinriß. Geistreiche, gefühlte Kunstwerke sind es, die mich entzücken. Das kalte Wesen, das sich in einen beschränkten Zirkel einer gewissen dürftigen Manier, eines kümmerlichen Fleißes einschränkt, ist mir ganz unerträglich. Du siehst daher, daß meine Freude, meine Neigung diß jetzt nur solchen Kunstwerken gelten konnte, deren natürliche Gegenstände mir bekannt waren, die ich mit meinen Erfahrungen vergleichen konnte. Ländliche Gegenden mit dem, was in ihnen lebt und webt, Blumen- und Fruchtstücke, gotische Kirchen, ein der Natur unmittelbar abgewonnenes Porträt, das konnt' ich erkennen, fühlen und, wenn du willst, gewissermaßen beurteilen. Der wackre M*** hatte seine Freude an meinem Wesen und trieb, ohne daß ich es übel nehmen konnte, seinen Scherz mit mir. Er übersieht mich so weit in diesem Fache, und ich mag lieber leiden, daß man lehrreich spottet, als daß man unfruchtbar lobt. Er hatte sich abgemerkt, was mir zunächst auffiel, und verbarg mir nach einiger Bekanntschaft nicht, daß in den Dingen, die mich entzückten, noch manches Schätzenswerte sein möchte, das mir erst die Zeit entdecken würde. Ich lasse das dahin gestellt sein und muß denn doch, meine Feder mag auch noch so viele Umschweife nehmen, zur Sache kommen, die ich dir, obwohl mit einigem Widerwillen, vertraue. Ich sehe dich in deiner Stube, in deinem Hausgärtchen, wo du bei einer

Pfeife Tabak den Brief erbrechen und lesen wirst. Können
mir deine Gedanken in die freie und bunte Welt folgen?
Werden deiner Einbildungskraft die Verhältnisse und die Um=
stände so deutlich sein? Und wirst du gegen einen abwesen=
den Freund so nachsichtig bleiben, als ich dich in der Gegen=
wart oft gefunden habe?

Nachdem mein Kunstfreund mich näher kennen gelernt,
nachdem er mich wert hielt, stufenweis bessere Stücke zu sehen,
brachte er, nicht ohne geheimnisvolle Miene, einen Kasten
herbei, der, eröffnet, mir eine Danae in Lebensgröße zeigte,
die den goldnen Regen in ihrem Schoße empfängt. Ich er=
staunte über die Pracht der Glieder, über die Herrlichkeit der
Lage und Stellung, über das Große der Zärtlichkeit und über
das Geistreiche des sinnlichsten Gegenstandes; und doch stand
ich nur in Betrachtung davor; es erregte nicht jenes Ent=
zücken, jene Freude, jene unaussprechliche Lust in mir. Mein
Freund, der mir vieles von den Verdiensten dieses Bildes
vorsagte, bemerkte über sein eignes Entzücken meine Kälte
nicht und war erfreut, mir an diesem trefflichen Bilde die
Vorzüge der italienischen Schule deutlich zu machen. Der
Anblick dieses Bildes hatte mich nicht glücklich, er hatte mich
unruhig gemacht. Wie! sagte ich zu mir selbst, in welchem
besondren Falle finden wir uns, wir bürgerlich eingeschränkten
Menschen? Ein bemooster Fels, ein Wasserfall hält meinen
Blick so lange gefesselt, ich kann ihn auswendig; seine Höhen
und Tiefen, seine Lichter und Schatten, seine Farben, Halb=
farben und Widerscheine, alles stellt sich mir im Geiste dar,
so oft ich nur will, alles kommt mir aus einer glücklichen
Nachbildung eben so lebhaft wieder entgegen; und vom Meister=
stücke der Natur, vom menschlichen Körper, von dem Zu=
sammenhang, der Zusammenstimmung seines Gliederbaues
habe ich nur einen allgemeinen Begriff, der eigentlich gar
kein Begriff ist. Meine Einbildungskraft stellt mir diesen
herrlichen Bau nicht lebhaft vor; und wenn mir ihn die Kunst
darbietet, bin ich nicht imstande, weder etwas dabei zu fühlen,
noch das Bild zu beurteilen. Nein! ich will nicht länger in
dem stumpfen Zustande bleiben, ich will mir die Gestalt des
Menschen eindrücken wie die Gestalt der Trauben und Pfirschen.

Ich veranlaßte Ferdinanden, zu baden im See; wie
herrlich ist mein junger Freund gebildet! welch ein Eben=
maß aller Teile! welch eine Fülle der Form, welch ein Glanz
der Jugend! welch ein Gewinn für mich, meine Einbildungs=

kraft mit diesem vollkommenen Muster der menschlichen Natur
bereichert zu haben! Nun bevölkre ich Wälder, Wiesen und
Höhen mit so schönen Gestalten; ihn seh' ich als Adonis dem
Eber folgen, ihn als Narziß sich in der Quelle bespiegeln!

Noch aber fehlt mir leider Venus, die ihn zurückhält,
Venus, die seinen Tod betrauert, die schöne Echo, die noch
einen Blick auf den kalten Jüngling wirft, ehe sie verschwindet.
Ich nahm mir fest vor, es koste, was es wolle, ein Mädchen
in dem Naturzustande zu sehen, wie ich meinen Freund gesehen hatte. Wir kamen nach Genf. Sollten in dieser großen
Stadt, dachte ich, nicht Mädchen sein, die sich für einen gewissen Preis dem Mann überlassen? und sollte nicht eine
darunter schön und willig genug sein, meinen Augen ein Fest
zu geben? Ich horchte an dem Lohnbedienten, der sich mir,
jedoch nur langsam und auf eine kluge Weise, näherte. Natürlich sagte ich ihm nichts von meiner Absicht; er mochte von
mir denken, was er wollte, denn man will lieber jemanden
lasterhaft als lächerlich erscheinen. Er führte mich abends zu
einem alten Weibe; sie empfing mich mit viel Vorsicht und
Bedenklichkeiten: es sei, meinte sie, überall und besonders in
Genf gefährlich, der Jugend zu dienen. Ich erklärte mich
sogleich, was ich für einen Dienst von ihr verlange. Mein
Märchen glückte mir, und die Lüge ging mir geläufig vom
Mund. Ich war ein Maler, hatte Landschaften gezeichnet,
die ich nun durch die Gestalten schöner Nymphen zu heroi-
schen Landschaften erheben wolle. Ich sagte die wunderlichsten
Dinge, die sie ihr Lebtag nicht gehört haben mochte. Sie
schüttelte dagegen den Kopf und versicherte mir: es sei schwer,
meinen Wunsch zu befriedigen. Ein ehrbares Mädchen werde
sich nicht leicht dazu entschließen; es werde mich was kosten;
sie wolle sehen. Was? rief ich aus, ein ehrbares Mädchen
ergibt sich für einen leidlichen Preis einen fremden Mann —
„Allerdings." — Und sie will nicht nackend vor seinen Augen
erscheinen? — „Keineswegs; dazu gehört viel Entschließung."
— Selbst wenn sie schön ist? — „Auch dann. Genug, ich will
sehen, was ich für Sie thun kann. Sie sind ein junger artiger
hübscher Mann, für den man sich schon Mühe geben muß."

Sie klopfte mir auf die Schultern und auf die Wangen:
„Ja!" rief sie aus, „ein Maler, das muß es wohl sein, denn
Sie sind weder alt, noch vornehm genug, um dergleichen
Szenen zu bedürfen." Sie bestellte mich auf den folgenden
Tag, und so schieden wir aus einander.

Ich kann heute nicht vermeiden, mit Ferdinand in eine große Gesellschaft zu gehen, und auf den Abend steht mir das Abenteuer bevor. Es wird einen schönen Gegensatz geben. Schon kenne ich diese verwünschte Gesellschaft, wo die alten Weiber verlangen, daß man mit ihnen spielen, die jungen, daß man mit ihnen liebäugeln soll, wo man dann dem Gelehrten zuhören, den Geistlichen verehren, dem Edelmann Platz machen muß, wo die vielen Lichter kaum eine leidliche Gestalt beleuchten, die noch dazu hinter einen barbarischen Putz versteckt ist. Soll ich französisch reden? eine fremde Sprache, in der man immer albern erscheint, man mag sich stellen, wie man will, weil man immer nur das Gemeine, nur die groben Züge und noch dazu stockend und stotternd ausdrücken kann. Denn was unterscheidet den Dummkopf vom geistreichen Menschen, als daß dieser das Zarte, Gehörige der Gegenwart schnell, lebhaft und eigentümlich ergreift und mit Leichtigkeit ausdrückt, als daß jene, gerade wie wir es in einer fremden Sprache thun, sich mit schon gestempelten hergebrachten Phrasen bei jeder Gelegenheit behelfen müssen. Heute will ich mit Ruhe ein paar Stunden die schlechten Späße ertragen in der Aussicht auf die sonderbare Szene, die meiner wartet.

Mein Abenteuer ist bestanden, vollkommen nach meinen Wünschen, über meine Wünsche, und doch weiß ich nicht, ob ich mich darüber freuen, oder ob ich mich tadeln soll. Sind wir denn nicht gemacht, das Schöne rein zu beschauen, ohne Eigennutz das Gute hervor zu bringen? Fürchte nichts und höre mich: ich habe mir nichts vorzuwerfen; der Anblick hat mich nicht aus meiner Fassung gebracht, aber meine Einbildungskraft ist entzündet, mein Blut erhitzt. O! stünd' ich nur schon den großen Eismassen gegenüber, um mich wieder abzukühlen! Ich schlich mich aus der Gesellschaft und, in meinen Mantel gewickelt, nicht ohne Bewegung zur Alten. „Wo haben Sie Ihr Portefeuille?" rief sie aus. — Ich hab' es diesmal nicht mitgebracht. Ich will heute nur mit den Augen studieren. — „Ihre Arbeiten müssen Ihnen gut bezahlt werden, wenn Sie so teure Studien machen können. Heute werden Sie nicht wohlfeil davon kommen. Das Mädchen verlangt ***, und mir können Sie auch für meine Bemühung unter ** nicht geben. (Du verzeihst mir, wenn ich dir den Preis nicht gestehe.) Dafür sind Sie aber auch bedient, wie

Sie es wünschen können. Ich hoffe, Sie sollen meine Vor-
sorge loben; so einen Augenschmaus haben Sie noch nicht gehabt und ... das Anfühlen haben Sie umsonst.“

Sie brachte mich darauf in ein kleines, artig möbliertes
Zimmer: ein sauberer Teppich deckte den Fußboden, in einer
Art von Nische stand ein sehr reinliches Bett, zu der Seite
des Hauptes eine Toilette mit aufgestelltem Spiegel, und zu
den Füßen ein Gueridon mit einem dreiarmigen Leuchter, auf
dem schöne helle Kerzen brannten; auch auf der Toilette
brannten zwei Lichter. Ein erloschenes Kaminfeuer hatte die
Stube durchaus erwärmt. Die Alte wies mir einen Sessel
an, dem Bette gegenüber am Kamin, und entfernte sich. Es
währte nicht lange, so kam zu der entgegengesetzten Thüre
ein großes, herrlich gebildetes, schönes Frauenzimmer heraus;
ihre Kleidung unterschied sich nicht von der gewöhnlichen. Sie
schien mich nicht zu bemerken, warf ihren schwarzen Mantel
ab und setzte sich vor die Toilette. Sie nahm eine große
Haube, die ihr Gesicht bedeckt hatte, vom Kopfe: eine schöne
regelmäßige Bildung zeigte sich, braune Haare mit vielen und
großen Locken rollten auf die Schultern herunter. Sie fing
an, sich auszukleiden; welch eine wunderliche Empfindung, da
ein Stück nach dem andern herabfiel und die Natur, von der
fremden Hülle entkleidet, mir als fremd erschien und beinahe,
möcht’ ich sagen, mir einen schauerlichen Eindruck machte.
Ach, mein Freund, ist es nicht mit unsern Meinungen,
unsern Vorurteilen, Einrichtungen, Gesetzen und Grillen auch
so? Erschrecken wir nicht, wenn eine von diesen fremden, un-
gehörigen, unwahren Umgebungen uns entzogen wird und
irgend ein Teil unserer wahren Natur entblößt dastehen soll?
Wir schaudern, wir schämen uns; aber vor keiner wunderlichen
und abgeschmackten Art, uns durch äußern Zwang zu entstellen, fühlen wir die mindeste Abneigung. Soll ich dir’s
gestehen: ich konnte mich eben so wenig in den herrlichen
Körper finden, da die letzte Hülle herabfiel, als vielleicht
Freund L. sich in seinen Zustand finden wird, wenn ihn der
Himmel zum Anführer der Mohawks machen sollte. Was
sehen wir an den Weibern? was für Weiber gefallen uns,
und wie konfundieren wir alle Begriffe? Ein kleiner Schuh
sieht gut aus, und wir rufen: welch ein schöner kleiner Fuß!
Ein schmaler Schnürleib hat etwas Elegantes, und wir preisen
die schöne Taille.

Ich beschreibe dir meine Reflexionen, weil ich dir mit

Worten die Reihe von entzückenden Bildern nicht darstellen
kann, die mich das schöne Mädchen mit Anstand und Artig=
keit sehen ließ. Alle Bewegungen folgten so natürlich auf
einander, und doch schienen sie so studiert zu sein. Reizend
war sie, indem sie sich entkleidete, schön, herrlich schön, als
das letzte Gewand fiel. Sie stand, wie Minerva vor Paris
mochte gestanden haben; bescheiden bestieg sie ihr Lager, un=
bedeckt versuchte sie in verschiedenen Stellungen sich dem
Schlafe zu übergeben, endlich schien sie entschlummert. In der
anmutigsten Stellung blieb sie eine Weile, ich konnte nur
staunen und bewundern. Endlich schien ein leidenschaftlicher
Traum sie zu beunruhigen, sie seufzte tief, veränderte heftig
die Stellung, stammelte den Namen eines Geliebten und
schien ihre Arme gegen ihn auszustrecken. „Komm!“ rief sie
endlich mit vernehmlicher Stimme, „komm, mein Freund, in
meine Arme, oder ich schlafe wirklich ein.“ In dem Augen=
blick ergriff sie die seidne durchnähte Decke, zog sie über sich
her, und ein allerliebstes Gesicht sah unter ihr hervor.

Unterhaltungen
deutscher Ausgewanderten.
1794—1795.

In jenen unglücklichen Tagen, welche für Deutschland, für Europa, ja für die übrige Welt die traurigsten Folgen hatten, als das Heer der Franken durch eine übel verwahrte Lücke in unser Vaterland einbrach, verließ eine edle Familie ihre Besitzungen in jenen Gegenden und entfloh über den Rhein, um den Bedrängnissen zu entgehen, womit alle ausgezeichneten Personen bedrohet waren, denen man zum Verbrechen machte, daß sie sich ihrer Väter mit Freuden und Ehren erinnerten und mancher Vorteile genossen, die ein wohldenkender Vater seinen Kindern und Nachkommen so gern zu verschaffen wünschte.

Die Baronesse von C., eine Witwe in mittlern Jahren, erwies sich auch jetzt auf dieser Flucht, wie sonst zu Hause, zum Troste ihrer Kinder, Verwandten und Freunde, entschlossen und thätig. In einer weiten Sphäre erzogen und durch mancherlei Schicksale ausgebildet, war sie als eine trefflliche Hausmutter bekannt, und jede Art von Geschäft erschien ihrem durchdringenden Geiste willkommen. Sie wünschte vielen zu dienen, und ihre ausgebreitete Bekanntschaft setzte sie in den Stand, es zu thun. Nun mußte sie sich unerwartet als Führerin einer kleinen Karawane darstellen und verstand auch diese zu leiten, für sie zu sorgen und den guten Humor, wie er sich zeigte, in ihrem Kreise, auch mitten unter Bangigkeit und Not, zu unterhalten. Und wirklich stellte sich bei unsern Flüchtlingen die gute Laune nicht selten ein; denn überraschende Vorfälle, neue Verhältnisse gaben den aufgespannten Gemütern manchen Stoff zu Scherz und Lachen.

Bei der übereilten Flucht war das Betragen eines jeden charakteristisch und auffallend. Das eine ließ sich durch eine falsche Furcht, durch ein unzeitiges Schrecken hinreißen, das andere gab einer unnötigen Sorge Raum, und alles, was dieser zu viel, jener zu wenig that, jeder Fall, wo sich Schwäche in Nachgiebigkeit oder Uebereilung zeigte, gab in der Folge Gelegenheit, sich wechselseitig zu plagen und aufzuziehen, so daß dadurch diese traurigen Zustände lustiger wurden, als eine vorsätzliche Lustreise ehemals hatte werden können.

Denn wie wir manchmal in der Komödie eine Zeitlang, ohne über die absichtlichen Possen zu lachen, ernsthaft zuschauen können, dagegen aber sogleich ein lautes Gelächter entsteht, wenn in der Tragödie etwas Unschickliches vorkommt, so wird auch ein Unglück in der wirklichen Welt, das die Menschen aus ihrer Fassung bringt, gewöhnlich von lächerlichen, oft auf der Stelle, gewiß aber hinterdrein belachten Umständen begleitet sein.

Besonders mußte Fräulein Luise, die älteste Tochter der Baronesse, ein lebhaftes, heftiges und in guten Tagen herrisches Frauenzimmer, sehr vieles leiden, da von ihr behauptet wurde, daß sie bei dem ersten Schrecken ganz aus der Fassung geraten sei, in Zerstreuung, ja in einer Art von völligen Abwesenheit die unnützesten Sachen mit dem größten Ernste zum Aufpacken gebracht, ja sogar einen alten Bedienten für ihren Bräutigam angesehen habe.

Sie verteidigte sich aber, so gut sie konnte; nur wollte sie keinen Scherz, der sich auf ihren Bräutigam bezog, dulden, indem es ihr schon Leiden genug verursachte, ihn bei der alliierten Armee in täglicher Gefahr zu wissen und eine gewünschte Verbindung durch die allgemeine Zerrüttung aufgeschoben und vielleicht gar vereitelt zu sehen.

Ihr älterer Bruder, Friedrich, ein entschlossener junger Mann, führte alles, was die Mutter beschloß, mit Ordnung und Genauigkeit aus, begleitete zu Pferde den Zug und war zugleich Kurier, Wagenmeister und Wegweiser. Der Lehrer des jüngern hoffnungsvollen Sohnes, ein wohl unterrichteter Mann, leistete der Baronesse im Wagen Gesellschaft; Vetter Karl fuhr mit einem alten Geistlichen, der als Hausfreund schon lange der Familie unentbehrlich geworden war, mit einer ältern und jüngern Verwandten in einem nachfolgenden Wagen. Kammermädchen und Kammerdiener folgten in Halbchaisen, und einige schwerbepackte Brancards, die auf mehr als einer Station zurückbleiben mußten, schlossen den Zug.

Ungern hatte, wie man leicht denken kann, die ganze Gesellschaft ihre Wohnungen verlassen, aber Vetter Karl entfernte sich mit doppeltem Widerwillen von dem jenseitigen Rheinufer; nicht daß er etwa eine Geliebte daselbst zurückgelassen hätte, wie man nach seiner Jugend, seiner guten Gestalt und seiner leidenschaftlichen Natur hätte vermuten sollen, er hatte sich vielmehr von der blendenden Schönheit verführen lassen, die unter dem Namen Freiheit sich erst heimlich, dann öffentlich so viele Anbeter zu verschaffen wußte und, so übel sie auch die einen behandelte, von den andern mit großer Lebhaftigkeit verehrt wurde.

Wie Liebende gewöhnlich von ihrer Leidenschaft verblendet werden, so erging es auch Vetter Karln. Sie wünschen den Besitz eines einzigen Gutes und wähnen alles übrige dagegen entbehren zu können; Stand, Glücksgüter, alle Verhältnisse scheinen in nichts zu verschwinden, indem das gewünschte Gut zu einem, zu allem wird; Eltern, Verwandte und Freunde werden uns fremd, indem wir uns etwas zueignen, das uns ganz ausfüllt und uns alles übrige fremd macht.

Vetter Karl überließ sich der Heftigkeit seiner Neigung und verhehlte sie nicht in Gesprächen. Er glaubte, um so freier sich diesen Gesinnungen ergeben zu können, als er selbst ein Edelmann war und, obgleich der zweite Sohn, dennoch ein ansehnliches Vermögen zu erwarten hatte. Eben diese Güter, die ihm künftig zufallen mußten, waren jetzt in Feindes Händen, der nicht zum besten darauf hauste. Demohngeachtet kounte Karl einer Nation nicht feind werden, die der Welt so viele Vorteile versprach und deren Gesinnungen er nach öffentlichen Reden und Aeußerungen einiger Mitglieder beurteilte. Gewöhnlich störte er die Zufriedenheit der Gesellschaft, wenn sie ja derselben noch fähig war, durch ein unmäßiges Lob alles dessen, was bei den Neufranken Gutes und Böses geschah, durch ein lautes Vergnügen über ihre Fortschritte, wodurch er die andern um desto mehr aus der Fassung brachte, als sie ihre Leiden, durch die Schadenfreude eines Freundes und Verwandten verdoppelt, nur um so schmerzlicher empfinden mußten.

Friedrich hatte sich schon einigemal mit ihm überworfen und ließ sich in der letzten Zeit gar nicht mehr mit ihm ein.

Die Baronesse mußte ihn auf eine kluge Weise wenigstens zu augenblicklicher Mäßigung zu leiten. Fräulein Luise machte ihm am meisten zu schaffen, indem sie, freilich oft ungerechterweise, seinen Charakter und seinen Verstand verdächtig zu machen suchte. Der Hofmeister gab ihm im stillen recht, der Geistliche im stillen unrecht, und die Kammermädchen, denen seine Gestalt reizend und seine Freigebigkeit respektabel war, hörten ihn gerne reden, weil sie sich durch seine Gesinnungen berechtigt glaubten, ihre zärtlichen Augen, die sie bisher vor ihm bescheiden nieder= geschlagen hatten, nunmehr in Ehren nach ihm aufzuheben.

Die Bedürfnisse des Tages, die Hindernisse des Weges, die Unannehmlichkeiten der Quartiere führten die Gesellschaft gewöhnlich auf ein gegenwärtiges Interesse zurück, und die große Anzahl französischer und deutscher Ausgewanderten, die sie überall antrafen und deren Betragen und Schicksale sehr verschieden waren, gaben ihnen oft zu Betrachtungen Anlaß, wie viel Ursach man habe, in diesen Zeiten alle Tugenden, besonders aber die Tugend der Unparteilichkeit und Verträg= lichkeit, zu üben.

Eines Tags machte die Baronesse die Bemerkung, daß man nicht deutlicher sehen könne, wie ungebildet in jedem Sinne die Menschen seien, als in solchen Augenblicken allge= meiner Verwirrung und Not. Die bürgerliche Verfassung, sagte sie, scheint wie ein Schiff zu sein, das eine große An= zahl Menschen, alte und junge, gesunde und kranke, über ein gefährliches Wasser, auch selbst zuzeiten des Sturms, hin= überbringt; nur in dem Augenblicke, wenn das Schiff scheitert, sieht man, wer schwimmen kann, und selbst gute Schwimmer gehen unter solchen Umständen zu Grunde. Wir sehen meist die Ausgewanderten ihre Fehler und albernen Gewohnheiten mit sich in der Irre herumführen und wundern uns darüber. Doch wie den reisenden Engländer der Theekessel in allen vier Weltteilen nicht verläßt, so wird die übrige Masse der Menschen von stolzen Anforderungen, Eitelkeit, Unmäßigkeit, Ungeduld, Eigensinn, Schiefheit im Urteil und der Lust, ihrem Nebenmenschen tückisch etwas zu versetzen, überall hin begleitet. Der Leichtsinnige freut sich der Flucht wie einer Spazierfahrt, und der Ungenügsame verlangt, daß ihm auch noch als Bettler alles zu Diensten stehe. Wie selten, daß uns die reine Tugend irgend eines Menschen erscheint, der wirklich für andere zu leben, für andere sich aufzuopfern ge= trieben wird!

Indessen man nun mancherlei Bekanntschaften machte, die zu solchen Betrachtungen Gelegenheit gaben, war der Winter vorbeigegangen. Das Glück hatte sich wieder zu den deutschen Waffen gesellt; die Franzosen waren wieder über den Rhein hinüber gedrängt, Frankfurt befreit und Mainz eingeschlossen.

In der Hoffnung auf den weitern Fortgang der siegreichen Waffen und begierig, wieder einen Teil ihres Eigentums zu ergreifen, eilte die Familie auf ein Gut, das an dem rechten Ufer des Rheines, in der schönsten Lage, ihr zugehörte. Wie erquickt fanden sie sich, als sie den schönen Strom wieder vor ihren Fenstern vorbeifließen sahen, wie freudig nahmen sie wieder von jedem Teile des Hauses Besitz, wie freundlich begrüßten sie die bekannten Mobilien, die alten Bilder und jeglichen Hausrat, wie wert war ihnen auch das Geringste, das sie schon verloren gegeben hatten! wie stiegen ihre Hoffnungen, dereinst auch jenseit des Rheines alles noch in dem alten Zustande zu finden!

Kaum erscholl in der Nachbarschaft die Ankunft der Baronesse, als alle alte Bekannte, Freunde und Diener herbeieilten, sich mit ihr zu besprechen, die Geschichten der vergangenen Monate zu wiederholen und sich in manchen Fällen Rat und Beistand von ihr zu erbitten.

Umgeben von diesen Besuchen, ward sie aufs angenehmste überrascht, als der Geheimerat von S. mit seiner Familie bei ihr ankam, ein Mann, dem die Geschäfte von Jugend auf zum Bedürfnis geworden waren, ein Mann, der das Zutrauen seines Fürsten verdiente und besaß. Er hielt sich streng an Grundsätze und hatte über manche Dinge seine eigene Denkungsweise. Er war genau in Reden und Handeln und forderte das Gleiche von andern. Ein konsequentes Betragen schien ihm die höchste Tugend.

Sein Fürst, das Land, er selbst hatten viel durch den Einfall der Franzosen gelitten; er hatte die Willkür der Nation, die nur vom Gesetz sprach, kennen gelernt und den Unterdrückungsgeist derer, die das Wort Freiheit immer im Munde führten. Er hatte gesehen, daß auch in diesem Falle der große Haufe sich treu blieb und Wort für That, Schein für Besitz mit großer Heftigkeit aufnahm. Die Folgen eines unglücklichen Feldzugs, so wie die Folgen jener verbreiteten Gesinnungen und Meinungen blieben seinem Scharfblicke nicht verborgen, obgleich nicht zu leugnen war, daß er manches mit hypochondrischem Gemüte betrachtete und mit Leidenschaft beurteilte.

Seine Gemahlin, eine Jugendfreundin der Baronesse, fand nach so vielen Trübsalen einen Himmel in den Armen ihrer Freundin. Sie waren mit einander aufgewachsen, hatten sich mit einander gebildet, sie kannten keine Geheimnisse vor einander. Die ersten Neigungen junger Jahre, die bedenklichen Zustände der Ehe, Freuden, Sorgen und Leiden als Mütter, alles hatten sie sich sonst, teils mündlich, teils in Briefen, vertraut und hatten eine ununterbrochene Verbindung erhalten. Nur diese letzte Zeit her waren sie durch die Unruhen verhindert worden, sich einander wie gewöhnlich mitzuteilen. Um so lebhafter drängten sich ihre gegenwärtigen Gespräche, um desto mehr hatten sie einander zu sagen, indessen die Töchter der Geheimerätin ihre Zeit mit Fräulein Luisen in einer wachsenden Vertraulichkeit zubrachten.

Leider ward der schöne Genuß dieser reizenden Gegend oft durch den Donner der Kanonen gestört, den man, je nachdem der Wind sich drehte, aus der Ferne deutlicher oder undeutlicher vernahm. Eben so wenig konnte bei den vielen zuströmenden Neuigkeiten des Tages der politische Diskurs vermieden werden, der gewöhnlich die augenblickliche Zufriedenheit der Gesellschaft störte, indem die verschiedenen Denkungsarten und Meinungen von beiden Seiten sehr lebhaft geäußert wurden. Und wie unmäßige Menschen sich deshalb doch nicht des Weins und schwer zu verdauender Speisen enthalten, ob sie gleich aus der Erfahrung wissen, daß ihnen darauf ein unmittelbares Uebelsein bevorsteht, so konnten auch die meisten Glieder der Gesellschaft sich in diesem Falle nicht bändigen; vielmehr gaben sie dem unwiderstehlichen Reiz nach, andern wehe zu thun und sich selbst dadurch am Ende eine unangenehme Stunde zu bereiten.

Man kann leicht denken, daß der Geheimerat diejenige Partei anführte, welche dem alten System zugethan war, und daß Karl für die entgegengesetzte sprach, welche von bevorstehenden Neuerungen Heilung und Belebung des alten kranken Zustandes hoffte.

Im Anfange wurden diese Gespräche noch mit ziemlicher Mäßigung geführt, besonders da die Baronesse durch anmutige Zwischenreden beide Teile im Gleichgewicht zu halten wußte; als aber die wichtige Epoche herannahete, daß die

Blockade von Mainz in eine Belagerung übergehen sollte, und man nunmehr für diese schöne Stadt und ihre zurückgelassenen Bewohner lebhafter zu fürchten anfing, äußerte jedermann seine Meinungen mit ungebundener Leidenschaft.

Besonders waren die daselbst zurückgebliebenen Klubbisten ein Gegenstand des allgemeinen Gesprächs, und jeder erwartete ihre Bestrafung oder Befreiung, je nachdem er ihre Handlungen entweder schalt oder billigte.

Unter die ersten gehörte der Geheimerat, dessen Argumente Karln am verdrießlichsten fielen, wenn er den Verstand dieser Leute angriff und sie einer völligen Unkenntnis der Welt und ihrer selbst beschuldigte.

Wie verblendet müssen sie sein, rief er aus, als an einem Nachmittage das Gespräch sehr lebhaft zu werden anfing, wenn sie wähnen, daß eine ungeheure Nation, die mit sich selbst in der größten Verwirrung kämpft und auch in ruhigen Augenblicken nichts als sich selbst zu schätzen weiß, auf sie mit einiger Teilnehmung herunterblicken werde. Man wird sie als Werkzeuge betrachten, sie eine Zeitlang gebrauchen und endlich wegwerfen, oder wenigstens vernachlässigen. Wie sehr irren sie sich, wenn sie glauben, daß sie jemals in die Zahl der Franzosen aufgenommen werden könnten!

Jedem, der mächtig und groß ist, erscheint nichts lächerlicher als ein Kleiner und Schwacher, der in der Dunkelheit des Wahns, in der Unkenntnis seiner selbst, seiner Kräfte und seines Verhältnisses sich jenem gleich zu stellen dünkt. Und glaubt ihr denn, daß die große Nation nach dem Glücke, das sie bisher begünstigt, weniger stolz und übermütig sein werde, als irgend ein anderer königlicher Sieger?

Wie mancher, der jetzt als Munizipalbeamter mit der Schärpe herumläuft, wird die Maskerade verwünschen, wenn er, nachdem er seine Landsleute in eine neue widerliche Form zu zwingen geholfen hat, zuletzt in dieser neuen Form von denen, auf die er sein ganzes Vertrauen setzte, niedrig behandelt wird! Ja, es ist mir höchst wahrscheinlich, daß man bei der Uebergabe der Stadt, die wohl nicht lange verzögert werden kann, solche Leute den Unsrigen überliefert oder überläßt. Mögen sie doch alsdann ihren Lohn dahin nehmen, mögen sie alsdann die Züchtigung empfinden, die sie verdienen, ich mag sie so unparteiisch richten, als ich kann!

Unparteiisch! rief Karl mit Heftigkeit aus: wenn ich

doch dies Wort nicht wieder sollte aussprechen hören! Wie
kann man diese Menschen so geradezu verdammen? Freilich
haben sie nicht ihre Jugend und ihr Leben zugebracht, in der
hergebrachten Form sich und andern begünstigten Menschen
zu nützen; freilich haben sie nicht die wenigen wohnbaren
Zimmer des alten Gebäudes besessen und sich darinne gepflegt;
vielmehr haben sie die Unbequemlichkeit der vernachlässigten
Teile eures Staatspalastes mehr empfunden, weil sie selbst
ihre Tage kümmerlich und gedrückt darin zubringen mußten;
sie haben nicht, durch eine mechanisch erleichterte Geschäftigkeit bestochen, dasjenige für gut angesehen, was sie einmal
zu thun gewohnt waren; freilich haben sie nur im stillen
der Einseitigkeit, der Unordnung, der Lässigkeit, der Ungeschicklichkeit zusehen können, womit eure Staatsleute sich noch
Ehrfurcht zu erwerben glauben; freilich haben sie nur heimlich wünschen können, daß Mühe und Genuß gleicher aus-
geteilt sein möchten! Und wer wird leugnen, daß unter
ihnen nicht wenigstens einige wohldenkende und tüchtige
Männer sich befinden, die, wenn sie auch in diesem Augenblicke das Beste zu bewirken nicht imstande sind, doch durch
ihre Vermittlung das Uebel zu lindern und ein künftiges
Gutes vorzubereiten das Glück haben! Und da man solche
darunter zählt, wer wird sie nicht bedauern, wenn der Augenblick naht, der sie ihrer Hoffnungen vielleicht auf immer be-
rauben soll.

Der Geheimerat scherzte darauf mit einiger Bitterkeit
über junge Leute, die einen Gegenstand zu idealisieren geneigt
seien; Karl schonte dagegen diejenigen nicht, welche nur nach
alten Formen denken könnten und, was dahinein nicht passe,
notwendig verwerfen müßten.

Durch mehreres Hin- und Widerreden ward das Gespräch immer heftiger, und es kam von beiden Seiten alles
zur Sprache, was im Laufe dieser Jahre so manche gute Gesellschaft entzweit hatte. Vergebens suchte die Baronesse,
wo nicht einen Frieden, doch wenigstens einen Stillstand zu-
wege zu bringen; selbst der Geheimerätin, die als ein liebens-
würdiges Weib einige Herrschaft über Karls Gemüt sich erworben hatte, gelang es nicht, auf ihn zu wirken, um so
weniger, als ihr Gemahl fortfuhr, treffende Pfeile auf
Jugend und Unerfahrenheit loszudrücken und über die besondere Neigung der Kinder, mit dem Feuer zu spielen, das sie
doch nicht regieren könnten, zu spotten.

Karl, der sich im Zorn nicht mehr kannte, hielt mit dem Geständnis nicht zurück, daß er den französischen Waffen alles Glück wünsche und daß er jeden Deutschen auffordere, der alten Sklaverei ein Ende zu machen; daß er von der französischen Nation überzeugt sei, sie werde die edlen Deutschen, die sich für sie erklärt, zu schätzen wissen, als die Ihrigen ansehn und behandeln, und nicht etwa aufopfern oder ihrem Schicksale überlassen, sondern sie mit Ehren, Gütern und Zutrauen überhäufen.

Der Geheimerat behauptete dagegen, es sei lächerlich, zu denken, daß die Franzosen nur irgend einen Augenblick, bei einer Kapitulation oder sonst, für sie sorgen würden; vielmehr würden diese Leute gewiß in die Hände der Alliierten fallen, und er hoffe, sie alle gehangen zu sehen.

Diese Drohung hielt Karl nicht aus und rief vielmehr, er hoffe, daß die Guillotine auch in Deutschland eine gesegnete Ernte finden und kein schuldiges Haupt verfehlen werde. Dazu fügte er einige sehr starke Vorwürfe, welche den Geheimerat persönlich trafen und in jedem Sinne beleidigend waren.

So muß ich denn wohl, sagte der Geheimerat, mich aus einer Gesellschaft entfernen, in der nichts, was sonst achtenswert schien, mehr geehrt wird. Es thut mir leid, daß ich zum zweitenmal, und zwar durch einen Landsmann vertrieben werde; aber ich sehe wohl, daß von diesem weniger Schonung als von den Neufranken zu erwarten ist, und ich finde wieder die alte Erfahrung bestätigt, daß es besser sei, den Türken als den Renegaten in die Hände zu fallen.

Mit diesen Worten stand er auf und ging aus dem Zimmer; seine Gemahlin folgte ihm: die Gesellschaft schwieg. Die Baronesse gab mit einigen, aber starken Ausdrücken ihr Mißvergnügen zu erkennen; Karl ging im Saale auf und ab. Die Geheimerätin kam weinend zurück und erzählte, daß ihr Gemahl einpacken lasse und schon Pferde bestellt habe. Die Baronesse ging zu ihm, ihn zu bereden; indessen weinten die Fräulein und küßten sich und waren äußerst betrübt, daß sie sich so schnell und unerwartet von einander, trennen sollten. Die Baronesse kam zurück; sie hatte nichts ausgerichtet. Man fing an, nach und nach alles zusammenzutragen, was den Fremden gehörte. Die traurigen Augenblicke des Loslösens und Scheidens wurden sehr lebhaft empfunden. Mit den

letzten Kästchen und Schachteln verschwand alle Hoffnung.
Die Pferde kamen, und die Thränen flossen reichlicher.

Der Wagen fuhr fort, und die Baronesse sah ihm nach:
die Thränen standen ihr in den Augen. Sie trat vom Fenster
zurück und setzte sich an den Stickrahmen. Die ganze Gesell=
schaft war still, ja verlegen; besonders äußerte Karl seine
Unruhe, indem er, in einer Ecke sitzend, ein Buch durchblätterte
und manchmal drüber weg nach seiner Tante sah. Endlich
stand er auf und nahm seinen Hut, als wenn er weggehen
wollte; allein in der Thüre kehrte er um, trat an den Rahmen
und sagte mit edler Fassung: Ich habe Sie beleidigt, liebe
Tante, ich habe Ihnen Verdruß verursacht; verzeihen Sie
meine Uebereilung! ich erkenne meinen Fehler und fühle
ihn tief.

Ich kann verzeihen, antwortete die Baronesse; ich werde
keinen Groll auf dich hegen, weil du ein edler guter Mensch
bist; aber du kannst nicht wieder gut machen, was du ver=
dorben hast. Ich entbehre durch deine Schuld in diesen Augen=
blicken die Gesellschaft einer Freundin, die ich seit langer Zeit
zum erstenmal wiedersah, die mir das Unglück selbst wieder
zuführte und in deren Umgang ich manche Stunde das Un=
heil vergaß, das uns traf und das uns bedroht. Sie, die
schon lange auf einer ängstlichen Flucht herumgetrieben wird
und sich kaum wenige Tage in Gesellschaft von geliebten
alten Freunden, in einer bequemen Wohnung, an einem an=
genehmen Orte erholt, muß schon wieder flüchtig werden, und
die Gesellschaft verliert dabei die Unterhaltung ihres Gatten,
der, so wunderlich er auch in manchen Stücken sein mag, doch
ein trefflicher, rechtschaffener Mann ist und ein unerschöpfliches
Archiv von Menschen= und Weltkenntnis, von Begebenheiten
und Verhältnissen mit sich führt, die er auf eine leichte, glück=
liche und angenehme Weise mitzuteilen versteht. Um diesen
vielfachen Genuß bringt uns deine Heftigkeit; wodurch kannst
du ersetzen, was wir verlieren?

Karl. Schonen Sie mich, liebe Tante! ich fühle meinen
Fehler schon lebhaft genug, lassen Sie mich die Folgen nicht
so deutlich einsehen.

Baronesse. Betrachte sie vielmehr so deutlich als mög=
lich! Hier kann nicht von Schonen die Rede sein; es ist nur
die Frage, ob du dich überzeugen kannst; denn nicht das erste
Mal begehst du diesen Fehler, und es wird das letzte Mal
nicht sein. O ihr Menschen, wird die Not, die euch unter

ein Dach, in eine enge Hütte zusammendrängt, euch nicht
duldsam gegen einander machen? Ist es an den ungeheuern
Begebenheiten nicht genug, die auf euch und die eurigen un=
aufhaltsam losdringen? Könnt ihr so nicht an euch selbst
arbeiten und euch mäßig und vernünftig gegen diejenigen
betragen, die euch im Grunde nichts nehmen, nichts rauben
wollen? Müssen denn eure Gemüter nur so blind und unauf=
haltsam wirken und drein schlagen, wie die Weltbegebenheiten,
ein Gewitter oder ein ander Naturphänomen?

Karl antwortete nichts, und der Hofmeister kam von dem
Fenster, wo er bisher gestanden, auf die Baronesse zu und
sagte: Er wird sich bessern; dieser Fall soll ihm, soll uns allen
zur Warnung dienen. Wir wollen uns täglich prüfen, wir wollen
den Schmerz, den Sie empfunden haben, uns vor Augen stellen;
wir wollen auch zeigen, daß wir Gewalt über uns haben.

Baronesse. Wie leicht doch Männer sich überreden können,
besonders in diesem Punkte! Das Wort Herrschaft ist ihnen
ein so angenehmes Wort, und es klingt so vornehm, sich selbst
beherrschen zu wollen. Sie reden gar zu gerne davon und
möchten uns glauben machen, es sei wirklich auch in der Aus=
übung Ernst damit; und wenn ich doch nur einen einzigen in
meinem Leben gesehen hätte, der auch nur in der geringsten
Sache sich zu beherrschen imstande gewesen wäre! Wenn
ihnen etwas gleichgültig ist, dann stellen sie sich gewöhnlich
sehr ernsthaft, als ob sie es mit Mühe entbehrten, und was
sie heftig wünschen, wissen sie sich selbst und andern als
vortrefflich, notwendig, unvermeidlich und unentbehrlich vorzu=
stellen. Ich wüßte auch nicht einen, der auch nur der geringsten
Entsagung fähig wäre.

Hofmeister. Sie sind selten ungerecht, und ich habe Sie
noch niemals so von Verdruß und Leidenschaft überwältigt ge=
sehen, als in diesem Augenblick.

Baronesse. Ich habe mich dieser Leidenschaft wenigstens
nicht zu schämen. Wenn ich mir meine Freundin in ihrem
Reisewagen, auf unbequemen Wegen, mit Thränen an ver=
letzte Gastfreundschaft sich zurückerinnernd denke, so möcht' ich
euch allen von Herzen gram werden.

Hofmeister. Ich habe Sie in den größten Uebeln nicht
so bewegt und so heftig gesehen, als in diesem Augenblick.

Baronesse. Ein kleines Uebel, das auf die größeren folgt,
erfüllt das Maß; und dann ist es wohl kein kleines Uebel,
eine Freundin zu entbehren.

Hofmeister. Beruhigen Sie sich und vertrauen Sie uns allen, daß wir uns bessern, daß wir das Mögliche thun wollen, Sie zu befriedigen.

Baronesse. Keinesweges! Es soll mir keiner von euch ein Vertrauen ablocken; aber fordern will ich künftig von euch, befehlen will ich in meinem Hause.

Fordern Sie nur, befehlen Sie nur! rief Karl, und Sie sollen sich über unsern Ungehorsam nicht zu beschweren haben.

Nun, meine Strenge wird so arg nicht sein, versetzte lächelnd die Baronesse, indem sie sich zusammennahm. Ich mag nicht gerne befehlen, besonders so freigesinnten Menschen; aber einen Rat will ich geben, und eine Bitte will ich hinzufügen.

Hofmeister. Und beides soll uns ein unverbrüchliches Gesetz sein.

Baronesse. Es wäre thöricht, wenn ich das Interesse abzulenken gedächte, das jedermann an den großen Welt-begebenheiten nimmt, deren Opfer wir, leider! selbst schon geworden sind. Ich kann die Gesinnungen nicht ändern, die bei einem jeden nach seiner Denkweise entstehen, sich befestigen, streben und wirken, und es wäre eben so thöricht als grausam, zu verlangen, daß er sie nicht mitteilen sollte. Aber das kann ich von dem Zirkel erwarten, in dem ich lebe, daß Gleichgesinnte sich im stillen zu einander fügen und sich angenehm unterhalten, indem der eine dasjenige sagt, was der andere schon denkt. Auf euern Zimmern, auf Spaziergängen, und wo sich Uebereindenkende treffen, eröffne man seinen Busen nach Lust, man lehne sich auf diese oder jene Meinung, ja, man genieße recht lebhaft der Freude einer leidenschaftlichen Ueberzeugung! Aber, Kinder, in Gesellschaft laßt uns nicht vergessen, wie viel wir sonst schon, ehe alle diese Sachen zur Sprache kamen, um gesellig zu sein, von unsern Eigenheiten aufopfern mußten, und daß jeder, so lange die Welt stehen wird, um gesellig zu sein, wenigstens äußerlich sich wird beherrschen müssen. Ich fordere euch also nicht im Namen der Tugend, sondern im Namen der gemeinsten Höflichkeit auf, mir und andern in diesen Augenblicken das zu leisten, was ihr von Jugend auf, ich darf fast sagen, gegen einen jeden beobachtet habt, der euch auf der Straße begegnete.

Ueberhaupt, fuhr die Baronesse fort, weiß ich nicht, wie wir geworden sind, wohin auf einmal jede gesellige Bildung verschwunden ist. Wie sehr hütete man sich sonst, in der Gesellschaft irgend etwas zu berühren, was einem oder dem

andern unangenehm sein konnte! Der Protestant vermied in
Gegenwart des Katholiken, irgend eine Zeremonie lächerlich
zu finden; der eifrigste Katholik ließ den Protestanten nicht
merken, daß die alte Religion eine größere Sicherheit ewiger
Seligkeit gewähre. Man unterließ vor den Augen einer
Mutter, die ihren Sohn verloren hatte, sich seiner Kinder
lebhaft zu freuen, und jeder fühlte sich verlegen, wenn ihm
ein solches unbedachtsames Wort entwischt war; jeder Um-
stehende suchte das Versehen wieder gut zu machen. Und
thun wir nicht jetzo gerade das Gegenteil von allem diesem?
Wir suchen recht eifrig jede Gelegenheit, wo wir etwas vorbringen können, das den andern verdrießt und ihn aus seiner
Fassung bringt. O, laßt uns künftig, meine Kinder und
Freunde, wieder zu jener Art zu sein zurückkehren! Wir haben
bisher schon manches Traurige erlebt — und vielleicht verkündigt uns bald der Rauch bei Tage und die Flammen bei
Nacht den Untergang unsrer Wohnungen und unsrer zurückgelassenen Besitztümer. Laßt uns auch diese Nachrichten
nicht mit Heftigkeit in die Gesellschaft bringen! Laßt uns
dasjenige nicht durch öftere Wiederholung tiefer in die Seele
prägen, was uns in der Stille schon Schmerzen genug erregt!

Als euer Vater starb, habt ihr mir wohl mit Worten
und Zeichen diesen unersetzlichen Verlust bei jedem Anlaß er-
neuert? Habt ihr nicht alles, was sein Andenken zur Unzeit
wieder hervorrufen konnte, zu vermeiden und durch eure Liebe,
eure stillen Bemühungen und eure Gefälligkeit das Gefühl
jenes Verlustes zu lindern und die Wunde zu heilen gesucht?
Haben wir jetzt nicht alle nötiger, eben jene gesellige Schonung
auszuüben, die oft mehr wirkt, als eine wohlmeinende, aber
rohe Hilfe, jetzt, da nicht etwa in der Mitte von Glücklichen
ein oder der andere Zufall diesen oder jenen verletzt, dessen
Unglück von dem allgemeinen Wohlbefinden bald wieder verschlungen wird, sondern wo unter einer ungeheuren Anzahl
Unglücklicher kaum wenige, entweder durch Natur oder Bildung, einer zufälligen oder künstlichen Zufriedenheit genießen?

Karl. Sie haben uns nun genug erniedrigt, liebe Tante;
wollen Sie uns nicht wieder die Hand reichen?

Baronesse. Hier ist sie mit der Bedingung, daß ihr Lust
habt, euch von ihr leiten zu lassen. Rufen wir eine Amnestie
aus! Man kann sich jetzt nicht geschwind genug dazu entschließen.

In dem Augenblicke traten die übrigen Frauenzimmer,
die sich nach dem Abschiede noch recht herzlich ausgeweint

hatten, herein und konnten sich nicht bezwingen, Vetter Karln
freundlich anzusehen.

Kommt her, ihr Kinder! rief die Baronesse: Wir haben
eine ernsthafte Unterredung gehabt, die, wie ich hoffe, Friede
und Einigkeit unter uns herstellen und den guten Ton, den
wir eine Zeitlang vermissen, wieder unter uns einführen soll;
vielleicht haben wir nie nötiger gehabt, uns an einander zu
schließen und, wäre es auch nur wenige Stunden des Tages,
uns zu zerstreuen. Laßt uns dahin übereinkommen, daß wir,
wenn wir beisammen sind, gänzlich alle Unterhaltung über
das Interesse des Tages verbannen. Wie lange haben wir
belehrende und aufmunternde Gespräche entbehrt? Wie lange
hast du uns, lieber Karl, nichts von fernen Landen und Reichen
erzählt, von deren Beschaffenheit, Einwohnern, Sitten und
Gebräuchen du so schöne Kenntnisse hast? — Wie lange haben
Sie — so redete sie den Hofmeister an — die alte und neue
Geschichte, die Vergleichung der Jahrhunderte und einzelner
Menschen schweigen lassen? Wo sind die schönen und zier=
lichen Gedichte geblieben, die sonst so oft aus den Brief=
taschen unsrer jungen Frauenzimmer zur Freude der Gesell=
schaft hervorkamen? Wohin haben sich die unbefangenen
philosophischen Betrachtungen verloren? Ist die Lust gänz=
lich verschwunden, mit der ihr von euren Spaziergängen einen
merkwürdigen Stein, eine, uns wenigstens, unbekannte Pflanze,
ein seltsames Insekt zurückbrachtet und dadurch Gelegenheit
gabt, über den großen Zusammenhang aller vorhandenen
Geschöpfe wenigstens angenehm zu träumen? Laßt alle diese
Unterhaltungen, die sich sonst so freiwillig darboten, durch
eine Verabredung, durch Vorsatz, durch ein Gesetz wieder
bei uns eintreten, bietet alle eure Kräfte auf, lehrreich, nützlich
und besonders gesellig zu sein! Und das alles werden wir —
und noch weit mehr als jetzt benötigt sein, wenn auch alles völlig
drunter oder drüber gehen sollte. Kinder! versprecht mir das!

Sie versprachen es mit Lebhaftigkeit.

Und nun geht! Es ist ein schöner Abend; genieße ihn
jeder nach seiner Weise, und laßt uns beim Nachtessen, seit
langer Zeit zum erstenmal, die Früchte einer freundschaft=
lichen Unterhaltung genießen.

So ging die Gesellschaft aus einander; nur Fräulein
Luise blieb bei der Mutter sitzen: sie konnte den Verdruß,
ihre Gespielin verloren zu haben, nicht sobald vergessen und
ließ Karln, der sie zum Spaziergange einlud, auf eine sehr

ſchnippiſche Weiſe abfahren. So waren Mutter und Tochter
eine Zeitlang ſtill neben einander geblieben, als der Geiſtliche
hereintrat, der von einem langen Spaziergange zurückkam
und von dem, was in der Geſellſchaft vorgekommen war,
nichts erfahren hatte. Er legte Hut und Stock ab, ließ ſich
nieder und wollte eben etwas erzählen; Fräulein Luiſe aber,
als wenn ſie ein angefangenes Geſpräch mit ihrer Mutter
fortſetzte, ſchnitt ihm die Rede mit folgenden Worten ab: .
Manchen Perſonen wird denn doch das Geſetz, das eben
beliebt worden iſt, ziemlich unbequem ſein. Schon wenn wir
ſonſt auf dem Lande wohnten, hat es manchmal an Stoff zur
Unterredung gemangelt; denn da war nicht ſo täglich wie in der
Stadt ein armes Mädchen zu verleumden, ein junger Menſch
verdächtig zu machen; aber doch hatte man bisher noch die
Ausflucht, von ein paar großen Nationen alberne Streiche zu
erzählen, die Deutſchen wie die Franzoſen lächerlich zu finden
und bald dieſen, bald jenen zum Jakobiner und Klubbiſten zu
machen. Wenn nun auch dieſe Quelle verſtopft wird, ſo werden
wir manche Perſonen wohl ſtumm in unſrer Mitte ſehen.
Iſt dieſer Anfall etwa auf mich gerichtet, mein Fräulein?
fing der Alte lächelnd an. Nun, Sie wiſſen, daß ich mich
glücklich ſchätze, manchmal ein Opfer für die übrige Geſellſchaft zu werden. Denn, gewiß, indem Sie bei jeder Unterhaltung Ihrer fürtrefflichen Erzieherin Ehre machen und
Sie jedermann angenehm, liebenswürdig und gefällig findet,
ſo ſcheinen Sie einem kleinen böſen Geiſt, der in Ihnen
wohnt und über den Sie nicht ganz Herr werden können,
für mancherlei Zwang, den Sie ihm anthun, auf meine
Unkoſten gewöhnlich einige Entſchädigung zu verſchaffen. —
Sagen Sie mir, gnädige Frau, fuhr er fort, indem er ſich
gegen die Baroneſſe wandte, was iſt in meiner Abweſen-
heit vorgegangen? und was für Geſpräche ſind aus unſerm
Zirkel ausgeſchloſſen?
Die Baroneſſe unterrichtete ihn von allem, was vorgefallen war. Aufmerkſam hörte er zu und verſetzte ſodann:
Es dürfte auch nach dieſer Einrichtung manchen Perſonen
nicht unmöglich ſein, die Geſellſchaft zu unterhalten, und vielleicht beſſer und ſicherer als andere.
Wir wollen es erleben, ſagte Luiſe.
Dieſes Geſetz, fuhr er fort, enthält nichts Beſchwerliches
für jeden Menſchen, der ſich mit ſich ſelbſt zu beſchäftigen
wußte; vielmehr wird es ihm angenehm ſein, indem er das-

jenige, was er sonst gleichsam verstohlen trieb, in die Gesell=
schaft bringen darf. Denn, nehmen Sie mir nicht übel, Fräu=
lein, wer bildet denn die Neuigkeitsträger, die Aufpasser und
Verleumder, als die Gesellschaft? Ich habe selten bei einer
Lektüre, bei irgend einer Darstellung einer interessanten Ma=
terie, die Geist und Herz beleben sollten, einen Zirkel so
aufmerksam und die Seelenkräfte so thätig gesehen, als wenn
irgend etwas Neues, und zwar eben etwas, das einen Mit=
bürger oder eine Mitbürgerin heruntersetzt, vorgetragen wurde.
Fragen Sie sich selbst und fragen Sie viele andere, was gibt
einer Begebenheit den Reiz? Nicht ihre Wichtigkeit, nicht
der Einfluß, den sie hat, sondern die Neuheit. Nur das Neue
scheint gewöhnlich wichtig, weil es ohne Zusammenhang Ver=
wunderung erregt und unsere Einbildungskraft einen Augen=
blick in Bewegung setzt, unser Gefühl nur leicht berührt und
unsern Verstand völlig in Ruhe läßt. Jeder Mensch kann
ohne die mindeste Rückkehr auf sich selbst an allem, was neu
ist, lebhaften Anteil nehmen; ja, da eine Folge von Neuig=
keiten immer von einem Gegenstande zum andern fortreißt,
so kann der großen Menschenmasse nichts willkommener sein,
als ein solcher Anlaß zu ewiger Zerstreuung und eine solche
Gelegenheit, Tücke und Schadenfreude auf eine bequeme und
immer sich erneuernde Weise auszulassen.

Nun! rief Luise, es scheint, Sie wissen sich zu helfen;
sonst ging es über einzelne Personen her. jetzt soll es das
ganze menschliche Geschlecht entgelten.

Ich verlange nicht, daß Sie jemals billig gegen mich
sein sollen, versetzte jener; aber so viel muß ich Ihnen sagen:
wir andern, die wir von der Gesellschaft abhängen, müssen
uns nach ihr bilden und richten, ja, wir dürfen eher etwas
thun, das ihr zuwider ist, als was ihr lästig wäre; und
lästiger ist ihr in der Welt nichts, als wenn man sie zum
Nachdenken und zu Betrachtungen auffordert. Alles, was
dahin zielt, muß man ja vermeiden und allenfalls das im
stillen für sich vollbringen, was bei jeder öffentlichen Ver=
sammlung versagt ist.

Für sich im stillen mögen Sie wohl allenfalls manche
Flasche Wein ausgetrunken und manche schöne Stunde des
Tags verschlafen haben, fiel Luise ihm ein.

Ich habe nie, fuhr der Alte fort, auf das, was ich thue,
viel Wert gelegt; denn ich weiß, daß ich gegen andere
Menschen ein großer Faulenzer bin; indessen hab' ich doch

eine Sammlung gemacht, die vielleicht eben jetzt dieser Ge=
sellschaft, wie sie gestimmt ist, manche angenehme Stunde
verschaffen könnte.

Was ist es für eine Sammlung? fragte die Baronesse.

Gewiß nichts weiter als eine skandalöse Chronik, setzte
Luise hinzu.

Sie irren sich, sagte der Alte.

Wir werden sehen, versetzte Luise.

Laß ihn ausreden! sagte die Baronesse; und überhaupt
gewöhne dir nicht an, einem, der es auch zum Scherze leiden
mag, hart und unfreundlich zu begegnen. Wir haben nicht
Ursache, den Unarten, die in uns stecken, auch nur im Scherze
Nahrung zu geben. Sagen Sie mir, mein Freund, worin
besteht Ihre Sammlung? Wird sie zu unsrer Unterhaltung
dienlich und schicklich sein? Ist sie schon lange angefangen?
Warum haben wir noch nichts davon gehört?

Ich will Ihnen hierüber Rechenschaft geben, versetzte der
Alte. Ich lebe schon lange in der Welt und habe immer
gern auf das acht gegeben, was diesem oder jenem Menschen
begegnet. Zur Uebersicht der großen Geschichte fühl' ich
weder Kraft noch Mut, und die einzelnen Weltbegebenheiten
verwirren mich; aber unter den vielen Privatgeschichten, wahren
und falschen, mit denen man sich im Publikum trägt, die
man sich insgeheim einander erzählt, gibt es manche, die
noch einen reinern, schönern Reiz haben, als den Reiz der
Neuheit, manche, die durch eine geistreiche Wendung uns
immer zu erheitern Anspruch machen, manche, die uns die
menschliche Natur und ihre inneren Verborgenheiten auf einen
Augenblick eröffnen, andere wieder, deren sonderbare Albern=
heiten uns ergötzen. Aus der großen Menge, die im ge=
meinen Leben unsere Aufmerksamkeit und unsere Bosheit be=
schäftigen und die eben so gemein sind als die Menschen,
denen sie begegnen oder die sie erzählen, habe ich diejenigen
gesammelt, die mir nur irgend einen Charakter zu haben
schienen, die meinen Verstand, die mein Gemüt berührten
und beschäftigten und die mir, wenn ich wieder daran dachte,
einen Augenblick reiner und ruhiger Heiterkeit gewährten.

Ich bin sehr neugierig, sagte die Baronesse, zu hören,
von welcher Art Ihre Geschichten sind und was sie eigent=
lich behandeln.

Sie können leicht denken, versetzte der Alte, daß von
Prozessen und Familienangelegenheiten nicht öfters die Rede

sein wird. Diese haben meistenteils nur ein Interesse für die, welche damit geplagt sind.

Luise. Und was enthalten sie denn?

Der Alte. Sie behandeln, ich will es nicht leugnen, gewöhnlich die Empfindungen, wodurch Männer und Frauen verbunden oder entzweiet, glücklich oder unglücklich gemacht, öfter aber verwirrt, als aufgeklärt werden.

Luise. So? Also wahrscheinlich eine Sammlung lüsterner Späße geben Sie uns für eine feine Unterhaltung? Sie verzeihen mir, Mama, daß ich diese Bemerkung mache; sie liegt so ganz nahe, und die Wahrheit wird man doch sagen dürfen.

Der Alte. Sie sollen, hoffe ich, nichts, was ich lüstern nennen würde, in der ganzen Sammlung finden.

Luise. Und was nennen Sie denn so?

Der Alte. Ein lüsternes Gespräch, eine lüsterne Erzählung sind mir unerträglich. Denn sie stellen uns etwas Gemeines, etwas, das der Rede und Aufmerksamkeit nicht wert ist, als etwas Besonderes, als etwas Reizendes vor und erregen eine falsche Begierde, anstatt den Verstand angenehm zu beschäftigen. Sie verhüllen das, was man entweder ohne Schleier ansehen, oder wovon man ganz seine Augen wegwenden sollte.

Luise. Ich verstehe Sie nicht. Sie werden uns doch Ihre Geschichten wenigstens mit einiger Zierlichkeit vortragen wollen? Sollten wir uns denn etwa mit plumpen Späßen die Ohren beleidigen lassen? Es soll wohl eine Mädchenschule werden, und Sie wollen noch Dank dafür verlangen?

Der Alte. Keins von beiden. Denn ernstlich, erfahren werden Sie nichts Neues, besonders da ich schon seit einiger Zeit bemerke, daß Sie gewisse Rezensionen in den gelehrten Zeitungen niemals überschlagen.

Luise. Sie werden anzüglich.

Der Alte. Sie sind eine Braut, und ich entschuldige Sie gerne. Ich muß Ihnen aber nur zeigen, daß ich auch Pfeile habe, die ich gegen Sie brauchen kann.

Baronesse. Ich sehe wohl, wo Sie hinaus wollen; machen Sie es aber auch ihr begreiflich!

Der Alte. Ich müßte nur wiederholen, was ich zu Anfange des Gesprächs schon gesagt habe; es scheint aber nicht, daß sie den guten Willen hat, aufzumerken.

Luise. Was braucht's da guten Willen und viele Worte? Man mag es besehen, wie man will, so werden es skandalöse

Geschichten sein, auf eine oder die andere Weise skandalös, und weiter nichts.

Der Alte. Soll ich wiederholen, mein Fräulein, daß dem wohldenkenden Menschen nur dann etwas skandalös vorkomme, wenn er Bosheit, Uebermut, Lust, zu schaden, Widerwillen, zu helfen, bemerkt, daß er davon sein Auge wegwendet; dagegen aber kleine Fehler und Mängel lustig findet und besonders mit seiner Betrachtung gern bei Geschichten verweilt, wo er den guten Menschen in leichtem Widerspruch mit sich selbst, seinen Begierden und seinen Vorsätzen findet, wo alberne und auf ihren Wert eingebildete Thoren beschämt, zurechtgewiesen oder betrogen werden, wo jede Anmaßung auf eine natürliche, ja, auf eine zufällige Weise bestraft wird, wo Vorsätze, Wünsche und Hoffnungen bald gestört, aufgehalten und vereitelt, bald unerwartet angenähert, erfüllt und bestätigt werden. Da, wo der Zufall mit der menschlichen Schwäche und Unzulänglichkeit spielt, hat er am liebsten seine stille Betrachtung, und keiner seiner Helden, deren Geschichten er bewahrt, hat von ihm weder Tadel zu besorgen noch Lob zu erwarten.

Baronesse. Ihre Einleitung erregt den Wunsch, bald ein Probstück zu hören. Ich wüßte doch nicht, daß in unserm Leben — und wir haben doch die meiste Zeit in einem Kreise zugebracht — vieles geschehen wäre, das man in eine solche Sammlung aufnehmen könnte.

Der Alte. Es kommt freilich vieles auf die Beobachter an, und was für eine Seite man den Sachen abzugewinnen weiß; aber ich will freilich nicht leugnen, daß ich auch aus alten Büchern und Traditionen manches aufgenommen habe. Sie werden mitunter alte Bekannte vielleicht nicht ungern in einer neuen Gestalt wieder antreffen. Aber eben dieses gibt mir den Vorteil, den ich auch nicht aus den Händen lassen werde: — man soll keine meiner Geschichten deuten.

Luise. Sie werden uns doch nicht verwehren, unsre Freunde und Nachbarn wieder zu kennen und, wenn es uns beliebt, das Rätsel zu entziffern?

Der Alte. Keineswegs. Sie werden mir aber auch dagegen erlauben, in einem solchen Falle einen alten Folianten hervorzuziehen, um zu beweisen, daß diese Geschichte schon vor einigen Jahrhunderten geschehen oder erfunden worden. Ebenso werden Sie mir erlauben, heimlich zu lächeln, wenn eine Geschichte für ein altes Märchen erklärt wird, die unmittelbar in unserer Nähe vorgegangen ist, ohne daß wir sie eben gerade in dieser Gestalt wieder erkennen.

Luise. Man wird mit Ihnen nicht fertig; es ist das Beste, wir machen Friede für diesen Abend, und Sie erzählen uns noch geschwind ein Stückchen zur Probe.

Der Alte. Erlauben Sie, daß ich Ihnen hierin ungehorsam sein darf. Diese Unterhaltung wird für die versammelte Gesellschaft aufgespart. Wir dürfen ihr nichts entziehen, und ich sage voraus: alles, was ich vorzubringen habe, hat keinen Wert an sich. Wenn aber die Gesellschaft nach einer ernsthaften Unterhaltung auf eine kurze Zeit ausruhen, wenn sie sich, von manchem Guten schon gesättigt, nach einem leichten Nachtische umsiehet, alsdann werd' ich bereit sein und wünsche, daß das, was ich vorsetze, nicht unschmackhaft befunden werde.

Baronesse. Wir werden uns denn schon bis morgen gedulden müssen.

Luise. Ich bin höchst neugierig, was er vorbringen wird.

Der Alte. Das sollten Sie nicht sein, Fräulein; (denn gespannte Erwartung wird selten befriedigt.)

Abends nach Tische, als die Baronesse zeitig in ihr Zimmer gegangen war, blieben die übrigen beisammen und sprachen über mancherlei Nachrichten, die eben einliefen, über Gerüchte, die sich verbreiteten. Man war dabei, wie es gewöhnlich in solchen Augenblicken zu geschehen pflegt, im Zweifel, was man glauben und was man verwerfen sollte.

Der alte Hausfreund sagte darauf: Ich finde am bequemsten, daß wir dasjenige glauben, was uns angenehm ist, ohne Umstände das verwerfen, was uns unangenehm wäre, und daß wir übrigens wahr sein lassen, was wahr sein kann.

Man machte die Bemerkung, daß der Mensch auch gewöhnlich so verfahre, und durch einige Wendung des Gesprächs kam man auf die entschiedene Neigung unsrer Natur, das Wunderbare zu glauben. Man redete vom Romanhaften, vom Geisterhaften, und als der Alte einige gute Geschichten dieser Art künftig zu erzählen versprach, versetzte Fräulein Luise: Sie wären recht artig und würden vielen Dank verdienen, wenn Sie uns gleich, da wir eben in der rechten Stimmung beisammen sind, eine solche Geschichte vortrügen; wir würden aufmerksam zuhören und Ihnen dankbar sein.

Ohne sich lange bitten zu lassen, fing der Geistliche darauf mit folgenden Worten an:

Als ich mich in Neapel aufhielt, begegnete daselbst eine Geschichte, die großes Aufsehen erregte und worüber die Urteile sehr verschieden waren. Die einen behaupteten, sie sei völlig ersonnen, die andern, sie sei wahr, aber es stecke ein Betrug dahinter. Diese Partei war wieder unter einander selbst uneinig; sie stritten, wer dabei betrogen haben könnte? Noch andere behaupteten, es sei keineswegs ausgemacht, daß geistige Naturen nicht sollten auf Elemente und Körper wirken können, und man müsse nicht jede wunderbare Begebenheit ausschließlich entweder für Lüge oder Trug erklären. Nun zur Geschichte selbst!

Eine Sängerin, Antonelli genannt, war zu meiner Zeit der Liebling des neapolitanischen Publikums. In der Blüte ihrer Jahre, ihrer Figur, ihrer Talente fehlte ihr nichts, wodurch ein Frauenzimmer die Menge reizt und lockt und eine kleine Anzahl Freunde entzückt und glücklich macht. Sie war nicht unempfindlich gegen Lob und Liebe; allein von Natur mäßig und verständig, wußte sie die Freuden zu genießen, die beide gewähren, ohne dabei aus der Fassung zu kommen, die ihr in ihrer Lage so nötig war. Alle jungen, vornehmen, reichen Leute drängten sich zu ihr; nur wenige nahm sie auf, und wenn sie bei der Wahl ihrer Liebhaber meist ihren Augen und ihrem Herzen folgte, so zeigte sie doch bei allen kleinen Abenteuern einen festen, sichern Charakter, der jeden genauen Beobachter für sie einnehmen mußte. Ich hatte Gelegenheit, sie einige Zeit zu sehen, indem ich mit einem ihrer Begünstigten in nahem Verhältnisse stand.

Verschiedene Jahre waren hingegangen; sie hatte Männer genug kennen gelernt und unter ihnen viele Gecken, schwache und unzuverlässige Menschen. Sie glaubte bemerkt zu haben, daß ein Liebhaber, der in einem gewissen Sinne dem Weibe alles ist, gerade da, wo sie eines Beistandes am nötigsten bedürfte, bei Vorfällen des Lebens, häuslichen Angelegenheiten, bei augenblicklichen Entschließungen meistenteils zu nichts wird, wenn er nicht gar seiner Geliebten, indem er nur an sich selbst denkt, schadet und aus Eigenliebe ihr das Schlimmste zu raten und sie zu den gefährlichsten Schritten zu verleiten sich gedrungen fühlt.

Bei ihren bisherigen Verbindungen war ihr Geist meistenteils unbeschäftigt geblieben; auch dieser verlangte Nahrung. Sie wollte endlich einen Freund haben, und kaum hatte sie dieses Bedürfnis gefühlt, so fand sich unter denen, die sich

ihr zu nähern suchten, ein junger Mann, auf den sie ihr Zutrauen warf und der es in jedem Sinne zu verdienen schien.

Es war ein Genueser, der sich um diese Zeit einiger
wichtigen Geschäfte seines Hauses wegen in Neapel aufhielt.
Bei einem sehr glücklichen Naturell hatte er die sorgfältigste
Erziehung genossen. Seine Kenntnisse waren ausgebreitet,
sein Geist wie sein Körper vollkommen ausgebildet; sein Betragen konnte für ein Muster gelten, wie einer, der sich keinen
Augenblick vergißt, sich doch immer in andern zu vergessen
scheint. Der Handelsgeist seiner Geburtsstadt ruhte auf ihm;
er sah das, was zu thun war, im Großen an. Doch war
seine Lage nicht die glücklichste: sein Haus hatte sich in einige
höchst mißliche Spekulationen eingelassen und war in gefährliche Prozesse verwickelt. Die Angelegenheiten verwirrten sich
mit der Zeit noch mehr, und die Sorge, die er darüber empfand, gab ihm einen äußeren Anstrich von Traurigkeit, der
ihm sehr wohl anstand und der unserm jungen Frauenzimmer
noch mehr Mut machte, seine Freundschaft zu suchen, weil sie
zu fühlen glaubte, daß er selbst einer Freundin bedürfe.

Er hatte sie bisher nur an öffentlichen Orten und bei
Gelegenheit gesehen; sie vergönnte ihm nunmehr auf seine
erste Anfrage den Zutritt in ihrem Hause, ja, sie lud ihn
recht dringend ein, und er verfehlte nicht, zu kommen.

Sie versäumte keine Zeit, ihm ihr Zutrauen und ihren
Wunsch zu entdecken; er war verwundert und erfreut über
ihren Antrag. Sie bat ihn inständig, ihr Freund zu bleiben
und keine Anforderungen eines Liebhabers zu machen. Sie
eröffnete ihm eine Verlegenheit, in der sie sich eben befand,
und worüber er bei seinen mancherlei Verhältnissen den besten
Rat geben und die schleunigste Einleitung zu ihrem Vorteil
machen konnte. Er vertraute ihr dagegen seine Lage, und
indem sie ihn zu erheitern und zu trösten wußte, indem sich
in ihrer Gegenwart manches entwickelte, was sonst bei ihm
nicht so früh erwacht wäre, schien sie auch seine Ratgeberin
zu sein, und eine wechselseitige, auf die edelste Achtung, auf
das schönste Bedürfnis gegründete Freundschaft hatte sich in
kurzem zwischen ihnen befestigt.

Nur leider überlegt man bei Bedingungen, die man ein-
geht, nicht immer, ob sie möglich sind. Er hatte versprochen,
nur Freund zu sein, keine Ansprüche auf die Stelle eines
Liebhabers zu machen; und doch konnte er sich nicht leugnen,
daß ihm die von ihr begünstigten Liebhaber überall im Wege,

höchst zuwider, ja ganz und gar unerträglich waren. Beson=
ders fiel es ihm höchst schmerzlich auf, wenn ihn seine Freun=
din von den guten und bösen Eigenschaften eines solchen
Mannes oft launig unterhielt, alle Fehler des Begünstigten
genau zu kennen schien und doch noch vielleicht selbigen Abend,
gleichsam zum Spott des wertgeschätzten Freundes, in den
Armen eines Unwürdigen ausruhte.

Glücklicher= oder unglücklicherweise geschah es bald, daß
das Herz der Schönen frei wurde. Ihr Freund bemerkte es
mit Vergnügen und suchte ihr vorzustellen, daß der erledigte
Platz ihm vor allen andern gebühre. Nicht ohne Widerstand und
Widerwillen gab sie seinen Wünschen Gehör; ich fürchte, sagte
sie, daß ich über diese Nachgiebigkeit das Schätzbarste auf der
Welt, einen Freund, verliere. Sie hatte richtig geweißagt.
Denn kaum hatte er eine Zeitlang in seiner doppelten Eigen=
schaft bei ihr gegolten, so fingen seine Launen an, beschwer=
licher zu werden; als Freund forderte er ihre ganze Achtung,
als Liebhaber ihre ganze Neigung und als ein verständiger
und angenehmer Mann unausgesetzte Unterhaltung. Dies
aber war keineswegs nach dem Sinne des lebhaften Mädchens;
sie konnte sich in keine Aufopferung finden und hatte nicht
Lust, irgend jemand ausschließliche Rechte zuzugestehen. Sie
suchte daher auf eine zarte Weise seine Besuche nach und nach
zu verringern, ihn seltner zu sehen und ihn fühlen zu lassen,
daß sie um keinen Preis der Welt ihre Freiheit weggebe. -

Sobald er es merkte, fühlte er sich vom größten Unglück
betroffen; und leider befiel ihn dieses Unheil nicht allein,
seine häuslichen Angelegenheiten fingen an, äußerst schlimm
zu werden. Er hatte sich dabei den Vorwurf zu machen, daß
er von früher Jugend an sein Vermögen als eine unerschöpf=
liche Quelle angesehen, daß er seine Handelsangelegenheiten
versäumt, um auf Reisen und in der großen Welt eine vor=
nehmere und reichere Figur zu spielen, als ihm seine Geburt
und sein Einkommen gestatteten. Die Prozesse, auf die er
seine Hoffnung setzte, gingen langsam und waren kostspielig.
Er mußte deshalb einigemal nach Palermo; und während
seiner letzten Reise machte das kluge Mädchen verschiedene
Einrichtungen, um ihrer Haushaltung eine andere Wendung
zu geben und ihn nach und nach von sich zu entfernen. Er
kam zurück und fand sie in einer andern Wohnung, entfernt
von der seinigen, und sah den Marchese von S., der damals
auf die öffentlichen Lustbarkeiten und Schauspiele großen Ein=

sluß hatte, vertraulich bei ihr aus- und eingehen. Dies über-
wältigte ihn, und er fiel in eine schwere Krankheit. Als die
Nachricht davon zu seiner Freundin gelangte, eilte sie zu ihm,
sorgte für ihn, richtete seine Aufwartung ein, und als ihr
nicht verborgen blieb, daß seine Kasse nicht zum besten bestellt
war, ließ sie eine ansehnliche Summe zurück, die hinreichend
war, ihn auf einige Zeit zu beruhigen.

Durch die Anmaßung, ihre Freiheit einzuschränken, hatte
der Freund schon viel in ihren Augen verloren; wie ihre Neigung zu ihm abnahm, hatte ihre Aufmerksamkeit auf ihn zu-
genommen; endlich hatte die Entdeckung, daß er in seinen
eigenen Angelegenheiten so unklug gehandelt habe, ihr nicht
die günstigsten Begriffe von seinem Verstande und seinem
Charakter gegeben. Indessen bemerkte er die große Veränderung nicht, die in ihr vorgegangen war; vielmehr schien ihre
Sorgfalt für seine Genesung, die Treue, womit sie halbe
Tage lang an seinem Lager aushielt, mehr ein Zeichen ihrer
Freundschaft und Liebe als ihres Mitleids zu sein, und er
hoffte, nach seiner Genesung in alle Rechte wieder eingesetzt
zu werden.

Wie sehr irrte er sich! In der Maße, wie seine Gesundheit wiederkam und seine Kräfte sich erneuerten, verschwand
bei ihr jede Art von Neigung und Zutrauen; ja, er schien
ihr so lästig, als er ihr sonst angenehm gewesen war. Auch
war seine Laune, ohne daß er es selbst bemerkte, während
dieser Begebenheiten höchst bitter und verdrießlich geworden:
alle Schuld, die er an seinem Schicksal haben konnte, warf
er auf andere und wußte sich in allem völlig zu rechtfertigen.
Er sah in sich nur einen unschuldig verfolgten, gekränkten,
betrübten Mann und hoffte völlige Entschädigung alles Uebels
und aller Leiden von einer vollkommenen Ergebenheit seiner
Geliebten.

Mit diesen Anforderungen trat er gleich in den ersten
Tagen hervor, als er wieder ausgehen und sie besuchen konnte.
Er verlangte nichts weniger, als daß sie sich ihm ganz ergeben, ihre übrigen Freunde und Bekannte verabschieden, das
Theater verlassen und ganz allein mit ihm und für ihn leben
sollte. Sie zeigte ihm die Unmöglichkeit, seine Forderungen
zu bewilligen, erst auf eine scherzhafte, dann auf eine ernsthafte Weise, und war leider endlich genötigt, ihm die traurige
Wahrheit, daß ihr Verhältnis gänzlich vernichtet sei, zu gestehen. Er verließ sie und sah sie nicht wieder.

Er lebte noch einige Jahre in einem sehr eingeschränkten Kreise, oder vielmehr bloß in der Gesellschaft einer alten frommen Dame, die mit ihm in einem Hause wohnte und sich von wenigen Renten erhielt. In dieser Zeit gewann er den einen Prozeß und bald darauf den andern; allein seine Gesundheit war untergraben und das Glück seines Lebens verloren. Bei einem geringen Anlaß fiel er abermals in eine schwere Krankheit, der Arzt kündigte ihm den Tod an. Er vernahm sein Urteil ohne Widerwillen; nur wünschte er seine schöne Freundin noch einmal zu sehen. Er schickte seinen Bedienten zu ihr, der sonst in glücklichern Zeiten manche günstige Antwort gebracht hatte. Er ließ sie bitten; sie schlug es ab. Er schickte zum zweitenmal und ließ sie beschwören; sie beharrte auf ihrem Sinne. Endlich — es war schon tief in der Nacht — sendete er zum drittenmal; sie ward bewegt und vertraute mir ihre Verlegenheit; denn ich war eben mit dem Marchese und einigen andern Freunden bei ihr zum Abendessen. Ich riet ihr und bat sie, dem Freunde den letzten Liebesdienst zu erzeigen; sie schien unentschlossen, aber nach einigem Nachdenken nahm sie sich zusammen. Sie schickte den Bedienten mit einer abschläglichen Antwort weg, und er kam nicht wieder.

Wir saßen nach Tische in einem vertrauten Gespräch und waren alle heiter und gutes Muts. Es war gegen Mitternacht, als sich auf einmal mitten unter uns eine klägliche, durchdringende, ängstliche und lange nachtönende Stimme hören ließ. Wir fuhren zusammen, sahen einander an und sahen uns um, was aus diesem Abenteuer werden sollte. Die Stimme schien an den Wänden zu verklingen, wie sie aus der Mitte des Zimmers hervorgedrungen war. Der Marchese stand auf und sprang ans Fenster, und wir andern bemühten uns um die Schöne, welche ohnmächtig dalag. Sie kam erst langsam zu sich selbst. Der eifersüchtige und heftige Italiener sah kaum ihre wieder aufgeschlagenen Augen, als er ihr bittre Vorwürfe machte. Wenn Sie mit Ihren Freunden Zeichen verabreden, sagte er, so lassen Sie doch solche weniger auffallend und heftig sein. Sie antwortete ihm mit ihrer gewöhnlichen Gegenwart des Geistes, daß, da sie jedermann und zu jeder Zeit bei sich zu sehen das Recht habe, sie wohl schwerlich solche traurige und schreckliche Töne zur Vorbereitung angenehmer Stunden wählen würde.

Und gewiß, der Ton hatte etwas unglaublich Schreck-

haftes. Seine langen, nachdröhnenden Schwingungen waren
uns allen in den Ohren, ja, in den Gliedern geblieben. Sie
war blaß, entstellt und immer der Ohnmacht nahe; wir mußten
die halbe Nacht bei ihr bleiben. Es ließ sich nichts weiter
hören. Die andere Nacht dieselbe Gesellschaft, nicht so heiter
als tags vorher, aber gefaßt genug, und — um dieselbige
Zeit derselbe gewaltsame, fürchterliche Ton.

Wir hatten indessen über die Art des Schreies, und wo
er herkommen möchte, unzählige Urteile gefällt und unsre
Vermutungen erschöpft. Was soll ich weitläufig sein? So
oft sie zu Hause aß, ließ er sich um dieselbige Zeit vernehmen
und zwar, wie man bemerken wollte, manchmal stärker, manchmal schwächer. Ganz Neapel sprach von diesem Vorfall.
Alle Leute des Hauses, alle Freunde und Bekannte nahmen
den lebhaftesten Anteil daran, ja, die Polizei ward ausgerufen.
Man stellte Spione und Beobachter aus. Denen auf der Gasse
schien der Klang aus der freien Luft zu entspringen, und in
dem Zimmer hörte man ihn gleichfalls ganz in unmittelbarer
Nähe. So oft sie auswärts aß, vernahm man nichts; so oft
sie zu Hause war, ließ sich der Ton hören.

Aber auch außer dem Hause blieb sie nicht ganz von diesem
bösen Begleiter verschont. Ihre Anmut hatte ihr den Zutritt
in die ersten Häuser geöffnet. Sie war als eine gute Gesellschafterin überall willkommen, und sie hatte sich, um dem bösen
Gaste zu entgehen, angewöhnt, die Abende außer dem Hause
zu sein.

Ein Mann, durch sein Alter und seine Stelle ehrwürdig,
führte sie eines Abends in seinem Wagen nach Hause. Als
sie vor ihrer Thüre von ihm Abschied nimmt, entsteht der
Klang zwischen ihnen beiden, und man hebt diesen Mann, der
so gut wie tausend andere die Geschichte wußte, mehr tot als
lebendig in seinen Wagen.

Ein andermal fährt ein junger Tenor, den sie wohl leiden
konnte, mit ihr abends durch die Stadt, eine Freundin zu besuchen. Er hatte von diesem seltsamen Phänomen reden hören
und zweifelte, als ein muntrer Knabe, an einem solchen Wunder.
Sie sprachen von der Begebenheit. Ich wünschte doch auch,
sagte er, die Stimme Ihres unsichtbaren Begleiters zu hören;
rufen Sie ihn doch auf! wir sind ja zu zweien und werden
uns nicht fürchten. Leichtsinn oder Kühnheit, ich weiß nicht,
was sie vermochte, genug, sie ruft dem Geiste, und in dem
Augenblick entsteht mitten im Wagen der schmetternde Ton,

läßt sich dreimal schnell hinter einander gewaltsam hören und verschwindet mit einem bänglichen Nachklang. Vor dem Hause ihrer Freundin fand man beide ohnmächtig im Wagen; nur mit Mühe brachte man sie wieder zu sich und vernahm, was ihnen begegnet sei.

Die Schöne brauchte einige Zeit, sich zu erholen. Dieser immer erneuerte Schrecken griff ihre Gesundheit an, und das klingende Gespenst schien ihr einige Frist zu verstatten, ja, sie hoffte sogar, weil es sich lange nicht wieder hören ließ, endlich völlig davon befreit zu sein. Allein diese Hoffnung war zu frühzeitig.

Nach geendigtem Karneval unternahm sie mit einer Freundin und einem Kammermädchen eine kleine Lustreise. Sie wollte einen Besuch auf dem Lande machen; es war Nacht, ehe sie ihren Weg vollenden konnten, und da noch am Fuhrwerke etwas zerbrach, mußten sie in einem schlechten Wirtshaus übernachten und sich so gut als möglich einrichten.

Schon hatte die Freundin sich niedergelegt und das Kammermädchen, nachdem sie das Nachtlicht angezündet hatte, wollte eben zu ihrer Gebieterin ins andere Bette steigen, als diese scherzend zu ihr sagte: Wir sind hier am Ende der Welt, und das Wetter ist abscheulich; sollte er uns wohl hier finden können? Im Augenblick ließ er sich hören, stärker und fürchterlicher als jemals. Die Freundin glaubte nicht anders, als die Hölle sei im Zimmer, sprang aus dem Bette, lief, wie sie war, die Treppe hinunter und rief das ganze Haus zusammen. Niemand that diese Nacht ein Auge zu. Allein es war auch das letzte Mal, daß sich der Ton hören ließ. Doch hatte leider der ungebetene Gast bald eine andere, lästigere Weise, seine Gegenwart anzuzeigen.

Einige Zeit hatte er Ruhe gehalten, als auf einmal abends zur gewöhnlichen Stunde, da sie mit ihrer Gesellschaft zu Tische saß, ein Schuß, wie aus einer Flinte oder stark geladnen Pistole, zum Fenster herein fiel. Alle hörten den Knall, alle sahen das Feuer; aber bei näherer Untersuchung fand man die Scheibe ohne die mindeste Verletzung. Demohngeachtet nahm die Gesellschaft den Vorfall sehr ernsthaft, und alle glaubten, daß man der Schönen nach dem Leben stehe. Man eilt nach der Polizei, man untersucht die benachbarten Häuser, und da man nichts Verdächtiges findet, stellt man darin den andern Tag Schildwachen von oben bis unten;

man durchsucht genau das Haus, worin sie wohnt, man ver=
teilt Spione auf der Straße.

Alle diese Vorsicht war vergebens. Drei Monate hinter
einander fiel in demselbigen Augenblicke der Schuß durch die=
selbe Fensterscheibe, ohne das Glas zu verletzen, und was
merkwürdig war, immer genau eine Stunde vor Mitternacht,
da doch gewöhnlich in Neapel nach der italienischen Uhr ge=
zählt wird und Mitternacht daselbst eigentlich keine Epoche
macht.

Man gewöhnte sich endlich an diese Erscheinung, wie an
die vorige, und rechnete dem Geiste seine unschädliche Tücke
nicht hoch an. Der Schuß fiel manchmal, ohne die Gesell=
schaft zu erschrecken oder sie in ihrem Gespräch zu unter=
brechen.

Eines Abends nach einem sehr warmen Tage öffnete die
Schöne, ohne an die Stunde zu denken, das bewußte Fenster
und trat mit dem Marchese auf den Balkon. Kaum standen
sie einige Minuten draußen, als der Schuß zwischen ihnen
beiden durch fiel und sie mit Gewalt rückwärts in das Zimmer
schleuderte, wo sie ohnmächtig auf den Boden taumelten. Als
sie sich wieder erholt hatten, fühlte er auf der linken, sie aber
auf der rechten Wange den Schmerz einer tüchtigen Ohrfeige,
und da man sich weiter nicht verletzt fand, gab der Vorfall
zu mancherlei scherzhaften Bemerkungen Anlaß.

Von der Zeit an ließ sich dieser Schall im Hause nicht
wieder hören, und sie glaubte nun endlich ganz von ihrem
unsichtbaren Verfolger befreit zu sein, als auf einem Wege,
den sie des Abends mit einer Freundin machte, ein unver=
mutetes Abenteuer sie nochmals auf das gewaltsamste er=
schreckte. Ihr Weg ging durch die Chiaja, wo ehemals der
geliebte genuesische Freund gewohnt hatte. Es war heller
Mondschein. Eine Dame, die bei ihr saß, fragte: Ist das
nicht das Haus, in welchem der Herr * gestorben ist? — Es
ist eins von diesen beiden, so viel ich weiß, sagte die Schöne,
und in dem Augenblicke fiel aus einem dieser beiden Häuser
der Schuß und drang durch den Wagen durch. Der Kutscher
glaubte angegriffen zu sein und fuhr mit aller möglichen Ge=
schwindigkeit fort. An dem Orte ihrer Bestimmung hob man
die beiden Frauen für tot aus dem Wagen.

Aber dieser Schrecken war auch der letzte. Der unsicht=
bare Begleiter änderte seine Methode, und nach einigen Abenden
erklang vor ihren Fenstern ein lautes Händeklatschen. Sie

war als beliebte Sängerin und Schauspielerin diesen Schall
schon mehr gewohnt; er hatte an sich nichts Schreckliches,
und man konnte ihn eher einem ihrer Bewunderer zuschreiben.
Sie gab wenig darauf acht; ihre Freunde waren aufmerk=
samer und stellten, wie das vorige Mal, Posten aus. Sie
hörten den Schall, sahen aber vor wie nach niemand, und
die meisten hofften nun bald auf ein völliges Ende dieser
Erscheinungen.

Nach einiger Zeit verlor sich auch dieser Klang und ver=
wandelte sich in angenehmere Töne. Sie waren zwar nicht
eigentlich melodisch, aber unglaublich angenehm und lieblich;
sie schienen den genauesten Beobachtern von der Ecke einer
Querstraße her zu kommen, im leeren Lufttraume bis unter
das Fenster hinzuschweben und dann dort auf das sanfteste
zu verklingen; es war, als wenn ein himmlischer Geist durch
ein schönes Präludium aufmerksam auf eine Melodie machen
wollte, die er eben vorzutragen im Begriff sei. Auch dieser
Ton verschwand endlich und ließ sich nicht mehr hören, nach=
dem die ganze wunderbare Geschichte etwa anderthalb Jahre
gedauert hatte.

Als der Erzähler einen Augenblick inne hielt, fing die
Gesellschaft an, ihre Gedanken und Zweifel über diese Ge=
schichte zu äußern, ob sie wahr sei, ob sie auch wahr sein
könne?

Der Alte behauptete, sie müsse wahr sein, wenn sie inter=
essant sein solle; denn für eine erfundene Geschichte habe sie
wenig Verdienst. Jemand bemerkte darauf, es scheine sonder=
bar, daß man sich nicht nach dem abgeschiedenen Freunde und
nach den Umständen seines Todes erkundigt, weil doch daraus
vielleicht einiges zur Aufklärung der Geschichte hätte genom=
men werden können.

Auch dieses ist geschehen, versetzte der Alte; ich war selbst
neugierig genug, sogleich nach der ersten Erscheinung in sein
Haus zu gehen und unter einem Vorwand die Dame zu be=
suchen, welche zuletzt recht mütterlich für ihn gesorgt hatte.
Sie erzählte mir, daß ihr Freund eine unglaubliche Leiden=
schaft für das Frauenzimmer gehegt habe, daß er die letzte
Zeit seines Lebens fast allein von ihr gesprochen und sie bald
als einen Engel, bald als einen Teufel vorgestellt habe. Als
seine Krankheit überhand genommen, habe er nichts gewünscht,
als sie vor seinem Ende noch e i n m a l zu sehen, wahrscheinlich
in der Hoffnung, nur noch eine zärtliche Aeußerung, eine

Reue oder sonst irgend ein Zeichen der Liebe und Freund=
schaft von ihr zu erzwingen. Desto schrecklicher sei ihm ihre
anhaltende Weigerung gewesen, und sichtbar habe die letzte
entscheidende abschlägliche Antwort sein Ende beschleunigt. Ver=
zweifelnd habe er ausgerufen: Nein, es soll ihr nichts helfen!
Sie vermeidet mich; aber auch nach meinem Tode soll sie keine
Ruhe vor mir haben. Mit dieser Heftigkeit verschied er, und
nur zu sehr mußten wir erfahren, daß man auch jenseits des
Grabes Wort halten könne.

Die Gesellschaft fing aufs neue an, über die Geschichte
zu meinen und zu urteilen. Zuletzt sagte der Bruder Fritz:
Ich habe einen Verdacht, den ich aber nicht eher äußern will,
als bis ich nochmals alle Umstände in mein Gedächtnis zu=
rückgerufen und meine Kombinationen besser geprüft habe.

Als man lebhafter in ihn drang, suchte er einer Antwort
dadurch auszuweichen, daß er sich erbot, gleichfalls eine Ge=
schichte zu erzählen, die zwar der vorigen an Interesse nicht
gleiche, aber doch auch von der Art sei, daß man sie niemals
mit völliger Gewißheit habe erklären können.

Bei einem wackern Edelmann, meinem Freunde, der ein
altes Schloß mit einer starken Familie bewohnte, war eine
Waise erzogen worden, die, als sie herangewachsen und vier=
zehn Jahr alt war, meist um die Dame vom Hause sich be=
schäftigte und die nächsten Dienste ihrer Person verrichtete.
Man war mit ihr wohl zufrieden, und sie schien nichts weiter
zu wünschen, als durch Aufmerksamkeit und Treue ihren Wohl=
thätern dankbar zu sein. Sie war wohlgebildet, und es fanden
sich einige Freier um sie ein. Man glaubte nicht, daß eine
dieser Verbindungen zu ihrem Glück gereichen würde, und sie
zeigte auch nicht das mindeste Verlangen, ihren Zustand zu
ändern.

Auf einmal begab sich's, daß man, wenn das Mädchen
in dem Hause Geschäfte halber herumging, unter ihr hier und
da pochen hörte. Anfangs schien es zufällig; aber da das
Klopfen nicht aufhörte und beinahe jeden ihrer Schritte be=
zeichnete, ward sie ängstlich und traute sich kaum, aus dem
Zimmer der gnädigen Frau herauszugehen, als in welchem sie
allein Ruhe hatte.

Dieses Pochen ward von jedermann vernommen, der mit
ihr ging oder nicht weit von ihr stand. Anfangs scherzte man
darüber; endlich aber fing die Sache an, unangenehm zu werden.
Der Herr vom Hause, der von einem lebhaften Geist war,

untersuchte nun selbst die Umstände. Man hörte das Pochen nicht eher, als bis das Mädchen ging, und nicht sowohl, indem sie den Fuß aufsetzte, als indem sie ihn zum Weiterschreiten aufhob. Doch fielen die Schläge manchmal unregelmäßig, und besonders waren sie sehr stark, wenn sie quer über einen großen Saal den Weg nahm.

Der Hausvater hatte eines Tages Handwerksleute in der Nähe und ließ, da das Pochen am heftigsten war, gleich hinter ihr einige Dielen aufreißen. Es fand sich nichts, außer daß bei dieser Gelegenheit ein paar große Ratten zum Vorschein kamen, deren Jagd viel Lärm im Hause verursachte.

Entrüstet über diese Begebenheit und Verwirrung, griff der Hausherr zu einem strengen Mittel, nahm seine größte Hetzpeitsche von der Wand und schwur, daß er das Mädchen bis auf den Tod prügeln wolle, wenn sich noch ein einzig Mal das Pochen hören ließe. Von der Zeit an ging sie ohne Anfechtung im ganzen Hause herum, und man vernahm von dem Pochen nichts weiter.

Woraus man denn eigentlich sieht, fiel Luise ein, daß das schöne Kind sein eignes Gespenst war und aus irgend einer Ursache sich diesen Spaß gemacht und seine Herrschaft zum Besten gehabt hatte.

Keinesweges, versetzte Fritz: denn diejenigen, welche diese Wirkung einem Geiste zuschrieben, glaubten, ein Schutzgeist wolle zwar das Mädchen aus dem Hause haben, aber ihr doch kein Leids zufügen lassen. Andere nahmen es näher und hielten dafür, daß einer ihrer Liebhaber die Wissenschaft oder das Geschick gehabt habe, diese Töne zu erregen, um das Mädchen aus dem Hause in seine Arme zu nötigen. Dem sei, wie ihm wolle, das gute Kind zehrte sich über diesen Vorfall beinahe völlig ab und schien einem traurigen Geiste gleich, da sie vorher frisch, munter und die Heiterste im ganzen Hause gewesen. Aber auch eine solche körperliche Abnahme läßt sich auf mehr als eine Weise deuten.

Es ist schade, versetzte Karl, daß man solche Vorfälle nicht genau untersucht und daß man bei Beurteilung der Begebenheiten, die uns so sehr interessieren, immer zwischen verschiedenen Wahrscheinlichkeiten schwanken muß, weil die Umstände, unter welchen solche Wunder geschehen, nicht alle bemerkt sind.

Wenn es nur nicht überhaupt so schwer wäre, zu untersuchen, sagte der Alte, und in dem Augenblicke, wo etwas

dergleichen begegnet, die Punkte und Momente alle gegen=
wärtig zu haben, worauf es eigentlich ankommt, damit man
nichts entwischen lasse, worin Betrug und Irrtum sich ver=
stecken könne. Vermag man denn einem Taschenspieler so
leicht auf die Sprünge zu kommen, von dem wir doch wissen,
daß er uns zum Besten hat?

Kaum hatte er ausgeredet, als in der Ecke des Zimmers
auf einmal ein sehr starker Knall sich hören ließ. Alle fuhren
auf, und Karl sagte scherzend: Es wird sich doch kein sterbender
Liebhaber hören lassen?

Er hätte gewünscht, seine Worte wieder zurückzunehmen;
denn Luise ward bleich und gestand, daß sie für das Leben
ihres Bräutigams zittere.

Fritz, um sie zu zerstreuen, nahm das Licht und ging
nach dem Schreibtische, der in der Ecke stand. Die gewölbte
Decke desselben war quer völlig durchgerissen; man hatte also
die Ursache des Klanges: aber demohngeachtet fiel es ihnen
auf, daß dieser Schreibtisch von Röntgens bester Arbeit, der
schon mehrere Jahre an demselben Platze stand, in diesem
Augenblicke zufällig gerissen sein sollte. Man hatte ihn oft
als Muster einer vortrefflichen und dauerhaften Tischlerarbeit
gerühmt und vorgezeigt, und nun sollte er auf einmal reißen,
ohne daß in der Luft die mindeste Veränderung zu spüren war.

Geschwind, sagte Karl, laßt uns zuerst diesen Umstand
berichtigen und nach dem Barometer sehen!

Das Quecksilber hatte seinen Stand vollkommen, wie seit
einigen Tagen; das Thermometer selbst war nicht mehr ge=
fallen, als die Veränderung von Tag auf Nacht natürlich mit
sich brachte.

Schade, daß wir nicht einen Hygrometer bei der Hand
haben! rief er aus: gerade das Instrument wäre das nötigste.

Es scheint, sagte der Alte, daß uns immer die nötigsten
Instrumente abgehen, wenn wir Versuche auf Geister anstellen
wollen.

Sie wurden in ihren Betrachtungen durch einen Bedienten
unterbrochen, der mit Hast herein kam und meldete, daß man
ein starkes Feuer am Himmel sehe, jedoch nicht wisse, ob es
in der Stadt oder in der Gegend sei.

Da man durch das Vorhergehende schon empfänglicher
für den Schrecken geworden war, so wurden alle mehr, als
es vielleicht sonst geschehen sein würde, von der Nachricht be=
troffen. Fritz eilte auf das Belvedere des Hauses, wo auf

einer großen horizontalen Scheibe die Karte des Landes aus=
führlich gezeichnet war, durch deren Hilfe man auch bei Nacht
die verschiedenen Lagen der Orte ziemlich genau bestimmen
konnte. Die andern blieben nicht ohne Sorgen und Bewegung
bei einander.

Fritz kam zurück und sagte: Ich bringe keine gute Nach=
richt; denn höchst wahrscheinlich ist der Brand nicht in der
Stadt, sondern auf dem Gute unsrer Tante. Ich kenne die
Richtung sehr genau und fürchte, mich nicht zu irren. Man
bedauerte die schönen Gebäude und überrechnete den Verlust.
Indessen, sagte Fritz, ist mir ein wunderlicher Gedanke ein=
gekommen, der uns wenigstens über das sonderbare Anzeichen
des Schreibtisches beruhigen kann. Vor allen Dingen wollen
wir die Minute berichtigen, in der wir den Klang gehört
haben.

Sie rechneten zurück, und es konnte etwa halb zwölfe
gewesen sein.

Nun, ihr mögt lachen oder nicht, fuhr Fritz fort, will
ich euch meine Mutmaßung erzählen. Ihr wißt, daß unsre
Mutter schon vor mehreren Jahren einen ähnlichen, ja, man
möchte sagen, einen gleichen Schreibtisch an unsere Tante ge=
schenkt hat. Beide waren zu einer Zeit aus einem Holze mit
der größten Sorgfalt von einem Meister verfertigt, beide
haben sich bisher trefflich gehalten, und ich wollte wetten, daß in
diesem Augenblicke mit dem Lusthause unsrer Tante der zweite
Schreibtisch verbrennt und daß sein Zwillingsbruder auch davon
leidet. Ich will mich morgen selbst aufmachen und dieses selt=
same Faktum so gut als möglich zu berichtigen suchen.

Ob Friedrich wirklich diese Meinung hegte, oder ob der
Wunsch, seine Schwester zu beruhigen, ihm zu diesem Einfall
geholfen, wollen wir nicht entscheiden; genug, sie ergriffen die
Gelegenheit, über manche unleugbare Sympathieen zu sprechen,
und fanden am Ende eine Sympathie zwischen Hölzern, die auf
einem Stamm erzeugt worden, zwischen Werken, die ein
Künstler verfertigt, noch ziemlich wahrscheinlich. Ja, sie wurden
einig, dergleichen Phänomene eben so gut für Naturphänomene
gelten zu lassen, als andere, welche sich öfter wiederholen, die
wir mit Händen greifen und doch nicht erklären können.

Ueberhaupt, sagte Karl, scheint mir, daß jedes Phäno=
men, sowie jedes Faktum an sich eigentlich das Interessante
sei. Wer es erklärt oder mit andern Begebenheiten zusammen=
hängt, macht sich gewöhnlich eigentlich nur einen Spaß und

hat uns zum Besten, wie zum Beispiel der Naturforscher und
Historienschreiber. Aber eine einzelne Handlung oder Be=
gebenheit ist interessant, nicht weil sie erklärbar oder wahr=
scheinlich, sondern weil sie wahr ist. Wenn gegen Mitter=
nacht die Flamme den Schreibtisch der Tante verzehrt hat,
so ist das sonderbare Reißen des unsern zu gleicher Zeit für
uns eine wahre Begebenheit, sie mag übrigens erklärbar sein
und zusammenhängen, mit was sie will.

So tief es auch schon in der Nacht war, fühlte niemand
eine Neigung, zu Bette zu gehen, und Karl erbot sich, gleich=
falls eine Geschichte zu erzählen, die nicht minder interessant
sei, ob sie sich gleich vielleicht eher erklären und begreifen
lasse, als die vorigen.

Der Marschall von Bassompierre, sagte er, erzählt sie in
seinen Memoiren; es sei mir erlaubt, in seinem Namen zu reden.

Seit fünf oder sechs Monaten hatte ich bemerkt, so oft
ich über die kleine Brücke ging — denn zu der Zeit war der
Pont neuf noch nicht erbaut — daß eine schöne Krämerin,
deren Laden an einem Schilde mit zwei Engeln kenntlich war,
sich tief und wiederholt vor mir neigte und mir so weit nach=
sah, als sie nur konnte. Ihr Betragen fiel mir auf; ich sah
sie gleichfalls an und dankte ihr sorgfältig. Einst ritt ich
von Fontainebleau nach Paris, und als ich wieder die kleine
Brücke heraufkam, trat sie an ihre Ladenthüre und sagte zu
mir, indem ich vorbeiritt: Mein Herr, Ihre Dienerin! Ich
erwiderte ihren Gruß, und indem ich mich von Zeit zu Zeit
umsah, hatte sie sich weiter vorgelehnt, um mir so weit als
möglich nachzusehen.

Ein Bedienter nebst einem Postillon folgten mir, die ich
noch diesen Abend mit Briefen an einige Damen nach Fontaine=
bleau zurückschicken wollte. Auf meinen Befehl stieg der Be=
diente ab und ging zu der jungen Frau, ihr in meinem
Namen zu sagen, daß ich ihre Neigung, mich zu sehen und
zu grüßen, bemerkt hätte; ich wollte, wenn sie wünschte, mich
näher kennen zu lernen, sie aufsuchen, wo sie verlangte.

Sie antwortete dem Bedienten, er hätte ihr keine bessere
Neuigkeit bringen können; sie wollte kommen, wohin ich sie
bestellte, nur mit der Bedingung, daß sie eine Nacht mit mir
unter einer Decke zubringen dürfte.

Ich nahm den Vorschlag an und fragte den Bedienten,
ob er nicht etwa einen Ort kenne, wo wir zusammenkommen
könnten? Er antwortete, daß er sie zu einer gewissen Kupp=

lerin führen wollte, rate mir aber, weil die Pest sich hier und da zeige, Matratzen, Decken und Leintücher aus meinem Hause hinbringen zu lassen. Ich nahm den Vorschlag an, und er versprach, mir ein gutes Bett zu bereiten.

Des Abends ging ich hin und fand eine sehr schöne Frau von ungefähr zwanzig Jahren, mit einer zierlichen Nachtmütze, einem sehr feinen Hembe, einem kurzen Unterrocke von grün=wollenem Zeuge. Sie hatte Pantoffeln an den Füßen und eine Art von Pudermantel übergeworfen. Sie gefiel mir außerordentlich, uud da ich mir einige Freiheiten heraus=nehmen wollte, lehnte sie meine Liebkosungen mit sehr guter Art ab und verlangte, mit mir zwischen zwei Leintüchern zu sein. Ich erfüllte ihr Begehren und kann sagen, daß ich nie=mals ein zierlicheres Weib gekannt, noch von irgend einer mehr Vergnügen genossen hätte. Den andern Morgen fragte ich sie, ob ich sie nicht noch einmal sehen könnte, ich verreise erst Sonntag; und wir hatten die Nacht vom Donnerstag auf den Freitag mit einander zugebracht.

Sie antwortete mir, daß sie es gewiß lebhafter wünsche, als ich; wenn ich aber nicht den ganzen Sonntag bliebe, sei es ihr unmöglich; denn nur in der Nacht vom Sonntag auf den Montag könne sie mich wiedersehen. Als ich einige Schwierigkeiten machte, sagte sie: Ihr seid wohl meiner in diesem Augenblicke schon überdrüssig und wollt nun Sonn=tags verreisen; aber Ihr werdet bald wieder an mich denken und gewiß noch einen Tag zugeben, um eine Nacht mit mir zuzubringen.

Ich war leicht zu überreden, versprach ihr, den Sonntag zu bleiben und die Nacht auf den Montag mich wieder an dem nämlichen Orte einzufinden.

Darauf antwortete sie mir: Ich weiß recht gut, mein Herr, daß ich in ein schändliches Haus um Ihrentwillen ge=kommen bin; aber ich habe es freiwillig gethan, und ich hatte ein so unüberwindliches Verlangen, mit Ihnen zu sein, daß ich jede Bedingung eingegangen wäre. Aus Leidenschaft bin ich an diesen abscheulichen Ort gekommen, aber ich würde mich für eine feile Dirne halten, wenn ich zum zweitenmal dahin zurückkehren könnte. Möge ich eines elenden Todes sterben, wenn ich außer meinem Mann und Euch irgend jemand zu willen gewesen bin und nach irgend einem andern verlange! Aber was thäte man nicht für eine Person, die man liebt, und für einen Bassompierre? Um seinetwillen bin ich in das

Haus gekommen, um eines Mannes willen, der durch seine Gegenwart diesen Ort ehrbar gemacht hat. Wollt Ihr mich noch einmal sehen, so will ich Euch bei meiner Tante einlassen.

Sie beschrieb mir das Haus aufs genaueste und fuhr fort: Ich will Euch von zehn Uhr bis Mitternacht erwarten, ja, noch später; die Thüre soll offen sein. Erst findet Ihr einen kleinen Gang; in dem haltet Euch nicht auf; denn die Thüre meiner Tante geht da heraus. Dann stößt Euch eine Treppe sogleich entgegen, die Euch ins erste Geschoß führt, wo ich Euch mit offnen Armen empfangen werde.

Ich machte meine Einrichtung, ließ meine Leute und meine Sachen vorausgehen und erwartete mit Ungeduld die Sonntagsnacht, in der ich das schöne Weibchen wiedersehen sollte. Um zehn Uhr war ich schon am bestimmten Orte. Ich fand die Thüre, die sie mir bezeichnet hatte, sogleich, aber verschlossen, und im ganzen Hause Licht, das sogar von Zeit zu Zeit wie eine Flamme aufzulodern schien. Ungeduldig fing ich an zu klopfen, um meine Ankunft zu melden; aber ich hörte eine Mannsstimme, die mich fragte, wer draußen sei?

Ich ging zurück und einige Straßen auf und ab. Endlich zog mich das Verlangen wieder nach der Thüre. Ich fand sie offen und eilte durch den Gang die Treppe hinauf. Aber wie erstaunt war ich, als ich in dem Zimmer ein paar Leute fand, welche Bettstroh verbrannten, und bei der Flamme, die das ganze Zimmer erleuchtete, zwei nackte Körper auf dem Tische ausgestreckt sah. Ich zog mich eilig zurück und stieß im Hinausgehen auf ein paar Totengräber, die mich fragten, was ich suchte? Ich zog den Degen, um sie mir vom Leibe zu halten, und kam, nicht unbewegt von diesem seltsamen Anblick, nach Hause. Ich trank sogleich drei bis vier Gläser Wein, ein Mittel gegen die pestilenzialischen Einflüsse, das man in Deutschland sehr bewährt hält, und trat, nachdem ich ausgeruht, den andern Tag meine Reise nach Lothringen an.

Alle Mühe, die ich mir nach meiner Rückkunft gegeben, irgend etwas von dieser Frau zu erfahren, war vergeblich. Ich ging sogar nach dem Laden der zwei Engel; allein die Mietleute wußten nicht, wer vor ihnen darin gesessen hatte.

Dieses Abenteuer begegnete mir mit einer Person von geringem Stande; aber ich versichere, daß ohne den unangenehmen Ausgang es eines der reizendsten gewesen wäre, deren ich mich erinnere, und daß ich niemals ohne Sehnsucht an das schöne Weibchen habe denken können.

Auch dieses Rätsel, versetzte Fritz, ist so leicht nicht zu lösen; denn es bleibt zweifelhaft, ob das artige Weibchen in dem Hause mit an der Pest gestorben, oder ob sie es nur dieses Umstandes wegen vermieden habe.

Hätte sie gelebt, versetzte Karl, so hätte sie ihren Geliebten gewiß auf der Gasse erwartet, und keine Gefahr hätte sie abgehalten, ihn wieder aufzusuchen. Ich fürchte immer, sie hat mit auf dem Tische gelegen.

Schweigt! sagte Luise; die Geschichte ist gar zu schrecklich! Was wird das für eine Nacht werden, wenn wir uns mit solchen Bildern zu Bette legen!

Es fällt mir noch eine Geschichte ein, sagte Karl, die artiger ist und die Bassompierre von einem seiner Vorfahren erzählt.

Eine schöne Frau, die den Ahnherrn außerordentlich liebte, besuchte ihn alle Montage auf seinem Sommerhause, wo er die Nacht mit ihr zubrachte, indem er seine Frau glauben ließ, daß er diese Zeit zu einer Jagdpartie bestimmt habe.

Zwei Jahre hatten sie sich ununterbrochen auf diese Weise gesehen, als seine Frau einigen Verdacht schöpfte, sich eines Morgens nach dem Sommerhause schlich und ihren Gemahl mit der Schönen in tiefem Schlafe antraf. Sie hatte weder Mut noch Willen, sie aufzuwecken, nahm aber ihren Schleier vom Kopfe und deckte ihn über die Füße der Schlafenden.

Als das Frauenzimmer erwachte und den Schleier erblickte, that sie einen hellen Schrei, brach in laute Klagen aus und jammerte, daß sie ihren Geliebten nicht mehr wiedersehen, ja, daß sie sich ihm auf hundert Meilen nicht nähern dürfe. Sie verließ ihn, nachdem sie ihm drei Geschenke, ein kleines Fruchtmaß, einen Ring und einen Becher, für seine drei rechtmäßigen Töchter verehrt und ihm die größte Sorgfalt für diese Gaben anbefohlen hatte. Man hob sie sorgfältig auf, und die Abkömmlinge dieser drei Töchter glaubten die Ursache manches glücklichen Ereignisses in dem Besitz dieser Gabe zu finden.

Das sieht nun schon eher dem Märchen der schönen Melusine und andern dergleichen Feengeschichten ähnlich, sagte Luise.

Und doch hat sich eine solche Tradition, versetzte Friedrich, und ein ähnlicher Talisman in unserm Hause erhalten.

Wie wäre denn das? fragte Karl.

Es ist ein Geheimnis, versetzte jener; nur der älteste Sohn darf es allenfalls bei Lebzeiten des Vaters erfahren und nach seinem Tode das Kleinod besitzen.

Du hast es also in Verwahrung? fragte Luise.

Ich habe wohl schon zu viel gesagt, versetzte Friedrich, indem er das Licht anzündete, um sich hinweg zu begeben.

Die Familie hatte zusammen, wie gewöhnlich, das Frühstück eingenommen, und die Baronesse saß wieder an ihrem Stickrahmen. Nach einem kurzen allgemeinen Stillschweigen begann der geistliche Hausfreund mit einigem Lächeln: Es ist zwar selten, daß Sänger, Dichter und Erzähler, die eine Gesellschaft zu unterhalten versprechen, es zur rechten Zeit thun; vielmehr lassen sie sich gewöhnlich, wo sie willig sein sollten, sehr dringend bitten und sind zudringlich, wenn man ihren Vortrag gern ablehnen möchte. Ich hoffe daher, eine Ausnahme zu machen, wenn ich anfrage, ob Ihnen in diesem Augenblicke gelegen sei, irgend eine Geschichte anzuhören?

Recht gerne, versetzte die Baronesse; und ich glaube, es werden alle übrigen mit mir übereinstimmen. Doch wenn Sie uns eine Geschichte zur Probe geben wollen, so muß ich Ihnen sagen, welche Art ich nicht liebe. Jene Erzählungen machen mir keine Freude, bei welchen, nach Weise der Tausend und einen Nacht, eine Begebenheit in die andere eingeschachtelt, ein Interesse durch das andere verdrängt wird, wo sich der Erzähler genötigt sieht, die Neugierde, die er auf eine leichtsinnige Weise erregt hat, durch Unterbrechung zu reizen und die Aufmerksamkeit, anstatt sie durch eine vernünftige Folge zu befriedigen, nur durch seltsame und keineswegs lobenswürdige Kunstgriffe aufzuspannen. Ich table das Bestreben, aus Geschichten, die sich der Einheit des Gedichts nähern sollen, rhapsodische Rätsel zu machen und den Geschmack immer tiefer zu verderben. Die Gegenstände Ihrer Erzählungen gebe ich Ihnen ganz frei; aber lassen Sie uns wenigstens an der Form sehen, daß wir in guter Gesellschaft sind. Geben Sie uns zum Anfang eine Geschichte von wenig Personen und Begebenheiten, die gut erfunden und gedacht ist, wahr, natürlich und nicht gemein, so viel Handlung als unentbehrlich und so viel Gesinnung als nötig, die nicht still steht, sich nicht auf einem Flecke zu langsam bewegt, sich aber auch nicht übereilt, in der die Menschen erscheinen, wie man sie gern mag, nicht vollkommen, aber gut, nicht außerordentlich, aber interessant und liebenswürdig. Ihre Geschichte sei unterhaltend, so lange wir sie hören, befriedigend, wenn sie zu Ende ist, und hinterlasse uns einen stillen Reiz, weiter nachzudenken.

Kennte ich Sie nicht besser, gnädige Frau, versetzte der Geistliche, so würde ich glauben, Ihre Absicht sei, mein Warenlager, noch eh ich irgend etwas davon ausgekramt habe, durch diese hohen und strengen Forderungen völlig in Mißkredit zu setzen. Wie selten möchte man Ihnen nach Ihrem Maßstab Genüge leisten können! Selbst in diesem Augenblicke, fuhr er fort, als er ein wenig nachgedacht, nötigen Sie mich, die Erzählung, die ich im Sinne hatte, zurückzustellen und auf eine andere Zeit zu verlegen; und ich weiß wirklich nicht, ob ich mich in der Eile vergreise, wenn ich eine alte Geschichte, an die ich aber immer mit einiger Vorliebe gedacht habe, sogleich aus dem Stegreife vorzutragen anfange.

In einer italienischen Seestadt lebte vor Zeiten ein Handelsmann, der sich von Jugend auf durch Thätigkeit und Klugheit auszeichnete. Er war dabei ein guter Seemann und hatte große Reichtümer erworben, indem er selbst nach Alexandria zu schiffen, kostbare Waren zu erkaufen oder einzutauschen pflegte, die er alsdann zu Hause wieder abzusetzen oder in die nördlichen Gegenden Europens zu versenden mußte. Sein Vermögen wuchs von Jahr zu Jahr um so mehr, als er in seiner Geschäftigkeit selbst das größte Vergnügen fand und ihm keine Zeit zu kostspieligen Zerstreuungen übrig blieb.

Bis in sein funfzigstes Jahr hatte er sich auf diese Weise emsig fortbeschäftigt, und ihm war von den geselligen Vergnügungen wenig bekannt worden, mit welchen ruhige Bürger ihr Leben zu würzen verstehen; eben so wenig hatte das schöne Geschlecht, bei allen Vorzügen seiner Landsmänninnen, seine Aufmerksamkeit weiter erregt, als insofern er ihre Begierde nach Schmuck und Kostbarkeiten sehr wohl kannte und sie gelegentlich zu nutzen wußte.

Wie wenig versah er sich daher auf die Veränderung, die in seinem Gemüte vorgehen sollte, als eines Tags sein reich beladen Schiff in den Hafen seiner Vaterstadt einlief, eben an einem jährlichen Feste, das besonders der Kinder wegen gefeiert wurde. Knaben und Mädchen pflegten nach dem Gottesdienste in allerlei Verkleidungen sich zu zeigen, bald in Prozessionen, bald in Scharen durch die Stadt zu scherzen und sodann im Felde auf einem großen freien Platz allerhand Spiele zu treiben, Kunststücke und Geschicklichkeiten zu zeigen und in artigem Wettstreit ausgesetzte kleine Preise zu gewinnen.

Anfangs wohnte unser Seemann dieser Feier mit Vergnügen bei; als er aber die Lebenslust der Kinder und die Freude der Eltern daran lange betrachtet und so viele Menschen im Genuß einer gegenwärtigen Freude und der angenehmsten aller Hoffnungen gefunden hatte, mußte ihm bei einer Rückkehr auf sich selbst sein einsamer Zustand äußerst auffallen. Sein leeres Haus fing zum erstenmal an, ihm ängstlich zu werden, und er klagte sich selbst in seinen Gedanken an.

O ich Unglückseliger! warum gehn mir so spät die Augen auf? warum erkenne ich erst im Alter jene Güter, die allein den Menschen glücklich machen? So viel Mühe! so viele Gefahren! was haben sie mir verschafft? Sind gleich meine Gewölbe voller Waren, meine Kisten voll edler Metalle und meine Schränke voll Schmuck und Kleinodien, so können doch diese Güter mein Gemüt weder erheitern noch befriedigen. Je mehr ich sie aufhäufe, desto mehr Gesellen scheinen sie zu verlangen; ein Kleinod fordert das andere, ein Goldstück das andere. Sie erkennen mich nicht für den Hausherrn; sie rufen mir ungestüm zu: Geh und eile, schaffe noch mehr unsresgleichen herbei! Gold erfreut sich nur des Goldes, das Kleinod des Kleinods! So gebieten sie mir schon die ganze Zeit meines Lebens, und erst spät fühle ich, daß mir in allem diesen kein Genuß bereitet ist. Leider jetzt, da die Jahre kommen, fange ich an, zu denken, und sage zu mir: Du genießest diese Schätze nicht, und niemand wird sie nach dir genießen! Hast du jemals eine geliebte Frau damit geschmückt? hast du eine Tochter damit ausgestattet? hast du einen Sohn in den Stand gesetzt, sich die Neigung eines guten Mädchens zu gewinnen und zu befestigen? Niemals! Von allen deinen Besitztümern hast du, hat niemand der Deinigen etwas besessen, und was du mühsam zusammengebracht hast, wird nach deinem Tode ein Fremder leichtfertig verprassen.

O, wie anders werden heute abend jene glücklichen Eltern ihre Kinder um den Tisch versammeln, ihre Geschicklichkeit preisen und sie zu guten Thaten aufmuntern! Welche

Luft glänzte aus ihren Augen, und welche Hoffnung schien
aus dem Gegenwärtigen zu entspringen? Solltest du denn
aber selbst gar keine Hoffnung fassen können? Bist du denn
schon ein Greis? Ist es nicht genug, die Versäumnis einzu-
sehen, jetzt, da noch nicht aller Tage Abend gekommen ist?
Nein, in deinem Alter ist es noch nicht thöricht, ans Freien
zu denken; mit deinen Gütern wirst du ein braves Weib erwerben und glücklich machen; und siehst du noch Kinder in
deinem Hause, so werden dir diese späten Früchte den größten
Genuß geben, anstatt daß sie oft denen, die sie zu früh vom
Himmel erhalten, zur Last werden und zur Verwirrung gereichen.

Als er durch dieses Selbstgespräch seinen Vorsatz bei sich
befestigt hatte, rief er zwei Schiffsgesellen zu sich und eröffnete ihnen seine Gedanken. Sie, die gewohnt waren, in
allen Fällen willig und bereit zu sein, fehlten auch diesmal
nicht und eilten, sich in der Stadt nach den jüngsten und
schönsten Mädchen zu erkundigen; denn ihr Patron, da er
einmal nach dieser Ware lüstern ward, sollte auch die beste
finden und besitzen.

Er selbst feierte so wenig als seine Abgesandten. Er ging,
fragte, sah und hörte und fand bald, was er suchte, in einem
Frauenzimmer, das in diesem Augenblick das schönste der ganzen
Stadt genannt zu werden verdiente, ungefähr sechzehn Jahre
alt, wohlgebildet und gut erzogen, deren Gestalt und Wesen
das Angenehmste zeigte und das Beste versprach.

Nach einer kurzen Unterhandlung, durch welche der vor-
teilhafteste Zustand, sowohl bei Lebzeiten als nach dem Tode
des Mannes, der Schönen versichert war, vollzog man die
Heirat mit großer Pracht und Lust; und von diesem Tage
an fühlte sich unser Handelsmann zum erstenmal im wirklichen
Besitz und Genuß seiner Reichtümer. Nun verwandte er mit
Freuden die schönsten und reichsten Stoffe zur Bekleidung des
schönen Körpers, die Juwelen glänzten ganz anders an der
Brust und in den Haaren seiner Geliebten als ehemals im
Schmuckkästchen, und die Ringe erhielten einen unendlichen
Wert von der Hand, die sie trug.

So fühlte er sich nicht allein so reich, sondern reicher
als bisher, indem seine Güter sich durch Teilnehmung und
Anwendung zu vermehren schienen. Auf diese Weise lebte
das Paar fast ein Jahr lang in der größten Zufriedenheit,
und er schien seine Liebe zu einem thätigen und herum-

streifenden Leben gegen das Gefühl häuslicher Glückseligkeit gänzlich vertauscht zu haben. Aber eine alte Gewohnheit legt sich so leicht nicht ab, und eine Richtung, die wir früh genommen, kann wohl einige Zeit abgelenkt, aber nie ganz unterbrochen werden.

So hatte auch unser Handelsmann oft, wenn er andere sich einschiffen oder glücklich in den Hafen zurückkehren sah, wieder die Regungen seiner alten Leidenschaft gefühlt; ja, er hatte selbst in seinem Hause, an der Seite seiner Gattin, manchmal Unruhe und Unzufriedenheit empfunden. Dieses Verlangen vermehrte sich mit der Zeit und verwandelte sich zuletzt in eine solche Sehnsucht, daß er sich äußerst unglücklich fühlen mußte und — zuletzt wirklich krank ward.

Was soll nun aus dir werden? sagte er zu sich selbst. Du erfährst nun, wie thöricht es ist, in späten Jahren eine alte Lebensweise gegen eine neue zu vertauschen. Wie sollen wir das, was wir immer getrieben und gesucht haben, aus unsern Gedanken, ja aus unsern Gliedern wieder heraus bringen? Und wie geht es mir nun, der ich bisher wie ein Fisch das Wasser, wie ein Vogel die freie Luft geliebt, da ich mich in einem Gebäude bei allen Schätzen und bei der Blume aller Reichtümer, bei einer schönen jungen Frau, eingesperrt habe? Anstatt daß ich dadurch hoffte Zufriedenheit zu gewinnen und meiner Güter zu genießen, so scheint es mir, daß ich alles verliere, indem ich nichts weiter erwerbe. Mit Unrecht hält man die Menschen für Thoren, welche in rastloser Thätigkeit Güter auf Güter zu häusen suchen; denn die Thätigkeit ist das Glück, und für den, der die Freuden eines ununterbrochenen Bestrebens empfinden kann, ist der erworbene Reichtum ohne Bedeutung. Aus Mangel an Beschäftigung werde ich elend, aus Mangel an Bewegung krank, und wenn ich keinen andern Entschluß fasse, bin ich in kurzer Zeit dem Tode nahe.

Freilich ist es ein gewagtes Unternehmen, sich von einer jungen liebenswürdigen Frau zu entfernen. Ist es billig, um ein reizendes und reizbares Mädchen zu freien und sie nach einer kurzen Zeit sich selbst, der Langenweile, ihren Empfindungen und Begierden zu überlassen? Spazieren diese jungen seidnen Herren nicht schon jetzt vor meinen Fenstern auf und ab? Suchen sie nicht schon jetzt in der Kirche und in Gärten die Aufmerksamkeit meines Weibchens an sich zu ziehen? Und was wird erst geschehen, wenn ich weg bin?

Soll ich glauben, daß mein Weib durch ein Wunder gerettet werden könnte? Nein, in ihrem Alter, bei ihrer Konstitution wäre es thöricht, zu hoffen, daß sie sich der Freuden der Liebe enthalten könnte. Entfernst du dich, so wirst du bei deiner Rückkunft die Neigung deines Weibes und ihre Treue zugleich mit der Ehre deines Hauses verloren haben.

Diese Betrachtungen und Zweifel, mit denen er sich eine Zeitlang quälte, verschlimmerten den Zustand, in dem er sich befand, aufs äußerste. Seine Frau, seine Verwandten und Freunde betrübten sich um ihn, ohne daß sie die Ursache seiner Krankheit hätten entdecken können. Endlich ging er nochmals bei sich zu Rate und rief nach einiger Ueberlegung aus: Thörichter Mensch! du lässest es dir so sauer werden, ein Weib zu bewahren, das du doch bald, wenn dein Uebel fort= dauert, sterbend hinter dir und einem andern lassen mußt! Ist es nicht wenigstens klüger und besser, du suchst das Leben zu erhalten, wenn du gleich in Gefahr kommst, an ihr das= jenige zu verlieren, was als das höchste Gut der Frauen ge= schätzt wird? Wie mancher Mann kann durch seine Gegen= wart den Verlust dieses Schatzes nicht hindern und vermißt geduldig, was er nicht erhalten kann! Warum solltest du nicht Mut haben, dich eines solchen Gutes zu entschlagen, da von diesem Entschlusse dein Leben abhängt!

Mit diesen Worten ermannte er sich und ließ seine Schiffsgesellen rufen. Er trug ihnen auf, nach gewohnter Weise ein Fahrzeug zu befrachten und alles bereit zu halten, daß sie bei dem ersten günstigen Winde auslaufen könnten. Darauf erklärte er sich gegen seine Frau folgendermaßen:

Laß dich nicht befremden, wenn du in dem Hause eine Bewegung siehst, woraus du schließen kannst, daß ich mich zu einer Abreise anschicke; betrübe dich nicht, wenn ich dir gestehe, daß ich abermals eine Seefahrt zu unternehmen ge= denke! Meine Liebe zu dir ist noch immer dieselbe, und sie wird es gewiß in meinem ganzen Leben bleiben. Ich erkenne den Wert des Glücks, das ich bisher an deiner Seite genoß, und würde ihn noch reiner fühlen, wenn ich mir nicht oft Vorwürfe der Unthätigkeit und Nachlässigkeit im stillen machen müßte. Meine alte Neigung wacht wieder auf, und meine alte Gewohnheit zieht mich wieder an. Erlaube mir, daß ich den Markt von Alexandrien wieder sehe, den ich jetzt mit größerem Eifer besuchen werde, weil ich dort die köstlichsten Stoffe und die edelsten Kostbarkeiten für dich zu gewinnen

denke. Ich lasse dich im Besitz aller meiner Güter und meines
ganzen Vermögens; bediene dich dessen und vergnüge dich
mit deinen Eltern und Verwandten. Die Zeit der Abwesen=
heit geht auch vorüber, und mit vielfacher Freude werden
wir uns wiedersehen.

Nicht ohne Thränen machte ihm die liebenswürdige Frau
die zärtlichsten Vorwürfe, versicherte, daß sie ohne ihn keine
fröhliche Stunde hinbringen werde, und bat ihn nur, da sie
ihn weder halten könne noch einschränken wolle, daß er ihrer
auch in der Abwesenheit zum besten gedenken möge.

Nachdem er darauf verschiedenes mit ihr über einige
Geschäfte und häusliche Angelegenheiten gesprochen, sagte er
nach einer kleinen Pause: Ich habe nun noch etwas auf dem
Herzen, davon du mir frei zu reden erlauben mußt; nur bitte
ich dich aufs herzlichste, nicht zu mißdeuten, was ich sage,
sondern auch selbst in dieser Besorgnis meine Liebe zu erkennen.

Ich kann es erraten, versetzte die Schöne darauf. Du
bist um meinetwegen besorgt, indem du nach Art der Männer
unser Geschlecht ein für allemal für schwach hältst. Du hast
mich bisher jung und froh gelaunt, und nun glaubst du,
daß ich in deiner Abwesenheit leichtsinnig und verführbar sein
werde. Ich schelte diese Sinnesart nicht; denn sie ist bei
euch Männern gewöhnlich; aber wie ich mein Herz kenne,
darf ich dir versichern, daß nichts so leicht Eindruck auf mich
machen und kein möglicher Eindruck so tief wirken soll, um
mich von dem Wege abzuleiten, auf dem ich bisher an der
Hand der Liebe und Pflicht hinwandelte. Sei ohne Sorgen,
du sollst deine Frau so zärtlich und treu bei deiner Rückkunft
wieder finden, als du sie abends fandest, wenn du nach einer
kleinen Abwesenheit in meine Arme zurückkehrtest.

Diese Gesinnungen traue ich dir zu, versetzte der Gemahl,
ich bitte dich, darin zu verharren. Laß uns aber an die
äußersten Fälle denken! warum soll man sich nicht auch da=
rauf vorsehen? Du weißt, wie sehr deine schöne und reizende
Gestalt die Augen unsrer jungen Mitbürger auf sich zieht:
sie werden sich in meiner Abwesenheit noch mehr als bisher
um dich bemühen; sie werden sich dir auf alle Weise zu nähern,
ja, zu gefallen suchen. Nicht immer wird das Bild deines
Gemahls, wie jetzt seine Gegenwart, sie von deiner Thüre
und deinem Herzen verscheuchen. Du bist ein edles und gutes
Kind; aber die Forderungen der Natur sind rechtmäßig und
gewaltsam, sie stehen mit unserer Vernunft beständig im Streite

und tragen gewöhnlich den Sieg davon. Unterbrich mich nicht! Du wirst gewiß in meiner Abwesenheit, selbst bei dem pflicht= mäßigen Andenken an mich, das Verlangen empfinden, wo= durch das Weib den Mann anzieht und von ihm angezogen wird. Ich werde eine Zeitlang der Gegenstand deiner Wünsche sein; aber wer weiß, was für Umstände zusammentreffen, was für Gelegenheiten sich finden, und ein anderer wird in der Wirklichkeit ernten, was die Einbildungskraft mir zuge= dacht hatte. Werde nicht ungeduldig, ich bitte dich; höre mich aus!

Sollte der Fall kommen, dessen Möglichkeit du leugnest und den ich auch nicht zu beschleunigen wünsche, daß du ohne die Gesellschaft eines Mannes nicht länger bleiben, die Freuden der Liebe nicht wohl entbehren könntest, so versprich mir nur, an meine Stelle keinen von den leichtsinnigen Knaben zu wählen, die, so artig sie auch aussehen mögen, der Ehre noch mehr als der Tugend einer Frau gefährlich sind. Mehr durch Eitelkeit als durch Begierde beherrscht, bemühen sie sich um eine jede und finden nichts natürlicher, als eine der andern aufzuopfern. Fühlst du dich geneigt, dich nach einem Freunde umzusehen, so forsche nach einem, der diesen Namen verdient, der bescheiden und verschwiegen die Freuden der Liebe noch durch die Wohlthat des Geheimnisses zu erheben weiß.

Hier verbarg die schöne Frau ihren Schmerz nicht länger, und die Thränen, die sie bisher zurückgehalten hatte, stürzten reichlich aus ihren Augen. Was du auch von mir denken magst, rief sie nach einer leidenschaftlichen Umarmung aus, so ist doch nichts entfernter von mir, als das Verbrechen, das du gewissermaßen für unvermeidlich hältst. Möge, wenn jemals auch nur ein solcher Gedanke in mir entsteht, die Erde sich aufthun und mich verschlingen, und möge alle Hoffnung der Seligkeit mir entrissen werden, die uns eine so reizende Fortdauer unsers Daseins verspricht! Entferne das Miß= trauen aus deiner Brust und laß mir die ganze reine Hoffnung, dich bald wieder in meinen Armen zu sehen!

Nachdem er auf alle Weise seine Gattin zu beruhigen gesucht, schiffte er sich den andern Morgen ein; seine Fahrt war glücklich, und er gelangte bald nach Alexandrien.

Indessen lebte seine Gattin in dem ruhigen Besitz eines großen Vermögens nach aller Lust und Bequemlichkeit, jedoch eingezogen, und pflegte außer ihren Eltern und Verwandten niemand zu sehen; und indem die Geschäfte ihres Mannes

durch getreue Diener fortgeführt wurden, bewohnte sie ein
großes Haus, in dessen prächtigen Zimmern sie mit Vergnügen
täglich das Andenken ihres Gemahls erneuerte.

So sehr sie aber auch sich stille hielt und eingezogen
lebte, waren doch die jungen Leute der Stadt nicht unthätig
geblieben. Sie versäumten nicht, häufig vor ihrem Fenster
vorbeizugehen, und suchten des Abends durch Musik und Gesänge ihre Aufmerksamkeit auf sich zu ziehen. Die schöne
Einsame fand anfangs diese Bemühungen unbequem und lästig;
doch gewöhnte sie sich bald daran und ließ an den langen
Abenden, ohne sich zu bekümmern, woher sie kämen, die Sere-
naden als eine angenehme Unterhaltung sich gefallen und
konnte dabei manchen Seufzer, der ihrem Abwesenden galt,
nicht zurückhalten.

Anstatt daß ihre unbekannten Verehrer, wie sie hoffte,
nach und nach müde geworden wären, schienen sich ihre Bemühungen noch zu vermehren und zu einer beständigen Dauer
anzulassen. Sie konnte nun die wiederkehrenden Instrumente
und Stimmen, die wiederholten Melodieen schon unterscheiden
und bald sich die Neugierde nicht mehr versagen, zu wissen,
wer die Unbekannten, und besonders, wer die Beharrlichen
sein möchten? Sie durfte sich zum Zeitvertreib eine solche
Teilnahme wohl erlauben.

Sie fing daher an, von Zeit zu Zeit durch ihre Vorhänge und Halbläden nach der Straße zu sehen, auf die
Vorbeigehenden zu merken und besonders die Männer zu
unterscheiden, die ihre Fenster am längsten im Auge behielten.
Es waren meist schöne, wohlgekleidete junge Leute, die aber
freilich in Gebärden sowohl als in ihrem ganzen Aeußern
eben so viel Leichtsinn als Eitelkeit sehen ließen. Sie schienen
mehr durch ihre Aufmerksamkeit auf das Haus der Schönen
sich merkwürdig machen, als jener eine Art von Verehrung
beweisen zu wollen.

Wahrlich, sagte die Dame manchmal scherzend zu sich
selbst, mein Mann hat einen klugen Einfall gehabt! Durch
die Bedingung, unter der er mir einen Liebhaber zugesteht,
schließt er alle diejenigen aus, die sich um mich bemühen und
die mir allenfalls gefallen könnten. Er weiß wohl, daß Klugheit, Bescheidenheit und Verschwiegenheit Eigenschaften eines
ruhigen Alters sind, die zwar unser Verstand schätzt, die aber
unsre Einbildungskraft keineswegs aufzuregen, noch unsre
Neigung anzureizen imstande sind. Vor diesen, die mein

Haus mit ihren Artigkeiten belagern, bin ich sicher, daß sie kein Vertrauen erwecken, und die, denen ich mein Vertrauen schenken könnte, finde ich nicht im mindesten liebenswürdig.

In der Sicherheit dieser Gedanken erlaubte sie sich immer mehr, dem Vergnügen an der Musik und an der Gestalt der vorbeigehenden Jünglinge nachzuhängen; und ohne daß sie es merkte, wuchs nach und nach ein unruhiges Verlangen in ihrem Busen, dem sie nur zu spät zu widerstreben gedachte. Die Einsamkeit und der Müßiggang, das bequeme, gute und reichliche Leben waren ein Element, in welchem sich eine un= regelmäßige Begierde früher, als das gute Kind dachte, ent= wickeln mußte.

Sie fing nun an, jedoch mit stillen Seufzern, unter den Vorzügen ihres Gemahls auch seine Welt= und Menschen= kenntnis, besonders die Kenntnis des weiblichen Herzens zu bewundern. So war es also doch möglich, was ich ihm so lebhaft abstritt, sagte sie zu sich selbst, und so war es also doch nötig, in einem solchen Falle mir Vorsicht und Klugheit anzuraten! Doch was können Vorsicht und Klugheit da, wo der unbarmherzige Zufall nur mit einem unbestimmten Ver= langen zu spielen scheint! Wie soll ich den wählen, den ich nicht kenne, und bleibt bei näherer Bekanntschaft noch eine Wahl übrig?

Mit solchen und hundert andern Gedanken vermehrte die schöne Frau das Uebel, das bei ihr schon weit genug um sich gegriffen hatte. Vergebens suchte sie sich zu zerstreuen; jeder angenehme Gegenstand machte ihre Empfindung rege, und ihre Empfindung brachte, auch in der tiefsten Einsamkeit, angenehme Bilder in ihrer Einbildungskraft hervor.

In solchem Zustande befand sie sich, als sie unter andern Stadtneuigkeiten von ihren Verwandten vernahm, es sei ein junger Rechtsgelehrter, der zu Bologna studiert habe, so eben in seine Vaterstadt zurückgekommen. Man wußte nicht genug zu seinem Lobe zu sagen. Bei außerordentlichen Kenntnissen zeigte er eine Klugheit und Gewandtheit, die sonst Jüng= lingen nicht eigen ist, und bei einer sehr reizenden Gestalt die größte Bescheidenheit. Als Prokurator hatte er bald das Zutrauen der Bürger und die Achtung der Richter gewonnen. Täglich fand er sich auf dem Rathaus ein, um daselbst seine Geschäfte zu besorgen und zu betreiben.

Die Schöne hörte die Schilderung eines so vollkommenen Mannes nicht ohne Verlangen, ihn näher kennen zu lernen, und nicht ohne stillen Wunsch), in ihm denjenigen zu finden, dem sie ihr Herz, selbst nach der Vorschrift ihres Mannes, übergeben könnte. Wie aufmerksam ward sie daher, als sie vernahm, daß er täglich vor ihrem Hause vorbeigehe; wie sorgfältig beobachtete sie die Stunde, in der man auf dem Rathause sich zu versammeln pflegte! Nicht ohne Bewegung sah sie ihn endlich vorbeigehen; und wenn seine schöne Ge= stalt und seine Jugend für sie notwendig reizend sein mußten, so war seine Bescheidenheit von der andern Seite dasjenige, was sie in Sorgen versetzte.

Einige Tage hatte sie ihn heimlich beobachtet und konnte nun dem Wunsche nicht länger widerstehen, seine Aufmerksam= keit auf sich zu ziehen. Sie kleidete sich mit Sorgfalt, trat auf den Balkon, und das Herz schlug ihr, als sie ihn die Straße herkommen sah. Allein wie betrübt, ja beschämt war sie, als er wie gewöhnlich mit bedächtigen Schritten, in sich gekehrt und mit niedergeschlagenen Augen, ohne sie auch nur zu bemerken, auf das zierlichste seines Weges vorbeiging!

Vergebens versuchte sie mehrere Tage hinter einander auf eben diese Weise, von ihm bemerkt zu werden. Immer ging er seinen gewöhnlichen Schritt, ohne die Augen aufzuschlagen oder da und dorthin zu wenden. Je mehr sie ihn aber an= sah, desto mehr schien er ihr derjenige zu sein, dessen sie so sehr bedurfte. Ihre Neigung ward täglich lebhafter und, da sie ihr nicht widerstand, endlich ganz und gar gewaltsam. Wie! sagte sie zu sich selbst: nachdem dein edler, verständiger Mann den Zustand vorausgesehen, in dem du dich in seiner Abwesenheit befinden würdest, da seine Weissagung eintrifft, daß du ohne Freund und Günstling nicht leben kannst, sollst du dich nun verzehren und abhärmen, zu der Zeit, da dir das Glück einen Jüngling zeigt, völlig nach deinem Sinne, nach dem Sinne deines Gatten, einen Jüngling, mit dem du die Freuden der Liebe in einem undurchdringlichen Geheimnis genießen kannst? Thöricht, wer die Gelegenheit versäumt, thöricht, wer der gewaltsamen Liebe widerstehen will!

Mit solchen und vielen andern Gedanken suchte sich die schöne Frau in ihrem Vorsatze zu stärken, und nur kurze Zeit ward sie noch von Ungewißheit hin und her getrieben. End= lich aber wie es begegnet, daß eine Leidenschaft, welcher wir lange widerstehen, uns zuletzt auf einmal dahin reißt und unser Gemüt dergestalt erhöht, daß wir auf Besorgnis und Furcht, Zurückhaltung und Scham, Verhältnisse und Pflichten mit Verachtung als auf kleinliche Hindernisse zurücksehen, so faßte sie auf einmal den raschen Entschluß, ein junges Mädchen, das ihr diente, zu dem geliebten Manne zu schicken und, es koste nun, was es wolle, zu seinem Besitze zu gelangen.

Das Mädchen eilte und fand ihn, als er eben mit vielen Freunden zu Tische saß, und richtete ihren Gruß, den ihre Frau sie gelehrt hatte, pünktlich aus. Der junge Prokurator wunderte sich nicht über diese Botschaft; er hatte den Handelsmann in seiner Jugend gekannt, er wußte, daß er gegenwärtig abwesend war, und ob er gleich von seiner Heirat nur von weitem gehört hatte, vermutete er doch, daß die zurückgelassene Frau in der Abwesenheit ihres Mannes wahrscheinlich in einer wichtigen Sache seines rechtlichen Beistandes bedürfe. Er antwortete deswegen dem Mädchen auf das verbindlichste und versicherte, daß er, sobald man von der Tafel aufgestanden, nicht säumen würde, ihrer Gebieterin aufzuwarten. Mit unaussprechlicher Freude vernahm die schöne Frau, daß sie den Geliebten nun bald sehen und sprechen sollte. Sie eilte, sich aufs beste anzuziehen, und ließ geschwind ihr Haus und ihre Zimmer auf das reinlichste ausputzen. Orangenblätter und Blumen wurden gestreut, der Sofa mit den köstlichsten Teppichen bedeckt. So ging die kurze Zeit, die er ausblieb, beschäftigt hin, die ihr sonst unerträglich lang geworden wäre.

Mit welcher Bewegung ging sie ihm entgegen, als er endlich ankam! mit welcher Verwirrung hieß sie ihn, indem sie sich auf das Ruhebette niederließ, auf ein Taburett sitzen, das zunächst dabei stand! Sie verstummte in seiner so erwünschten Nähe; sie hatte nicht bedacht, was sie ihm sagen wollte; auch er war still und saß bescheiden vor ihr. Endlich ermannte sie sich und sagte nicht ohne Sorge und Beklommenheit:

Sie sind noch nicht lange in Ihrer Vaterstadt wieder angekommen, mein Herr, und schon sind Sie allenthalben für einen talentreichen und zuverlässigen Mann bekannt. Auch ich setze mein Vertrauen auf Sie in einer wichtigen und sonderbaren Angelegenheit, die, wenn ich es recht bedenke, eher für den Beichtvater als für den Sachwalter gehört. Seit einem Jahre bin ich an einen würdigen und reichen Mann verheiratet, der, so lange wir zusammen lebten, die größte Aufmerksamkeit für mich hatte und über den ich mich nicht beklagen würde, wenn nicht ein unruhiges Verlangen, zu reisen und zu handeln, ihn seit einiger Zeit aus meinen Armen gerissen hätte.

Als ein verständiger und gerechter Mann fühlte er wohl das Unrecht, das er mir durch seine Entfernung anthat. Er begriff, daß ein junges Weib nicht wie Juwelen und Perlen verwahrt werden könne; er wußte, daß sie vielmehr einem Garten voll schöner Früchte gleicht, die für jedermann sowie für den Herrn verloren wären, wenn er eigensinnig die Thüre auf einige Jahre verschließen wollte. Er sprach mir daher vor seiner Abreise sehr ernstlich zu, er versicherte mir, daß ich ohne Freund nicht würde leben können, er gab mir dazu nicht allein die Erlaubnis, sondern er drang in mich und nötigte mir gleichsam das Versprechen ab, daß ich der Nei= gung, die sich in meinem Herzen finden würde, frei und ohne Anstand folgen wollte.

Sie hielt einen Augenblick inne, aber bald gab ihr ein vielversprechender Blick des jungen Mannes Mut genug, in ihrem Bekenntnis fortzufahren.

Eine einzige Bedingung fügte mein Gemahl zu seiner übrigens so nachsichtigen Erlaubnis. Er empfahl mir die äußerste Vorsicht und verlangte ausdrücklich, daß ich mir einen gesetzten, zuverlässigen, klugen und verschwiegenen Freund wählen sollte. Ersparen Sie mir, das übrige zu sagen, mein Herr, ersparen Sie mir die Verwirrung, mit der ich Ihnen bekennen würde, wie sehr ich für Sie eingenommen bin, und erraten Sie aus diesem Zutrauen meine Hoffnungen und meine Wünsche.

Nach einer kurzen Pause versetzte der junge, liebens= würdige Mann mit gutem Bedachte: Wie sehr bin ich Ihnen für das Vertrauen verbunden, durch welches Sie mich in einem so hohen Grade ehren und glücklich machen! Ich wünsche nur lebhaft, Sie zu überzeugen, daß Sie sich an keinen Unwürdigen gewendet haben. Lassen Sie mich Ihnen zuerst als Rechtsgelehrter antworten. Und als ein solcher gesteh' ich Ihnen, daß ich Ihren Gemahl bewundere, der sein Unrecht so deutlich gefühlt und eingesehen hat; denn es ist gewiß, daß einer, der ein junges Weib zurückläßt, um ferne Weltgegenden zu besuchen, als ein solcher anzusehen ist, der irgend ein anderes Besitztum völlig derelinquiert und durch die deutlichste Handlung auf alles Recht daran Verzicht thut. Wie es nun dem ersten Besten erlaubt ist, eine solche, völlig ins Freie gefallene Sache wieder zu ergreifen, so muß ich es um so mehr für natürlich und billig halten, daß eine junge Frau, die sich in diesem Zustande befindet, ihre Neigung abermals verschenke und sich einem Freunde, der ihr angenehm und zuverlässig scheint, ohne Bedenken überlasse.

Tritt nun aber gar, wie hier, der Fall ein, daß der Ehemann selbst, seines Unrechts sich bewußt, mit ausdrücklichen Worten seiner hinterlassenen Frau dasjenige erlaubt, was er ihr nicht verbieten kann, so bleibt gar kein Zweifel übrig, um so mehr, da demjenigen kein Unrecht geschieht, der es willig zu ertragen erklärt hat.

Wenn Sie mich nun — fuhr der junge Mann mit ganz andern Blicken und dem lebhaftesten Ausdrucke fort, indem er die schöne Freundin bei der Hand nahm — wenn Sie mich zu Ihrem Diener erwählen, so machen Sie mich mit einer Glückseligkeit bekannt, von der ich bisher keinen Begriff hatte. Seien Sie versichert, rief er aus, indem er die Hand küßte, daß Sie keinen ergebenern, zärtlichern, treuern und verschwiegenern Diener hätten finden können.

Wie beruhigt fühlte sich nach dieser Erklärung die schöne Frau! Sie scheute sich nicht, ihm ihre Zärtlichkeit aufs lebhafteste zu zeigen; sie drückte seine Hände, drängte sich näher an ihn und legte ihr Haupt auf seine Schulter. Nicht lange blieben sie in dieser Lage, als er sich auf eine sanfte Weise von ihr zu entfernen suchte und nicht ohne Betrübnis zu reden begann: Kann sich wohl ein Mensch in einem seltsamern Verhältnisse befinden? Ich bin gezwungen, mich von Ihnen zu entfernen und mir die größte Gewalt anzuthun, in einem Augenblicke, da ich mich den süßesten Gefühlen überlassen sollte. Ich darf mir das Glück, das mich in Ihren Armen erwartet, gegenwärtig nicht zueignen. Ach, wenn nur der Aufschub mich nicht um meine schönsten Hoffnungen betrügt!

Die Schöne fragte ängstlich nach der Ursache dieser sonderbaren Aeußerung.

Eben als ich in Bologna, versetzte er, am Ende meiner Studien war und mich aufs äußerste angriff, mich zu meiner künftigen Bestimmung geschickt zu machen, verfiel ich in eine schwere Krankheit, die, wo nicht mein Leben zu zerstören, doch meine körperlichen und Geisteskräfte zu zerrütten drohte. In der größten Not und unter den heftigsten Schmerzen that ich der Mutter Gottes ein Gelübde, daß ich, wenn sie

mich genesen ließe, ein Jahr lang in strengem Fasten zu=
bringen und mich alles Genusses, von welcher Art er auch
sei, enthalten wolle. Schon zehn Monate habe ich mein
Gelübde auf das treulichste erfüllt, und sie sind mir in Be=
trachtung der großen Wohlthat, die ich erhalten, keinesweges
lang geworden, da es mir nicht beschwerlich ward, manches
gewohnte und bekannte Gute zu entbehren. Aber zu welcher
Ewigkeit werden mir nun zwei Monate, die noch übrig sind,
da mir erst nach Verlauf derselben ein Glück zu teil werden
kann, welches alle Begriffe übersteigt! Lassen Sie sich die
Zeit nicht lang werden und entziehen Sie mir Ihre Gunst
nicht, die Sie mir so freiwillig zugedacht haben!

Die Schöne, mit dieser Erklärung nicht sonderlich zu=
frieden, faßte doch wieder bessern Mut, als der Freund nach
einigem Nachdenken zu reden fortfuhr: Ich wage kaum, Ihnen
einen Vorschlag zu thun und das Mittel anzuzeigen, wodurch
ich früher von meinem Gelübde entbunden werden kann.
Wenn ich jemand fände, der so streng und sicher wie ich
das Gelübde zu halten übernähme und die Hälfte der noch
übrigen Zeit mit mir teilte, so würde ich um so geschwinder
frei sein, und nichts würde sich unsern Wünschen entgegen=
stellen. Sollten Sie nicht, meine süße Freundin, um unser
Glück zu beschleunigen, willig sein, einen Teil des Hinder=
nisses, das uns entgegensteht, hinwegzuräumen? Nur der
zuverlässigsten Person kann ich einen Anteil an meinem Ge=
lübde übertragen; es ist streng: denn ich darf des Tages nur
zweimal Brot und Wasser genießen, darf des Nachts nur
wenige Stunden auf einem harten Lager zubringen und
muß ungeachtet meiner vielen Geschäfte eine große Anzahl
Gebete verrichten. Kann ich, wie es mir heute geschehen ist,
nicht vermeiden, bei einem Gastmahl zu erscheinen, so darf
ich deswegen doch nicht meine Pflicht hintansetzen, vielmehr
muß ich den Reizungen aller Leckerbissen, die an mir vor=
übergehen, zu widerstehen suchen. Können Sie sich ent=
schließen, einen Monat lang gleichfalls alle diese Gesetze zu
befolgen, so werden Sie alsdann sich selbst in dem Besitz
eines Freundes desto mehr erfreuen, als Sie ihn durch ein
so lobenswürdiges Unternehmen gewissermaßen selbst erworben
haben.

Die schöne Dame vernahm ungern die Hindernisse, die
sich ihrer Neigung entgegensetzten; doch war ihre Liebe zu
dem jungen Manne durch seine Gegenwart dergestalt ver=

mehrt worden, daß ihr keine Prüfung zu streng schien, wenn
ihr nur dadurch der Besitz eines so werten Gutes versichert
werden konnte. Sie sagte ihm daher mit den gefälligsten
Ausdrücken: Mein süßer Freund! Das Wunder, wodurch Sie
Ihre Gesundheit wieder erlangt haben, ist mir selbst so wert
und verehrungswürdig, daß ich es mir zur Freude und
Pflicht mache, an dem Gelübde teilzunehmen, das Sie
dagegen zu erfüllen schuldig sind. Ich freue mich, Ihnen
einen so sichern Beweis meiner Neigung zu geben; ich will
mich auf das genaueste nach Ihrer Vorschrift richten, und
ehe Sie mich lossprechen, soll mich nichts von dem Wege
entfernen, auf den Sie mich einleiten.

Nachdem der junge Mann mit ihr aufs genaueste diejenigen Bedingungen abgeredet, unter welchen sie ihm die
Hälfte seines Gelübdes ersparen konnte, entfernte er sich mit
der Versicherung, daß er sie bald wieder besuchen und nach
der glücklichen Beharrlichkeit in ihrem Vorsatze fragen würde;
und so mußte sie ihn gehen lassen, als er ohne Händedruck,
ohne Kuß, mit einem kaum bedeutenden Blicke von ihr schied.
Ein Glück für sie war die Beschäftigung, die ihr der seltsame Vorsatz gab; denn sie hatte manches zu thun, um ihre
Lebensart völlig zu verändern. Zuerst wurden die schönen
Blätter und Blumen hinausgekehrt, die sie zu seinem Empfang hatte streuen lassen; dann kam an die Stelle des
wohlgepolsterten Ruhebettes ein hartes Lager, auf das sie
sich, zum erstenmal in ihrem Leben nur von Wasser und
Brot kaum gesättigt, des Abends niederlegte. Des andern
Tages war sie beschäftigt, Hemden zuzuschneiden und zu nähen,
deren sie eine bestimmte Zahl für ein Armen- und Kranken-
haus fertig zu machen versprochen hatte. Bei dieser neuen
und unbequemen Beschäftigung unterhielt sie ihre Einbildungskraft immer mit dem Bilde ihres süßen Freundes und mit
der Hoffnung künftiger Glückseligkeit; und bei eben diesen
Vorstellungen schien ihre schmale Kost ihr eine herzstärkende
Nahrung zu gewähren.

So verging eine Woche, und schon am Ende derselben
fingen die Rosen ihrer Wangen an, einigermaßen zu ver-
bleichen. Kleider, die ihr sonst wohl paßten, waren zu weit,
und ihre sonst so raschen und muntern Glieder matt und
schwach geworden, als der Freund wieder erschien und ihr
durch seinen Besuch neue Stärke und Leben gab. Er er-
mahnte sie, in ihrem Vorsatze zu beharren, munterte sie durch

sein Beispiel auf und ließ von weitem die Hoffnung eines ungestörten Genusses durchblicken. Nur kurze Zeit hielt er sich auf und versprach, bald wiederzukommen.

Die wohlthätige Arbeit ging aufs neue muntrer fort, und von der strengen Diät ließ man keineswegs nach. Aber auch, leider! hätte sie durch eine große Krankheit nicht mehr erschöpft werden können. Ihr Freund, der sie am Ende der Woche abermals besuchte, sah sie mit dem größten Mitleiden an und stärkte sie durch den Gedanken, daß die Hälfte der Prüfung nun schon vorüber sei.

Nun ward ihr das ungewohnte Fasten, Beten und Ar= beiten mit jedem Tage lästiger, und die übertriebene Ent= haltsamkeit schien den gesunden Zustand eines an Ruhe und reichliche Nahrung gewöhnten Körpers gänzlich zu zerrütten. Die Schöne konnte sich zuletzt nicht mehr auf den Füßen halten und war genötigt, ungeachtet der warmen Jahrszeit, sich in doppelte und dreifache Kleider zu hüllen, um die bei= nah völlig verschwindende innerliche Wärme einigermaßen zusammenzuhalten. Ja, sie war nicht länger imstande, aufrecht zu bleiben, und sogar gezwungen, in der letzten Zeit das Bette zu hüten.

Welche Betrachtungen mußte sie da über ihren Zustand machen! Wie oft ging diese seltsame Begebenheit vor ihrer Seele vorbei, und wie schmerzlich fiel es ihr, als zehn Tage vergingen, ohne daß der Freund erschienen wäre, der sie diese äußersten Aufopferungen kostete! Dagegen aber bereitete sich in diesen trüben Stunden ihre völlige Genesung vor, ja, sie ward entschieden. Denn als bald darauf ihr Freund erschien und sich an ihr Bette auf eben dasselbe Taburett setzte, auf dem er ihre erste Erklärung vernommen hatte, und ihr freund= lich, ja gewissermaßen zärtlich zusprach, die kurze Zeit noch standhaft auszudauern, unterbrach sie ihn mit Lächeln und sagte: Es bedarf weiter keines Zuredens, mein werter Freund, und ich werde mein Gelübde diese wenigen Tage mit Ge= duld und mit der Ueberzeugung ausdauern, daß Sie es mir zu meinem Besten auferlegt haben. Ich bin jetzt zu schwach, als daß ich Ihnen meinen Dank ausdrücken könnte, wie ich ihn empfinde. Sie haben mich mir selbst erhalten; Sie haben mich mir selbst gegeben, und ich erkenne, daß ich mein ganzes Dasein von nun an Ihnen schuldig bin.

Wahrlich, mein Mann war verständig und klug und kannte das Herz einer Frau; er war billig genug, sie über eine Neigung

nicht zu schelten, die durch seine Schuld in ihrem Busen ent=
stehen konnte, ja, er war großmütig genug, seine Rechte der
Forderung der Natur hintan zu setzen. Aber Sie, mein Herr,
Sie sind vernünftig und gut; Sie haben mich fühlen lassen,
daß außer der Neigung noch etwas in uns ist, das ihr das
Gleichgewicht halten kann, daß wir fähig sind, jedem ge=
wohnten Gut zu entsagen und selbst unsre heißesten Wünsche
von uns zu entfernen. Sie haben mich in diese Schule durch
Irrtum und Hoffnung geführt; aber beide sind nicht mehr
nötig, wenn wir uns erst mit dem guten und mächtigen Ich
bekannt gemacht haben, das so still und ruhig in uns wohnt
und so lange, bis es die Herrschaft im Hause gewinnt,
wenigstens durch zarte Erinnerungen seine Gegenwart unauf=
hörlich merken läßt. Leben Sie wohl! Ihre Freundin wird
Sie künftig mit Vergnügen sehen; wirken Sie auf Ihre
Mitbürger wie auf mich! Entwickeln Sie nicht allein die
Verwirrungen, die nur zu leicht über Besitztümer entstehen,
sondern zeigen Sie ihnen auch durch sanfte Anleitung und
durch Beispiel, daß in jedem Menschen die Kraft der Tugend
im Verborgenen keimt. Die allgemeine Achtung wird Ihr
Lohn sein, und Sie werden mehr als der erste Staatsmann
und der größte Held den Namen Vater des Vaterlandes
verdienen.

Man muß Ihren Prokurator loben, sagte die Baronesse:
er ist zierlich, vernünftig, unterhaltend und unterrichtend; so
sollten alle diejenigen sein, die uns von einer Verirrung ab=
halten oder davon zurückbringen wollen. Wirklich verdient
die Erzählung vor vielen andern den Ehrentitel einer mo=
ralischen Erzählung. Geben Sie uns mehrere von dieser
Art, und unsre Gesellschaft wird sich deren gewiß erfreuen.

Der Alte. Wenn diese Geschichte Ihren Beifall hat,
so ist es mir zwar sehr angenehm, doch thut mir's leid, wenn
Sie noch mehr moralische Erzählungen wünschen; denn es ist
die erste und letzte.

Luise. Es bringt Ihnen nicht viel Ehre, daß Sie in
Ihrer Sammlung gerade von der besten Art nur eine einzige
haben.

Der Alte. Sie verstehn mich unrecht. Es ist nicht die
einzige moralische Geschichte, die ich erzählen kann, sondern
alle gleichen sich dergestalt, daß man immer nur dieselbe zu
erzählen scheint.

Luise. Sie sollten sich doch endlich diese Paradoxen

abgewöhnen, die das Gespräch nur verwirren; erklären Sie sich deutlicher!

Der Alte. Recht gern. Nur diejenige Erzählung verdient moralisch genannt zu werden, die uns zeigt, daß der Mensch in sich eine Kraft habe, aus Ueberzeugung eines Beßern selbst gegen seine Neigung zu handeln. Dieses lehrt uns diese Geschichte, und keine moralische Geschichte kann etwas anderes lehren.

Luise. Und ich muß also, um moralisch zu handeln, gegen meine Neigung handeln?

Der Alte. Ja.

Luise. Auch wenn sie gut ist?

Der Alte. Keine Neigung ist an sich gut, sondern nur insofern sie etwas Gutes wirkt.

Luise. Wenn man nun Neigung zur Wohlthätigkeit hatte?

Der Alte. So soll man sich verbieten, wohlthätig zu sein, sobald man sieht, daß man sein eigenes Hauswesen dadurch zu Grunde richtet.

Luise. Und wenn man einen unwiderstehlichen Trieb zur Dankbarkeit hätte?

Der Alte. Dafür ist bei den Menschen schon gesorgt, daß die Dankbarkeit bei ihnen niemals zum Triebe werden kann. Doch, gesetzt auch, so würde der zu schätzen sein, der sich lieber undankbar zeigte, als daß er etwas Schändliches aus Liebe zu seinem Wohlthäter unternähme.

Luise. So könnte es denn also doch unzählige moralische Geschichten geben.

Der Alte. In diesem Sinne, ja; doch würden sie alle nichts weiter sagen, als was mein Prokurator gesagt hat, und deswegen kann man ihn einzig dem Geiste nach nennen; denn darin haben Sie recht, der Stoff kann sehr verschieden sein.

Luise. Hätten Sie sich eigentlicher ausgedrückt, so hätten wir nicht gestritten.

Der Alte. Aber auch nicht gesprochen. Verwirrungen und Mißverständnisse sind die Quellen des thätigen Lebens und der Unterhaltung.

Luise. Ich kann doch noch nicht ganz mit Ihnen einig sein. Wenn ein tapferer Mann mit Gefahr seines eigenen Lebens andere rettet, ist das keine moralische Handlung?

Der Alte. Nach meiner Art, mich auszudrücken, nicht. Wenn aber ein furchtsamer Mensch seine Furcht überwindet und eben dasselbe thut, dann ist es eine moralische Handlung.

Die Baronesse. Ich wollte, lieber Freund, Sie gäben uns noch einige Beispiele und verglichen sich gelegentlich mit Luisen über die Theorie. Gewiß, ein Gemüt, das Neigung zum Guten hat, muß uns, wenn wir es gewahr werden, schon höchlich erfreuen; aber Schöneres ist nichts in der Welt als Neigung, durch Vernunft und Gewissen geleitet. Haben Sie noch eine Geschichte dieser Art, so wünschen wir sie zu hören. Ich liebe mir sehr Parallelgeschichten: eine deutet auf die andere hin und erklärt ihren Sinn besser als viele trockne Worte.

Der Alte. Ich kann wohl noch einige, die hierher gehören, vordringen: denn ich habe auf diese Eigenschaften des menschlichen Geistes besonders acht gegeben.

Luise. Nur eins möchte ich mir ausbitten. Ich leugne nicht, daß ich die Geschichten nicht liebe, die unsere Einbildungskraft immer in fremde Länder nötigen. Muß denn alles in Italien und Sizilien, im Orient geschehen? Sind denn Neapel, Palermo und Smyrna die einzigen Orte, wo etwas Interessantes vorgehen kann? Mag man doch den Schauplatz der Feenmärchen nach Samarkand und Ormus versetzen, um unsre Einbildungskraft zu verwirren; wenn Sie aber unsern Geist, unser Herz bilden wollen, so geben Sie uns einheimische, geben Sie uns Familiengemälde, und wir werden uns desto eher darin erkennen und, wenn wir uns getroffen fühlen, desto gerührter an unser Herz schlagen.

Der Alte. Auch darin soll Ihnen gewillfahrt werden. Doch ist es mit den Familiengemälden eine eigene Sache: sie sehen einander alle so gleich, und wir haben fast alle Verhältnisse derselben schon gut bearbeitet auf unsern Theatern gesehen. Indessen will ich's wagen und eine Geschichte erzählen, von der Ihnen schon etwas Aehnliches bekannt ist, und die nur durch eine genaue Darstellung dessen, was in den Gemütern vorging, neu und interessant werden dürfte.

Man kann in Familien oft die Bemerkung machen, daß Kinder, sowohl der Gestalt als dem Geiste nach, bald vom Vater, bald von der Mutter Eigenschaften an sich tragen; und so kommt auch manchmal der Fall vor, daß ein Kind die Naturen beider Eltern auf eine besondere und verwundernswürdige Weise verbindet.

Hievon war ein junger Mensch, den ich Ferdinand nennen will, ein auffallender Beweis. Seine Bildung erinnerte an beide Eltern, und ihre Gemütsart konnte man in der seinigen

genau unterscheiden. Er hatte den leichten und frohen Sinn
des Vaters, so auch den Trieb, den Augenblick zu genießen,
und eine gewisse leidenschaftliche Art, bei manchen Gelegen=
heiten nur sich selbst in Anschlag zu bringen. Von der Mutter
aber hatte er, so schien es, ruhige Ueberlegung, ein Gefühl
von Recht und Billigkeit und eine Anlage zur Kraft, sich für
andere aufzuopfern. Man sieht hieraus leicht, daß diejenigen,
die mit ihm umgingen, oft, um seine Handlungen zu er=
klären, zu der Hypothese ihre Zuflucht nehmen mußten, daß
der junge Mann wohl zwei Seelen haben möchte.

Ich übergehe mancherlei Szenen, die in seiner Jugend
vorfielen, und erzähle nur eine Begebenheit, die seinen ganzen
Charakter ins Licht setzt und in seinem Leben eine entschiedene
Epoche machte.

Er hatte von Jugend auf eine reichliche Lebensart ge=
nossen; denn seine Eltern waren wohlhabend, lebten und er=
zogen ihre Kinder, wie es solchen Leuten geziemt; und wenn
der Vater in Gesellschaften, beim Spiel und durch zierliche
Kleidung mehr, als billig war, ausgab, so mußte die Mutter
als eine gute Haushälterin dem gewöhnlichen Aufwande solche
Grenzen zu setzen, daß im ganzen ein Gleichgewicht blieb und
niemals ein Mangel zum Vorschein kommen konnte. Dabei
war der Vater als Handelsmann glücklich; es gerieten ihm
manche Spekulationen, die er sehr kühn unternommen hatte,
und weil er gern mit Menschen lebte, hatte er sich in Ge=
schäften auch vieler Verbindungen und mancher Beihilfe zu
erfreuen.

Die Kinder als strebende Naturen wählen sich gewöhnlich
im Hause das Beispiel dessen, der am meisten zu leben und
zu genießen scheint. Sie sehen in einem Vater, der sich's
wohl sein läßt, die entschiedene Regel, wornach sie ihre Lebens=
art einzurichten haben; und weil sie schon früh zu dieser Ein=
sicht gelangen, so schreiten meistenteils ihre Begierden und
Wünsche in großer Disproportion der Kräfte ihres Hauses
fort. Sie finden sich bald überall gehindert, um so mehr, als
jede neue Generation neue und frühere Anforderungen macht
und die Eltern den Kindern dagegen meistenteils nur ge=
währen möchten, was sie selbst in früherer Zeit genossen, da
noch jedermann mäßiger und einfacher zu leben sich bequemte.

Ferdinand wuchs mit der unangenehmen Empfindung
heran, daß ihm oft dasjenige fehle, was er an seinen Ge=
spielen sah. Er wollte in Kleidung, in einer gewissen Libe=

ralität des Lebens und Betragens hinter niemand zurückbleiben; er wollte seinem Vater ähnlich werden, dessen Beispiel er täglich vor Augen sah, und der ihm doppelt als
Musterbild erschien, einmal als Vater, für den der Sohn gewöhnlich ein günstiges Vorurteil hegt, und dann wieder, weil
der Knabe sah, daß der Mann auf diesem Wege ein ver-
gnügliches und genußreiches Leben führte und dabei von jedermann geschätzt und geliebt wurde.

Ferdinand hatte hierüber, wie man sich leicht denken kann,
manchen Streit mit der Mutter, da er dem Vater die ab-
gelegten Röcke nicht nachtragen, sondern selbst immer in der
Mode sein wollte. So wuchs er heran, und seine Forderungen
wuchsen immer vor ihm her, so daß er zuletzt, da er achtzehn
Jahr alt war, ganz außer Verhältnis mit seinem Zustande
sich fühlen mußte.

Schulden hatte er bisher nicht gemacht; denn seine Mutter
hatte ihm davor den größten Abscheu eingeflößt, sein Vertrauen
zu erhalten gesucht und in mehreren Fällen das Äußerste gethan, um seine Wünsche zu erfüllen oder ihn aus kleinen Verlegenheiten zu reißen. Unglücklicherweise mußte sie in eben
dem Zeitpunkte, wo er nun als Jüngling noch mehr aufs
Äußere sah, wo er durch die Neigung zu einem sehr schönen
Mädchen, verflochten in größere Gesellschaft, sich andern nicht
allein gleich zu stellen, sondern vor andern sich hervorzuthun
und zu gefallen wünschte, in ihrer Haushaltung gedrängter
sein als jemals; anstatt also seine Forderungen wie sonst zu
befriedigen, fing sie an, seine Vernunft, sein gutes Herz, seine
Liebe zu ihr in Anspruch zu nehmen, und setzte ihn, indem
sie ihn zwar überzeugte, aber nicht veränderte, wirklich in
Verzweiflung.

Er konnte, ohne alles zu verlieren, was ihm so lieb als
sein Leben war, die Verhältnisse nicht verändern, in denen er
sich befand. Von der ersten Jugend an war er diesem Zustande entgegen-, er war mit allem, was ihn umgab, zusammen-
gewachsen; er konnte keine Faser seiner Verbindungen, Gesellschaften, Spaziergänge und Lustpartieen zerreißen, ohne zugleich einen alten Schulfreund, einen Gespielen, eine neue
ehrenvolle Bekanntschaft und, was das Schlimmste war, seine
Liebe zu verletzen.

Wie hoch und wert er seine Neigung hielt, begreift man
leicht, wenn man erfährt, daß sie zugleich seiner Sinnlichkeit,
seinem Geiste, seiner Eitelkeit und seinen lebhaften Hoffnungen

schmeichelte. Eins der schönsten, angenehmsten und reichsten
Mädchen der Stadt gab ihm, wenigstens für den Augenblick,
den Vorzug vor seinen vielen Mitwerbern. Sie erlaubte
ihm, mit dem Dienst, den er ihr widmete, gleichsam zu prahlen,
und sie schienen wechselsweise auf die Ketten stolz zu sein,
die sie einander angelegt hatten. Nun war es ihm Pflicht,
ihr überall zu folgen, Zeit und Geld in ihrem Dienste zu
verwenden und auf jede Weise zu zeigen, wie wert ihm ihre
Neigung und wie unentbehrlich ihm ihr Besitz sei.

Dieser Umgang und dieses Bestreben machte Ferdinanden
mehr Aufwand, als es unter andern Umständen natürlich ge=
wesen wäre. Sie war eigentlich von ihren abwesenden Eltern
einer sehr wunderlichen Tante anvertraut worden, und es er=
forderte mancherlei Künste und seltsame Anstalten, um Otti=
lien, diese Zierde der Gesellschaft, in Gesellschaft zu bringen.
Ferdinand erschöpfte sich in Erfindungen, um ihr die Ver=
gnügungen zu verschaffen, die sie so gern genoß und die sie
jedem, der um sie war, zu erhöhen wußte.

Und in eben diesem Augenblicke von einer geliebten und
verehrten Mutter zu ganz andern Pflichten aufgefordert zu
werden, von dieser Seite keine Hilfe zu sehen, einen so leb=
haften Abscheu vor Schulden zu fühlen, die auch seinen Zu=
stand nicht lange würden gefristet haben, dabei von jedermann
für wohlhabend und freigebig angesehen zu werden und das
tägliche und dringende Bedürfnis des Geldes zu empfinden,
war gewiß eine der peinlichsten Lagen, in der sich ein junges,
durch Leidenschaften bewegtes Gemüt befinden kann.

Gewisse Vorstellungen, die ihm früher nur leicht vor der
Seele vorübergingen, hielt er nun fester; gewisse Gedanken,
die ihn sonst nur Augenblicke beunruhigten, schwebten länger
vor seinem Geiste, und gewisse verdrießliche Empfindungen
wurden dauernder und bitterer. Hatte er sonst seinen Vater
als sein Muster angesehen, so beneidete er ihn nun als seinen
Nebenbuhler: von allem, was der Sohn wünschte, war jener
im Besitz; alles, worüber dieser sich ängstigte, ward jenem
leicht. Und es war nicht etwa von dem Notwendigen die Rede,
sondern von dem, was jener hätte entbehren können. Da
glaubte denn der Sohn, daß der Vater wohl auch manchmal
entbehren sollte, um ihn genießen zu lassen. Der Vater da=
gegen war ganz anderer Gesinnung; er war von denen Men=
schen, die sich viel erlauben und die deswegen in den Fall
kommen, denen, die von ihnen abhängen, viel zu versagen.

Er hatte dem Sohne etwas Gewisses ausgesetzt und verlangte genaue Rechenschaft, ja, eine regelmäßige Rechnung von ihm darüber.

Nichts schärft das Auge des Menschen mehr, als wenn man ihn einschränkt. Darum sind die Frauen durchaus klüger als die Männer; und auf niemand sind Untergebene aufmerksamer als auf den, der befiehlt, ohne zugleich durch sein Beispiel vorauszugehen. So ward der Sohn auf alle Handlungen seines Vaters aufmerksam, besonders auf solche, die Geldausgaben betrafen. Er horchte genauer auf, wenn er hörte, der Vater habe im Spiel verloren oder gewonnen; er beurteilte ihn strenger, wenn jener sich willkürlich etwas Kostspieliges erlaubte.

Ist es nicht sonderbar, sagte er zu sich selbst, daß Eltern, während sie sich mit Genuß aller Art überfüllen, indem sie bloß nach Willkür ein Vermögen, das ihnen der Zufall gegeben hat, benutzen, ihre Kinder gerade zu der Zeit von jedem billigen Genusse ausschließen, da die Jugend am empfänglichsten dafür ist? Und mit welchem Rechte thun sie es? und wie sind sie zu diesem Rechte gelangt? Soll der Zufall allein entscheiden, und kann das ein Recht werden, wo der Zufall wirkt? Lebte der Großvater noch, der seine Enkel wie seine Kinder hielt, es würde mir viel besser ergehen; er würde es mir nicht am Notwendigen fehlen lassen; denn ist uns das nicht notwendig, was wir in Verhältnissen brauchen, zu denen wir erzogen und geboren sind? Der Großvater würde mich nicht darben lassen, so wenig er des Vaters Verschwendung zugeben würde. Hätte er länger gelebt, hätte er klar eingesehen, daß sein Enkel auch wert ist, zu genießen, so hätte er vielleicht in dem Testament mein früheres Glück entschieden. Sogar habe ich gehört, daß der Großvater eben vom Tode übereilt worden, da er einen letzten Willen aufzusetzen gedachte; und so hat vielleicht bloß der Zufall mir meinen frühern Anteil an einem Vermögen entzogen, den ich, wenn mein Vater so zu wirtschaften fortfährt, wohl gar auf immer verlieren kann.

Mit diesen und andern Sophistereien über Besitz und Recht, über die Frage, ob man ein Gesetz oder eine Einrichtung, zu denen man seine Stimme nicht gegeben, zu befolgen brauche, und inwiefern es dem Menschen erlaubt sei, im stillen von den bürgerlichen Gesetzen abzuweichen, beschäftigte er sich oft in seinen einsamen verdrießlichsten Stunden, wenn

er irgend aus Mangel des baren Geldes eine Lustpartie oder
eine andere angenehme Gesellschaft ausschlagen mußte. Denn
schon hatte er kleine Sachen von Wert, die er besaß, vertrödelt,
und sein gewöhnliches Taschengeld wollte keineswegs hinreichen.

Sein Gemüt verschloß sich, und man kann sagen, daß er
in diesen Augenblicken seine Mutter nicht achtete, die ihm
nicht helfen konnte, und seinen Vater haßte, der ihm nach
seiner Meinung überall im Wege stand.

Zu eben der Zeit machte er eine Entdeckung, die seinen
Unwillen noch mehr erregte. Er bemerkte, daß sein Vater
nicht allein kein guter, sondern auch ein unordentlicher Haus-
hälter war; denn er nahm oft aus seinem Schreibtische in
der Geschwindigkeit Geld, ohne es aufzuzeichnen, und fing
nachher manchmal wieder an, zu zählen und zu rechnen, und
schien verdrießlich, daß die Summen mit der Kasse nicht übereinstimmen wollten. Der Sohn machte diese Bemerkung mehrmals, und um so empfindlicher ward es ihm, wenn er zu
eben der Zeit, da der Vater nur geradezu in das Geld hinein-
griff, einen entschiedenen Mangel spürte.

Zu dieser Gemütsstimmung traf ein sonderbarer Zufall,
der ihm eine reizende Gelegenheit gab, dasjenige zu thun,
wozu er nur einen dunkeln und unentschiedenen Trieb gefühlt hatte.

Sein Vater gab ihm den Auftrag, einen Kasten alter
Briefe durchzusehen und zu ordnen. Eines Sonntags, da er
allein war, trug er ihn durch das Zimmer, wo der Schreibtisch stand, der des Vaters Kasse enthielt. Der Kasten war
schwer; er hatte ihn unrecht gefaßt und wollte ihn einen
Augenblick absetzen, oder vielmehr nur anlehnen. Unvermögend,
ihn zu halten, stieß er gewaltsam an die Ecke des Schreibtisches, und der Deckel desselben flog auf. Er sah nun alle
die Rollen vor sich liegen, zu denen er manchmal nur hinein-
geschielt hatte, setzte seinen Kasten nieder und nahm, ohne zu
deulen oder zu überlegen, eine Rolle von der Seite weg, wo
der Vater gewöhnlich sein Geld zu willkürlichen Ausgaben
herzunehmen schien. Er drückte den Schreibtisch wieder zu
und versuchte den Seitenstoß; der Deckel flog jedesmal auf,
und es war so gut, als wenn er den Schlüssel zum Pulte
gehabt hätte.

Mit Heftigkeit suchte er nunmehr jede Vergnügung wieder,
die er bisher hatte entbehren müssen. Er war fleißiger um
seine Schöne; alles, was er that und vornahm, war leiden-

schaftlicher; seine Lebhaftigkeit und Anmut hatten sich in ein heftiges, ja, beinahe wildes Wesen verwandelt, das ihm zwar nicht übel ließ, doch niemandem wohlthätig war.

Was der Feuerfunke auf ein geladnes Gewehr, das ist die Gelegenheit zur Neigung, und jede Neigung, die wir gegen unser Gewissen befriedigen, zwingt uns, ein Uebermaß von physischer Stärke anzuwenden; wir handeln wieder als wilde Menschen, und es wird schwer, äußerlich diese An= strengung zu verbergen.

Je mehr ihm seine innere Empfindung widersprach, desto mehr häufte Ferdinand künstliche Argumente auf einander, und desto mutiger und freier schien er zu handeln, je mehr er sich selbst von einer Seite gebunden fühlte.

Zu derselbigen Zeit waren allerlei Kostbarkeiten ohne Wert Mode geworden. Ottilie liebte, sich zu schmücken; er suchte einen Weg, sie ihr zu verschaffen, ohne daß Ottilie selbst eigentlich wußte, woher die Geschenke kamen. Die Ver= mutung ward auf einen alten Oheim geworfen, und Ferdi= nand war doppelt vergnügt, indem ihm seine Schöne ihre Zufriedenheit über die Geschenke und ihren Verdacht auf den Oheim zugleich zu erkennen gab.

Aber um sich und ihr dieses Vergnügen zu machen, mußte er noch einigemal den Schreibtisch seines Vaters er= öffnen, und er that es mit desto weniger Sorge, als der Vater zu verschiedenen Zeiten Geld hineingelegt und heraus= genommen hatte, ohne es aufzuschreiben.

Bald darauf sollte Ottilie zu ihren Eltern auf einige Monate verreisen. Die jungen Leute betrübten sich äußerst, da sie scheiden sollten, und ein Umstand machte ihre Trennung noch bedeutender. Ottilie erfuhr durch einen Zufall, daß die Geschenke, die sie erhalten hatte, von Ferdinanden kamen; sie setzte ihn darüber zur Rede, und als er es gestand, schien sie sehr verdrießlich zu werden. Sie bestand darauf, daß er sie zurücknehmen sollte, und diese Zumutung machte ihm die bittersten Schmerzen. Er erklärte ihr, daß er ohne sie nicht leben könne noch wolle; er bat sie, ihm ihre Neigung zu er= halten, und beschwor sie, ihm ihre Hand nicht zu versagen, sobald er versorgt und häuslich eingerichtet sein würde. Sie liebte ihn; sie war gerührt, sie sagte ihm zu, was er wünschte, und in diesem glücklichen Augenblicke versiegelten sie ihr Ver= sprechen mit den lebhaftesten Umarmungen und mit tausend herzlichen Küssen.

Nach ihrer Abreise schien Ferdinand sich sehr allein. Die
Gesellschaften, in welchen er sie zu sehen pflegte, reizten ihn
nicht mehr, indem sie fehlte. Er besuchte nur noch aus Ge=
wohnheit sowohl Freunde als Luftörter, und nur mit Wider=
willen griff er noch einigemal in die Kasse des Vaters, um
Ausgaben zu bestreiten, zu denen ihn keine Leidenschaften
nötigten. Er war oft allein, und die gute Seele schien die
Oberhand zu gewinnen. Er erstaunte über sich selbst bei
ruhigem Nachdenken, wie er jene Sophistereien über Recht
und Besitz, über Ansprüche an fremdes Gut, und wie die
Rubriken alle heißen mochten, bei sich auf eine so kalte und
schiefe Weise habe durchführen und dadurch eine unerlaubte
Handlung beschönigen können. Es ward ihm nach und nach
deutlich, daß nur Treue und Glauben die Menschen schätzens=
wert machen, daß der Gute eigentlich leben müsse, um alle
Gesetze zu beschämen, indem ein anderer sie entweder um=
gehen oder zu seinem Vorteil gebrauchen mag.

Inzwischen, ehe diese wahren und guten Begriffe bei ihm
ganz klar wurden und zu herrschenden Entschlüssen führten,
unterlag er doch noch einigemal der Versuchung, aus der ver=
botenen Quelle in dringenden Fällen zu schöpfen. Niemals
that er es aber ohne Widerwillen, und nur wie von einem
bösen Geiste an den Haaren hingezogen.

Endlich ermannte er sich und faßte den Entschluß, vor
allen Dingen die Handlung sich unmöglich zu machen und
seinen Vater von dem Zustande des Schlosses zu unterrichten.
Er fing es klug an und trug den Kasten mit den nunmehr
geordneten Briefen in Gegenwart seines Vaters durch das
Zimmer, beging mit Vorsatz die Ungeschicklichkeit, mit dem
Kasten wider den Schreibtisch zu stoßen, und wie erstaunte
der Vater, als er den Deckel auffahren sah! Sie untersuchten
beide das Schloß und fanden, daß die Schließhaken durch die
Zeit abgenutzt und die Bänder wandelbar waren. Sogleich
ward alles repariert, und Ferdinand hatte seit langer Zeit
keinen vergnügtern Augenblick, als da er das Geld in so
guter Verwahrung sah.

Aber dies war ihm nicht genug. Er nahm sich sogleich
vor, die Summe, die er seinem Vater entwendet hatte und
die er noch wohl wußte, wieder zu sammeln und sie ihm
auf eine oder die andere Weise zuzustellen. Er fing nun
an, aufs genaueste zu leben und von seinem Taschengelde,
was nur möglich war, zu sparen. Freilich war das nur wenig,

was er hier zurückhalten konnte, gegen das, was er sonst verschwendet hatte; indessen schien die Summe schon groß, da sie ein Anfang war, sein Unrecht wieder gut zu machen. (Und gewiß ist ein ungeheurer Unterschied zwischen dem letzten Thaler, den man borgt, und zwischen dem ersten, den man abbezahlt.)

Nicht lange war er auf diesem guten Wege, als der Vater sich entschloß, ihn in Handelsgeschäften zu verschicken. Er sollte sich mit einer entfernten Fabrikanstalt bekannt machen. Man hatte die Absicht, in einer Gegend, wo die ersten Bedürfnisse und die Handarbeit sehr wohlfeil waren, selbst ein Kontor zu errichten, einen Kompagnon dorthin zu setzen, den Vorteil, den man gegenwärtig andern gönnen mußte, selbst zu gewinnen und durch Geld und Kredit die Anstalt ins große zu treiben. Ferdinand sollte die Sache in der Nähe untersuchen und davon einen umständlichen Bericht abstatten. Der Vater hatte ihm ein Reisegeld ausgesetzt und ihm vorgeschrieben, damit auszukommen; es war reichlich, und er hatte sich nicht darüber zu beklagen.

Auch auf seiner Reise lebte Ferdinand sehr sparsam, rechnete und überrechnete und fand, daß er den dritten Teil seines Reisegeldes ersparen könnte, wenn er auf jede Weise sich einzuschränken fortführe. Er hoffte nun auch auf Gelegenheit, zu dem übrigen nach und nach zu gelangen, und er fand sie. Denn die Gelegenheit ist eine gleichgültige Göttin, sie begünstigt das Gute wie das Böse. —

In der Gegend, die er besuchen sollte, fand er alles weit vorteilhafter, als man geglaubt hatte. Jedermann ging in dem alten Schlendrian handwerksmäßig fort, von neu entdeckten Vorteilen hatte man keine Kenntnis, oder man hatte keinen Gebrauch davon gemacht. Man wendete nur mäßige Summen Geldes auf und war mit einem mäßigen Profit zufrieden, und er sah bald ein, daß man mit einem gewissen Kapital, mit Vorschüssen, Einkauf des ersten Materials im großen, mit Anlegung von Maschinen durch die Hilfe tüchtiger Werkmeister eine große und solide Einrichtung würde machen können.

Er fühlte sich durch die Idee dieser möglichen Thätigkeit sehr erhoben. Die herrliche Gegend, in der ihm jeden Augenblick seine geliebte Ottilie vorschwebte, ließ ihn wünschen, daß sein Vater ihn an diesen Platz setzen, ihm das neue Etablissement anvertrauen und so auf eine reichliche und unerwartete Weise ausstatten möchte.

Er sah alles mit größrer Aufmerksamkeit, weil er alles schon als das Seinige ansah. Er hatte zum erstenmal Gelegenheit, seine Kenntnisse, seine Geisteskräfte, sein Urteil anzuwenden. Die Gegend sowohl als die Gegenstände interessierten ihn aufs höchste; sie waren Labsal und Heilung für sein verwundetes Herz; denn nicht ohne Schmerzen konnte er sich des väterlichen Hauses erinnern, in welchem er, wie in einer Art von Wahnsinn, eine Handlung begehen konnte, die ihm nun das größte Verbrechen zu sein schien.

Ein Freund seines Hauses, ein wackerer, aber kränklicher Mann, der selbst den Gedanken eines solchen Etablissements zuerst in Briefen gegeben hatte, war ihm stets zur Seite, zeigte ihm alles, machte ihn mit seinen Ideen bekannt und freute sich, wenn ihm der junge Mensch entgegen-, ja zuvorkam. Dieser Mann führte ein sehr einfaches Leben, teils aus Neigung, teils weil seine Gesundheit es so forderte. Er hatte keine Kinder; eine Nichte pflegte ihn, der er sein Vermögen zugedacht hatte, der er einen wackern und thätigen Mann wünschte, um mit Unterstützung eines fremden Kapitals und frischer Kräfte dasjenige ausgeführt zu sehen, wovon er zwar einen Begriff hatte, wovon ihn aber seine physischen und öko-nomischen Umstände zurückhielten.

Kaum hatte er Ferdinanden gesehen, als ihm dieser sein Mann zu sein schien; und seine Hoffnung wuchs, als er so viel Neigung des jungen Menschen zum Geschäft und zu der Gegend bemerkte. Er ließ seiner Nichte seine Gedanken merken, und diese schien nicht abgeneigt. Sie war ein junges, wohlgebildetes, gesundes und auf jede Weise gut geartetes Mädchen; die Sorgfalt für ihres Oheims Haushaltung erhielt sie immer rasch und thätig und die Sorge für seine Gesundheit immer weich und gefällig. Man konnte sich zur Gattin keine vollkommnere Person wünschen.

Ferdinand, der nur die Liebenswürdigkeit und die Liebe Ottiliens vor Augen hatte, sah über das gute Landmädchen hinweg oder wünschte, wenn Ottilie einst als seine Gattin in diesen Gegenden wohnen würde, ihr eine solche Haushälterin und Beschließerin beigeben zu können. Er erwiderte die Freundlichkeit und Gefälligkeit des Mädchens auf eine sehr ungezwungene Weise; er lernte sie näher kennen und sie schätzen; er begegnete ihr bald mit mehrerer Achtung, und sowohl sie als ihr Oheim legten sein Betragen nach ihren Wünschen aus.

Ferdinand hatte sich nunmehr genau umgesehen und von allem unterrichtet. Er hatte mit Hilfe des Oheims einen Plan gemacht und nach seiner gewöhnlichen Leichtigkeit nicht verborgen, daß er darauf rechne, selbst den Plan auszuführen. Zugleich hatte er der Nichte viele Artigkeiten gesagt und jede Haushaltung glücklich gepriesen, die einer so sorgfältigen Wirtin überlassen werden könnte. Sie und ihr Oheim glaubten daher, daß er wirklich Absichten habe, und waren in allem um desto gefälliger gegen ihn.

Nicht ohne Zufriedenheit hatte Ferdinand bei seinen Untersuchungen gefunden, daß er nicht allein auf die Zukunft vieles von diesem Platze zu hoffen habe, sondern daß er auch gleich jetzt einen vorteilhaften Handel schließen, seinem Vater die entwendete Summe wieder erstatten und sich also von dieser drückenden Last auf einmal befreien könne. Er eröffnete seinem Freunde die Absicht seiner Spekulation, der eine außerordentliche Freude darüber hatte und ihm alle mögliche Beihilfe leistete, ja, er wollte seinem jungen Freunde alles auf Kredit verschaffen, das dieser jedoch nicht annahm, sondern einen Teil davon sogleich von dem Ueberschusse des Reisegelds bezahlte und den andern in gehöriger Frist abzutragen versprach.

Mit welcher Freude er die Waren packen und laden ließ, war nicht auszusprechen; mit welcher Zufriedenheit er seinen Rückweg antrat, läßt sich denken. Denn die höchste Empfindung, die der Mensch haben kann, ist die, wenn er sich von einem Hauptfehler, ja, von einem Verbrechen durch eigne Kraft erhebt und losmacht. Der gute Mensch, der ohne auffallende Abweichung vom rechten Pfade vor sich hinwandelt, gleicht einem ruhigen, lobenswürdigen Bürger, da hingegen jener als ein Held und Ueberwinder Bewunderung und Preis verdient; und in diesem Sinne scheint das paradoxe Wort gesagt zu sein, daß die Gottheit selbst an einem zurückkehrenden Sünder mehr Freude habe, als an neunundneunzig Gerechten.

Aber leider konnte Ferdinand durch seine guten Entschlüsse, durch seine Besserung und Wiedererstattung die traurigen Folgen der That nicht aufheben, die ihn erwarteten und die sein schon wieder beruhigtes Gemüt aufs neue schmerzlich kränken sollten. Während seiner Abwesenheit hatte sich das Gewitter zusammengezogen, das gerade bei seinem Eintritte in das väterliche Haus losbrechen sollte.

Ferdinands Vater war, wie wir wissen, was seine Privat=
kasse betraf, nicht der ordentlichste, die Handlungssachen hin=
gegen wurden von einem geschickten und genauen Associé sehr
richtig besorgt.   Der Alte hatte das Geld, das ihm der Sohn
entwendete, nicht eben gemerkt, außer daß unglücklicherweise
darunter ein Paket einer in diesen Gegenden ungewöhnlichen
Münzsorte gewesen war, die er einem Fremden im Spiel
abgewonnen hatte. Diese vermißte er, und der Umstand schien
ihm bedenklich. Allein, was ihn äußerst beunruhigte, war,
daß ihm einige Rollen, jede mit hundert Dukaten, fehlten,
die er vor einiger Zeit verborgt, aber gewiß wieder erhalten
hatte.   Er mußte, daß der Schreibtisch sonst durch einen Stoß
aufgegangen war; er sah als gewiß an, daß er beraubt sei,
und geriet darüber in die äußerste Heftigkeit. Sein Argwohn
schweifte auf allen Seiten herum. Unter den fürchterlichsten
Drohungen und Verwünschungen erzählte er den Vorfall seiner
Frau; er wollte das Haus um und um kehren, alle Bediente,
Mägde und Kinder verhören lassen; niemand blieb von seinem
Argwohn frei.   Die gute Frau that ihr möglichstes, ihren
Gatten zu beruhigen; sie stellte ihm vor, in welche Verlegen=
heit und Diskredit diese Geschichte ihn und sein Haus dringen
könnte, wenn sie ruchbar würde, daß niemand an dem Un=
glück, das uns betreffe, Anteil nehme als nur, um uns durch
sein Mitleiden zu demütigen, daß bei einer solchen Gelegen=
heit weder er noch sie verschont werden würden, daß man
noch wunderlichere Anmerkungen machen könnte, wenn nichts
herauskäme, daß man vielleicht den Thäter entdecken und,
ohne ihn auf zeitlebens unglücklich zu machen, das Geld
wieder erhalten könne.   Durch diese und andere Vorstellungen
bewog sie ihn endlich, ruhig zu bleiben und durch stille Nach=
forschungen der Sache näher zu kommen.

Und leider war die Entdeckung schon nahe genug. Otti=
liens Tante war von dem wechselseitigen Versprechen der
jungen Leute unterrichtet. Sie mußte von den Geschenken, die
ihre Nichte angenommen hatte. Das ganze Verhältnis war
ihr nicht angenehm, und sie hatte nur geschwiegen, weil ihre
Nichte abwesend war. Eine sichere Verbindung mit Ferdi=
nand schien ihr vorteilhaft, ein ungewisses Abenteuer war
ihr unerträglich. Da sie also vernahm, daß der junge Mensch
bald zurückkommen sollte, da sie auch ihre Nichte täglich wieder
erwartete, eilte sie, von dem, was geschehen war, den Eltern
Nachricht zu geben und ihre Meinung darüber zu hören, zu

fragen, ob eine baldige Versorgung für Ferdinand zu hoffen sei, und ob man in eine Heirat mit ihrer Nichte willige.

Die Mutter verwunderte sich nicht wenig, als sie von diesen Verhältnissen hörte; sie erschrak, als sie vernahm, welche Geschenke Ferdinand an Ottilien gegeben hatte. Sie verbarg ihr Erstaunen, bat die Tante, ihr einige Zeit zu lassen, um gelegentlich mit ihrem Manne über die Sache zu sprechen, versicherte, daß sie Ottilien für eine vorteilhafte Partie halte und daß es nicht unmöglich sei, ihren Sohn nächstens auf eine schickliche Weise auszustatten.

Als die Tante sich entfernt hatte, hielt sie es nicht für rätlich, ihrem Manne die Entdeckung zu vertrauen. Ihr lag nur daran, das unglückliche Geheimnis aufzuklären, ob Ferdinand, wie sie fürchtete, die Geschenke von dem entwendeten Geld gemacht habe. Sie eilte zu dem Kaufmann, der diese Art Geschmeide vorzüglich verkaufte, feilschte um ähnliche Dinge und sagte zuletzt, er müsse sie nicht überteuern: denn ihrem Sohn, der eine solche Kommission gehabt, habe er die Sachen wohlfeiler gegeben. Der Handelsmann beteuerte Nein, zeigte die Preise genau an und sagte dabei, man müsse noch das Agio der Geldsorte hinzurechnen, in der Ferdinand zum Teil bezahlt habe. Er nannte ihr zu ihrer größten Betrübnis die Sorte: es war die, die dem Vater fehlte.

Sie ging nun, nachdem sie sich zum Scheine die nächsten Preise aufsetzen lassen, mit sehr bedrängtem Herzen hinweg. Ferdinands Verirrung war zu deutlich; die Rechnung der Summe, die dem Vater fehlte, war groß, und sie sah nach ihrer sorglichen Gemütsart die schlimmste That und die fürchterlichsten Folgen. Sie hatte die Klugheit, die Entdeckung vor ihrem Manne zu verbergen; sie erwartete die Zurückkunft ihres Sohnes mit geteilter Furcht und Verlangen. Sie wünschte sich aufzuklären und fürchtete, das Schlimmste zu erfahren.

Endlich kam er mit großer Heiterkeit zurück. Er konnte Lob für seine Geschäfte erwarten und brachte zugleich in seinen Waren heimlich das Lösegeld mit, wodurch er sich von dem geheimen Verbrechen zu befreien gedachte.

Der Vater nahm seine Relation gut, doch nicht mit solchem Beifall auf, wie er hoffte; denn der Vorgang mit dem Gelde machte den Mann zerstreut und verdrießlich, um so mehr, als er einige ansehnliche Posten in diesem Augenblicke zu bezahlen hatte. Diese Laune des Vaters drückte ihn sehr, noch mehr die Gegenwart der Wände, der Mobilien, des Schreibtisches,

die Zeugen seines Verbrechens gewesen waren. Seine ganze
Freude war hin, seine Hoffnungen und Ansprüche; er fühlte
sich als einen gemeinen, ja, als einen schlechten Menschen.

Er wollte sich eben nach einem stillen Vertriebe der
Waren, die nun bald ankommen sollten, umsehen und sich
durch die Thätigkeit aus seinem Elende herausreißen, als
die Mutter ihn beiseite nahm und ihm mit Liebe und Ernst
sein Vergehen vorhielt und ihm auch nicht den mindesten Ausweg zum Leugnen offen ließ. Sein weiches Herz war zerrissen;
er warf sich unter tausend Thränen zu ihren Füßen, bekannte,
bat um Verzeihung, beteuerte, daß nur die Neigung zu Ottilien ihn verleiten können und daß sich keine andern Laster
zu diesem jemals gesellt hätten. Er erzählte darauf die Geschichte seiner Reue, daß er vorsätzlich dem Vater die Möglichkeit, den Schreibtisch zu eröffnen, entdeckt und daß er
durch Ersparnis auf der Reise und durch eine glückliche Spekulation sich imstande sehe, alles wieder zu ersetzen.

Die Mutter, die nicht gleich nachgeben konnte, bestand
darauf, zu wissen, wo er mit den großen Summen hingekommen sei, denn die Geschenke betrügen den geringsten Teil.
Sie zeigte ihm zu seinem Entsetzen eine Berechnung dessen,
was dem Vater fehlte; er konnte sich nicht einmal ganz zu
dem Silber bekennen, und hoch und teuer schwur er, von
dem Golde nichts angerührt zu haben. Hierüber war die
Mutter äußerst zornig. Sie verwies ihm, daß er in dem
Augenblicke, da er durch aufrichtige Reue seine Besserung und
Bekehrung wahrscheinlich machen sollte, seine liebevolle Mutter
noch mit Leugnen, Lügen und Märchen aufzuhalten gedenke,
daß sie gar wohl wisse, wer des einen fähig sei, sei auch alles
übrigen fähig. Wahrscheinlich habe er unter seinen liederlichen
Kameraden Mitschuldige, wahrscheinlich sei der Handel, den
er geschlossen, mit dem entwendeten Gelde gemacht, und schwerlich würde er davon etwas erwähnt haben, wenn die Uebelthat nicht zufällig wäre entdeckt worden. Sie drohte ihm
mit dem Zorne des Vaters, mit bürgerlichen Strafen, mit
völliger Verstoßung; doch nichts kränkte ihn mehr, als daß
sie ihn merken ließ, eine Verbindung zwischen ihm und Ottilien sei eben zur Sprache gekommen. Mit gerührtem Herzen
verließ sie ihn in dem traurigsten Zustande. Er sah seinen
Fehler entdeckt, er sah sich in dem Verdachte, der sein Verbrechen vergrößerte. Wie wollte er seine Eltern überreden,
daß er das Gold nicht angegriffen? Bei der heftigen Gemüts-

art seines Vaters mußte er einen öffentlichen Ausbruch be=
fürchten; er sah sich im Gegensatze von allem dem, was er
sein konnte: die Aussicht auf ein thätiges Leben, auf eine
Verbindung mit Ottilien verschwand; er sah sich verstoßen,
flüchtig und in fremden Weltgegenden allem Ungemach aus=
gesetzt.

Aber selbst alles dieses, was seine Einbildungskraft ver=
wirrte, seinen Stolz verletzte, seine Liebe kränkte, war ihm
nicht das Schmerzlichste. Am tiefsten verwundete ihn der
Gedanke, daß sein redlicher Vorsatz, sein männlicher Entschluß,
sein befolgter Plan, das Geschehene wieder gut zu machen,
ganz verkannt, ganz geleugnet, gerade zum Gegenteil aus=
gelegt werden sollte. Wenn ihn jene Vorstellungen zu einer
dunkeln Verzweiflung brachten, indem er bekennen mußte,
daß er sein Schicksal verdient habe, so ward er durch diese
aufs innigste gerührt, indem er die traurige Wahrheit er=
fuhr, daß eine Uebelthat selbst gute Bemühungen zu Grunde
zu richten imstande ist. Diese Rückkehr auf sich selbst, diese
Betrachtung, daß das edelste Streben vergebens sein sollte,
machte ihn weich, er wünschte nicht mehr zu leben.

In diesen Augenblicken dürstete seine Seele nach einem
höhern Beistand. Er fiel an seinem Stuhle nieder, den er
mit seinen Thränen benetzte, und forderte Hilfe vom gött=
lichen Wesen. Sein Gebet war eines erhörenswerten In=
halts: Der Mensch, der sich selbst vom Laster wieder erhebt,
habe Anspruch auf eine unmittelbare Hilfe; derjenige, der
keine seiner Kräfte ungebraucht lasse, könne sich da, wo sie
eben ausgehen, wo sie nicht hinreichen, auf den Beistand des
Vaters im Himmel berufen.

In dieser Ueberzeugung, in dieser dringenden Bitte ver=
harrte er eine Zeitlang und bemerkte kaum, daß seine Thüre
sich öffnete und jemand hereintrat. Es war die Mutter, die
mit heiterm Gesicht auf ihn zukam, seine Verwirrung sah
und ihn mit tröstlichen Worten anredete. Wie glücklich bin
ich, sagte sie, daß ich dich wenigstens als keinen Lügner finde,
und daß ich deine Reue für wahr halten kann! Das Gold
hat sich gefunden; der Vater, als er es von einem Freunde
wieder erhielt, gab es dem Kassier aufzuheben, und durch die
vielen Beschäftigungen des Tages zerstreut, hat er es ver=
gessen. Mit dem Silber stimmt deine Angabe ziemlich zu=
sammen; die Summe ist nun viel geringer. Ich konnte die
Freude meines Herzens nicht verbergen und versprach dem

Vater, die fehlende Summe wieder zu verschaffen, wenn er
sich zu beruhigen und weiter nach der Sache nicht zu fragen
verspräche.

Ferdinand ging sogleich zur größten Freude über. Er eilte,
sein Handelsgeschäft zu vollbringen, stellte bald der Mutter
das Geld zu, ersetzte selbst das, was er nicht genommen hatte,
wovon er wußte, daß es bloß durch die Unordnung des
Vaters in seinen Ausgaben vermißt wurde. Er war fröhlich
und heiter; doch hatte dieser ganze Vorfall eine sehr ernste
Wirkung bei ihm zurückgelassen. Er hatte sich überzeugt, daß
der Mensch Kraft habe, das Gute zu wollen und zu voll=
bringen; er glaubte nun auch, daß dadurch der Mensch das
göttliche Wesen für sich interessieren und sich dessen Beistand
versprechen könne, den er so eben unmittelbar erfahren hatte.
Mit großer Freudigkeit entdeckte er nun dem Vater seinen
Plan, sich in jenen Gegenden niederzulassen. Er stellte die
Anstalt in ihrem ganzen Werte und Umfange vor; der Vater
war nicht abgeneigt, und die Mutter entdeckte heimlich ihrem
Gatten das Verhältnis Ferdinands zu Ottilien. Diesem ge=
fiel eine so glänzende Schwiegertochter, und die Aussicht,
seinen Sohn ohne Kosten ausstatten zu können, war ihm sehr
angenehm.

Diese Geschichte gefällt mir, sagte Luise, als der Alte
geendigt hatte, und ob sie gleich aus dem gemeinen Leben
genommen ist, so kommt sie mir doch nicht alltäglich vor. Denn
wenn wir uns selbst fragen und andere beobachten, so finden
wir, daß wir selten durch uns selbst bewogen werden, diesem
oder jenem Wunsche zu entsagen; meist sind es die äußern
Umstände, die uns dazu nötigen.

Ich wünschte, sagte Karl, daß wir gar nicht nötig hätten,
uns etwas zu versagen, sondern daß wir dasjenige gar nicht
kennten, was wir nicht besitzen sollen. Leider ist in unsern
Zuständen alles so zusammengedrängt, alles ist bepflanzt, alle
Bäume hängen voller Früchte, und wir sollen nur immer
drunter weggehen, uns an dem Schatten begnügen und auf
die schönsten Genüsse Verzicht thun.

Lassen Sie uns, sagte Luise zum Alten, nun Ihre Ge=
schichte weiter hören!

Der Alte. Sie ist wirklich schon aus.

Luise. Die Entwicklung haben wir freilich gehört, nun
möchten wir aber auch gerne das Ende vernehmen.

Der Alte. Sie unterscheiden richtig, und da Sie sich

für das Schicksal meines Freundes interessieren, so will ich
Ihnen, wie es ihm ergangen, noch kürzlich erzählen.

Befreit von der drückenden Last eines so häßlichen Ver-
gehens, nicht ohne bescheidene Zufriedenheit mit sich selbst,
dachte er nun an sein künftiges Glück und erwartete sehn-
suchtsvoll die Rückkunft Ottiliens, um sich gegen sie zu erklären und sein gegebenes Wort im ganzen Umfange zu erfüllen. Sie kam in Gesellschaft ihrer Eltern, er eilte zu ihr,
er fand sie schöner und heiterer als jemals. Mit Ungeduld
erwartete er den Augenblick, in welchem er sie allein sprechen
und ihr seine Aussichten vorlegen könnte. Die Stunde kam,
und mit aller Freude und Zärtlichkeit der Liebe erzählte er
ihr seine Hoffnungen, die Nähe seines Glücks und den Wunsch,
es mit ihr zu teilen. Allein wie verwundert war er, ja, wie
bestürzt, als sie die ganze Sache sehr leichtsinnig, ja, man
dürfte beinahe sagen, höhnisch aufnahm. Sie scherzte nicht
ganz fein über die Einsiedelei, die er sich ausgesucht habe,
über die Figur, die sie beide spielen würden, wenn sie sich
als Schäfer und Schäferin unter ein Strohdach flüchteten,
und was dergleichen mehr war.

Betroffen und erbittert kehrte er in sich zurück; ihr Betragen hatte ihn verdrossen, und er ward einen Augenblick
kalt. Sie war ungerecht gegen ihn gewesen, und nun bemerkte er Fehler an ihr, die ihm sonst verborgen geblieben
waren. Auch brauchte es kein sehr helles Auge, um zu sehen,
daß ein sogenannter Vetter, der mit angekommen war, ihre
Aufmerksamkeit auf sich zog und einen großen Teil ihrer
Neigung gewonnen hatte.

Bei dem unleidlichen Schmerz, den Ferdinand empfand,
nahm er sich doch bald zusammen, und die Ueberwindung,
die ihm schon einmal gelungen war, schien ihm zum zweitenmale möglich. Er sah Ottilien oft und gewann über sich,
sie zu beobachten; er that freundlich, ja zärtlich gegen sie,
und sie nicht weniger gegen ihn; allein ihre Reize hatten ihre
größte Macht verloren, und er fühlte bald, daß selten bei ihr
etwas aus dem Herzen kam, daß sie vielmehr nach Belieben
zärtlich und kalt, reizend und abstoßend, angenehm und launisch
sein konnte. Sein Gemüt machte sich nach und nach von ihr
los, und er entschloß sich, auch noch die letzten Fäden ent-
zweizureißen.

Diese Operation war schmerzhafter, als er sich vorgestellt
hatte. Er fand sie eines Tages allein und nahm sich ein

Herz, sie an ihr gegebenes Wort zu erinnern und jene Augen=
blicke ihr ins Gedächtnis zurückzurufen, in denen sie beide,
durch das zarteste Gefühl gedrungen, eine Abrede auf ihr
künftiges Leben genommen hatten. Sie war freundlich, ja,
man kann fast sagen, zärtlich; er ward weicher und wünschte
in diesem Augenblick, daß alles auders sein möchte, als er
sich vorgestellt hatte. Doch nahm er sich zusammen und trug
ihr die Geschichte seines bevorstehenden Etablissements mit
Ruhe und Liebe vor. Sie schien sich darüber zu freuen
und gewissermaßen nur zu bedauern, daß dadurch ihre Ver=
bindung weiter hinausgeschoben werde. Sie gab zu er=
kennen, daß sie nicht die mindeste Lust habe, die Stadt zu
verlassen; sie ließ ihre Hoffnung sehen, daß er sich durch
einige Jahre Arbeit in jenen Gegenden in den Stand setzen
könnte, auch unter seinen jetzigen Mitbürgern eine große Figur
zu spielen. Sie ließ ihn nicht undeutlich merken, daß sie
von ihm erwarte, daß er künftig noch weiter als sein Vater
gehen und sich in allem noch ansehnlicher und rechtlicher
zeigen werde.

Nur zu sehr fühlte Ferdinand, daß er von einer solchen
Verbindung kein Glück zu erwarten habe; und doch war es
schwer, so vielen Reizen zu entsagen. Ja, vielleicht wäre er
ganz unschlüssig von ihr weggegangen, hätte ihn nicht der
Vetter abgelöst und in seinem Betragen allzu viel Vertraulich=
keit gegen Ottilien gezeigt. Ferdinand schrieb ihr darauf
einen Brief, worin er ihr nochmals versicherte, daß sie ihn
glücklich machen würde, wenn sie ihm zu seiner neuen Be=
stimmung folgen wollte, daß er aber für beide nicht rätlich
hielte, eine entfernte Hoffnung auf künftige Zeiten zu nähren
und sich auf eine ungewisse Zukunft durch ein Versprechen
zu binden.

Noch auf diesen Brief wünschte er eine günstige Ant=
wort; allein sie kam nicht, wie sein Herz, sondern wie sie
seine Vernunft billigen mußte. Ottilie gab ihm auf eine
sehr zierliche Art sein Wort zurück, ohne sein Herz ganz los=
zulassen, und ebenso sprach das Billet auch von ihren Em=
pfindungen; dem Sinne nach war sie gebunden und ihren
Worten nach frei.

Was soll ich nun weiter umständlich sein? Ferdinand
eilte in jene friedlichen Gegenden zurück. Seine Einrichtung
war bald gemacht; er war ordentlich und fleißig und ward
es nur um so mehr, als das gute, natürliche Mädchen, die

wir schon kennen, ihn als Gattin beglückte und der alte
Oheim alles that, seine häusliche Lage zu sichern und bequem zu machen.

Ich habe ihn in spätern Jahren kennen lernen, umgeben von einer zahlreichen, wohlgebildeten Familie. Er hat
mir seine Geschichte selbst erzählt, und wie es Menschen zu
gehen pflegt, denen irgend etwas Bedeutendes in früherer
Zeit begegnet, so hatte sich auch jene Geschichte so tief bei
ihm eingedrückt, daß sie einen großen Einfluß auf sein Leben
hatte. Selbst als Mann und Hausvater pflegte er sich manchmal etwas, das ihm Freude würde gemacht haben, zu versagen, um nur nicht aus der Uebung einer so schönen Tugend
zu kommen, und seine ganze Erziehung bestand gewissermaßen
darin, daß seine Kinder sich gleichsam aus dem Stegreife
etwas mußten versagen können.

Auf eine Weise, die ich im Anfang nicht billigen konnte,
untersagte er zum Beispiel einem Knaben bei Tische, von einer
beliebten Speise zu essen. Zu meiner Verwunderung blieb
der Knabe heiter, und es war, als wenn weiter nichts geschehen wäre.

Und so ließen die ältesten aus eigener Bewegung manchmal ein edles Obst oder sonst einen Leckerbissen vor sich vorbeigehen; dagegen erlaubte er ihnen, ich möchte wohl sagen,
alles, und es fehlte nicht an Arten und Unarten in seinem
Hanse. Er schien über alles gleichgültig zu sein und ließ ihnen
eine fast unbändige Freiheit; nur fiel es ihm die Woche einmal ein, daß alles auf die Minute geschehen mußte; alsdann
wurden des Morgens gleich die Uhren reguliert, ein jeder erhielt
seine Ordre für den Tag, Geschäfte und Vergnügungen wurden
gehäuft, und niemand durfte eine Sekunde fehlen. Ich könnte
Sie stundenlang von seinen Gesprächen und Anmerkungen über
diese sonderbare Art der Erziehung unterhalten. Er scherzte
mit mir als einem katholischen Geistlichen über meine Gelübde
und behauptete, daß eigentlich jeder Mensch sowohl sich selbst
Enthaltsamkeit als andern Gehorsam geloben sollte, nicht um
sie immer, sondern um sie zur rechten Zeit auszuüben.

Die Baronesse machte eben einige Anmerkungen und gestand, daß dieser Freund im ganzen wohl recht gehabt habe;
denn so komme auch in einem Reiche alles auf die exekutive
Gewalt an; die gesetzgebende möge so vernünftig sein, als
sie wolle, es helfe dem Staate nichts, wenn die ausführende
nicht mächtig sei.

Luise sprang ans Fenster; denn sie hörte Friedrichen zum Hofe hereintreten. Sie ging ihm entgegen und führte ihn ins Zimmer. Er schien heiter, ob er gleich von Szenen des Jammers und der Verwüstung kam; und anstatt sich in eine genaue Erzählung des Brandes einzulassen, der das Haus ihrer Tante betroffen, versicherte er, daß es ausgemacht sei, daß der Schreibtisch zu eben der Stunde dort verbrannt sei, da der ihrige hier so heftige Sprünge bekommen hatte.

In eben dem Augenblicke, sagte er, als der Brand sich schon dem Zimmer näherte, rettete der Verwalter noch eine Uhr, die auf eben diesem Schreibtische stand. Im Hinaustragen mochte sich etwas am Werke verrücken, und sie blieb auf halb zwölfe stehen. Wir haben also, wenigstens was die Zeit betrifft, eine völlige Uebereinstimmung. Die Baronesse lächelte; der Hofmeister behauptete, daß, wenn zwei Dinge zusammenträfen, man deswegen noch nicht auf ihren Zusammenhang schließen könne; Luisen gefiel es dagegen, diese beiden Vorfälle zu verknüpfen, besonders da sie von dem Wohlbefinden ihres Bräutigams Nachricht erhalten hatte, und man ließ der Einbildungskraft abermals vollkommen freien Lauf.

Wissen Sie nicht, sagte Karl zum Alten, uns irgend ein Mährchen zu erzählen? Die Einbildungskraft ist ein schönes Vermögen; nur mag ich nicht gern, wenn sie das, was wirklich geschehen ist, verarbeiten will; die lustigen Gestalten, die sie erschafft, sind uns als Wesen einer eigenen Gattung sehr willkommen; verbunden mit der Wahrheit, bringt sie meist nur Ungeheuer hervor und scheint mir alsdann gewöhnlich mit dem Verstand und der Vernunft im Widerspruche zu stehen. Sie muß sich, deucht mich, an keinen Gegenstand hängen, sie muß uns keinen Gegenstand aufdringen wollen, sie soll, wenn sie Kunstwerke hervorbringt, nur wie eine Musik auf uns selbst spielen, uns in uns selbst bewegen und zwar so, daß wir vergessen, daß etwas außer uns sei, das diese Bewegung hervorbringt.

Fahren Sie nicht fort, sagte der Alte, Ihre Anforderungen an ein Produkt der Einbildungskraft umständlicher auszuführen! Auch das gehört zum Genuß an solchen Werken, daß wir ohne Forderungen genießen: denn sie selbst kann nicht fordern, sie muß erwarten, was ihr geschenkt wird. Sie macht keine Plane, nimmt sich keinen Weg vor, sondern sie wird von ihren eigenen Flügeln getragen und geführt, und indem sie sich hin und her schwingt, bezeichnet sie die wunder-

lichsten Bahnen, die sich in ihrer Richtung stets verändern
und wenden. Lassen Sie auf meinem gewöhnlichen Spazier=
gange erst die sonderbaren Bilder wieder in meiner Seele
lebendig werden, die mich in frühern Jahren oft unterhielten.
Diesen Abend verspreche ich Ihnen ein Märchen, durch das
Sie an nichts und an alles erinnert werden sollen.

Man entließ den Alten gern, um so mehr, da jedes
von Friedrichen Neuigkeiten und Nachrichten von dem, was
indessen geschehen war, einzuziehen hoffte.

Das Märchen.

An dem großen Flusse, der eben von einem starken
Regen geschwollen und übergetreten war, lag in seiner
kleinen Hütte, müde von der Anstrengung des Tages, der
alte Fährmann und schlief. Mitten in der Nacht weckten
ihn einige laute Stimmen; er hörte, daß Reisende übergesetzt
sein wollten.

Als er vor die Thür hinaustrat, sah er zwei große
Irrlichter über dem angebundenen Kahne schweben, die ihm
versicherten, daß sie große Eile hätten und schon an jenem
Ufer zu sein wünschten. Der Alte säumte nicht, stieß ab und
fuhr mit seiner gewöhnlichen Geschicklichkeit quer über den
Strom, indes die Fremden in einer unbekannten, sehr behen=
den Sprache gegen einander zischten und mitunter in ein
lautes Gelächter ausbrachen, indem sie bald auf den Rändern
und Bänken, bald auf dem Boden des Kahns hin und wieder
hüpften.

Der Kahn schwankt! rief der Alte, und wenn ihr so
unruhig seid, kann er umschlagen; setzt euch, ihr Lichter!

Sie brachen über diese Zumutung in ein großes Ge=
lächter aus, verspotteten den Alten und waren noch unruhiger
als vorher. Er trug ihre Unarten mit Geduld und stieß
bald am jenseitigen Ufer an.

Hier ist für Eure Mühe, riefen die Reisenden, und es
fielen, indem sie sich schüttelten, viele glänzende Goldstücke in
den feuchten Kahn.

Ums Himmels willen, was macht ihr! rief der Alte;
ihr bringt mich ins größte Unglück! Wäre ein Goldstück ins
Wasser gefallen, so würde der Strom, der dies Metall nicht
leiden kann, sich in entsetzliche Wellen erhoben, das Schiff
und mich verschlungen haben; und wer weiß, wie es euch
gegangen sein würde! Nehmt euer Geld wieder zu euch!

Wir können nichts wieder zu uns nehmen, was wir ab=
geschüttelt haben, versetzten jene.

So macht ihr mir noch die Mühe, sagte der Alte, indem
er sich bückte und die Goldstücke in seine Mütze las, daß ich
sie zusammen suchen, ans Land tragen und vergraben muß.

Die Irrlichter waren aus dem Kahne gesprungen, und
der Alte rief: Wo bleibt nun mein Lohn?

Wer kein Gold nimmt, mag umsonst arbeiten! riefen die
Irrlichter.

Ihr müßt wissen, daß man mich nur mit Früchten der
Erde bezahlen kann.

Mit Früchten der Erde? Wir verschmähen sie und haben
sie nie genossen.

Und doch kann ich euch nicht los lassen, bis ihr mir ver=
sprecht, daß ihr mir drei Kohlhäupter, drei Artischocken und
drei große Zwiebeln liefert.

Die Irrlichter wollten scherzend davon schlüpfen; allein
sie fühlten sich auf eine unbegreifliche Weise an den Boden
gefesselt: es war die unangenehmste Empfindung, die sie je=
mals gehabt hatten. Sie versprachen, seine Forderung näch=
stens zu befriedigen; er entließ sie und stieß ab.

Er war schon weit hinweg, als sie ihm nachriefen: Alter!
hört, Alter! wir haben das Wichtigste vergessen!

Er war fort und hörte sie nicht. Er hatte sich an der=
selben Seite den Fluß hinabtreiben lassen, wo er in einer ge=
birgigten Gegend, die das Wasser niemals erreichen konnte,
das gefährliche Gold verscharren wollte. Dort fand er zwi=
schen hohen Felsen eine ungeheure Kluft, schüttete es hinein
und fuhr nach seiner Hütte zurück.

In dieser Kluft befand sich die schöne grüne Schlange,
die durch die herabklingende Münze aus ihrem Schlafe geweckt
wurde. Sie ersah kaum die leuchtenden Scheiben, als sie solche
auf der Stelle mit großer Begierde verschlang und alle Stücke,
die sich in dem Gebüsch und zwischen den Felsritzen zerstreut
hatten, sorgfältig aufsuchte.

Kaum waren sie verschlungen, so fühlte sie mit der an=
genehmsten Empfindung das Gold in ihren Eingeweiden
schmelzen und sich durch ihren ganzen Körper ausbreiten, und
zur größten Freude bemerkte sie, daß sie durchsichtig und leuch=
tend geworden war. Lange hatte man ihr schon versichert,
daß diese Erscheinung möglich sei; weil sie aber zweifelhaft
war, ob dieses Licht lange dauern könne, so trieb sie die Neu=

gierde und der Wunsch, sich für die Zukunft sicher zu stellen, aus dem Felsen heraus, um zu untersuchen, wer das schöne Gold hereingestreut haben könnte. Sie fand niemanden. Desto angenehmer war es ihr, sich selbst, da sie zwischen Kräutern und Gesträuchen hinkroch, und ihr anmutiges Licht, das sie durch das frische Grün verbreitete, zu bewundern. Alle Blätter schienen von Smaragd, alle Blumen auf das herrlichste verklärt. Vergebens durchstrich sie die einsame Wildnis; desto mehr aber wuchs ihre Hoffnung, als sie auf die Fläche kam und von weitem einen Glanz, der dem ihrigen ähnlich war, erblickte. Find' ich doch endlich meinesgleichen! rief sie aus und eilte nach der Gegend zu. Sie achtete nicht die Beschwerlichkeit, durch Sumpf und Rohr zu kriechen; denn ob sie gleich auf trocknen Bergwiesen, in hohen Felsritzen am liebsten lebte, gewürzhafte Kräuter gerne genoß und mit zartem Tau und frischem Quellwasser ihren Durst gewöhnlich stillte, so hätte sie doch des lieben Goldes willen und in Hoffnung des herrlichen Lichtes alles unternommen, was man ihr auferlegte.

Sehr ermüdet gelangte sie endlich zu einem feuchten Ried, wo unsere beiden Irrlichter hin und wieder spielten. Sie schoß auf sie los, begrüßte sie und freute sich, so angenehme Herren von ihrer Verwandtschaft zu finden. Die Lichter strichen an ihr her, hüpften über sie weg und lachten nach ihrer Weise.

Frau Muhme, sagten sie, wenn Sie schon von der horizontalen Linie sind, so hat das doch nichts zu bedeuten. Freilich sind wir nur von seiten des Scheins verwandt; denn sehen Sie nur — hier machten beide Flammen, indem sie ihre ganze Breite aufopferten, sich so lang und spitz als möglich — wie schön uns Herren von der vertikalen Linie diese schlanke Länge kleidet. Nehmen Sie's uns nicht übel, meine Freundin, welche Familie kann sich des rühmen? So lang es Irrlichter gibt, hat noch keins weder gesessen noch gelegen.

Die Schlange fühlte sich in der Gegenwart dieser Verwandten sehr unbehaglich; denn sie mochte den Kopf so hoch heben, als sie wollte, so fühlte sie doch, daß sie ihn wieder zur Erde biegen mußte, um von der Stelle zu kommen, und hatte sie sich vorher im dunkeln Hain außerordentlich wohl gefallen, so schien ihr Glanz in Gegenwart dieser Vettern sich jeden Augenblick zu vermindern, ja, sie fürchtete, daß er endlich gar verlöschen werde.

In dieser Verlegenheit fragte sie eilig, ob die Herren ihr nicht etwa Nachricht geben könnten, wo das glänzende

Gold herkomme, das vor kurzem in die Felskluft gefallen sei; sie vermute, es sei ein Goldregen, der unmittelbar vom Himmel träufle. Die Irrlichter lachten und schüttelten sich, und es sprangen eine große Menge Goldstücke um sie herum. Die Schlange fuhr schnell darnach, sie zu verschlingen. Laßt es Euch schmecken, Frau Muhme! sagten die artigen Herren; wir können noch mit mehr aufwarten. Sie schüttelten sich noch einigemale mit großer Behendigkeit, so daß die Schlange kaum die kostbare Speise schnell genug hinunterbringen konnte. Sichtlich fing ihr Schein an zu wachsen, und sie leuchtete wirklich aufs herrlichste, indes die Irrlichter ziemlich mager und klein geworden waren, ohne jedoch von ihrer guten Laune das mindeste zu verlieren.

Ich bin euch auf ewig verbunden, sagte die Schlange, nachdem sie von ihrer Mahlzeit wieder zu Atem gekommen war; fordert von mir, was ihr wollt; was in meinen Kräften ist, will ich euch leisten.

Recht schön! riefen die Irrlichter; sage, wo wohnt die schöne Lilie? Führ' uns so schnell als möglich zum Palaste und Garten der schönen Lilie! wir sterben vor Ungeduld, uns ihr zu Füßen zu werfen.

Diesen Dienst, versetzte die Schlange mit einem tiefen Seufzer, kann ich euch sogleich nicht leisten. Die schöne Lilie wohnt leider jenseit des Wassers.

Jenseit des Wassers! Und wir lassen uns in dieser stürmischen Nacht übersetzen! Wie grausam ist der Fluß, der uns nun scheidet! Sollte es nicht möglich sein, den Alten wieder zu errufen?

Sie würden sich vergebens bemühen, versetzte die Schlange; denn wenn Sie ihn auch selbst an dem diesseitigen Ufer anträfen, so würde er Sie nicht einnehmen; er darf jedermann herüber-, niemand hinüberbringen.

Da haben wir uns schön gebettet! Gibt es denn kein ander Mittel, über das Wasser zu kommen?

Noch einige; nur nicht in diesem Augenblick. Ich selbst kann die Herren übersetzen, aber erst in der Mittagsstunde.

Das ist eine Zeit, in der wir nicht gerne reisen.

So können Sie abends auf dem Schatten des Riesen hinüberfahren.

Wie geht das zu?

Der große Riese, der nicht weit von hier wohnt, vermag mit seinem Körper nichts; seine Hände heben keinen Strohhalm, seine Schultern würden kein Reisbündel tragen; aber sein Schatten vermag viel, ja alles. Deswegen ist er beim Aufgang und Untergang der Sonne am mächtigsten; und so darf man sich abends nur auf den Nacken seines Schattens setzen: der Riese geht alsdann sachte gegen das Ufer zu, und der Schatten bringt den Wanderer über das Wasser hinüber. Wollen Sie aber um Mittagszeit sich an jener Waldecke einfinden, wo das Gebüsch dicht ans Ufer stößt, so kann ich Sie übersetzen und der schönen Lilie vorstellen; scheuen Sie hingegen die Mittagshitze, so dürfen Sie nur gegen Abend in jener Felsbucht den Riesen aufsuchen, der sich gewiß recht gefällig zeigen wird.

Mit einer leichten Verbeugung entfernten sich die jungen Herren, und die Schlange war zufrieden, von ihnen loszukommen, teils um sich in ihrem eigenen Lichte zu erfreuen, teils eine Neugierde zu befriedigen, von der sie schon lange auf eine sonderbare Weise gequält ward.

In den Felsklüften, in denen sie oft hin und wieder kroch, hatte sie an einem Orte eine seltsame Entdeckung gemacht; denn ob sie gleich durch diese Abgründe ohne ein Licht zu kriechen genötigt war, so konnte sie doch durchs Gefühl die Gegenstände recht wohl unterscheiden. Nur unregelmäßige Naturprodukte war sie gewohnt überall zu finden; bald schlang sie sich zwischen den Zacken großer Krystalle hindurch, bald fühlte sie die Halen und Haare des gediegenen Silbers und brachte ein und den andern Edelstein mit sich ans Licht hervor; doch hatte sie zu ihrer großen Verwunderung in einem ringsum verschlossenen Felsen Gegenstände gefühlt, welche die bildende Hand des Menschen verrieten. Glatte Wände, an denen sie nicht aufsteigen konnte, scharfe, regelmäßige Kanten, wohlgebildete Säulen und, was ihr am sonderbarsten vorkam, menschliche Figuren, um die sie sich mehrmals geschlungen hatte und die sie für Erz oder äußerst polierten Marmor halten mußte. Alle diese Erfahrungen wünschte sie noch zuletzt durch den Sinn des Auges zusammenzufassen und das, was sie nur mutmaßte, zu bestätigen. Sie glaubte sich nun fähig, durch ihr eigenes Licht dieses wunderbare unterirdische Gewölbe zu erleuchten, und hoffte, auf einmal mit diesen sonderbaren Gegenständen völlig bekannt zu werden. Sie eilte und fand auf dem gewohnten Wege bald die Ritze, durch die sie in das Heiligtum zu schleichen pflegte.

Als sie sich am Orte befand, sah sie sich mit Neugier

um, und obgleich ihr Schein alle Gegenſtände der Rotunde
nicht erleuchten konnte, ſo wurden ihr doch die nächſten deutlich
genug. Mit Erſtaunen und Ehrfurcht ſah ſie in eine glänzende
Niſche hinauf, in welcher das Bildnis eines ehrwürdigen
Königs in lauterm Golde aufgeſtellt war. Dem Maß nach
war die Bildſäule über Menſchengröße, der Geſtalt nach aber
das Bildnis eher eines kleinen als eines großen Mannes.
Sein wohlgebildeter Körper war mit einem einfachen Mantel
umgeben, und ein Eichenkranz hielt ſeine Haare zuſammen.

Kaum hatte die Schlange dieſes ehrwürdige Bildnis an-
geblickt, als der König zu reden anfing und fragte: Wo
kommſt du her?

Aus den Klüften, verſetzte die Schlange, in denen das
Gold wohnt.

Was iſt herrlicher als Gold? fragte der König.

Das Licht, antwortete die Schlange.

Was iſt erquicklicher als Licht? fragte jener.

Das Geſpräch, antwortete dieſe.

Sie hatte unter dieſen Reden beiſeite geſchielt und in
der nächſten Niſche ein anderes herrliches Bild geſehen. In
derſelben ſaß ein ſilberner König, von langer und eher ſchmäch-
tiger Geſtalt; ſein Körper war mit einem verzierten Gewande
überdeckt, Krone, Gürtel und Zepter mit Edelſteinen geſchmückt;
er hatte die Heiterkeit des Stolzes in ſeinem Angeſichte und
ſchien eben reden zu wollen, als an der marmornen Wand
eine Ader, die dunkelfarbig hindurchlief, auf einmal hell ward
und ein angenehmes Licht durch den ganzen Tempel verbreitete. Bei dieſem Lichte ſah die Schlange den dritten
König, der von Erz in mächtiger Geſtalt da ſaß, ſich auf ſeine
Keule lehnte, mit einem Lorbeerkranze geſchmückt war und
eher einem Felſen als einem Menſchen glich. Sie wollte ſich
nach dem vierten umſehen, der in der größten Entfernung
von ihr ſtand; aber die Mauer öffnete ſich, indem die erleuchtete Ader wie ein Blitz zuckte und verſchwand.

Ein Mann von mittlerer Größe, der herantrat, zog die
Aufmerkſamkeit der Schlange auf ſich. Er war als ein Bauer
gekleidet und trug eine kleine Lampe in der Hand, in deren
ſtille Flamme man gerne hinein ſah und die auf eine wunderbare Weiſe, ohne auch nur einen Schatten zu werfen, den
ganzen Dom erhellte.

Warum kommſt du, da wir Licht haben? fragte der gol-
dene König.

Ihr wißt, daß ich das Dunkle nicht erleuchten darf.

Endigt sich mein Reich? fragte der silberne König.

Spät oder nie, versetzte der Alte.

Mit einer starken Stimme fing der eherne König an zu fragen: Wann werde ich aufstehn?

Bald, versetzte der Alte.

Mit wem soll ich mich verbinden? fragte der König.

Mit deinen ältern Brüdern, sagte der Alte.

Was wird aus dem jüngsten werden? fragte der König.

Er wird sich setzen, sagte der Alte.

Ich bin nicht müde, rief der vierte König mit einer rauhen stotternden Stimme.

Die Schlange war, indessen jene redeten, in dem Tempel leise herumgeschlichen, hatte alles betrachtet und besah nunmehr den vierten König in der Nähe. Er stand, an eine Säule gelehnt, und seine ansehnliche Gestalt war eher schwerfällig als schön. Allein das Metall, woraus er gegossen war, konnte man nicht leicht unterscheiden. Genau betrachtet, war es eine Mischung der drei Metalle, aus denen seine Brüder gebildet waren. Aber beim Gusse schienen diese Materien nicht recht zusammengeschmolzen zu sein; goldne und silberne Adern liefen unregelmäßig durch eine eherne Masse hindurch und gaben dem Bilde ein unangenehmes Ansehen.

Indessen sagte der goldne König zum Manne: Wie viel Geheimnisse weißt du?

Drei, versetzte der Alte.

Welches ist das wichtigste? fragte der silberne König.

Das offenbare, versetzte der Alte.

Willst du es auch uns eröffnen? fragte der eherne.

Sobald ich das vierte weiß, sagte der Alte.

Was kümmert's mich! murmelte der zusammengesetzte König vor sich hin.

Ich weiß das vierte, sagte die Schlange, näherte sich dem Alten und zischte ihm etwas ins Ohr.

Es ist an der Zeit! rief der Alte mit gewaltiger Stimme.

Der Tempel schallte wider, die metallenen Bildsäulen klangen, und in dem Augenblicke versank der Alte nach Westen und die Schlange nach Osten, und jedes durchstrich mit großer Schnelle die Klüfte der Felsen.

Alle Gänge, durch die der Alte hindurchwandelte, füllten sich hinter ihm sogleich mit Gold; denn seine Lampe hatte die wunderbare Eigenschaft, alle Steine in Gold, alles Holz

in Silber, tote Tiere in Edelsteine zu verwandeln und alle
Metalle zu zernichten; diese Wirkung zu äußern, mußte sie
aber ganz allein leuchten; wenn ein ander Licht neben ihr
war, wirkte sie nur einen schönen hellen Schein, und alles
Lebendige ward immer durch sie erquickt.

Der Alte trat in seine Hütte, die an dem Berge ange=
bauet war, und fand sein Weib in der größten Betrübnis; sie
saß am Feuer und weinte und konnte sich nicht zufrieden
geben. Wie unglücklich bin ich! rief sie aus: wollt' ich dich
heute doch nicht fortlassen!

Was gibt es denn? fragte der Alte ganz ruhig.

Kaum bist du weg, sagte sie mit Schluchzen, so kommen
zwei ungestüme Wanderer vor die Thüre; unvorsichtig lasse
ich sie herein; es schienen ein paar artige rechtliche Leute; sie
waren in leichte Flammen gekleidet, man hätte sie für Irrlichter halten können. Kaum sind sie im Hause, so fangen
sie an, auf eine unverschämte Weise mir mit Worten zu
schmeicheln, und werden so zudringlich, daß ich mich schäme,
daran zu denken.

Nun, versetzte der Mann lächelnd, die Herren haben
wohl gescherzt; denn deinem Alter nach sollten sie es wohl
bei der allgemeinen Höflichkeit gelassen haben.

Was Alter! Alter! rief die Frau; soll ich immer von
meinem Alter hören? Wie alt bin ich denn? Gemeine Höf=
lichkeit! Ich weiß doch, was ich weiß. Und sieh dich nur
um, wie die Wände aussehen; sieh nur die alten Steine, die
ich seit hundert Jahren nicht mehr gesehen habe: alles Gold
haben sie heruntergeleckt, du glaubst nicht, mit welcher Be=
hendigkeit, und sie versicherten immer, es schmecke viel besser
als gemeines Gold. Als sie die Wände rein gefegt hatten,
schienen sie sehr gutes Mutes, und gewiß, sie waren auch in
kurzer Zeit sehr viel größer, breiter und glänzender geworden.
Nun fingen sie ihren Mutwillen von neuem an, streichelten
mich wieder, hießen mich ihre Königin, schüttelten sich, und
eine Menge Goldstücke sprangen herum; du siehst noch, wie
sie dort unter der Bank leuchten. Aber welch ein Unglück!
unser Mops fraß einige davon, und sieh, da liegt er am
Kamine tot; das arme Tier! ich kann mich nicht zufrieden
geben. Ich sah es erst, da sie fort waren; denn sonst
hätte ich nicht versprochen, ihre Schuld beim Fährmann ab=
zutragen.

Was sind sie schuldig? fragte der Alte.

Drei Kohlhäupter, ſagte die Frau, drei Artiſchocken und drei Zwiebeln; wenn es Tag wird, habe ich verſprochen, ſie an den Fluß zu tragen.

Du kannſt ihnen den Gefallen thun, ſagte der Alte; denn ſie werden uns gelegentlich auch wieder dienen.

Ob ſie uns dienen werden, weiß ich nicht; aber verſprochen und beteuert haben ſie es.

Indeſſen war das Feuer im Kamine zuſammengebrannt; der Alte überzog die Kohlen mit vieler Aſche, ſchaffte die leuchtenden Goldſtücke beiſeite, und nun leuchtete ſein Lämpchen wieder allein in dem ſchönſten Glanze; die Mauern überzogen ſich mit Gold, und der Mops war zu dem ſchönſten Onyx geworden, den man ſich denken konnte. Die Abwechſelung der braunen und ſchwarzen Farbe des koſtbaren Geſteins machte ihn zum ſeltenſten Kunſtwerke.

Nimm deinen Korb, ſagte der Alte und ſtelle den Onyx hinein; alsdann nimm die drei Kohlhäupter, die drei Artiſchocken und die drei Zwiebeln, lege ſie umher und trage ſie zum Fluſſe. Gegen Mittag laß dich von der Schlange überſetzen und beſuche die ſchöne Lilie; bring ihr den Onyx, ſie wird ihn durch ihre Berührung lebendig machen, wie ſie alles Lebendige durch ihre Berührung tötet; ſie wird einen treuen Gefährten an ihm haben. Sage ihr, ſie ſolle nicht trauern: ihre Erlöſung ſei nahe; das größte Unglück könne ſie als das größte Glück betrachten; denn es ſei an der Zeit.

Die Alte packte ihren Korb und machte ſich, als es Tag war, auf den Weg. Die aufgehende Sonne ſchien hell über den Fluß herüber, der in der Ferne glänzte; das Weib ging mit langſamem Schritt; denn der Korb drückte ſie aufs Haupt, und es war doch nicht der Onyx, der ſo laſtete. Alles Tote, was ſie trug, fühlte ſie nicht; vielmehr hob ſich alsdann der Korb in die Höhe und ſchwebte über ihrem Haupte. Aber ein friſches Gemüs oder ein kleines lebendiges Tier zu tragen, war ihr äußerſt beſchwerlich. Verdrießlich war ſie eine Zeitlang hingegangen, als ſie auf einmal erſchreckt ſtille ſtand; denn ſie hätte beinahe auf den Schatten des Rieſen getreten, der ſich über die Ebene bis zu ihr hin erſtreckte. Und nun ſah ſie erſt den gewaltigen Rieſen, der ſich im Fluß gebadet hatte, aus dem Waſſer herausſteigen, und ſie wußte nicht, wie ſie ihm ausweichen ſollte. Sobald er ſie gewahr ward, fing er an, ſie ſcherzhaft zu begrüßen, und die Hände ſeines Schattens griffen ſogleich in den Korb. Mit Leichtigkeit und

Geschicklichkeit nahmen sie ein Kohlhaupt, eine Artischoce und eine Zwiebel heraus und brachten sie dem Riesen zum Munde, der sodann weiter den Fluß hinaufging und dem Weibe den Weg frei ließ.

Sie bedachte, ob sie nicht lieber zurückgehen und die fehlenden Stücke aus ihrem Garten wieder ersetzen sollte, und ging unter diesen Zweifeln immer weiter vorwärts, so daß sie bald an dem Ufer des Flusses ankam. Lange saß sie in Erwartung des Fährmanns, den sie endlich mit einem sonderbaren Reisenden herüberschiffen sah. Ein junger edler, schöner Mann, den sie nicht genug ansehen konnte, stieg aus dem Kahne.

Was bringt Ihr? rief der Alte.

Es ist das Gemüse, das Euch die Irrlichter schuldig sind, versetzte die Frau und wies ihre Ware hin.

Als der Alte von jeder Sorte nur zwei fand, ward er verdrießlich und versicherte, daß er sie nicht annehmen könne. Die Frau bat ihn inständig, erzählte ihm, daß sie jetzt nicht nach Hause gehen könne und daß ihr die Last auf dem Wege, den sie vor sich habe, beschwerlich sei. Er blieb bei seiner abschläglichen Antwort, indem er ihr versicherte, daß es nicht einmal von ihm abhange.

Was mir gebührt, muß ich neun Stunden zusammen lassen, und ich darf nichts annehmen, bis ich dem Fluß ein Dritteil übergeben habe.

Nach vielem Hinundwiderreden versetzte endlich der Alte: Es ist noch ein Mittel. Wenn Ihr Euch gegen den Fluß verbürgt und Euch als Schuldnerin bekennen wollt, so nehme ich die sechs Stücke zu mir; es ist aber einige Gefahr dabei.

Wenn ich mein Wort halte, so laufe ich doch keine Gefahr?

Nicht die geringste. Steckt Eure Hand in den Fluß, fuhr der Alte fort, und versprecht, daß Ihr in vierundzwanzig Stunden die Schuld abtragen wollt.

Die Alte that's; aber wie erschrak sie nicht, als sie ihre Hand kohlschwarz wieder aus dem Wasser zog! Sie schalt heftig auf den Alten, versicherte, daß ihre Hände immer das Schönste an ihr gewesen wären, und daß sie ungeachtet der harten Arbeit diese edeln Glieder weiß und zierlich zu erhalten gewußt habe. Sie besah die Hand mit großem Verdrusse und rief verzweiflungsvoll aus: Das ist noch schlimmer! ich sehe, sie ist gar geschwunden, sie ist viel kleiner als die andere.

Jetzt scheint es nur so, sagte der Alte; wenn Ihr aber nicht Wort haltet, kann es wahr werden. Die Hand wird

nach und nach schwinden und endlich ganz verschwinden, ohne
daß Ihr den Gebrauch derselben entbehrt; Ihr werdet alles
damit verrichten können, nur daß sie niemand sehen wird.

Ich wollte lieber, ich könnte sie nicht brauchen, und man
sähe mir's nicht an, sagte die Alte; indessen hat das nichts
zu bedeuten, ich werde mein Wort halten, um diese schwarze
Haut und diese Sorge bald loszuwerden.

Eilig nahm sie darauf den Korb, der sich von selbst über
ihren Scheitel erhob und frei in die Höhe schwebte, und eilte
dem jungen Manne nach, der sachte und in Gedanken am
Ufer hinging.

Seine herrliche Gestalt und sein sonderbarer Anzug hatten
sich der Alten tief eingedrückt. Seine Brust war mit einem
glänzenden Harnisch bedeckt, durch den alle Teile seines schönen
Leibes sich durchbewegten. Um seine Schultern hing ein Purpur-
mantel, um sein unbedecktes Haupt wallten braune Haare in
schönen Locken; sein holdes Gesicht war den Strahlen der
Sonne ausgesetzt, sowie seine schöngebauten Füße. Mit nackten
Sohlen ging er gelassen über den heißen Sand hin, und ein
tiefer Schmerz schien alle äußeren Eindrücke abzustumpfen.

Die gesprächige Alte suchte ihn zu einer Unterredung zu
bringen; allein er gab ihr mit kurzen Worten wenig Bescheid,
so daß sie endlich ungeachtet seiner schönen Augen müde ward,
ihn immer vergebens anzureden, von ihm Abschied nahm und
sagte: Ihr geht mir zu langsam, mein Herr; ich darf den
Augenblick nicht versäumen, um über die grüne Schlange den
Fluß zu passieren und der schönen Lilie das vortreffliche Geschenk von meinem Manne zu überbringen.

Mit diesen Worten schritt sie eilends fort, und eben so
schnell ermannte sich der schöne Jüngling und eilte ihr auf
dem Fuße nach.

Ihr geht zur schönen Lilie! rief er aus: da gehen wir
einen Weg. Was ist das für ein Geschenk, das Ihr tragt?

Mein Herr, versetzte die Frau dagegen, es ist nicht billig,
nachdem Ihr meine Fragen so einsilbig abgelehnt habt, Euch
mit solcher Lebhaftigkeit nach meinen Geheimnissen zu erkundigen. Wollt Ihr aber einen Tausch eingehen und mir Eure
Schicksale erzählen, so will ich Euch nicht verbergen, wie es
mit mir und meinem Geschenke steht.

Sie wurden bald einig: die Frau vertraute ihm ihre
Verhältnisse, die Geschichte des Hundes und ließ ihn dabei
das wundervolle Geschenk betrachten.

Er hob sogleich das natürliche Kunstwerk aus dem Korbe und nahm den Mops, der sanft zu ruhen schien, in seine Arme.

Glückliches Tier! rief er aus: du wirst von ihren Händen berührt, du wirst von ihr belebt werden, anstatt daß Lebendige vor ihr fliehen, um nicht ein trauriges Schicksal zu erfahren. Doch was sage ich: traurig! ist es nicht viel betrübter und bänglicher, durch ihre Gegenwart gelähmt zu werden, als es sein würde, von ihrer Hand zu sterben?

Sieh mich an, sagte er zu der Alten: in meinen Jahren, welch einen elenden Zustand muß ich erdulden! Diesen Harnisch, den ich mit Ehren im Kriege getragen, diesen Purpur, den ich durch eine weise Regierung zu verdienen suchte, hat mir das Schicksal gelassen, jenen als eine unnötige Last, diesen als eine unbedeutende Zierde. Krone, Zepter und Schwert sind hinweg; ich bin übrigens so nackt und bedürftig, als jeder andere Erdensohn; denn so unselig wirken ihre schönen blauen Augen, daß sie allen lebendigen Wesen ihre Kraft nehmen und daß diejenigen, die ihre berührende Hand nicht tötet, sich in den Zustand lebendig wandelnder Schatten versetzt fühlen.

So fuhr er fort, zu klagen, und befriedigte die Neugierde der Alten keineswegs, welche nicht sowohl von seinem innern als von seinem äußern Zustande unterrichtet sein wollte. Sie erfuhr weder den Namen seines Vaters noch seines Königreichs. Er streichelte den harten Mops, den die Sonnenstrahlen und der warme Busen des Jünglings, als wenn er lebte, erwärmt hatten. Er fragte viel nach dem Mann mit der Lampe, nach den Wirkungen des heiligen Lichtes und schien sich davon für seinen traurigen Zustand künftig viel Gutes zu versprechen.

Unter diesen Gesprächen sahen sie von ferne den majestätischen Bogen der Brücke, der von einem Ufer zum andern hinüber reichte, im Glanz der Sonne auf das wunderbarste schimmern. Beide erstaunten; denn sie hatten dieses Gebäude noch nie so herrlich gesehen. Wie! rief der Prinz, war sie nicht schon schön genug, als sie vor unsern Augen wie von Jaspis und Prasem gebaut dastand? Muß man nicht fürchten, sie zu betreten, da sie aus Smaragd, Chrysopras und Chrysolith mit der anmutigsten Mannigfaltigkeit zusammengesetzt erscheint? Beide wußten nicht die Veränderung, die mit der Schlange vorgegangen war; denn die Schlange war es, die sich jeden Mittag über den Fluß hinüberbäumte und in Ge-

stalt einer kühnen Brücke dastand. Die Wanderer betraten
sie mit Ehrfurcht und gingen schweigend hinüber.

Sie waren kaum am jenseitigen Ufer, als die Brücke
sich zu schwingen und zu bewegen anfing, in kurzem die
Oberfläche des Wassers berührte und die grüne Schlange in
ihrer eigentümlichen Gestalt den Wanderern auf dem Lande
nachgleitete. Beide hatten kaum für die Erlaubnis, auf ihrem
Rücken über den Fluß zu setzen, gedankt, als sie bemerkten,
daß außer ihnen dreien noch mehrere Personen in der Gesell=
schaft sein müßten, die sie jedoch mit ihren Augen nicht er=
blicken konnten. Sie hörten neben sich ein Gezisch, dem die
Schlange gleichfalls mit einem Gezisch antwortete; sie horchten
auf und konnten endlich folgendes vernehmen:

Wir werden, sagten ein paar wechselnde Stimmen, uns
erst inkognito in dem Park der schönen Lilie umsehen und
ersuchen Euch, uns mit Anbruch der Nacht, sobald wir nur
irgend präsentabel sind, der vollkommenen Schönheit vorzu=
stellen. An dem Rande des großen Sees werdet Ihr uns
antreffen.

Es bleibt dabei, antwortete die Schlange, und ein zischen=
der Laut verlor sich in der Luft.

Unsere drei Wanderer beredeten sich nunmehr, in welcher
Ordnung sie bei der Schönen vortreten wollten; denn so viel
Personen auch um sie sein konnten, so durften sie doch nur
einzeln kommen und gehen, wenn sie nicht empfindliche
Schmerzen erdulden sollten.

Das Weib mit dem verwandelten Hunde im Korbe nahte
sich zuerst dem Garten und suchte ihre Gönnerin auf, die
leicht zu finden war, weil sie eben zur Harfe sang; die lieb=
lichen Töne zeigten sich erst als Ringe auf der Oberfläche
des stillen Sees, dann wie ein leichter Hauch setzten sie Gras
und Büsche in Bewegung. Auf einem eingeschlossenen grünen
Platze, in dem Schatten einer herrlichen Gruppe mannigfal=
tiger Bäume saß sie und bezauberte beim ersten Anblick aufs
neue die Augen, das Ohr und das Herz des Weibes, das
sich ihr mit Entzücken näherte und bei sich selbst schwur, die
Schöne sei während ihrer Abwesenheit nur immer schöner
geworden. Schon von weitem rief die gute Frau dem liebens=
würdigsten Mädchen Gruß und Lob zu.

Welch ein Glück, Euch anzusehen! welch einen Himmel
verbreitet Eure Gegenwart um Euch her! Wie die Harfe
so reizend in Eurem Schoße lehnt, wie Eure Arme sie so

sanft umgeben, wie sie sich nach Eurer Brust zu sehnen
scheint und wie sie unter der Berührung Eurer schlanken
Finger so zärtlich klingt! Dreifach glücklicher Jüngling, der
du ihren Platz einnehmen konntest!

Unter diesen Worten war sie näher gekommen; die
schöne Lilie schlug die Augen auf, ließ die Hände sinken und
versetzte:

Betrübe mich nicht durch ein unzeitiges Lob! ich empfinde
nur desto stärker mein Unglück. Sieh, hier zu meinen Füßen
liegt der arme Kanarienvogel tot, der sonst meine Lieder auf
das angenehmste begleitete; er war gewöhnt, auf meiner
Harfe zu sitzen und, sorgfältig abgerichtet, mich nicht zu be=
rühren; heute, indem ich, vom Schlaf erquickt, ein ruhiges
Morgenlied anstimme und mein kleiner Sänger munterer
als jemals seine harmonischen Töne hören läßt, schießt ein
Habicht über meinem Haupte hin; das arme kleine Tier,
erschrocken, flüchtet in meinen Busen, und in dem Augen=
blick fühle ich die letzten Zuckungen seines scheidenden Lebens.
Zwar, von meinem Blicke getroffen, schleicht der Räuber dort
ohnmächtig am Wasser hin; aber was kann mir seine Strafe
helfen! Mein Liebling ist tot, und sein Grab wird nur das
traurige Gebüsch meines Gartens vermehren.

Ermannt Euch, schöne Lilie! rief die Frau, indem sie
selbst eine Thräne abtrocknete, welche ihr die Erzählung des
unglücklichen Mädchens aus den Augen gelockt hatte; nehmt
Euch zusammen! Mein Alter läßt Euch sagen, Ihr sollt
Eure Trauer mäßigen, das größte Unglück als Vorboten des
größten Glücks ansehen; denn es sei an der Zeit.

Und wahrhaftig, fuhr die Alte fort, es geht bunt in
der Welt zu. Seht nur meine Hand, wie sie schwarz ge=
worden ist! Wahrhaftig, sie ist schon um vieles kleiner; ich
muß eilen, eh sie gar verschwindet! Warum mußt' ich den
Irrlichtern eine Gefälligkeit erzeigen? warum mußt' ich dem
Riesen begegnen und warum meine Hand in den Fluß
tauchen? Könnt Ihr mir nicht ein Kohlhaupt, eine Artischocke
und eine Zwiebel geben? So bringe ich sie dem Flusse, und
meine Hand ist weiß wie vorher, so daß ich sie fast neben
die Eurige halten könnte.

Kohlhäupter und Zwiebeln könntest du allenfalls noch
finden, aber Artischocken suchest du vergebens. Alle Pflanzen
in meinem großen Garten tragen weder Blüten noch Früchte;
aber jedes Reis, das ich breche und auf das Grab eines

Lieblings pflanze, grünt ſogleich und ſchießt hoch auf. Alle
dieſe Gruppen, dieſe Büſche, dieſe Haine habe ich leider
wachſen ſehen. Die Schirme dieſer Pinien, die Obelisken
dieſer Zypreſſen, die Koloſſen von Eichen und Buchen, alles
waren kleine Reiſer, als ein trauriges Denkmal von meiner
Hand in einen ſonſt unfruchtbaren Boden gepflanzt.

Die Alte hatte auf dieſe Rede wenig acht gegeben und
nur ihre Hand betrachtet, die in der Gegenwart der ſchönen
Lilie immer ſchwärzer und von Minute zu Minute kleiner
zu werden ſchien. Sie wollte ihren Korb nehmen und eben
forteilen, als ſie fühlte, daß ſie das Beſte vergeſſen hatte.
Sie hub ſogleich den verwandelten Hund heraus und ſetzte
ihn nicht weit von der Schönen ins Gras.

Mein Mann, ſagte ſie, ſchickt Euch dieſes Andenken.
Ihr wißt, daß Ihr dieſen Edelſtein durch Eure Berührung
beleben könnt. Das artige, treue Tier wird Euch gewiß viel
Freude machen, und die Betrübnis, daß ich ihn verliere, kann
n durch den Gedanken aufgeheitert werden, daß Ihr ihn
beſitzt.

Die ſchöne Lilie ſah das artige Tier mit Vergnügen
und, wie es ſchien, mit Verwunderung an. Es kommen viele
Zeichen zuſammen, ſagte ſie, die mir einige Hoffnung ein=
flößen; aber, ach! iſt es nicht bloß ein Wahn unſrer Natur,
daß wir dann, wenn vieles Unglück zuſammentrifft, uns vor=
bilden, das Beſte ſei nah?

> Was helfen mir die vielen guten Zeichen?
> Des Vogels Tod, der Freundin ſchwarze Hand?
> Der Mops von Edelſtein, hat er wohl ſeinesgleichen?
> Und hat ihn nicht die Lampe mir geſandt?
> Entfernt vom ſüßen menſchlichen Genuſſe,
> Bin ich doch mit dem Jammer nur vertraut.
> Ach! warum ſteht der Tempel nicht am Fluſſe,
> Ach! warum iſt die Brücke nicht gebaut!

Ungeduldig hatte die gute Frau dieſem Geſange zuge=
hört, den die ſchöne Lilie mit den angenehmen Tönen ihrer
Harfe begleitete und der jeden andern entzückt hätte. Eben
wollte ſie ſich beurlauben, als ſie durch die Ankunft der
grünen Schlange abermals abgehalten wurde. Dieſe hatte
die letzten Zeilen des Liedes gehört und ſprach deshalb der
ſchönen Lilie ſogleich zuverſichtlich Mut ein.

Die Weisſagung von der Brücke iſt erfüllt! rief ſie aus.
Fragt nur dieſe gute Frau, wie herrlich der Bogen gegen=

wärtig erscheint. Was sonst undurchsichtiger Jaspis, was nur
Prasem war, durch den das Licht höchstens auf den Kanten
durchschimmerte, ist nun durchsichtiger Edelstein geworden.
Kein Beryll ist so klar und kein Smaragd so schönfarbig.

Ich wünsche Euch Glück dazu, sagte Lilie, allein verzeiht
mir, wenn ich die Weissagung noch nicht erfüllt glaube.
Ueber den hohen Bogen Eurer Brücke können nur Fußgänger
hinüberschreiten, und es ist uns versprochen, daß Pferde und
Wagen und Reisende aller Art zu gleicher Zeit über die
Brücke herüber und hinüber wandern sollen. Ist nicht von
den großen Pfeilern geweissagt, die aus dem Flusse selbst
heraussteigen werden?

Die Alte hatte ihre Augen immer auf die Hand ge=
heftet, unterbrach hier das Gespräch und empfahl sich.

Verweilt noch einen Augenblick, sagte die schöne Lilie,
und nehmt meinen armen Kanarienvogel mit! Bittet die
Lampe, daß sie ihn in einen schönen Topas verwandle. Ich
will ihn durch meine Berührung beleben, und er, mit Eurem
guten Mops, soll mein bester Zeitvertreib sein; aber eilt,
was Ihr könnt! Denn mit Sonnenuntergang ergreift unleid=
liche Fäulnis das arme Tier und zerreißt den schönen Zu=
sammenhang seiner Gestalt auf ewig.

Die Alte legte den kleinen Leichnam zwischen zarte
Blätter in ihren Korb und eilte davon.

Wie dem auch sei, sagte die Schlange, indem sie das
abgebrochene Gespräch fortsetzte, der Tempel ist erbaut.

Er steht aber noch nicht am Flusse, versetzte die Schöne.

Noch ruht er in den Tiefen der Erde, sagte die Schlange;
ich habe die Könige gesehen und gesprochen.

Aber wann werden sie aufstehn? fragte Lilie.

Die Schlange versetzte: Ich hörte die großen Worte im
Tempel ertönen: Es ist an der Zeit!

Eine angenehme Heiterkeit verbreitete sich über das Au=
gesicht der Schönen. Höre ich doch, sagte sie, die glücklichen
Worte schon heute zum zweitenmal; wann wird der Tag
kommen, an dem ich sie dreimal höre?

Sie stand auf, und sogleich trat ein reizendes Mädchen
aus dem Gebüsch, das ihr die Harfe abnahm. Dieser folgte
eine andere, die den elfenbeinernen geschnitzten Feldstuhl,
worauf die Schöne gesessen hatte, zusammenschlug und das
silberne Kissen unter den Arm nahm. Eine dritte, die einen
großen, mit Perlen gestickten Sonnenschirm trug, zeigte sich

darauf, erwartend, ob Lilie auf einem Spaziergang etwa ihrer bedürfe. Ueber allen Ausdruck schön und reizend waren diese drei Mädchen, und doch erhöhten sie nur die Schönheit der Lilie, indem sich jeder gestehen mußte, daß sie mit ihr gar nicht verglichen werden konnten.

Mit Gefälligkeit hatte indes die schöne Lilie den wunderbaren Mops betrachtet. Sie beugte sich, berührte ihn, und in dem Augenblicke sprang er auf. Munter sah er sich um, lief hin und wider und eilte zuletzt, seine Wohlthäterin auf das freundlichste zu begrüßen. Sie nahm ihn auf die Arme und drückte ihn an sich.

So kalt du bist, rief sie aus, und obgleich nur ein halbes Leben in dir wirkt, bist du mir doch willkommen; zärtlich will ich dich lieben, artig mit dir scherzen, freundlich dich streicheln und fest dich an mein Herz drücken.

Sie ließ ihn darauf los, jagte ihn von sich, rief ihn wieder, scherzte so artig mit ihm und trieb sich so munter und unschuldig mit ihm auf dem Grase herum, daß man mit neuem Entzücken ihre Freude betrachten und teil daran nehmen mußte, so wie kurz vorher ihre Trauer jedes Herz zum Mitleid gestimmt hatte.

Diese Heiterkeit, diese anmutigen Scherze wurden durch die Ankunft des traurigen Jünglings unterbrochen. Er trat herein, wie wir ihn schon kennen. Nur schien die Hitze des Tages ihn noch mehr abgemattet zu haben, und in der Gegenwart der Geliebten ward er mit jedem Augenblicke blässer. Er trug den Habicht auf seiner Hand, der wie eine Taube ruhig saß und die Flügel hängen ließ.

Es ist nicht freundlich, rief Lilie ihm entgegen, daß du mir das verhaßte Tier vor die Augen bringst, das Ungeheuer, das meinen kleinen Sänger heute getötet hat.

Schilt den unglücklichen Vogel nicht, versetzte darauf der Jüngling: klage vielmehr dich an und das Schicksal und vergönne mir, daß ich mit dem Gefährten meines Elends Gesellschaft mache!

Indessen hörte der Mops nicht auf, die Schöne zu necken, und sie antwortete dem durchsichtigen Liebling mit dem freundlichsten Betragen. Sie klatschte mit den Händen, um ihn zu verscheuchen; dann lief sie, um ihn wieder nach sich zu ziehen. Sie suchte ihn zu haschen, wenn er floh, und jagte ihn von sich weg, wenn er sich an sie zu drängen versuchte. Der Jüngling sah stillschweigend und mit wachsendem

Verdrusse zu; aber endlich, da sie das häßliche Tier, das ihm ganz abscheulich vorkam, auf den Arm nahm, an ihren weißen Busen drückte und die schwarze Schnauze mit ihren himm= lischen Lippen küßte, verging ihm alle Geduld, und er rief voller Verzweiflung aus:

Muß ich, der ich durch ein trauriges Geschick vor dir, vielleicht auf immer, in einer getrennten Gegenwart lebe, der ich durch dich alles, ja, mich selbst verloren habe, muß ich vor meinen Augen sehen, daß eine so widernatürliche Mißgeburt dich zur Freude reizen, deine Neigung fesseln und deine Umarmung genießen kann! Soll ich noch länger nur so hin und wider gehen und den traurigen Kreis den Fluß herüber und hinüber abmessen? Nein! es ruht noch ein Funke des alten Heldenmutes in meinem Busen; er schlage in diesem Augenblick zur letzten Flamme auf! Wenn Steine an deinem Busen ruhen können, so möge ich zu Stein wer= den; wenn deine Berührung tötet, so will ich von deinen Händen sterben.

Mit diesen Worten machte er eine heftige Bewegung; der Habicht flog von seiner Hand, er aber stürzte auf die Schöne los; sie streckte die Hände aus, ihn abzuhalten, und berührte ihn nur desto früher. Das Bewußtsein verließ ihn, und mit Entsetzen fühlte sie die schöne Last an ihrem Busen. Mit einem Schrei trat sie zurück, und der holde Jüngling sank entseelt aus ihren Armen zur Erde.

Das Unglück war geschehen. Die süße Lilie stand unbe= weglich und blickte starr nach dem entseelten Leichnam; das Herz schien ihr im Busen zu stocken, und ihre Augen waren ohne Thränen. Vergebens suchte der Mops ihr eine freund= liche Bewegung abzugewinnen; die ganze Welt war mit ihrem Freunde ausgestorben. Ihre stumme Verzweiflung sah sich nach Hilfe nicht um; denn sie kannte keine Hilfe.

Dagegen regte sich die Schlange desto emsiger; sie schien auf Rettung zu sinnen. Und wirklich dienten ihre sonder= baren Bewegungen, wenigstens die nächsten schrecklichen Folgen des Unglücks auf einige Zeit zu hindern. Sie zog mit ihrem geschmeidigen Körper einen weiten Kreis um den Leichnam, faßte das Ende ihres Schwanzes mit den Zähnen und blieb ruhig liegen.

Nicht lange, so trat eine der schönen Dienerinnen Liliens hervor, brachte den elfenbeinernen Feldstuhl und nötigte mit freundlichen Gebärden die Schöne, sich zu setzen; bald darauf

kam die zweite, die einen feuerfarbenen Schleier trug und
das Haupt ihrer Gebieterin damit mehr zierte, als bedeckte;
die dritte übergab ihr die Harfe, und kaum hatte sie das
prächtige Instrument an sich gedrückt und einige Töne aus
den Saiten hervorgelockt, als die erste mit einem hellen
runden Spiegel zurückkam, sich der Schönen gegenüberstellte,
ihre Blicke auffing und ihr das angenehmste Bild, das in der
Natur zu finden war, darstellte. Der Schmerz erhöhte ihre
Schönheit, der Schleier ihre Reize, die Harfe ihre Anmut,
und so sehr man hoffte, ihre traurige Lage verändert zu
sehen, so sehr wünschte man, ihr Bild ewig, wie es gegen=
wärtig erschien, festzuhalten.

Mit einem stillen Blick nach dem Spiegel lockte sie bald
schmelzende Töne aus den Saiten, bald schien ihr Schmerz
zu steigen, und die Saiten antworteten gewaltsam ihrem
Jammer; einigemal öffnete sie den Mund zu singen, aber die
Stimme versagte ihr; doch bald löste sich ihr Schmerz in
Thränen auf; zwei Mädchen faßten sie hilfreich in die Arme,
die Harfe sank aus ihrem Schoße; kaum ergriff noch die
schnelle Dienerin das Instrument und trug es beiseite.

Wer schafft uns den Mann mit der Lampe, ehe die
Sonne untergeht? zischte die Schlange leise, aber vernehmlich;
die Mädchen sahen einander an, und Liliens Thränen ver=
mehrten sich. In diesem Augenblicke kam atemlos die Frau
mit dem Korb zurück.

Ich bin verloren und verstümmelt! rief sie aus. Seht,
wie meine Hand beinahe ganz weggeschwunden ist! Weder
der Fährmann noch der Riese wollten mich übersetzen, weil ich
noch eine Schuldnerin des Wassers bin; vergebens habe ich
hundert Kohlhäupter und hundert Zwiebeln angeboten; man
will nicht mehr als die drei Stücke, und keine Artischocke ist
nun einmal in diesen Gegenden zu finden.

Vergeßt Eure Not, sagte die Schlange, und sucht hier
zu helfen! Vielleicht kann Euch zugleich mitgeholfen werden.
Eilt, was Ihr könnt, die Irrlichter aufzusuchen! Es ist noch
zu hell, sie zu sehen, aber vielleicht hört Ihr sie lachen und
flattern. Wenn sie eilen, so setzt sie der Riese noch über den
Fluß, und sie können den Mann mit der Lampe finden
und schicken.

Das Weib eilte, so viel sie konnte, und die Schlange
schien eben so ungeduldig als Lilie die Rückkunft der
beiden zu erwarten. Leider vergoldete schon der Strahl der

sinkenden Sonne nur den höchsten Gipfel der Bäume des Dickichts, und lange Schatten zogen sich über See und Wiese; die Schlange bewegte sich ungeduldig, und Lilie zerfloß in Thränen.

In dieser Not sah die Schlange sich überall um; denn sie fürchtete jeden Augenblick, die Sonne werde untergehen, die Fäulnis den magischen Kreis durchdringen und den schönen Jüngling unaufhaltsam anfallen. Endlich erblickte sie hoch in den Lüften mit purpurroten Federn den Habicht, dessen Brust die letzten Strahlen der Sonne auffing. Sie schüttelte sich vor Freuden über das gute Zeichen, und sie betrog sich nicht: denn kurz darauf sah man den Mann mit der Lampe über den See hergleiten, gleich als wenn er auf Schlitt= schuhen ginge.

Die Schlange veränderte nicht ihre Stelle, aber die Lilie stand auf und rief ihm zu: Welcher Geist sendet dich in dem Augenblick, da wir so sehr nach dir verlangen und deiner so sehr bedürfen?

Der Geist meiner Lampe, versetzte der Alte, treibt mich, und der Habicht führt mich hierher. Sie spratzelt, wenn man meiner bedarf, und ich sehe mich nur in den Lüften nach einem Zeichen um; irgend ein Vogel oder Meteor zeigt mir die Himmelsgegend an, wohin ich mich wenden soll. Sei ruhig, schönstes Mädchen! Ob ich helfen kann, weiß ich nicht; ein einzelner hilft nicht, sondern wer sich mit vielen zur rechten Stunde vereinigt. Aufschieben wollen wir und hoffen!

Halte deinen Kreis geschlossen, fuhr er fort, indem er sich an die Schlange wendete, sich auf einen Erdhügel neben sie hin setzte und den toten Körper beleuchtete. Bringt den artigen Kanarienvogel auch her und leget ihn in den Kreis! Die Mädchen nahmen den kleinen Leichnam aus dem Korbe, den die Alte stehen ließ, und gehorchten dem Manne.

Die Sonne war indessen untergegangen, und wie die Finsternis zunahm, fing nicht allein die Schlange und die Lampe des Mannes nach ihrer Weise zu leuchten an, sondern der Schleier Liliens gab auch ein sanftes Licht von sich, das wie eine zarte Morgenröte ihre blassen Wangen und ihr weißes Gewand mit einer unendlichen Anmut färbte. Man sah sich wechselsweise mit stiller Betrachtung an; Sorge und Trauer waren durch eine sichere Hoffnung gemildert.

Nicht unangenehm erschien daher das alte Weib in Ge= sellschaft der beiden muntern Flammen, die zwar zeither sehr

verschwendet haben mußten — denn sie waren wieder äußerst
mager geworden — aber sich nur desto artiger gegen die
Prinzessin und die übrigen Frauenzimmer betrugen. Mit der
größten Sicherheit und mit vielem Ausdruck sagten sie ziem=
lich gewöhnliche Sachen; besonders zeigten sie sich sehr em=
pfänglich für den Reiz, den der leuchtende Schleier über Lilien
und ihre Begleiterinnen verbreitete. Bescheiden schlugen die
Frauenzimmer ihre Augen nieder, und das Lob ihrer Schön=
heit verschönerte sie wirklich. Jedermann war zufrieden und
ruhig bis auf die Alte. Ungeachtet der Versicherung ihres
Mannes, daß ihre Hand nicht weiter abnehmen könne, so
lange sie von seiner Lampe beschienen sei, behauptete sie mehr
als einmal, daß, wenn es so fortgehe, noch vor Mitternacht
dieses edle Glied völlig verschwinden werde.

Der Alte mit der Lampe hatte dem Gespräch der Irr=
lichter aufmerksam zugehört und war vergnügt, daß Lilie
durch diese Unterhaltung zerstreut und aufgeheitert worden.
Und wirklich war Mitternacht herbeigekommen, man wußte
nicht, wie.

Der Alte sah nach den Sternen und fing darauf zu
reden an: Wir sind zur glücklichen Stunde beisammen; jeder
verrichte sein Amt, jeder thue seine Pflicht, und ein all=
gemeines Glück wird die einzelnen Schmerzen in sich auf=
lösen, wie ein allgemeines Unglück einzelne Freuden verzehrt.

Nach diesen Worten entstand ein wunderbares Geräusch;
denn alle gegenwärtigen Personen sprachen für sich und drück=
ten laut aus, was sie zu thun hätten; nur die drei Mädchen
waren stille; eingeschlafen war die eine neben der Harfe, die
andere neben dem Sonnenschirm, die dritte neben dem Sessel,
und man konnte es ihnen nicht verdeulen; denn es war spät.
Die flammenden Jünglinge hatten nach einigen vorübergehen=
den Höflichkeiten, die sie auch den Dienerinnen gewidmet, sich
doch zuletzt nur an Lilien, als die Allerschönste, gehalten.

Fasse, sagte der Alte zum Habicht, den Spiegel und
mit dem ersten Sonnenstrahl beleuchte die Schläferinnen und
wecke sie mit zurückgeworfenem Lichte aus der Höhe!

Die Schlange fing nunmehr an, sich zu bewegen, löste
den Kreis auf und zog langsam in großen Ringen nach dem
Flusse. Feierlich folgten ihr die beiden Irrlichter, und man
hätte sie für die ernsthaftesten Flammen halten sollen. Die
Alte und ihr Mann ergriffen den Korb, dessen sanftes Licht
man bisher kaum bemerkt hatte; sie zogen von beiden Seiten

daran, und er ward immer größer und leuchtender; sie hoben
darauf den Leichnam des Jünglings hinein und legten ihm
den Kanarienvogel auf die Brust; der Korb hob sich in die
Höhe und schwebte über dem Haupte der Alten, und sie folgte
den Irrlichtern auf dem Fuße. Die schöne Lilie nahm den
Mops auf ihren Arm und folgte der Alten; der Mann mit
der Lampe beschloß den Zug, und die Gegend war von diesen
vielerlei Lichtern auf das sonderbarste erhellt.

Aber mit nicht geringer Bewunderung sah die Gesellschaft,
als sie zu dem Flusse gelangte, einen herrlichen Bogen über
denselben hinübersteigen, wodurch die wohlthätige Schlange
ihnen einen glänzenden Weg bereitete. Hatte man bei Tage
die durchsichtigen Edelsteine bewundert, woraus die Brücke zusammengesetzt schien, so erstaunte man bei Nacht über ihre
leuchtende Herrlichkeit. Oberwärts schnitt sich der helle Kreis
scharf an dem dunkeln Himmel ab, aber unterwärts zuckten
lebhafte Strahlen nach dem Mittelpunkte zu und zeigten die
bewegliche Festigkeit des Gebäudes. Der Zug ging langsam
hinüber, und der Fährmann, der von ferne aus seiner Hütte
hervorsah, betrachtete mit Staunen den leuchtenden Kreis und
die sonderbaren Lichter, die darüber hinzogen.

Kaum waren sie an dem andern Ufer angelangt, als
der Bogen nach seiner Weise zu schwanken und sich wellen-
artig dem Wasser zu nähern anfing. Die Schlange bewegte
sich bald darauf ans Land; der Korb setzte sich zur Erde nieder, und die Schlange zog aufs neue ihren Kreis umher.
Der Alte neigte sich vor ihr und sprach: Was hast du beschlossen?

Mich aufzuopfern, ehe ich aufgeopfert werde, versetzte
die Schlange. Versprich mir, daß du keinen Stein am Lande
lassen willst!

Der Alte versprach's und sagte darauf zur schönen Lilie:
Rühre die Schlange mit der linken Hand an und deinen
Geliebten mit der rechten!

Lilie kniete nieder und berührte die Schlange und den
Leichnam. Im Augenblicke schien dieser in das Leben über-
zugehen; er bewegte sich im Korbe; ja, er richtete sich in die
Höhe und saß; Lilie wollte ihn umarmen, allein der Alte
hielt sie zurück, er half dagegen dem Jüngling aufstehen
und leitete ihn, indem er aus dem Korbe und dem Kreise trat.

Der Jüngling stand, der Kanarienvogel flatterte auf
seiner Schulter; es war wieder Leben in beiden, aber der

Geist war noch nicht zurückgekehrt: der schöne Freund hatte
die Augen offen und sah nicht, wenigstens schien er alles ohne
Teilnehmung anzusehn. Und kaum hatte sich die Verwunde=
rung über diese Begebenheit in etwas gemäßigt, als man erst
bemerkte, wie sonderbar die Schlange sich verändert hatte.
Ihr schöner schlanker Körper war in tausend und tausend
leuchtende Edelsteine zerfallen; unvorsichtig hatte die Alte,
die nach ihrem Korbe greifen wollte, an sie gestoßen, und
man sah nichts mehr von der Bildung der Schlange, nur ein
schöner Kreis leuchtender Edelsteine lag im Grase.

Der Alte machte sogleich Anstalt, die Steine in den Korb
zu fassen, wozu ihm seine Frau behilflich sein mußte. Beide
trugen darauf den Korb gegen das Ufer an einen erhabenen
Ort, und er schüttete die ganze Ladung, nicht ohne Wider=
willen der Schönen und seines Weibes, die gerne davon sich
etwas ausgesucht hätten, in den Fluß. Wie leuchtende und
blinkende Sterne schwammen die Steine mit den Wellen hin,
und man konnte nicht unterscheiden, ob sie sich in der Ferne
verloren oder untersanken.

Meine Herren, sagte darauf der Alte ehrerbietig zu den
Irrlichtern, nunmehr zeige ich Ihnen den Weg und eröffne
den Gang; aber Sie leisten uns den größten Dienst, wenn
Sie uns die Pforte des Heiligtums öffnen, durch die wir
diesmal eingehen müssen und die außer Ihnen niemand auf=
schließen kann.

Die Irrlichter neigten sich anständig und blieben zurück.
Der Alte mit der Lampe ging voraus in den Felsen, der sich
vor ihm aufthat; der Jüngling folgte ihm, gleichsam mecha=
nisch; still und ungewiß hielt sich Lilie in einiger Entfernung
hinter ihm; die Alte wollte nicht gerne zurückbleiben und
streckte ihre Hand aus, damit ja das Licht von ihres Mannes
Lampe sie erleuchten könne. Nun schlossen die Irrlichter den
Zug, indem sie die Spitzen ihrer Flammen zusammenneigten
und mit einander zu sprechen schienen.

Sie waren nicht lange gegangen, als der Zug sich vor
einem großen ehernen Thore befand, dessen Flügel mit einem
goldenen Schloß verschlossen waren. Der Alte rief sogleich
die Irrlichter herbei, die sich nicht lange aufmuntern ließen,
sondern geschäftig mit ihren spitzesten Flammen Schloß und
Riegel aufzehrten.

Laut tönte das Erz, als die Pforten schnell aufsprangen
und im Heiligtum die würdigen Bilder der Könige, durch die

hereintretenden Lichter beleuchtet, erschienen. Jeder neigte sich
vor den ehrwürdigen Herrschern; besonders ließen es die Irr=
lichter an krausen Verbeugungen nicht fehlen.

Nach einiger Pause fragte der goldne König: Woher
kommt ihr?

Aus der Welt, antwortete der Alte.

Wohin geht ihr? fragte der silberne König.

In die Welt, sagte der Alte.

Was wollt ihr bei uns? fragte der eherne König.

Euch begleiten, sagte der Alte.

Der gemischte König wollte eben zu reden anfangen, als
der goldne zu den Irrlichtern, die ihm zu nahe gekommen
waren, sprach: Hebet euch weg von mir! Mein Gold ist nicht
für euren Gaum.

Sie wandten sich darauf zum silbernen und schmiegten
sich an ihn; sein Gewand glänzte schön von ihrem gelblichen
Widerschein.

Ihr seid mir willkommen, sagte er, aber ich kann euch
nicht ernähren; sättiget euch auswärts und bringt mir euer
Licht!

Sie entfernten sich und schlichen, bei dem ehernen vorbei,
der sie nicht zu bemerken schien, auf den zusammengesetzten los.

Wer wird die Welt beherrschen? rief dieser mit stottern=
der Stimme.

Wer auf seinen Füßen steht, antwortete der Alte.

Das bin ich! sagte der gemischte König.

Es wird sich offenbaren, sagte der Alte; denn es ist an
der Zeit!

Die schöne Lilie fiel dem Alten um den Hals und küßte
ihn aufs herzlichste.

Heiliger Vater, sagte sie, tausendmal dank' ich dir; denn
ich höre das ahnungsvolle Wort zum drittenmal.

Sie hatte kaum ausgeredet, als sie sich noch fester an
den Alten anhielt; denn der Boden fing unter ihnen an zu
schwanken: die Alte und der Jüngling hielten sich auch an
einander, nur die beweglichen Irrlichter merkten nichts.

Man konnte deutlich fühlen, daß der ganze Tempel sich
bewegte wie ein Schiff, das sich sanft aus dem Hafen ent=
fernt, wenn die Anker gelichtet sind; die Tiefen der Erde
schienen sich vor ihm aufzuthun, als er hindurch zog. Er stieß
nirgends an, kein Felsen stand ihm in dem Weg.

Wenige Augenblicke schien ein feiner Regen durch die

Oeffnung der Kuppel hereinzurieseln. Der Alte hielt die schöne Lilie fester und sagte zu ihr: Wir sind unter dem Flusse und bald am Ziel. Nicht lange darauf glaubten sie still zu stehn; doch sie betrogen sich, der Tempel stieg aufwärts.

Nun entstand ein seltsames Getöse über ihrem Haupte. Bretter und Ballen in ungestalter Verbindung begannen sich zu der Oeffnung der Kuppel krachend hereinzudrängen. Lilie und die Alte sprangen zur Seite; der Mann mit der Lampe faßte den Jüngling und blieb stehen. Die kleine Hütte des Fährmanns — denn sie war es, die der Tempel im Aufsteigen vom Boden abgesondert und in sich aufgenommen hatte — sank allmählich herunter und bedeckte den Jüngling und den Alten.

Die Weiber schrieen laut, und der Tempel schütterte wie ein Schiff, das unvermutet ans Land stößt. Aengstlich irrten die Frauen in der Dämmerung um die Hütte; die Thüre war verschlossen, und auf ihr Pochen hörte niemand. Sie pochten heftiger und wunderten sich nicht wenig, als zuletzt das Holz zu klingen anfing. Durch die Kraft der verschlossenen Lampe war die Hütte von innen heraus zu Silber geworden. Nicht lange, so veränderte sie sogar ihre Gestalt: denn das edle Metall verließ die zufälligen Formen der Bretter, Pfosten und Balken und dehnte sich zu einem herrlichen Gehäuse von getriebener Arbeit aus. Nun stand ein herrlicher kleiner Tempel in der Mitte des großen, oder, wenn man will, ein Altar, des Tempels würdig.

Durch eine Treppe, die von innen heraufging, trat nunmehr der edle Jüngling in die Höhe; der Mann mit der Lampe leuchtete ihm, und ein anderer schien ihn zu unterstützen, der in einem weißen kurzen Gewand hervorkam und ein silbernes Ruder in der Hand hielt; man erkannte in ihm sogleich den Fährmann, den ehemaligen Bewohner der verwandelten Hütte.

Die schöne Lilie stieg die äußeren Stufen hinauf, die von dem Tempel auf den Altar führten; aber noch immer mußte sie sich von ihrem Geliebten entfernt halten. Die Alte, deren Hand, so lange die Lampe verborgen gewesen, immer kleiner geworden war, rief: Soll ich doch noch unglücklich werden? Ist bei so vielen Wundern durch kein Wunder meine Hand zu retten?

Ihr Mann deutete ihr nach der offenen Pforte und sagte: Siehe, der Tag bricht an; eile und bade dich im Flusse!

Welch ein Rat! rief sie: ich soll wohl ganz schwarz wer=
den und ganz verschwinden; habe ich doch meine Schuld noch
nicht bezahlt!

Gehe, sagte der Alte, und folge mir! Alle Schulden
sind abgetragen.

Die Alte eilte weg, und in dem Augenblick erschien das
Licht der aufgehenden Sonne an dem Kranze der Kuppel.
Der Alte trat zwischen den Jüngling und die Jungfrau und
rief mit lauter Stimme: Drei sind, die da herrschen auf
Erden, die Weisheit, der Schein und die Gewalt. Bei dem
ersten Worte stand der goldne König auf, bei dem zweiten
der silberne, und bei dem dritten hatte sich der eherne lang=
sam emporgehoben, als der zusammengesetzte König sich plötzlich
ungeschickt niedersetzte. Wer ihn sah, konnte sich ungeachtet
des feierlichen Augenblicks kaum des Lachens enthalten; denn
er saß nicht, er lag nicht, er lehnte sich nicht an, sondern er
war unförmlich zusammengesunken.

Die Irrlichter, die sich bisher um ihn beschäftigt hatten,
traten zur Seite; sie schienen, obgleich blaß beim Morgen=
lichte, doch wieder gut genährt und wohl bei Flammen; sie
hatten auf eine geschickte Weise die goldnen Adern des kolos=
salen Bildes mit ihren spitzen Zungen bis aufs Innerste
herausgeleckt. Die unregelmäßigen leeren Räume, die da=
durch entstanden waren, erhielten sich eine Zeitlang offen,
und die Figur blieb in ihrer vorigen Gestalt. Als aber auch
zuletzt die zartesten Aederchen aufgezehrt waren, brach auf
einmal das Bild zusammen und leider grade an den Stellen,
die ganz bleiben, wenn der Mensch sich setzt; dagegen blieben
die Gelenke, die sich hätten biegen sollen, steif. Wer nicht
lachen konnte, mußte seine Augen wegwenden; das Mittel=
ding zwischen Form und Klumpen war widerwärtig an=
zusehn.

Der Mann mit der Lampe führte nunmehr den schönen,
aber immer noch starr vor sich hinblickenden Jüngling vom
Altare herab und grade auf den ehernen König los. Zu
den Füßen des mächtigen Fürsten lag ein Schwert in eherner
Scheide. Der Jüngling gürtete sich. Das Schwert an der
Linken, die Rechte frei! rief der gewaltige König. Sie gingen
darauf zum silbernen, der sein Zepter gegen den Jüngling
neigte. Dieser ergriff es mit der linken Hand, und der König
sagte mit gefälliger Stimme: Weide die Schafe! Als sie zum
goldenen Könige kamen, drückte er mit väterlich segnender

Gebärde dem Jüngling den Eichenkranz aufs Haupt und sprach: Erkenne das Höchste!

Der Alte hatte während dieses Umgangs den Jüngling genau bemerkt. Nach umgürtetem Schwert hob sich seine Brust, seine Arme regten sich, und seine Füße traten fester auf; indem er den Zepter in die Hand nahm, schien sich die Kraft zu mildern und durch einen unaussprechlichen Reiz noch mächtiger zu werden; als aber der Eichenkranz seine Locken zierte, belebten sich seine Gesichtszüge, sein Auge glänzte von unaussprechlichem Geist, und das erste Wort seines Mundes war Lilie.

Liebe Lilie! rief er, als er ihr die silbernen Treppen hin= auf entgegeneilte — denn sie hatte von der Zinne des Altars seiner Reise zugesehn — liebe Lilie! was kann der Mann, ausgestattet mit allem, sich Köstlicheres wünschen als die Unschuld und die stille Neigung, die mir dein Busen ent= gegenbringt?

O mein Freund! fuhr er fort, indem er sich zu dem Alten wendete und die drei heiligen Bildsäulen ansah, herrlich und sicher ist das Reich unserer Väter, aber du hast die vierte Kraft vergessen, die noch früher, allgemeiner, gewisser die Welt beherrscht: die Kraft der Liebe.

Mit diesen Worten fiel er dem schönen Mädchen um den Hals; sie hatte den Schleier weggeworfen, und ihre Wangen färbten sich mit der schönsten, unvergänglichsten Röte.

Hierauf sagte der Alte lächelnd: Die Liebe herrscht nicht, aber sie bildet; und das ist mehr.

Unter dieser Feierlichkeit, dem Glück, dem Entzücken hatte man nicht bemerkt, daß der Tag völlig angebrochen war; und nun fielen auf einmal durch die offne Pforte ganz uner= wartete Gegenstände der Gesellschaft in die Augen. Ein großer, mit Säulen umgebener Platz machte den Vorhof, an dessen Ende man eine lange und prächtige Brücke sah, die mit vielen Bogen über den Fluß hinüberreichte; sie war an beiden Seiten mit Säulengängen für die Wanderer bequem und prächtig eingerichtet, deren sich schon viele Tausende ein= gefunden hatten und emsig hin und wider gingen. Der große Weg in der Mitte war von Herden und Maultieren, Reitern und Wagen belebt, die an beiden Seiten, ohne sich zu hindern, stromweise hin und her flossen. Sie schienen sich alle über die Bequemlichkeit und Pracht zu verwundern, und der neue König mit seiner Gemahlin war über die Bewegung

und das Leben dieses großen Volks so entzückt, als ihre
wechselseitige Liebe sie glücklich machte.

Gedenke der Schlange in Ehren! sagte der Mann mit
der Lampe: du bist ihr das Leben, deine Völker sind ihr die
Brücke schuldig, wodurch diese nachbarlichen Ufer erst zu Ländern belebt und verbunden werden. Jene schwimmenden und
leuchtenden Edelsteine, die Reste ihres aufgeopferten Körpers,
sind die Grundpfeiler dieser herrlichen Brücke; auf ihnen hat
sie sich selbst erbaut und wird sich selbst erhalten.

Man wollte eben die Aufklärung dieses wunderbaren
Geheimnisses von ihm verlangen, als vier schöne Mädchen zu
der Pforte des Tempels hereintraten. An der Harfe, dem
Sonnenschirm und dem Feldstuhl erkannte man sogleich die
Begleiterinnen Liliens; aber die vierte, schöner als die drei,
war eine Unbekannte, die scherzend schwesterlich mit ihnen
durch den Tempel eilte und die silbernen Stufen hinanstieg.

Wirst du mir künftig mehr glauben, liebes Weib? sagte
der Mann mit der Lampe zu der Schönen. Wohl dir und
jedem Geschöpfe, das sich diesen Morgen im Flusse badet!

Die verjüngte und verschönerte Alte, von deren Bildung
keine Spur mehr übrig war, umfaßte mit belebten jugendlichen
Armen den Mann mit der Lampe, der ihre Liebkosungen mit
Freundlichkeit aufnahm.

Wenn ich dir zu alt bin, sagte er lächelnd, so darfst du
heute einen andern Gatten wählen; von heute an ist keine
Ehe gültig, die nicht aufs neue geschlossen wird.

Weißt du denn nicht, versetzte sie, daß auch du jünger
geworden bist?

Es freut mich, wenn ich deinen jungen Augen als ein
wackrer Jüngling erscheine. Ich nehme deine Hand von
neuem an und mag gern mit dir in das folgende Jahrtausend
hinüberleben.

Die Königin bewillkommte ihre neue Freundin und stieg
mit ihr und ihren übrigen Gespielinnen in den Altar hinab,
indes der König in der Mitte der beiden Männer nach der
Brücke hinsah und aufmerksam das Gewimmel des Volks
betrachtete.

Aber nicht lange dauerte seine Zufriedenheit; denn er
sah einen Gegenstand, der ihm einen Augenblick Verdruß erregte. Der große Riese, der sich von seinem Morgenschlaf
noch nicht erholt zu haben schien, taumelte über die Brücke
her und verursachte daselbst große Unordnung. Er war, wie

gewöhnlich, schlaftrunken aufgestanden und gedachte sich in
der bekannten Bucht des Flusses zu baden; anstatt derselben
fand er festes Land und tappte auf dem breiten Pflaster der
Brücke hin. Ob er nun gleich zwischen Menschen und Vieh
auf das ungeschickteste hineintrat, so ward doch seine Gegenwart zwar von allen angestaunt, doch von niemand gefühlt;
als ihm aber die Sonne in die Augen schien und er die
Hände aufhub, sie auszuwischen, fuhr der Schatten seiner
ungeheuren Fäuste hinter ihm so kräftig und ungeschickt unter
der Menge hin und wider, daß Menschen und Tiere in
großen Massen zusammenstürzten, beschädigt wurden und Gefahr liefen, in den Fluß geschleudert zu werden.

Der König, als er diese Unthat erblickte, fuhr mit einer
unwillkürlichen Bewegung nach dem Schwerte, doch besann
er sich und blickte ruhig erst sein Zepter, dann die Lampe
und das Ruder seiner Gefährten an.

Ich errate deine Gedanken, sagte der Mann mit der
Lampe; aber wir und unsere Kräfte sind gegen diesen Ohn-
mächtigen ohnmächtig. Sei ruhig! er schadet zum letztenmal,
und glücklicherweise ist sein Schatten von uns abgekehrt.

Indessen war der Riese immer näher gekommen, hatte
vor Verwunderung über das, was er mit offnen Augen sah,
die Hände sinken lassen, that keinen Schaden mehr und trat
gaffend in den Vorhof herein.

Gerade ging er auf die Thüre des Tempels zu, als er
auf einmal in der Mitte des Hofes an dem Boden fest-
gehalten wurde. Er stand als eine kolossale mächtige Bild-
säule von rötlich glänzendem Steine da, und sein Schatten
zeigte die Stunden, die in einem Kreis auf dem Boden um
ihn her nicht in Zahlen, sondern in edeln und bedeutenden
Bildern eingelegt waren.

Nicht wenig erfreut war der König, den Schatten des
Ungeheuers in nützlicher Richtung zu sehen; nicht wenig verwundert war die Königin, die, als sie, mit größter Herrlichkeit geschmückt, aus dem Altare mit ihren Jungfrauen herauf-
stieg, das seltsame Bild erblickte, das die Aussicht aus dem
Tempel nach der Brücke fast zudeckte.

Indessen hatte sich das Volk dem Riesen nachgedrängt,
da er still stand, ihn umgeben und seine Verwandlung angestaunt. Von da wandte sich die Menge nach dem Tempel,
den sie erst jetzt gewahr zu werden schien, und drängte sich
nach der Thüre.

In diesem Augenblick schwebte der Habicht mit dem Spiegel hoch über dem Dom, fing das Licht der Sonne auf und warf es über die auf dem Altar stehende Gruppe. Der König, die Königin und ihre Begleiter erschienen in dem dämmernden Gewölbe des Tempels von einem himmlischen Glanze erleuchtet, und das Volk fiel auf sein Angesicht. Als die Menge sich wieder erholt hatte und aufstand, war der König mit den Seinigen in den Altar hinabgestiegen, um durch verborgene Hallen nach seinem Palaste zu gehen; und das Volk zerstreute sich in dem Tempel, seine Neugierde zu befriedigen. Es betrachtete die drei aufrecht stehenden Könige mit Staunen und Ehrfurcht; aber es war desto begieriger, zu wissen, was unter dem Teppiche in der vierten Nische für ein Klumpen verborgen sein möchte; denn, wer es auch mochte gewesen sein, wohlmeinende Bescheidenheit hatte eine präch= tige Decke über den zusammengesunkenen König hingebreitet, die kein Auge zu durchdringen vermag und keine Hand wagen darf wegzuheben.

Das Volk hätte kein Ende seines Schauens und seiner Bewunderung gefunden, und die zudringende Menge hätte sich in dem Tempel selbst erdrückt, wäre ihre Aufmerksamkeit nicht wieder auf den großen Platz gelenkt worden.

Unvermutet fielen Goldstücke, wie aus der Luft, klingend auf die marmornen Platten; die nächsten Wanderer stürzten darüber her, um sich ihrer zu bemächtigen; einzeln wiederholte sich dies Wunder, und zwar bald hier und bald da. Man begreift wohl, daß die abziehenden Irrlichter sich hier noch= mals eine Lust machten und das Gold aus den Gliedern des zusammengesunkenen Königs auf eine lustige Weise ver= geudeten. Begierig lief das Volk noch eine Zeitlang hin und wider, drängte und zerriß sich, auch noch da keine Gold= stücke mehr herabfielen. Endlich verlief es sich allmählich, zog seine Straße, und bis auf den heutigen Tag wimmelt die Brücke von Wanderern, und der Tempel ist der besuchteste auf der ganzen Erde.

Die guten Weiber.

Henriette war mit Armidoro schon einige Zeit in dem Garten auf und ab spaziert, in welchem sich der Sommer= klub zu versammeln pflegte. Oft fanden sich diese beiden zuerst ein; sie hegten gegen einander die heiterste Neigung und nährten bei einem reinen gesitteten Umgang die ange= nehmsten Hoffnungen einer künftigen dauerhaften Verbindung.

Die lebhafte Henriette sah kaum in der Ferne Amalien nach dem Lusthause gehen, als sie eilte, ihre Freundin zu be= grüßen. Amalie hatte sich eben im Vorzimmer an den Tisch gesetzt, auf dem Journale, Zeitungen und andere Neuigkeiten ausgebreitet lagen.

Amalie brachte hier manchen Abend mit Lesen zu, ohne sich durch das Hin= und Widergehen der Gesellschaft, das Klappern der Marken und die gewöhnliche laute Unterhaltung der Spieler im Saale irren zu lassen. Sie sprach wenig, außer wenn sie ihre Meinung einer andern entgegensetzte. Henriette dagegen war mit ihren Worten nicht karg, mit allem zufrieden und mit dem Lobe frisch bei der Hand.

Ein Freund des Herausgebers, den wir Sinklair nennen wollen, trat zu den beiden.

Was bringen Sie Neues? rief Henriette ihm entgegen.

Sie ahnen es wohl kaum, versetzte Sinklair, indem er sein Portefeuille herauszog. Und wenn ich Ihnen auch sage, daß ich die Kupfer zum diesjährigen Damenkalender bringe, so werden Sie die Gegenstände derselben doch nicht erraten; ja, wenn ich weiter gehe und Ihnen eröffne, daß in zwölf Abteilungen Frauenzimmer vorgestellt sind —

Nun! fiel Henriette ihm in das Wort, es scheint, Sie wollen unserm Scharfsinne nichts übrig lassen. Sogar, wenn ich nicht irre, thun Sie mir es zum Possen, da Sie wissen, daß ich gern Charaden und Rätsel entwickele, gern das, was

einer sich denkt, ausfragen mag. Also zwölf Frauenzimmer-
Charaktere, oder =Begebenheiten, oder =Anspielungen, oder
was sonst zur Ehre unseres Geschlechts gereichen könnte?

Sinklair schwieg und lächelte; Amalie warf ihren stillen
Blick auf ihn und jagte mit der seinen, höhnischen Miene,
die ihr so wohl steht: Wenn ich sein Gesicht recht lese, so hat
er etwas gegen uns in der Tasche. Die Männer wissen sich
gar viel, wenn sie etwas finden können, was uns, wenigstens
dem Scheine nach, herabsetzt.

Sinklair. Sie sind gleich ernst, Amalie, und drohen,
bitter zu werden. Kaum wag' ich, meine Blättchen Ihnen
vorzulegen.

Henriette. Nur heraus damit!

Sinklair. Es sind Karikaturen.

Henriette. Die liebe ich besonders.

Sinklair. Abbildungen böser Weiber.

Henriette. Desto besser! Darunter gehören wir nicht.
Wir wollen uns unsere leidigen Schwestern im Bilde so wenig
zu Gemüte ziehen, als die in der Gesellschaft.

Sinklair. Soll ich?

Henriette. Nur immer zu!

Sie nahm ihm die Brieftasche weg, zog die Bilder heraus, breitete die sechs Blättchen vor sich auf den Tisch aus,
überlief sie schnell mit dem Auge und rückte daran hin und
her, wie man zu thun pflegt, wenn man die Karte schlägt.
Vortrefflich! rief sie, das heiß' ich nach dem Leben! Hier
diese, mit dem Schnupftabaksfinger unter der Nase, gleicht
völlig der Madame S., die wir heute abend sehen werden;
diese, mit der Katze, sieht beinahe aus wie meine Großtante;
die mit dem Knaul hat etwas von unserer alten Putzmacherin.
Es findet sich wohl zu jeder dieser häßlichen Figuren irgend
ein Original, nicht weniger zu den Männern. Einen solchen
gebückten Magister hab' ich irgendwo gesehen und eine Art
von solchem Zwirnhalter auch. Sie sind recht lustig, diese
Küpferchen, und besonders hübsch gestochen.

Wie können Sie, versetzte ruhig Amalie, die einen kalten
Blick auf die Bilder warf und ihn sogleich wieder abwendete,
hier bestimmte Aehnlichkeiten aufsuchen! Das Häßliche gleicht
dem Häßlichen, sowie das Schöne dem Schönen; von jenem
wendet sich unser Geist ab, zu diesem wird er hingezogen.

Sinklair. Aber Phantasie und Witz finden mehr ihre
Rechnung, sich mit dem Häßlichen zu beschäftigen als mit dem

Schönen. Aus dem Häßlichen läßt sich viel machen, aus dem Schönen nichts.

Aber dieses macht uns zu etwas, jenes vernichtet uns! sagte Armidoro, der im Fenster gestanden und von weitem zugehört hatte. Er ging, ohne sich dem Tische zu nähern, in das anstoßende Kabinett.

Alle Klubgesellschaften haben ihre Epochen. Das Juter=esse der Gesellschaft an einander, das gute Verhältnis der Personen zu einander ist steigend und fallend. Unser Klub hat diesen Sommer gerade seine schöne Zeit. Die Mitglieder sind meist gebildete, wenigstens mäßige und leidliche Menschen, sie schätzen wechselseitig ihren Wert und lassen den Unwert still auf sich beruhen. Jeder findet seine Unterhaltung, und das allgemeine Gespräch ist oft von der Art, daß man gern da=bei verweilen mag.

Eben kam Seyton mit seiner Frau, ein Mann, der erst in Handels=, dann in politischen Geschäften viel gereist hatte, angenehmen Umgangs, doch in größerer Gesellschaft meistens nur ein willkommner l'Hombrespieler; seine Frau, liebens=würdig, eine gute, treue Gattin, die ganz das Vertrauen ihres Mannes genoß. Sie fühlte sich glücklich, daß sie un=gehindert eine lebhafte Sinnlichkeit heiter beschäftigen durfte. Einen Hausfreund konnte sie nicht entbehren, und Lustbar=keiten und Zerstreuungen gaben ihr allein die Federkraft zu häuslichen Tugenden.

Wir behandeln unsere Leser als Fremde, als Klubgäste, die wir vertraulich gern in der Geschwindigkeit mit der Ge=sellschaft bekannt machen möchten. Der Dichter soll uns seine Personen in ihren Handlungen darstellen, der Gesprächschreiber darf sich ja wohl kürzer fassen und sich und seinen Lesern durch eine allgemeine Schilderung geschwind über die Expo=sition weghelfen.

Seyton trat zu dem Tische und sah die Bilder an.

Hier entsteht, sagte Henriette, ein Streit für und gegen Karifatur. Zu welcher Seite wollen Sie sich schlagen? Ich erkläre mich dafür und frage: Hat nicht jedes Zerrbild etwas unwiderstehlich Anziehendes?

Amalie. Hat nicht jede üble Nachrede, wenn sie über einen Abwesenden hergeht, etwas unglaublich Reizendes?

Henriette. Macht ein solches Bild nicht einen unaus=löschlichen Eindruck?

Amalie. Das ist's, warum ich sie verabscheue. Ist nicht

der unauslöschliche Eindruck jedes Ekelhaften eben das, was uns in der Welt so oft verfolgt, uns manche gute Speise verdirbt und manchen guten Trunk vergällt?

Henriette. Nun, so reden Sie doch, Seyton.

Seyton. Ich würde zu einem Vergleich raten. Warum sollen Bilder besser sein als wir selbst? Unser Geist scheint auch zwei Seiten zu haben, die ohne einander nicht bestehen können. Licht und Finsternis, Gutes und Böses, Hohes und Tiefes, Edles und Niedriges und noch so viel andere Gegensätze scheinen, nur in veränderten Portionen, die Ingredienzien der menschlichen Natur zu sein; und wie kann ich einem Maler verdenken, wenn er einen Engel weiß, licht und schön gemalt hat, daß ihm einfällt, einen Teufel schwarz, finster und häßlich zu malen?

Amalie. Dagegen wäre nichts zu sagen, wenn nur nicht die Freunde der Verhäßlichungskunst auch das in ihr Gebiet zögen, was bessern Regionen angehört.

Seyton. Darin handeln sie, dünkt mich, ganz recht. Ziehen doch die Freunde der Verschönerungskunst auch zu sich hinüber, was ihnen kaum angehören kann.

Amalie. Und doch werde ich den Verzerrern niemals verzeihen, daß sie mir die Bilder vorzüglicher Menschen so schändlich entstellen. Ich mag es machen, wie ich will, so muß ich mir den großen Pitt als einen stumpfnäsigen Besenstiel und den in so manchem Betracht schätzenswerten Fox als ein vollgesacktes Schwein denken.

Henriette. Das ist, was ich sagte. Alle solche Fratzenbilder drücken sich unauslöschlich ein, und ich leugne nicht, daß ich mir manchmal in Gedanken damit einen Spaß mache, diese Gespenster aufrufe und sie noch schlimmer verzerre.

Sinklair. Lassen Sie sich doch, meine Damen, aus diesem allgemeinen Streit zur Betrachtung unserer armen Blättchen wieder herunter.

Seyton. Ich sehe, hier ist die Hundeliebhaberei nicht zum erfreulichsten dargestellt.

Amalie. Das mag hingehen, denn mir sind diese Tiere besonders zuwider.

Sinklair. Erst gegen die Zerrbilder, dann gegen die Hunde.

Amalie. Warum nicht? Sind doch Tiere nur Zerrbilder des Menschen.

Seyton. Sie erinnern sich wohl, was ein Reisender

von der Stadt Graitz erzählt: daß er darin so viele Hunde und so viele stumme, halb alberne Menschen gefunden habe. Sollte es nicht möglich sein, daß der habituelle Anblick von bellenden unvernünftigen Tieren auf die menschliche Generation einigen Einfluß haben konnte?

Sinklair. Eine Ableitung unserer Leidenschaften und Neigungen ist der Umgang mit Tieren gewiß.

Amalie. Und wenn die Vernunft, nach dem gemeinen deutschen Ausdruck, manchmal stillstehen kann, so steht sie gewiß in Gegenwart der Hunde still.

Sinklair. Glücklicherweise haben wir in der Gesellschaft niemand, der einen Hund begünstigte, als Madame Seyton. Sie liebt ihr artiges Windspiel besonders.

Seyton. Und dieses Geschöpf muß besonders mir, dem Gemahl, sehr lieb und wichtig sein.

Madame Seyton drohte ihrem Gemahl von ferne mit aufgehobenem Finger.

Seyton. Es beweist, was Sie vorhin sagten, Sinklair, daß solche Geschöpfe die Neigungen ableiten. Darf ich, liebes Kind (so rief er seiner Frau zu), nicht unsere Geschichte erzählen? Sie macht uns beiden keine Schande.

Madame Seyton gab durch einen freundlichen Wink ihre Einwilligung zu erkennen, und er fing an, zu erzählen: Wir beide liebten uns und hatten uns vorgenommen, einander zu heiraten, ehe als wir die Möglichkeit eines Etablissements voraussahen. Endlich zeigte sich eine sichere Hoffnung; allein ich mußte noch eine Reise vornehmen, die mich länger, als ich wünschte, aufzuhalten drohte. Bei meiner Abreise ließ ich ihr mein Windspiel zurück. Es war sonst mit mir zu ihr gekommen, mit mir weggegangen, manchmal auch geblieben. Nun gehörte es ihr, war ein munterer Gesellschafter und deutete auf meine Wiederkunft. Zu Hause galt das Tier statt einer Unterhaltung; auf den Promenaden, wo wir so oft zusammen spaziert hatten, schien das Geschöpf mich aufzusuchen und, wenn es aus den Büschen sprang, mich anzukündigen. So täuschte sich meine liebe Meta eine Zeitlang mit dem Scheine meiner Gegenwart, bis endlich, gerade zu der Zeit, da ich wiederzukommen hoffte, meine Abwesenheit sich doppelt zu verlängern drohte und das arme Geschöpf mit Tode abging.

Madame Seyton. Nun, liebes Männchen, hübsch redlich, artig und vernünftig erzählt!

Seyton. Es steht dir frei, mein Kind, mich zu kontrol= lieren. Meiner Freundin schien ihre Wohnung leer, der Spa= ziergang uninteressant, der Hund, der sonst neben ihr lag, wenn sie an mich schrieb, war ihr, wie das Tier in dem Bild eines Evangelisten, notwendig geworden, die Briefe wollten nicht mehr fließen. Zufällig fand sich ein junger Mann, der den Platz des vierfüßigen Gesellschafters zu Hause und auf den Promenaden übernehmen wollte. Genug, man mag so billig denken, als man will, die Sache stand gefährlich.

Madame Seyton. Ich muß dich nur gewähren lassen. Eine wahre Geschichte ist ohne Exaggeration selten erzählenswert.

Seyton. Ein beiderseitiger Freund, den wir als stillen Menschenkenner und Herzenslenker zu schätzen wußten, war zurückgeblieben, besuchte sie manchmal und hatte die Verände= rung gemerkt. Er beobachtete das gute Kind im stillen und kam eines Tages mit einem Windspiel ins Zimmer, das dem ersten völlig glich. Die artige und herzliche Anrede, womit der Freund sein Geschenk begleitete, die unerwartete Erscheinung eines aus dem Grabe gleichsam auferstandenen Günstlings, der stille Vorwurf, den sich ihr empfängliches Herz bei diesem Anblick machte, führten mein Bild auf einmal lebhaft wieder heran; der junge menschliche Stellvertreter wurde auf eine gute Weise entfernt, und der neue Günstling blieb ein steter Begleiter. Als ich nach meiner Wiederkunft meine Geliebte wieder in meine Arme schloß, hielt ich das Geschöpf noch für das alte und verwunderte mich nicht wenig, als es mich wie einen Fremden heftig anbellte. Die modernen Hunde müssen kein so gutes Gedächtnis haben als die antiken! rief ich aus; Ulyß wurde nach so langen Jahren von dem seinigen wieder erkannt, und dieser hier konnte mich in so kurzer Zeit ver= gessen lernen. Und doch hat er deine Penelope auf eine sonderbare Weise bewacht! versetzte sie, indem sie mir ver= sprach, das Rätsel aufzulösen. Das geschah auch bald, denn ein heiteres Vertrauen hat von jeher das Glück unserer Ver= bindung gemacht.

Madame Seyton. Mit dieser Geschichte mag's so be= wenden. Wenn dir's recht ist, so gehe ich noch eine Stunde spazieren; denn du wirst dich nun doch an den l'Hombre= tisch setzen.

Er nickte ihr sein Ja zu; sie nahm den Arm ihres Hausfreundes an und ging nach der Thür. Liebes Kind, nimm doch den Hund mit, rief er ihr nach. Die ganze Ge=

sellschaft lächelte, und er mußte mit lächeln, als er es gewahr ward, wie dieses absichtslose Wort so artig paßte und jeder= mann darüber eine kleine, stille Schadenfreude empfand.

Sinklair. Sie haben von einem Hunde erzählt, der glücklicherweise eine Verbindung befestigte; ich kann von einem andern sagen, dessen Einfluß zerstörend war. Auch ich liebte, auch ich verreiste, auch ich ließ eine Freundin zurück; nur mit dem Unterschied, daß ihr mein Wunsch, sie zu besitzen, noch unbekannt war. Endlich kehrte ich zurück. Die vielen Gegen= stände, die ich gesehen hatte, lebten immer fort vor meiner Einbildungskraft; ich mochte gern, wie Rückkehrende pflegen, erzählen, ich hoffte auf die besondere Teilnahme meiner Freun= din. Vor allen andern Menschen wollte ich ihr meine Erfah= rungen und meine Vergnügungen mitteilen. Aber ich fand sie sehr lebhaft mit einem Hunde beschäftigt. That sie's aus Geist des Widerspruchs, der manchmal das schöne Geschlecht beseelt, oder war es ein unglücklicher Zufall, genug, die liebenswürdigen Eigenschaften des Tiers, die artige Unter= haltung mit demselben, die Anhänglichkeit, der Zeitvertreib, kurz, was alles dazu gehören mag, waren das einzige Ge= spräch, womit sie einen Menschen unterhielt, der seit Jahr und Tag eine weit' und breite Welt in sich aufgenommen hatte. Ich stockte, ich verstummte, ich erzählte so manches andern, was ich abwesend ihr immer gewidmet hatte; ich fühlte ein Mißbehagen, ich entfernte mich, ich hatte unrecht und ward noch unbehaglicher. Genug, von der Zeit an ward unser Verhältnis immer kälter, und wenn es sich zuletzt gar zerschlug, so muß ich, wenigstens in meinem Herzen, die erste Schuld jenem Hunde beimessen.

Armidoro, der aus dem Kabinett wieder zur Gesellschaft getreten war, sagte, nachdem er diese Geschichte vernommen: Es würde gewiß eine merkwürdige Sammlung geben, wenn man den Einfluß, den die geselligen Tiere auf den Menschen ausüben, in Geschichten darstellen wollte. In Erwartung, daß einst eine solche Sammlung gebildet werde, will ich er= zählen, wie ein Hündchen zu einem tragischen Abenteuer An= laß gab:

Ferrand und **Cardano,** zwei Edelleute, hatten von Jugend auf in einem freundschaftlichen Verhältnis gelebt. Pagen an einem Hofe, Offiziere bei einem Regimente, hatten sie gar manches Abenteuer zusammen bestanden und sich aus dem Grunde kennen gelernt. Cardano hatte Glück bei den Weibern,

Ferrand im Spiel. Jener nutzte das seine mit Leichtsinn und
Uebermut, dieser mit Bedacht und Anhaltsamkeit.

Zufällig hinterließ Cardano einer Dame in dem Moment,
als ein genaues Verhältnis abbrach, einen kleinen schönen
Löwenhund; er schaffte sich einen neuen und schenkte diesen
einer andern, eben da er sie zu meiden gedachte; und von
der Zeit an ward es Vorsatz, einer jeden Geliebten zum
Abschied ein solches Hündchen zu hinterlassen. Ferrand mußte
um diese Posse, ohne daß er jemals besonders aufmerksam
darauf gewesen wäre.

Beide Freunde wurden eine lange Zeit getrennt und
fanden sich erst wieder zusammen, als Ferrand verheiratet
war und auf seinen Gütern lebte. Cardano brachte einige
Zeit teils bei ihm, teils in der Nachbarschaft zu und war auf
diese Weise über ein Jahr in einer Gegend geblieben, in der
er viel Freunde und Verwandte hatte.

Einst sieht Ferrand bei seiner Frau ein allerliebstes
Löwenhündchen; er nimmt es auf, es gefällt ihm besonders,
er lobt, er streichelt es, und natürlich kommt er auf die Frage,
woher sie das schöne Tier erhalten habe? Von Cardano, war
die Antwort. Auf einmal bemächtigt sich die Erinnerung
voriger Zeiten und Begebenheiten, das Andenken des frechen
Kennzeichens, womit Cardano seinen Wankelmut zu bezeichnen
pflegte, der Sinne des beleidigten Ehemanns; er fällt in Wut,
er wirft das artige Tier unmittelbar aus seinen Liebkosungen
mit Gewalt gegen die Erde, verläßt das schreiende Tier und
die erschrockene Frau. Ein Zweikampf und mancherlei unangenehme Folgen, zwar keine Scheidung, aber eine stille
Uebereinkunft, sich abzusondern, und ein zerrüttetes Hauswesen
machen den Beschluß dieser Geschichte.

Nicht ganz war diese Erzählung geendet, als Eulalie in
die Gesellschaft trat — ein Frauenzimmer, überall erwünscht,
wo sie hinkam, eine der schönsten Zierden dieses Klubs, ein
gebildeter Geist und eine glückliche Schriftstellerin.

Man legte ihr die bösen Weiber vor, womit sich ein
geschickter Künstler an dem schönen Geschlecht versündigt,
und sie ward aufgefordert, sich ihrer bessern Schwestern anzunehmen.

Wahrscheinlich, sagte Amalie, wird nun auch eine Aus-
legung dieser liebenswürdigen Bilder den Almanach zieren!
Wahrscheinlich wird es einem oder dem andern Schriftsteller
nicht an Witz gebrechen, um das in Worten noch recht auf-

zudröſeln, was der bildende Künſtler hier in Darſtellungen
zuſammengewoben hat.

Sinklair, als Freund des Herausgebers, konnte weder
die Bilder ganz fallen laſſen, noch konnte er leugnen, daß
hie und da eine Erklärung nötig ſei, ja, daß ein Zerrbild
ohne Erklärung gar nicht beſtehen könne und erſt dadurch
gleichſam belebt werden müſſe. Wie ſehr ſich auch der bildende
Künſtler bemüht, Witz zu zeigen, ſo iſt er doch niemals dabei
auf ſeinem Feld. Ein Zerrbild ohne Inſchriften, ohne Erklärung iſt gewiſſermaßen ſtumm, es wird erſt etwas durch
die Sprache.

Amalie. So laſſen Sie denn auch dieſes kleine Bild
hier durch die Sprache etwas werden! Ein Frauenzimmer iſt
in einem Lehnſeſſel eingeſchlafen, wie es ſcheint, über dem
Schreiben; ein anderes, das dabei ſteht, reicht ihr eine Doſe
oder ſonſt ein Gefäß hin und weint. Was ſoll das vorſtellen?

Sinklair. So ſoll ich alſo doch den Erklärer machen?
obgleich die Damen weder gegen die Zerrbilder, noch gegen
ihre Erklärer gut geſinnt zu ſein ſcheinen. Hier ſoll, wie
man mir ſagte, eine Schriftſtellerin vorgeſtellt ſein, welche
nachts zu ſchreiben pflegte, ſich von ihrem Kammermädchen
das Tintenfaß halten ließ und das gute Kind zwang, in
dieſer Stellung zu verharren, wenn auch ſelbſt der Schlaf ihre
Gebieterin überwältigt und dieſen Dienſt unnütz gemacht hatte.
Sie wollte dann beim Erwachen den Faden ihrer Gedanken
und Vorſtellungen ſo wie Feder und Tinte ſogleich wieder
finden.

Arbon, ein denkender Künſtler, der mit Eulalien gekommen war, machte der Darſtellung, wie ſie das Blatt
zeigte, den Krieg. Wenn man, ſo ſagte er, ja dieſe Begebenheit, oder wie man es nennen will, darſtellen wollte, ſo mußte
man ſich anders dabei benehmen.

Henriette. Nun laſſen Sie uns das Bild geſchwind aufs
neue komponieren.

Arbon. Laſſen Sie uns vorher den Gegenſtand genauer
betrachten. Daß jemand ſich beim Schreiben das Tintenfaß
halten läßt, iſt ganz natürlich, wenn die Umſtände von der
Art ſind, daß er es nirgends hinſetzen kann. So hielt Bran-
tomes Großmutter der Königin von Navarra das Tintenfaß,
wenn dieſe, in ihrer Sänfte ſitzend, die Geſchichten aufſchrieb,
die wir noch mit ſo vielem Vergnügen leſen. Daß jemand,
der im Bette ſchreibt, ſich das Tintenfaß halten läßt, iſt

abermals der Sache gemäß. Genug, schöne Henriette, da Sie
so gern fragen und raten, was mußte der Künstler vor allen
Dingen thun, wenn er diesen Gegenstand behandeln wollte?

Henriette. Er mußte den Tisch verbannen, er mußte
die Schlafende so setzen, daß in ihrer Nähe sich nichts befand,
wo das Tintenfaß stehen konnte.

Arbon. Gut! Ich hätte sie in einem der gepolsterten
Lehnsessel vorgestellt, die man, wenn ich nicht irre, sonst Ber-
gèrer nannte, und zwar neben einem Kamin, so daß man
sie von vorn gesehen hätte. Es wird supponiert, daß sie auf
dem Knie geschrieben habe; denn gewöhnlich, wer andern das
Unbequeme zumutet, macht sich's selbst unbequem. Das
Papier entsinkt dem Schoße, die Feder der Hand, und ein
hübsches Mädchen steht daneben und hält verdrießlich das
Tintenfaß.

Henriette. Ganz recht, denn hier haben wir schon ein
Tintenfaß auf dem Tische. Daher weiß man auch nicht,
was man aus dem Gefäß in der Hand des Mädchens machen
soll. Warum sie nun gar Thränen abzuwischen scheint, läßt
sich bei einer so gleichgültigen Handlung nicht denken.

Sinklair. Ich entschuldige den Künstler. Hier hat er
dem Erklärer Raum gelassen.

Arbon. Der denn auch wahrscheinlich an den beiden
Männern ohne Kopf, die an der Wand hängen, seinen Witz
üben soll. Mich dünkt, man sieht gerade in diesem Falle,
auf welche Abwege man gerät, wenn man Künste vermischt,
die nicht zusammen gehören. Wüßte man nichts von erklärten
Kupferstichen, so machte man keine, die einer Erklärung bedürfen. Ich habe sogar nichts dagegen, daß der bildende
Künstler witzige Darstellungen versuche, ob ich sie gleich
für äußerst schwer halte; aber auch alsdann bemühe er sich,
sein Bild selbständig zu machen. Ich will ihm Inschriften
und Zettel aus dem Munde seiner Personen erlauben; nur
sehe er zu, sein eigener Kommentator zu werden.

Sinklair. Wenn Sie ein witziges Bild zugeben, so
werden Sie doch eingestehen, daß es nur für den Unterrichteten, nur für den, der Umstände und Verhältnisse kennt,
unterhaltend und reizend sein kann; warum sollen wir also
dem Kommentator nicht danken, der uns in den Stand setzt,
das geistreiche Spiel zu verstehen, das vor uns aufgeführt wird?

Arbon. Ich habe nichts gegen die Erklärung des Bildes,
das sich nicht selbst erklärt; nur müßte sie so kurz und schlicht

sein als möglich. Jeder Witz ist nur für den Unterrichteten,
jedes witzige Werk wird deshalb nicht von allen verstanden;
was von dieser Art aus fernen Zeiten und Ländern zu uns
gelangt, können wir kaum entziffern. Gut! man mache Noten
dazu, wie zu Rabelais oder Hudibras; aber was würde man
zu einem Schriftsteller sagen, der über ein witziges Werk ein
witziges Werk schreiben wollte? Der Witz läuft schon bei
seinem Ursprunge in Gefahr, zu witzeln; im zweiten und
dritten Glied wird er noch schlimmer ausarten.

Sinklair. Wie sehr wünschte ich, daß wir, anstatt uns
hier zu streiten, unserm Freunde, dem Herausgeber, zu Hilfe
kämen, der zu diesen Bildern nun einmal eine Erklärung
wünscht, wie sie hergebracht, wie sie beliebt ist.

Armidoro (indem er aus dem Kabinett kommt). Ich höre, noch
immer beschäftigen diese getadelten Bilder die Gesellschaft;
wären sie angenehm, ich wette, sie wären schon längst beiseite
gelegt.

Amalie. Ich stimme darauf, daß es sogleich geschehe,
und zwar für immer. Dem Herausgeber muß auferlegt
werden, keinen Gebrauch davon zu machen. Ein Dutzend und
mehr häßliche, hassenswerte Weiber! in einem Damenkalender!
Begreift der Mann nicht, daß er seine ganze Unternehmung
zu ruinieren auf dem Wege ist? Welcher Liebhaber wird es
wagen, seiner Schönen, welcher Gatte, seiner Frau, ja, welcher
Vater, seiner Tochter einen solchen Almanach zu verehren, in
welchem sie beim ersten Aufschlagen schon mit Widerwillen
erblickt, was sie nicht ist und was sie nicht sein soll.

Armidoro. Ich will einen Vorschlag zur Güte thun.
Diese Darstellungen des Verabscheuungswerten sind nicht die
ersten, die wir in zierlichen Almanachen finden; unser wackerer
Chodowiecki hat schon manche Szenen der Unnatur, der Ver=
derbnis, der Barbarei und des Abgeschmacks in so kleinen
Monatskupfern trefflich dargestellt; allein was that er? er
stellte dem Hassenswerten sogleich das Liebenswürdige ent=
gegen — Szenen einer gesunden Natur, die sich ruhig ent=
wickelt, einer zweckmäßigen Bildung, eines treuen Ausdauerns,
eines gefühlten Strebens nach Wert und Schönheit. Lassen
Sie uns mehr thun, als der Herausgeber wünscht, indem
wir das Entgegengesetzte thun. Hat der bildende Künstler
diesmal die Schattenseite gewählt, so trete der Schriftsteller,
oder, wenn ich meine Wünsche aussprechen darf, die Schrift=
stellerin auf die Lichtseite, und so kann ein Ganzes werden.

Ich will nicht länger zaudern, Eulalie, mit diesen Vorschlägen
meine Wünsche laut werden zu lassen. Uebernehmen Sie die
Schilderung guter Frauen! Schaffen Sie Gegenbilder zu
diesen Kupfern; und gebrauchen Sie den Zauber Ihrer Feder,
nicht diese kleinen Blätter zu erklären, sondern zu vernichten.

Sinklair. Thun Sie es, Eulalie! erzeigen Sie uns den
Gefallen, versprechen Sie geschwind.

Eulalie. Schriftsteller versprechen nur gar zu leicht,
weil sie hoffen, dasjenige leisten zu können, was sie vermögen.
Eigne Erfahrung hat mich bedächtig gemacht. Aber auch,
wenn ich in dieser kurzen Zeit so viel Muße vor mir sähe,
würde ich doch Bedenken finden, einen solchen Auftrag zu
übernehmen. Was zu unsern Gunsten zu sagen ist, muß
eigentlich ein Mann sagen, ein junger, feuriger, liebender
Mann. Das Günstige vorzutragen, gehört Enthusiasmus,
und wer hat Enthusiasmus für sein eigen Geschlecht?

Armidoro. Einsicht, Gerechtigkeit, Zartheit der Behand=
lung wären mir in diesem Falle noch willkommener.

Sinklair. Und von wem möchte man lieber über gute
Frauen etwas hören, als von der Verfasserin, die sich in dem
Märchen, das uns gestern so sehr entzückte, so unvergleichlich
bewiesen hat!

Eulalie. Das Märchen ist nicht von mir.

Sinklair. Nicht von Ihnen?

Armidoro. Das kann ich bezeugen.

Sinklair. Doch von einem Frauenzimmer?

Eulalie. Von einer Freundin.

Sinklair. So gibt es denn zwei Eulalien?

Eulalie. Wer weiß, wie viele und bessere!

Armidoro. Mögen Sie der Gesellschaft erzählen, was
Sie mir vertrauten? Jedermann wird mit Verwunderung
hören, auf welche sonderbare Weise diese angenehme Produk=
tion entstanden ist.

Eulalie. Ein Frauenzimmer, das ich auf einer Reise
schätzen und kennen lernte, fand sich in sonderbare Lagen versetzt,
die zu erzählen allzu weitläufig sein würde. Ein junger Mann,
der viel für sie gethan hatte und ihr zuletzt seine Hand anbot,
gewann ihre ganze Neigung, überraschte ihre Vorsicht, und
sie gewährte vor der ehelichen Verbindung ihm die Rechte
eines Gemahls. Neue Ereignisse nötigten den Bräutigam,
sich zu entfernen, und sie sah in einer einsamen ländlichen
Wohnung, nicht ohne Sorgen und Unruhe, dem Glücke,

Mutter zu werden, entgegen. Sie war gewohnt, mir täglich
zu schreiben, mich von allen Vorfällen zu benachrichtigen.
Nun waren keine Vorfälle mehr zu befürchten, sie brauchte
nur Geduld; aber ich bemerkte in ihren Briefen, daß sie dasjenige, was geschehen war und geschehen konnte, in einem
unruhigen Gemüt hin und wider warf. Ich entschloß mich,
sie in einem ernsthaften Briefe auf ihre Pflicht gegen sich
selbst und gegen das Geschöpf zu weisen, dem sie jetzt durch
Heiterkeit des Geistes, zum Anfang seines Daseins, eine
günstige Nahrung zu bereiten schuldig war. Ich munterte
sie auf, sich zu fassen, und zufällig sendete ich ihr einige
Bände Märchen, die sie zu lesen gewünscht hatte. Ihr Vorsatz, sich von den kummervollen Gedanken loszureißen, und
diese phantastischen Produktionen trafen auf eine sonderbare
Weise zusammen. Da sie das Nachdenken über ihr Schicksal
nicht ganz los werden konnte, so kleidete sie nunmehr alles,
was sie in der Vergangenheit betrübt hatte, was ihr in der
Zukunft furchtbar vorkam, in abenteuerliche Gestalten. Was
ihr und den Ihrigen begegnet war, Neigung, Leidenschaften
und Verirrungen, das lieblich sorgliche Muttergefühl in einem
so bedenklichen Zustande, alles verkörperte sich in körperlosen
Gestalten, die in einer bunten Reihe seltsamer Erscheinungen
vorbeizogen. So brachte sie den Tag, ja, einen Teil der
Nacht mit der Feder in der Hand zu.

Amalie. Wobei sie sich wohl schwerlich das Tintenfaß
halten ließ.

Eulalie. Und so entstand die seltsamste Folge von
Briefen, die ich jemals erhalten habe. Alles war bildlich,
wunderlich und märchenhaft. Keine eigentliche Nachricht erhielt ich mehr von ihr, so daß mir wirklich manchmal für
ihren Kopf bange ward. Alle ihre Zustände, ihre Entbin-
dung, die nächste Neigung zum Säugling, Freude, Hoffnung
und Furcht der Mutter, waren Begebenheiten einer andern
Welt, aus der sie nur durch die Ankunft ihres Bräutigams
zurückgezogen wurde. An ihrem Hochzeittage schloß sie das
Märchen, das, bis auf weniges, ganz aus ihrer Feder kam,
wie Sie es gestern gehört haben, und das eben den eignen
Reiz durch die wunderliche und einzige Lage erhält, in der
es hervorgebracht wurde.

Die Gesellschaft konnte ihre Verwunderung über diese
Geschichte nicht genug bezeigen, so daß Seyton, der seinen
Platz am l'Hombretische eben einem andern überlassen hatte,

herbeitrat und sich nach dem Inhalte des Gesprächs erkundigte. Man sagte ihm kurz: Es sei die Rede von einem Märchen, das aus täglichen phantastischen Konfessionen eines kränkelnden Gemütes, doch gewissermaßen vorsätzlich, entstanden sei.

Eigentlich, sagte er, ist es schade, daß, so viel ich weiß, die Tagebücher abgekommen sind. Vor zwanzig Jahren waren sie stärker in der Mode, und manches gute Kind glaubte wirklich einen Schatz zu besitzen, wenn es seine Gemütszustände täglich zu Papiere gebracht hatte. Ich erinnere mich einer liebenswürdigen Person, der eine solche Gewohnheit bald zum Unglück ausgeschlagen wäre. Eine Gouvernante hatte sie in früher Jugend an ein solches tägliches schriftliches Bekenntnis gewöhnt, und es war ihr zuletzt fast zum unentbehrlichen Geschäft geworden. Sie versäumte es nicht als erwachsenes Frauenzimmer, sie nahm die Gewohnheit mit in den Ehestand hinüber. Solche Papiere hielt sie nicht sonderlich geheim und hatte es auch nicht Ursache; sie las manchmal Freundinnen, manchmal ihrem Manne Stellen daraus vor. Das Ganze verlangte niemand zu sehen.

Die Zeit verging, und es kam auch die Reihe an sie, einen Hausfreund zu besitzen.

Mit eben der Pünktlichkeit, mit der sie sonst ihrem Papiere täglich gedichtet hatte, setzte sie auch die Geschichte dieses neuen Verhältnisses fort. Von der ersten Regung, durch eine wachsende Neigung, bis zum Unentbehrlichen der Gewohnheit war der ganze Lebenslauf dieser Leidenschaft getreulich aufgezeichnet und gereichte dem Manne zur sonderbaren Lektüre, als er einmal zufällig über den Schreibtisch kam und ohne Argwohn und Absicht eine aufgeschlagene Seite des Tagebuchs herunter las. Man begreift, daß er sich die Zeit nahm, vor- und rückwärts zu lesen; da er denn zuletzt noch ziemlich getröstet von dannen schied, weil er sah, daß es gerade noch Zeit war, auf eine geschickte Weise den gefährlichen Gast zu entfernen.

Henriette. Es sollte doch, nach dem Wunsche meines Freundes, die Rede von guten Weibern sein, und ehe man sich's versieht, wird wieder von solchen gesprochen, die wenigstens nicht die besten sind.

Seyton. Warum denn immer bös oder gut! Müssen wir nicht mit uns selbst sowie mit andern vorlieb nehmen, wie die Natur uns hat hervordringen mögen, und wie sich jeder allenfalls durch eine mögliche Bildung besser zieht.

Armidoro. Ich glaube, es würde angenehm und nicht unnütz sein, wenn man Geschichten von der Art, wie sie bisher erzählt worden und deren uns manche im Leben vorkommen, aufsetzte und sammelte. Leise Züge, die den Menschen bezeichnen, ohne daß gerade merkwürdige Begebenheiten daraus entspringen, sind recht gut des Aufbehaltens wert. Der Romanschreiber kann sie nicht brauchen, denn sie haben zu wenig Bedeutendes, der Anekdotensammler auch nicht, denn sie haben nichts Witziges und regen den Geist nicht auf; nur derjenige, der im ruhigen Anschauen die Menschheit gerne faßt, wird dergleichen Züge willkommen aufnehmen.

Sinklair. Fürwahr! Wenn wir früher an ein so löbliches Werk gedacht hätten, so würden wir unserm Freunde, dem Herausgeber des Damenkalenders, gleich an Hand gehen können und ein Dutzend Geschichten, wo nicht von fürtrefflichen, doch gewiß von guten Frauen aussuchen können, um diese bösen Weiber zu balancieren.

Amalie. Besonders wünschte ich, daß man solche Fälle zusammentrüge, da eine Frau das Haus innen erhält, wo nicht gar erschafft. Um so mehr, als auch hier der Künstler eine teure (kostspielige) Gattin zum Nachteil unsers Geschlechts aufgestellt hat.

Seyton. Ich kann Ihnen gleich, schöne Amalie, mit einem solchen Falle aufwarten.

Amalie. Lassen Sie hören! Nur daß es Ihnen nicht geht wie den Männern gewöhnlich, wenn sie die Frauen loben wollen: sie gehen vom Lob aus und hören mit Tadel auf.

Seyton. Diesmal wenigstens brauche ich die Umkehrung meiner Absicht durch einen bösen Geist nicht zu fürchten.

Ein junger Landmann pachtete einen ansehnlichen Gasthof, der sehr gut gelegen war. Von den Eigenschaften, die zu einem Wirte gehören, besaß er vorzüglich die Behaglichkeit, und weil es ihm von Jugend auf in den Trinkstuben wohl gewesen war, mochte er wohl hauptsächlich ein Metier ergriffen haben, das ihn nötigte, den größten Teil des Tages darin zuzubringen. Er war sorglos, ohne Liederlichkeit, und sein Behagen breitete sich über alle Gäste aus, die sich bald häufig bei ihm versammelten.

Er hatte eine junge Person geheiratet, eine stille leidliche Natur. Sie versah ihre Geschäfte gut und pünktlich, sie hing an ihrem Hauswesen, sie liebte ihren Mann; doch mußte sie ihn bei sich im stillen tadeln, daß er mit dem

Gelde nicht sorgfältig genug umging. Das bare Geld
nötigte ihr eine gewisse Ehrfurcht ab, sie fühlte ganz den
Wert desselben sowie die Notwendigkeit, sich überhaupt in
Besitz zu setzen, sich dabei zu erhalten. Ohne eine angeborne
Heiterkeit des Gemüts hätte sie alle Anlagen zum strengen
Geize gehabt. Doch ein wenig Geiz schadet dem Weibe nichts,
so übel sie die Verschwendung kleidet. Freigebigkeit ist eine
Tugend, die dem Mann ziemt, und Festhalten ist die Tugend
eines Weibes. So hat es die Natur gewollt, und unser
Urteil wird im ganzen immer naturgemäß ausfallen.

Margarete, so will ich meinen sorglichen Hausgeist nennen,
war mit ihrem Manne sehr unzufrieden, wenn er die großen
Zahlungen, die er manchmal für aufgekaufte Fourage von
Fuhrleuten und Unternehmern erhielt, aufgezählt, wie sie
waren, eine Zeitlang auf dem Tische liegen ließ, das Geld
alsdann in Körbchen einstrich und daraus wieder ausgab und
auszahlte, ohne Pakete gemacht zu haben, ohne Rechnung zu
führen. Verschiedene ihrer Erinnerungen waren fruchtlos, und
sie sah wohl ein, daß, wenn er auch nichts verschwendete,
manches in einer solchen Unordnung verschleudert werden müsse.
Der Wunsch, ihn auf bessere Wege zu leiten, war so groß
bei ihr, der Verdruß, zu sehen, daß manches, was sie im
kleinen erwarb und zusammenhielt, im großen wieder ver-
nachlässigt wurde und aus einander floß, war so lebhaft, daß
sie sich zu einem gefährlichen Versuch bewogen fühlte, wodurch
sie ihm über diese Lebensweise die Augen zu öffnen gedachte.
Sie nahm sich vor, ihm so viel Geld als möglich aus den
Händen zu spielen, und zwar bediente sie sich dazu einer
sonderbaren List. Sie hatte bemerkt, daß er das Geld, das
einmal auf dem Tische aufgezählt war, wenn es eine Zeitlang gelegen hatte, nicht wieder nachzählte, ehe er es aufhob; sie bestrich daher den Boden eines Leuchters mit Talg
und setzte ihn mit einem Schein von Ungeschicklichkeit auf die
Stelle, wo die Dukaten lagen, eine Geldsorte, der sie eine
besondere Freundschaft gewidmet hatte. Sie erhaschte ein
Stück und nebendei einige kleine Münzsorten und war mit
ihrem ersten Fischfange wohl zufrieden; sie wiederholte diese
Operation mehrmals, und ob sie sich gleich über ein solches
Mittel zu einem guten Zweck kein Gewissen machte, so beruhigte sie sich doch über jeden Zweifel vorzüglich dadurch,
daß diese Art der Entwendung für keinen Diebstahl angesehen
werden könne, weil sie das Geld nicht mit den Händen weg-

genommen habe. So vermehrte sich nach und nach ihr heim=
licher Schatz, und zwar um desto reichlicher, als sie alles,
was bei der innern Wirtschaft von barem Gelde ihr in die
Hände floß, auf das strengste zusammenhielt.

Schon war sie beinahe ein ganzes Jahr ihrem Plane
treu geblieben und hatte indessen ihren Mann sorgfältig beob=
achtet, ohne eine Veränderung in seinem Humor zu spüren,
bis er endlich auf einmal höchst übler Laune ward. Sie
suchte ihm die Ursache dieser Veränderung abzuschmeicheln
und erfuhr bald, daß er in großer Verlegenheit sei. Es
hätten ihm nach der letzten Zahlung, die er an Lieferanten
gethan, seine Pachtgelder übrig bleiben sollen; sie fehlten aber
nicht allein völlig, sondern er habe sogar die Leute nicht ganz
befriedigen können. Da er alles im Kopf rechne und wenig
aufschreibe, so könne er nicht nachkommen, wo ein solcher Ver=
stoß herrühre.

Margarete schilderte ihm darauf sein Betragen, die Art,
wie er einnehme und ausgebe, den Mangel an Aufmerksam=
keit; selbst seine gutmütige Freigebigkeit kam mit in Anschlag,
und freilich ließen ihn die Folgen seiner Handelsweise, die
ihn so sehr drückten, keine Entschuldigung aufbringen.

Margarete konnte ihren Gatten nicht lange in dieser
Verlegenheit lassen, um so weniger, als es ihr so sehr zur
Ehre gereichte, ihn wieder glücklich zu machen. Sie setzte ihn
in Verwunderung, als sie zu seinem Geburtstag, der eben
eintrat und an dem sie ihn sonst mit etwas Brauchbarem
anzubinden pflegte, mit einem Körbchen voll Geldrollen an=
kam. Die verschiedenen Münzsorten waren besonders gepackt,
und der Inhalt jedes Röllchens war, mit schlechter Schrift,
jedoch sorgfältig, darauf gezeichnet. Wie erstaunte nicht der
Mann, als er beinahe die Summe, die ihm fehlte, vor sich
sah und die Frau ihm versicherte, das Geld gehöre ihm zu.
Sie erzählte darauf umständlich, wann und wie sie es ge=
nommen, was sie ihm entzogen und was durch ihren Fleiß
erspart worden sei. Sein Verdruß ging in Entzücken über,
und die Folge war, wie natürlich, daß er Ausgabe und Ein=
nahme der Frau völlig übertrug, seine Geschäfte vor wie nach,
nur mit noch größerm Eifer, besorgte, von dem Tage an
aber keinen Pfennig Geld mehr in die Hände nahm. Die
Frau verwaltete das Amt eines Kassiers mit großen Ehren:
kein falscher Laubthaler, ja, kein verrufener Sechser ward an=
genommen, und die Herrschaft im Hause war, wie billig, die

Folge ihrer Thätigkeit und Sorgfalt, durch die sie nach
Verlauf von zehn Jahren sich in den Stand setzte, den
Gasthof mit allem, was dazu gehörte, zu kaufen und zu
behaupten.

Sinklair. Also ging alle diese Sorgfalt, Liebe und Treue
doch zuletzt auf Herrschaft hinaus. Ich möchte doch wissen,
inwiefern man recht hat, wenn man die Frauen überhaupt
für so herrschsüchtig hält.

Amalie. Da haben wir also schon wieder den Vorwurf,
der hinter dem Lobe herhinkt.

Armidoro. Sagen Sie uns doch, gute Eulalie, Ihre
Gedanken darüber. Ich glaube in Ihren Schriften bemerkt
zu haben, daß Sie eben nicht sehr bemüht sind, diesen Vorwurf von Ihrem Geschlecht abzulehnen.

Eulalie. Insofern es ein Vorwurf wäre, wünschte ich,
daß ihn unser Geschlecht durch sein Betragen ablehnte; inwiefern wir aber auch ein Recht zur Herrschaft haben, möchte
ich es uns nicht gern vergeben. Wir sind nur herrschsüchtig,
insofern wir auch Menschen sind; denn was heißt herrschen
anders, in dem Sinn, wie es hier gebraucht wird, als auf
seine eigne Weise ungehindert thätig zu sein, seines Daseins möglichst genießen zu können? Dies fordert jeder
rohe Mensch mit Willkür, jeder gebildete mit wahrer Freiheit, und vielleicht erscheint bei uns Frauen dieses Streben
nur lebhafter, weil uns die Natur, das Herkommen, die
Gesetze eben so zu verkürzen scheinen, als die Männer begünstigt sind. Was diese besitzen, müssen wir erwerben, und
was man erringt, behauptet man hartnäckiger als das, was
man ererbt hat.

Seyton. Und doch können sich die Frauen nicht mehr
beklagen; sie erben in der jetzigen Welt so viel, ja, fast mehr
als die Männer, und ich behaupte, daß es durchaus jetzt
schwerer sei, ein vollendeter Mann zu werden, als ein voll-
endetes Weib; der Ausspruch: „Er soll dein Herr sein" ist
die Formel einer barbarischen Zeit, die lange vorüber ist.
Die Männer konnten sich nicht völlig ausbilden, ohne den
Frauen gleiche Rechte zuzugestehen; indem die Frauen sich
ausbildeten, stand die Wageschale inne, und indem sie bildungs-
fähiger sind, neigt sich in der Erfahrung die Wageschale zu
ihren Gunsten.

Armidoro. Es ist keine Frage, daß bei allen gebildeten
Nationen die Frauen im ganzen das Uebergewicht gewinnen

müssen; denn bei einem wechselseitigen Einfluß muß der Mann weiblicher werden, und daun verliert er: denn sein Vorzug besteht nicht in gemäßigter, sondern in gebändigter Kraft; nimmt dagegen das Weib von dem Manne etwas an, so gewinnt sie: denn wenn sie ihre übrigen Vorzüge durch Energie erheben kann, so entsteht ein Wesen, das sich nicht vollkommner denken läßt.

Seyton. Ich habe mich in so tiefe Betrachtungen nicht eingelassen; indessen nehme ich für bekannt an, daß eine Frau herrscht und herrschen muß; daher, wenn ich ein Frauenzimmer kennen lerne, gebe ich nur darauf acht, wo sie herrscht; denn daß sie irgendwo herrsche, setze ich voraus.

Amalie. Und da finden Sie denn, was Sie voraus= setzen?

Seyton. Warum nicht? Geht es doch den Physikern und andern, die sich mit Erfahrungen abgeben, gewöhnlich nicht viel besser. Ich finde durchgängig: die Thätige, zum Erwerben, zum Erhalten Geschaffene ist Herr im Hanse; die Schöne, leicht und oberflächlich Gebildete Herr in großen Zirkeln; die tiefer Gebildete beherrscht die kleinen Kreise.

Amalie. Und so wären wir also in drei Klassen ein= geteilt.

Sinklair. Die doch alle, dünkt mich, ehrenvoll genug sind und mit denen freilich noch nicht alles erschöpft ist. Es gibt z. B. noch eine vierte, von der wir lieber nicht sprechen wollen, damit man uns nicht wieder den Vorwurf mache, daß unser Lob sich notwendig in Tadel verkehren müsse.

Henriette. Die vierte Klasse also wäre zu erraten. Lassen Sie sehen.

Sinklair. Gut, unsre drei ersten Klassen waren Wirk= samkeit zu Hanse, in großen und in kleinen Zirkeln.

Henriette. Was wäre denn nun noch für ein Raum für unsre Thätigkeit?

Sinklair. Gar mancher; ich aber habe das Gegenteil im Sinne.

Henriette. Unthätigkeit! und wie das? Eine unthätige Frau sollte herrschen?

Sinklair. Warum nicht?

Henriette. Und wie?

Sinklair. Durchs Verneinen! Wer aus Charakter oder Maxime beharrlich verneint, hat eine größere Gewalt, als man denkt.

Amalie. Wir fallen nun bald, fürchte ich, in den ge=
wöhnlichen Ton, in dem man die Männer reden hört, beson=
ders wenn sie die Pfeifen im Munde haben.

Henriette. Laß ihn doch, Amalie; es ist nichts unschäd=
licher als solche Meinungen, und man gewinnt immer, wenn
man erfährt, was andere von uns denken. Nun also die Ver=
neinenden, wie wäre es mit diesen?

Sinklair. Ich darf hier wohl ohne Zurückhaltung sprechen.
In unserm lieben Vaterland soll es wenige, in Frankreich gar
keine geben, und zwar deswegen, weil die Frauen sowohl bei
uns als bei unsern galanten Nachbarn einer löblichen Freiheit
genießen; aber in Ländern, wo sie sehr beschränkt sind, wo
der äußerliche Anstand ängstlich, die öffentlichen Vergnügungen
selten sind, sollen sie sich häufiger finden. In einem benach=
barten Lande hat man sogar einen eigenen Namen, mit dem
das Volk, die Menschenkenner, ja sogar die Aerzte ein solches
Frauenzimmer bezeichnen.

Henriette. Nun geschwinde den Namen! Namen kann
ich nicht raten.

Sinklair. Man nennt sie, wenn es denn einmal gesagt
sein soll, man nennt sie Schälke.

Henriette. Das ist sonderbar genug.

Sinklair. Es war eine Zeit, als Sie die Fragmente
des Schweizer Physiognomisten mit großem Anteil lesen
mochten; erinnern Sie sich nicht, auch etwas von Schälken
darin gefunden zu haben?

Henriette. Es könnte sein; doch ist es mir nicht auf=
gefallen. Ich nahm vielleicht das Wort im gewöhnlichen
Sinn und las über die Stelle weg.

Sinklair. Freilich bedeutet das Wort Schalk im gewöhn=
lichen Sinne eine Person, die mit Heiterkeit und Schadenfreude
jemand einen Possen spielt; hier aber bedeutet's ein Frauen=
zimmer, das einer Person, von der es abhängt, durch Gleich=
gültigkeit, Kälte und Zurückhaltung, die sich oft in eine Art
von Krankheit verhüllen, das Leben sauer macht. Es ist dies
in jener Gegend etwas Gewöhnliches. Mir ist es einigemal
vorgekommen, daß mir ein Einheimischer, gegen den ich diese
und jene Frau als schön pries, einwendete: aber sie ist ein
Schalk. Ich hörte sogar, daß ein Arzt einer Dame, die viel
von einem Kammermädchen litt, zur Antwort gab: Es ist
ein Schalk, da wird schwer zu helfen sein.

Amalie stand auf und entfernte sich.

Henriette. Das kommt mir doch etwas sonderbar vor.

Sinklair. Mir schien es auch so, und deswegen schrieb ich damals die Symptome dieser halb moralischen, halb physischen Krankheit in einen Aufsatz zusammen, den ich das Kapitel von den Schälken nannte, weil ich es mir als einen Teil anderer anthropologischen Bemerkungen dachte; ich habe es aber bisher sorgfältig geheim gehalten.

Henriette. Sie dürfen es uns wohl schon einmal sehen lassen, und wenn Sie einige hübsche Geschichten wissen, woraus wir recht deutlich sehen können, was ein Schalk ist, so sollen sie künftig auch in die Sammlung unserer neuesten Novellen aufgenommen werden.

Sinklair. Das mag alles recht gut und schön sein, aber meine Absicht ist verfehlt, um derentwillen ich herkam; ich wollte jemand in dieser geistreichen Gesellschaft bewegen, einen Text zu diesen Kalenderkupfern zu übernehmen oder uns jemand zu empfehlen, dem man ein solches Geschäft übertragen könnte; anstatt dessen schelten, ja, vernichten Sie mir diese Blättchen, und ich gehe fast ohne Kupfer so wie ohne Erklärung weg. Hätte ich nur indessen das, was diesen Abend hier gesprochen und erzählt worden ist, auf dem Papiere, so würde ich beinahe für das, was ich suchte und nicht fand, ein Aequivalent besitzen.

Armidoro (aus dem Kabinett tretend, wohin er manchmal gegangen war). Ich komme Ihren Wünschen zuvor. Die Angelegenheit unsers Freundes, des Herausgebers, ist auch mir nicht fremd. Auf diesem Papiere habe ich geschwind protokolliert, was gesprochen worden; ich will es ins Reine bringen, und wenn Eulalie dann übernehmen wollte, über das Ganze den Hauch ihres anmutigen Geistes zu gießen, so würden wir, wo nicht durch den Inhalt, doch durch den Ton, die Frauen mit den schroffen Zügen, in denen unser Künstler sie beleidigen mag, wieder aussöhnen.

Henriette. Ich kann Ihre thätige Freundschaft nicht tadeln, Armidoro; aber ich wollte, Sie hätten das Gespräch nicht nachgeschrieben. Es gibt ein böses Beispiel. Wir leben so heiter und zutraulich zusammen, und es muß uns nichts Schrecklicheres sein, als in der Gesellschaft einen Menschen zu wissen, der aufmerkt, nachschreibt und, wie jetzt alles gleich gedruckt wird, eine zerstückelte und verzerrte Unterhaltung ins Publikum bringt.

Man beruhigte Henrietten, man versprach ihr, nur allen-

falls über kleine Geschichten, die vorkommen sollten, ein öffent=
liches Buch zu führen.

Eulalie ließ sich nicht bereden, das Protokoll des Ge=
schwindschreibers zu redigieren; sie wollte sich von dem Märchen
nicht zerstreuen, mit dessen Bearbeitung sie beschäftigt war.
Das Protokoll blieb in der Hand von Männern, die ihm
denn, so gut sie konnten, aus der Erinnerung nachhalfen und
es nun, wie es eben werden konnte, den guten Frauen zu
weiterer Beherzigung vorlegen.

Novelle.

Ein dichter Herbstnebel verhüllte noch in der Frühe die weiten Räume des fürstlichen Schloßhofes, als man schon mehr oder weniger durch den sich lichtenden Schleier die ganze Jägerei zu Pferde und zu Fuß durch einander bewegt sah. Die eiligen Beschäftigungen der nächsten ließen sich erkennen: man verlängerte, man verkürzte die Steigbügel, man reichte sich Büchse und Patrontäschchen, man schob die Dachsranzen zurecht, indes die Hunde ungeduldig am Riemen den Zurück= haltenden mit fortzuschleppen drohten. Auch hie und da ge= bärdete ein Pferd sich mutiger, von feuriger Natur getrieben oder von dem Sporn des Reiters angeregt, der selbst hier in der Halbhelle eine gewisse Eitelkeit, sich zu zeigen, nicht ver= leugnen konnte. Alle jedoch warteten auf den Fürsten, der, von seiner jungen Gemahlin Abschied nehmend, allzu lange zauderte.

Erst vor kurzer Zeit zusammen getraut, empfanden sie schon das Glück übereinstimmender Gemüter; beide waren von thätig=lebhaftem Charakter, eines nahm gern an des andern Neigungen und Bestrebungen Anteil. Des Fürsten Vater hatte noch den Zeitpunkt erlebt und genützt, wo es deutlich wurde, daß alle Staatsglieder in gleicher Betriebsamkeit ihre Tage zubringen, in gleichem Wirken und Schaffen, jeder nach seiner Art, erst gewinnen und dann genießen sollte.

Wie sehr dieses gelungen war, ließ sich in diesen Tagen gewahr werden, als eben der Hauptmarkt sich versammelte, den man gar wohl eine Messe nennen konnte. Der Fürst hatte seine Gemahlin gestern durch das Gewimmel der auf= gehäuften Waren zu Pferde geführt und sie bemerken lassen, wie gerade hier das Gebirgsland mit dem flachen Lande einen glücklichen Umtausch treffe; er wußte sie an Ort und Stelle auf die Betriebsamkeit seines Länderkreises aufmerksam zu machen.

Wenn sich nun der Fürst fast ausschließlich in diesen Tagen mit den Seinigen über diese zudringenden Gegenstände unterhielt, auch besonders mit dem Finanzminister anhaltend arbeitete, so behielt doch auch der Landjägermeister sein Recht, auf dessen Vorstellung es unmöglich war, der Versuchung zu widerstehen, an diesen günstigen Herbsttagen eine schon verschobene Jagd zu unternehmen, sich selbst und den vielen angekommenen Fremden ein eignes und seltnes Fest zu eröffnen.

Die Fürstin blieb ungern zurück; man hatte sich vorgenommen, weit in das Gebirg hineinzudringen, um die friedlichen Bewohner der dortigen Wälder durch einen unerwarteten Kriegszug zu beunruhigen.

Scheidend versäumte der Gemahl nicht, einen Spazierritt vorzuschlagen, den sie im Geleite Friedrichs, des fürstlichen Oheims, unternehmen sollte; auch lasse ich, sagte er, dir unsern Honorio als Stall- und Hofjunker, der für alles sorgen wird; und im Gefolg dieser Worte gab er im Hinabsteigen einem wohlgebildeten jungen Mann die nötigen Aufträge, verschwand sodann bald mit Gästen und Gefolge.

Die Fürstin, die ihrem Gemahl noch in den Schloßhof hinab mit dem Schnupftuch nachgewinkt hatte, begab sich in die hintern Zimmer, welche nach dem Gebirg eine freie Aussicht ließen, die um desto schöner war, als das Schloß selbst von dem Fuße herauf in einiger Höhe stand und so vor als hinterwärts mannigfaltige bedeutende Ansichten gewährte. Sie fand das treffliche Teleskop noch in der Stellung, wo man es gestern abend gelassen hatte, als man, über Busch, Berg und Waldgipfel die hohen Ruinen der uralten Stammburg betrachtend, sich unterhielt, die in der Abendbeleuchtung merkwürdig hervortraten, indem alsdann die größten Licht- und Schattenmassen den deutlichsten Begriff von einem so ansehnlichen Denkmal alter Zeit verleihen konnten. Auch zeigte sich heute früh durch die annähernden Gläser recht auffallend die herbstliche Färbung jener mannigfaltigen Baumarten, die zwischen dem Gemäuer ungehindert und ungestört durch lange Jahre emporstrebten. Die schöne Dame richtete jedoch das Fernrohr etwas tiefer nach einer öden, steinigen Fläche, über welche der Jagdzug weggehen mußte; sie erharrte den Augenblick mit Geduld und betrog sich nicht: denn bei der Klarheit und Vergrößerungsfähigkeit des Instrumentes erkannten ihre glänzenden Augen deutlich den Fürsten und den Oberstallmeister; ja, sie enthielt sich nicht, abermals mit

dem Schnupftuche zu winken, als sie ein augenblickliches Still=
halten und Rückblicken mehr vermutete, als gewahr ward.

Fürst Oheim, Friedrich mit Namen, trat sodann, ange=
meldet, mit seinem Zeichner herein, der ein großes Portefeuille
unter dem Arm trug. Liebe Cousine, sagte der alte rüstige
Herr, hier legen wir die Ansichten der Stammburg vor, ge=
zeichnet, um von verschiedenen Seiten anschaulich zu machen,
wie der mächtige Trutz= und Schutzbau von alten Zeiten her
dem Jahr und seiner Witterung sich entgegenstemmte, und
wie doch hie und da sein Gemäuer weichen, da und dort in
wüste Ruinen zusammenstürzen mußte. Nun haben wir manches
gethan, um diese Wildnis zugänglicher zu machen; denn mehr
bedarf es nicht, um jeden Wanderer, jeden Besuchenden in
Erstaunen zu setzen, zu entzücken.

Indem nun der Fürst die einzelnen Blätter deutete,
sprach er weiter: Hier, wo man, den Hohlweg durch die
äußern Ringmauern heraufkommend, vor die eigentliche Burg
gelangt, steigt uns ein Felsen entgegen von den festesten des
ganzen Gebirgs; hierauf nun steht gemauert ein Turm, doch
niemand wüßte zu sagen, wo die Natur aufhört, Kunst und
Handwerk aber anfangen. Ferner sieht man seitwärts Mauern
angeschlossen und Zwinger terrassenmäßig herab sich erstreckend.
Doch ich sage nicht recht, denn es ist eigentlich ein Wald, der
diesen uralten Gipfel umgibt; seit hundertundfünfzig Jahren
hat keine Axt hier geklungen, und überall sind die mächtigsten
Stämme emporgewachsen; wo ihr euch an den Mauern an=
drängt, stellt sich der glatte Ahorn, die rauhe Eiche, die
schlanke Fichte mit Schaft und Wurzeln entgegen; um diese
müssen wir uns herumschlängeln und unsere Fußpfade ver=
ständig führen. Seht nur, wie trefflich unser Meister dies
Charakteristische auf dem Papier ausgedrückt hat, wie kenntlich
die verschiedenen Stamm= und Wurzelarten zwischen das
Mauerwerk verflochten und die mächtigen Aeste durch die
Lücken durchgeschlungen sind. Es ist eine Wildnis wie keine,
ein zufällig einziges Lokal, wo die alten Spuren längst ver=
schwundener Menschenkraft mit der ewig lebenden und fort=
wirkenden Natur sich in dem ernstesten Streit erblicken lassen.

Ein anderes Blatt aber vorlegend, fuhr er fort: Was
sagt Ihr nun zum Schloßhofe, der, durch das Zusammenstürzen
des alten Thorturmes unzugänglich, seit undenklichen Jahren
von niemand betreten ward? Wir suchten ihm von der Seite
beizukommen, haben Mauern durchbrochen, Gewölbe gesprengt

und so einen bequemen, aber geheimen Weg bereitet. In=
wendig bedurft' es keines Aufräumens; hier findet sich ein
flacher Felsgipfel von der Natur geplättet, aber doch haben
mächtige Bäume hie und da zu wurzeln Glück und Gelegen=
heit gefunden; sie sind sachte, aber entschieden aufgewachsen;
nun erstrecken sie ihre Aeste bis in die Galerieen hinein, auf
denen der Ritter sonst auf und ab schritt, ja, durch Thüren
durch und Fenster in die gewölbten Säle, aus denen wir sie
nicht vertreiben wollen; sie sind eben Herr geworden und
mögen's bleiben. Tiefe Blätterschichten wegräumend, haben
wir den merkwürdigsten Platz geebnet gefunden, dessengleichen
in der Welt vielleicht nicht wieder zu sehen ist.

Nach allem diesem aber ist es immer noch bemerkenswert
und an Ort und Stelle zu beschauen, daß auf den Stufen,
die in den Hauptturm hinaufführen, ein Ahorn Wurzel ge=
schlagen und sich zu einem so tüchtigen Baume gebildet hat,
daß man nur mit Not daran vorbeidringen kann, um die
Zinne der unbegrenzten Aussicht wegen zu besteigen. Aber
auch hier verweilt man bequem im Schatten, denn dieser
Baum ist es, der sich über das Ganze wunderbar hoch in
die Luft hebt.

Danken wir also dem wackern Künstler, der uns so löb=
lich in verschiedenen Bildern von allem überzeugt, als wenn
wir gegenwärtig wären; er hat die schönsten Stunden des
Tages und der Jahrszeit dazu angewendet und sich wochen=
lang um diese Gegenstände herumbewegt. In dieser Ecke ist
für ihn und den Wächter, den wir ihm zugegeben, eine kleine
angenehme Wohnung eingerichtet. Sie sollten nicht glauben,
meine Beste, welch eine schöne Aus= und Ansicht er ins Land,
in Hof und Gemäuer sich dort bereitet hat. Nun aber, da
alles so rein und charakteristisch umrissen ist, wird er es hier
unten mit Bequemlichkeit ausführen. Wir wollen mit diesen
Bildern unsern Gartensaal zieren, und niemand soll über
unsre regelmäßigen Parterre, Lauden und schattigen Gänge
seine Augen spielen lassen, der nicht wünschte, sich dort oben
in dem wirklichen Anschauen des Alten und Neuen, des Starren,
Unnachgiebigen, Unzerstörlichen, und des Frischen, Schmieg=
samen, Unwiderstehlichen seine Betrachtungen anzustellen.

Honorio trat ein und meldete, die Pferde seien vor=
geführt; da sagte die Fürstin, zum Oheim gewendet: Reiten
wir hinaus und lassen Sie mich in der Wirklichkeit sehen,
was Sie mir hier im Bilde zeigten. Seit ich hier bin, hör'

ich von diesem Unternehmen und werde jetzt erst recht ver=
langend, mit Augen zu sehen, was mir in der Erzählung
unmöglich schien und in der Nachbildung unwahrscheinlich
bleibt. — Noch nicht, meine Liebe, versetzte der Fürst; was
Sie hier sahen, ist, was es werden kann und wird; jetzt stockt
noch manches im Beginnen; die Kunst muß erst vollenden,
wenn sie sich vor der Natur nicht schämen soll. — Und so
reiten wir wenigstens hinaufwärts, und wär' es nur bis an
den Fuß, ich habe große Lust, mich heute weit in der Welt
umzusehen. — Ganz nach Ihrem Willen, versetzte der Fürst.
— Lassen Sie uns aber durch die Stadt reiten, fuhr die
Dame fort, über den großen Marktplatz, wo eine zahllose
Menge von Buden die Gestalt einer kleinen Stadt, eines
Feldlagers angenommen hat. Es ist, als wären die Bedürf=
nisse und Beschäftigungen sämtlicher Familien des Landes
umher, nach außen gekehrt, in diesem Mittelpunkt versammelt,
an das Tageslicht gebracht worden; denn hier sieht der auf=
merksame Beobachter alles, was der Mensch leistet und bedarf;
man bildet sich einen Augenblick ein, es sei kein Geld nötig,
jedes Geschäft köune hier durch Tausch abgethan werden; und
so ist es auch im Grunde. Seitdem der Fürst gestern mir
Anlaß zu diesen Uebersichten gegeben, ist es mir gar ange=
nehm, zu denken, wie hier, wo Gebirg und flaches Land an
einander grenzen, beide so deutlich aussprechen, was sie brauchen
und was sie wünschen. Wie nun der Hochländer das Holz
seiner Wälder in hundert Formen umzubilden weiß, das Eisen
zu einem jeden Gebrauch zu vermannigfaltigen, so kommen
jene drüben mit den vielfältigsten Waren ihm entgegen, an
denen man den Stoff kaum unterscheiden und den Zweck oft
nicht erkennen mag.

Ich weiß, versetzte der Fürst, daß mein Neffe hierauf
die größte Aufmerksamkeit wendet; denn gerade zu dieser
Jahrszeit kommt es hauptsächlich darauf an, daß man mehr
empfange, als gebe; dies zu bewirken, ist am Ende die Summe
des ganzen Staatshaushaltes so wie der kleinsten häuslichen
Wirtschaft. Verzeihen Sie aber, meine Beste, ich reite nie=
mals gern durch Markt und Messe; bei jedem Schritt ist
man gehindert und aufgehalten, und daun flammt mir das
ungeheure Unglück wieder in die Einbildungskraft, das sich
mir gleichsam in die Augen eingebrannt, als ich eine solche
Güter= und Warenbreite in Feuer aufgehen sah. Ich hatte
mich kaum —

Lassen Sie uns die schönen Stunden nicht versäumen, fiel ihm die Fürstin ein, da der würdige Mann sie schon einigemal mit ausführlicher Beschreibung jenes Unheils geängstigt hatte, wie er sich nämlich, auf einer großen Reise begriffen, abends im besten Wirtshause auf dem Markte, der eben von einer Hauptmesse wimmelte, höchst ermüdet zu Bette gelegt und nachts durch Geschrei und Flammen, die sich gegen seine Wohnung wälzten, gräßlich aufgeweckt worden.

Die Fürstin eilte, das Lieblingspferd zu besteigen, und führte, statt zum Hinterthore bergauf, zum Vorderthore bergunter ihren widerwillig-bereiten Begleiter; denn wer wäre nicht gern an ihrer Seite geritten? wer wäre ihr nicht gern gefolgt? Und so war auch Honorio von der sonst so ersehnten Jagd willig zurückgeblieben, um ihr ausschließlich dienstbar zu sein.

Wie vorauszusehen, durften sie auf dem Markte nur Schritt vor Schritt reiten; aber die schöne Liebenswürdige erheiterte jeden Aufenthalt durch eine geistreiche Bemerkung. Ich wiederhole, sagte sie, meine gestrige Lektion, da denn doch die Notwendigkeit unsere Geduld prüfen will. Und wirklich drängte sich die ganze Menschenmasse dergestalt an die Reitenden heran, daß sie ihren Weg nur langsam fortsetzen konnten. Das Volk schaute mit Freuden die junge Dame, und auf so viel lächelnden Gesichtern zeigte sich das entschiedene Behagen, zu sehen, daß die erste Frau im Lande auch die schönste und anmutigste sei.

Unter einander gemischt standen Bergbewohner, die zwischen Felsen, Fichten und Föhren ihre stillen Wohnsitze hegten, Flachländer von Hügeln, Auen und Wiesen her, Gewerbsleute der kleinen Städte, und was sich alles versammelt hatte. Nach einem ruhigen Ueberblick bemerkte die Fürstin ihrem Begleiter, wie alle diese, woher sie auch seien, mehr Stoff als nötig zu ihren Kleidern genommen, mehr Tuch und Leinwand, mehr Band zum Besatz. Ist es doch, als ob die Weiber nicht brauschig und die Männer nicht pausig genug sich gefallen könnten.

Wir wollen ihnen das ja lassen, versetzte der Oheim; wo auch der Mensch seinen Ueberfluß hinwendet, ihm ist wohl dabei, am wohlsten, wenn er sich damit schmückt und aufputzt. Die schöne Dame winkte Beifall.

So waren sie nach und nach auf einen freien Platz gelangt, der zur Vorstadt hinführte, wo am Ende vieler kleiner Buden und Kramstände ein größeres Brettergebäude in die Augen fiel, das sie kaum erblickten, als ein ohrzerreißendes

Gebrülle ihnen entgegentönte. Die Fütterungsstunde der dort zur Schau stehenden wilden Tiere schien herangekommen; der Löwe ließ seine Wald= und Wüstenstimme aufs kräftigste hören, die Pferde schauderten, und man konnte der Bemer= kung nicht entgehen, wie in dem friedlichen Wesen und Wirken der gebildeten Welt der König der Einöde sich so furchtbar verkündige. Zur Bude näher gelangt, durften sie die bunten kolossalen Gemälde nicht übersehen, die mit heftigen Farben und kräftigen Bildern jene fremden Tiere darstellten, welche der friedliche Staatsbürger zu schauen unüberwindliche Lust empfinden sollte. Der grimmig ungeheure Tiger sprang auf einen Mohren los, im Begriff, ihn zu zerreißen; ein Löwe stand ernsthaft majestätisch, als wenn er keine Beute, seiner würdig, vor sich sähe; andere wunderliche bunte Geschöpfe verdienten neben diesen mächtigen weniger Aufmerksamkeit.

Wir wollen, sagte die Fürstin, bei unserer Rückkehr doch absteigen und die seltenen Gäste näher betrachten. — Es ist wunderbar, versetzte der Fürst, daß der Mensch durch Schreck= liches immer aufgeregt sein will. Drinnen liegt der Tiger ganz ruhig in seinem Kerker, und hier muß er grimmig auf einen Mohren losfahren, damit man glaube, dergleichen in= wendig ebenfalls zu sehen; es ist an Mord und Totschlag noch nicht genug, an Brand und Untergang; die Bänkelsänger müssen es an jeder Ecke wiederholen. Die guten Menschen wollen eingeschüchtert sein, um hinterdrein erst recht zu fühlen, wie schön und löblich es sei, frei Atem zu holen.

Was denn aber auch Bängliches von solchen Schreckens= bildern mochte übrig geblieben sein, alles und jedes war so= gleich ausgelöscht, als man, zum Thore hinausgelangt, in die heiterste Gegend eintrat. Der Weg führte zuerst am Flusse hin, an einem zwar noch schmalen, nur leichte Kähne tragen= den Wasser, das aber nach und nach als größter Strom seinen Namen behalten und ferne Länder beleben sollte. Dann ging es weiter durch wohlversorgte Frucht= und Lustgärten sachte hinaufwärts, und man sah sich nach und nach in der auf= gethanen wohlbewohnten Gegend um, bis erst ein Busch, sodann ein Wäldchen die Gesellschaft aufnahm und die an= mutigsten Oertlichkeiten ihren Blick begrenzten und erquickten. Ein aufwärts leitendes Wiesenthal, erst vor kurzem zum zweitenmale gemäht, sammetähnlich anzusehen, von einer ober= wärts lebhaft auf einmal reich entspringenden Quelle gewässert, empfing sie freundlich, und so zogen sie einen höheren, freieren

Standpunkt entgegen, den sie, aus dem Walde sich bewegend,
nach einem lebhaften Stieg erreichten, alsdann aber vor sich
noch in bedeutender Entfernung über neuen Baumgruppen
das alte Schloß, den Zielpunkt ihrer Wallfahrt, als Fels-
und Waldgipfel hervorragen sahen. Rückwärts aber — denn
niemals gelangte man hierher, ohne sich umzukehren — erblickten sie durch zufällige Lücken der hohen Bäume das fürstliche Schloß links, von der Morgensonne beleuchtet, den wohlgebauten höhern Teil der Stadt, von leichten Rauchwolken
gedämpft, und sofort nach der Rechten zu die untere Stadt,
den Fluß in einigen Krümmungen, mit seinen Wiesen und
Mühlen; gegenüber eine weite nahrhafte Gegend.

Nachdem sie sich an dem Anblick ersättigt, oder vielmehr,
wie es uns bei dem Umblick auf so hoher Stelle zu geschehen
pflegt, erst recht verlangend geworden nach einer weitern,
weniger begrenzten Aussicht, ritten sie eine steinigte breite
Fläche hinan, wo ihnen die mächtige Ruine als ein grün-
gekrönter Gipfel entgegen stand, wenig alte Bäume tief unten
um seinen Fuß; sie ritten hindurch, und so fanden sie sich
gerade vor der steilsten unzugänglichsten Seite. Mächtige
Felsen standen von Urzeiten her, jedem Wechsel unangetastet,
fest, wohlbegründet voran, und so türmte sich's aufwärts;
das dazwischen Herabgestürzte lag in mächtigen Platten und
Trümmern unregelmäßig über einander und schien dem Kühnsten
jeden Angriff zu verbieten. Aber das Steile, Jähe scheint
der Jugend zuzusagen; dies zu unternehmen, zu erstürmen,
zu erobern, ist jungen Gliedern ein Genuß. Die Fürstin
bezeigte Neigung zu einem Versuch, Honorio war bei der
Hand, der fürstliche Oheim, wenn schon bequemer, ließ sich's
gefallen und wollte sich doch auch nicht unkräftig zeigen; die
Pferde sollten am Fuß unter den Bäumen halten, und man
wollte bis zu einem gewissen Punkte gelangen, wo ein vor-
stehender mächtiger Fels einen Flächenraum darbot, von wo
man eine Aussicht hatte, die zwar schon in den Blick des
Vogels überging, aber sich doch noch malerisch genug hinter
einander schob.

Die Sonne, beinahe auf ihrer höchsten Stelle, verlieh
die klarste Beleuchtung: das fürstliche Schloß mit seinen
Teilen, Hauptgebäuden, Flügeln, Kuppeln und Türmen erschien gar stattlich; die obere Stadt in ihrer völligen Aus-
dehnung; auch in die untere konnte man bequem hineinsehen,
ja, durch das Fernrohr auf dem Markte sogar die Buden

unterſcheiden. Honorio war immer gewohnt, ein ſo förder=
liches Werkzeug überzuſchnallen; man ſchaute den Fluß hinauf
und hinab, dießſeits das bergartig terraſſenweis unterbrochene,
jenſeits das aufgleitende flache und in mäßigen Hügeln ab=
wechſelnde fruchtbare Land; Ortſchaften unzählige: denn es
war längſt herkömmlich, über die Zahl zu ſtreiten, wie viel
man deren von hier oben gewahr werde.

Ueber die große Weite lag eine heitere Stille, wie es am
Mittag zu ſein pflegt, wo die Alten ſagten, der Pan ſchlafe,
und alle Natur halte den Atem an, um ihn nicht aufzuwecken.

Es iſt nicht das erſte Mal, ſagte die Fürſtin, daß ich
auf ſo hoher weitumſchauender Stelle die Betrachtung mache,
wie doch die klare Natur ſo reinlich und friedlich ansſieht
und den Eindruck verleiht, als wenn gar nichts Widerwärtiges
in der Welt ſein könne; und wenn man denn wieder in die
Menſchenwohnung zurückkehrt, ſie ſei hoch oder niedrig, weit
oder eng, ſo gibt's immer etwas zu kämpfen, zu ſtreiten, zu
ſchlichten und zurecht zu legen.

Honorio, der indeſſen durch das Sehrohr nach der Stadt
geſchaut hatte, rief: Seht hin! Seht hin! auf dem Markte
fängt es an zu brennen. Sie ſahen hin und bemerkten wenigen
Rauch, die Flamme dämpfte der Tag. Das Feuer greift
weiter um ſich! rief man, immer durch die Gläſer ſchauend;
auch wurde das Unheil den guten unbewaffneten Augen der
Fürſtin bemerklich; von Zeit zu Zeit erkannte man eine rote
Flammenglut, der Dampf ſtieg empor, und Fürſt Cheim
ſprach: Laßt uns zurückkehren! Das iſt nicht gut; ich fürchtete
immer, das Unglück zum zweitenmale zu erleben. Als ſie,
herabgekommen, den Pferden wieder zugingen, ſagte die Fürſtin
zu dem alten Herrn: Reiten Sie hinein, eilig, aber nicht ohne
den Reitknecht; laſſen Sie mir Honorio, wir folgen ſogleich.
Der Oheim fühlte das Vernünftige, ja, das Notwendige
dieſer Worte und ritt ſo eilig, als der Boden erlaubte, den
wüſten ſteinigen Hang hinunter.

Als die Fürſtin aufſaß, ſagte Honorio: Reiten Ew. Durch=
laucht, ich bitte, langſam! In der Stadt wie auf dem Schloß
ſind die Feueranſtalten in beſter Ordnung; man wird ſich
durch einen ſo unerwartet außerordentlichen Fall nicht irre
machen laſſen. Hier aber iſt ein böſer Boden, kleine Steine
und kurzes Gras; ſchnelles Reiten iſt unſicher; ohnehin, bis
wir hineinkommen, wird das Feuer ſchon nieder ſein. Die
Fürſtin glaubte nicht daran; ſie ſah den Rauch ſich verbreiten,

sie glaubte einen aufflammenden Blitz gesehen, einen Schlag
gehört zu haben, und nun bewegten sich in ihrer Einbildungs=
kraft alle die Schreckbilder, welche des trefflichen Oheims
wiederholte Erzählung von dem erlebten Jahrmarktsbrande
leider nur zu tief eingesenkt hatte.

Fürchterlich wohl war jener Fall, überraschend und ein=
dringlich genug, um zeitlebens eine Ahnung und Vorstellung
wiederkehrenden Unglücks ängstlich zurückzulassen, als zur
Nachtzeit auf dem großen budenreichen Marktraum ein plötz=
licher Brand Laden auf Laden ergriffen hatte, ehe noch die
in und an diesen leichten Hütten Schlafenden aus tiefen
Träumen geschüttelt wurden; der Fürst selbst als ein ermüdet
angelangter, erst eingeschlafener Fremder ans Fenster sprang,
alles fürchterlich erleuchtet sah, Flamme nach Flamme, rechts
und links sich überspringend, ihm entgegenzüngelte. Die Häuser
des Marktes, vom Widerschein gerötet, schienen schon zu glühen,
drohend, sich jeden Augenblick zu entzünden und in Flammen
aufzuschlagen; unten wütete das Element unaufhaltsam, die
Bretter prasselten, die Latten knackten, Leinwand flog auf, und
ihre düstern, an den Enden flammend ausgezackten Fetzen trieben
in der Höhe sich umher, als wenn die bösen Geister, in ihrem
Elemente um und um gestaltet, sich mutwillig tanzend verzehren
und da und dort aus den Gluten wieder auftauchen wollten.
Dann aber mit kreischendem Geheul rettete jeder, was zur
Hand lag; Diener und Knechte mit den Herren bemühten
sich, von Flammen ergriffene Ballen fortzuschleppen, von dem
brennenden Gestell noch einiges wegzureißen, um es in die
Kiste zu packen, die sie denn doch zuletzt den eilenden Flammen
zum Raube lassen mußten. Wie mancher wünschte nur einen
Augenblick Stillstand dem heranprasselnden Feuer, nach der
Möglichkeit einer Besinnung sich umsehend, und er war mit
aller seiner Habe schon ergriffen; an der einen Seite brannte,
glühte schon, was an der andern noch in finsterer Nacht stand.
Hartnäckige Charaktere, willenstarke Menschen widersetzten
sich grimmig dem grimmigen Feinde und retteten manches
mit Verlust ihrer Augenbrauen und Haare. Leider nun er=
neuerte sich vor dem schönen Geiste der Fürstin der wüste
Wirrwarr; nun schien der heitere morgendliche Gesichtskreis
umnebelt, ihre Augen verdüstert; Wald und Wiese hatten
einen wunderbaren bänglichen Anschein.

In das friedliche Thal einreitend, seiner labenden Kühle
nicht achtend, waren sie kaum einige Schritte von der leb=

haften Quelle des nahe fließenden Baches herab, als die
Fürstin ganz unten im Gebüsche des Wiesenthals etwas Selt=
sames erblickte, das sie alsobald für den Tiger erkannte;
heranspringend, wie sie ihn vor kurzem gemalt gesehen, kam
er entgegen; und dieses Bild zu den furchtbaren Bildern, die
sie so eben beschäftigten, machte den wundersamsten Eindruck.
Flieht! gnädige Frau, rief Honorio, flieht! Sie wandte das
Pferd um, dem steilen Berg zu, wo sie herabgekommen waren.
Der Jüngling aber dem Untier entgegen, zog die Pistole und
schoß, als er sich nahe genug glaubte; leider jedoch war ge=
fehlt: der Tiger sprang seitwärts, das Pferd stutzte, das
ergrimmte Tier aber verfolgte seinen Weg, aufwärts unmittel=
bar der Fürstin nach. Sie sprengte, was das Pferd vermochte,
die steile, steinige Strecke hinan, kaum fürchtend, daß ein
zartes Geschöpf, solcher Anstrengung ungewohnt, sie nicht
aushalten werde. Es übernahm sich, von der bedrängten
Reiterin angeregt, stieß am kleinen Gerölle des Hanges an
und wieder an und stürzte zuletzt nach heftigem Bestreben
kraftlos zu Boden. Die schöne Dame, entschlossen und ge=
wandt, verfehlte nicht, sich strack auf ihre Füße zu stellen;
auch das Pferd richtete sich auf; aber der Tiger nahte schon,
obgleich nicht mit heftiger Schnelle; der ungleiche Boden, die
scharfen Steine schienen seinen Antrieb zu hindern, und nur
daß Honorio unmittelbar hinter ihm herflog, neben ihm ge=
mäßigt heraufritt, schien seine Kraft aufs neue anzuspornen
und zu reizen. Beide Renner erreichten zugleich den Ort,
wo die Fürstin am Pferde stand; der Ritter beugte sich herab,
schoß und traf mit der zweiten Pistole das Ungeheuer durch
den Kopf, daß es sogleich niederstürzte und, ausgestreckt in
seiner Länge, erst recht die Macht und Furchtbarkeit sehen ließ,
von der nur noch das Körperliche übrig geblieben da lag.
Honorio war vom Pferde gesprungen und kniete schon auf
dem Tiere, dämpfte seine letzten Bewegungen und hielt den
gezogenen Hirschfänger in der rechten Hand. Der Jüngling
war schön; er war herangesprengt, wie ihn die Fürstin oft
im Lanzen= und Ringelspiel gesehen hatte. Eben so traf in
der Reitbahn seine Kugel im Vorbeisprengen den Türkenkopf
auf dem Pfahl gerade unter dem Turban in die Stirne;
eben so spießte er, flüchtig heransprengend, mit dem blanken
Säbel das Mohrenhaupt vom Boden auf. In allen solchen
Künsten war er gewandt und glücklich: hier kam beides zu
statten.

Gebt ihm den Rest! sagte die Fürstin; ich fürchte, er beschädigt Euch noch mit den Krallen. — Verzeiht! erwiderte der Jüngling; er ist schon tot genug, und ich mag das Fell nicht verderben, das nächsten Winter auf Eurem Schlitten glänzen soll. — Frevelt nicht! sagte die Fürstin; alles, was von Frömmigkeit im tiefen Herzen wohnt, entfaltet sich in solchem Augenblick. — Auch ich, rief Honorio, war nie frömmer als jetzt eben; deshalb aber denke ich ans Freudigste: ich blicke dieses Fell nur an, wie es Euch zur Lust begleiten kann. — Es würde mich immer an diesen schrecklichen Augenblick erinnern, versetzte sie. — Ist es doch, erwiderte der Jüngling mit glühender Wange, ein unschuldigeres Triumphzeichen, als wenn die Waffen erschlagener Feinde vor dem Sieger her zur Schau getragen wurden. — Ich werde mich an Eure Kühnheit und Gewandtheit dabei erinnern und darf nicht hinzusetzen, daß Ihr auf meinen Dank und auf die Gnade des Fürsten lebenslänglich rechnen könnt. Aber steht auf! schon ist kein Leben mehr im Tiere; bedenken wir das weitere; vor allen Dingen steht auf! — Da ich nun einmal luiee, versetzte der Jüngling, da ich mich in einer Stellung befinde, die mir auf jede andere Weise untersagt wäre, so laßt mich bitten, von der Gunst, von der Gnade, die Ihr mir zuwendet, in diesem Augenblick versichert zu werden. Ich habe schon so oft Euren hohen Gemahl gebeten um Urlaub und Vergünstigung einer weiteren Reise. Wer das Glück hat, an Eurer Tafel zu sitzen, wen Ihr beehrt, Eure Gesellschaft unterhalten zu dürfen, der muß die Welt gesehen haben. Reisende strömen von allen Orten her, und wenn von einer Stadt, von einem wichtigen Punkte irgend eines Weltteils gesprochen wird, ergeht an den Eurigen jedesmal die Frage, ob er daselbst gewesen sei? Niemanden traut man Verstand zu, als wer das alles gesehen hat; es ist, als wenn man sich nur für andere zu unterrichten hätte.

Steht auf! wiederholte die Fürstin; ich möchte nicht gern gegen die Ueberzeugung meines Gemahls irgend etwas wünschen und bitten; allein, wenn ich nicht irre, so ist die Ursache, warum er Euch bisher zurückhielt, bald gehoben. Seine Absicht war, Euch zum selbständigen Edelmann herangereist zu sehen, der sich und ihm auch auswärts Ehre machte, wie bisher am Hofe; und ich dächte, Eure That wäre ein so empfehlender Reisepaß, als ein junger Mann nur in die Welt mitnehmen kann.

Daß anstatt einer jugendlichen Freude eine gewisse Trauer über sein Gesicht zog, hatte die Fürstin nicht Zeit, zu bemerken, noch er, seiner Empfindung Raum zu geben: denn hastig den Berg herauf, einen Knaben an der Hand, kam eine Frau geradezu auf die Gruppe los, die wir kennen; und kaum war Honorio sich besinnend aufgestanden, als sie sich heulend und schreiend über den Leichnam herwarf und an dieser Handlung, so wie an einer, obgleich reinlich anständigen, doch bunten und seltsamen Kleidung sogleich erraten ließ, sie sei die Meisterin und Wärterin dieses dahingestreckten Geschöpfes, wie denn der schwarzaugige, schwarzlockige Knabe, der eine Flöte in der Hand hielt, gleich der Mutter weinend, weniger heftig, aber tief gerührt, neben ihr kniete.

Den gewaltsamen Ausbrüchen der Leidenschaft dieses unglücklichen Weibes folgte, zwar unterbrochen stoßweise, ein Strom von Worten, wie ein Bach sich in Absätzen von Felsen zu Felsen stürzt. Eine natürliche Sprache, kurz und abgebrochen, machte sich eindringlich und rührend; vergebens würde man sie in unsern Mundarten übersetzen wollen: den ungefähren Inhalt dürfen wir nicht verfehlen. Sie haben dich ermordet, armes Tier! ermordet ohne Not! Du warst zahm und hättest dich gern ruhig niedergelassen und auf uns gewartet; denn deine Fußballen schmerzten dich, und deine Krallen hatten keine Kraft mehr. Die heiße Sonne fehlte dir, sie zu reifen. Du warst der Schönste deinesgleichen; wer hat je einen königlichen Tiger so herrlich ausgestreckt im Schlafe gesehen, wie du nun hier liegst, tot, um nicht wieder aufzustehen. Wenn du des Morgens aufwachtest beim frühen Tagschein und den Rachen aufsperrtest, ausstreckend die rote Zunge, so schienst du uns zu lächeln, und wenn schon brüllend, nahmst du doch spielend dein Futter aus den Händen einer Frau, von den Fingern eines Kindes! Wie lange begleiteten wir dich auf deinen Fahrten, wie lange war deine Gesellschaft uns wichtig und fruchtbar! Uns, uns ganz eigentlich kam die Speise von den Fressern und süße Ladung von den Starken. So wird es nicht mehr sein! Wehe! wehe!

Sie hatte nicht ausgeklagt, als über die mittlere Höhe des Bergs am Schlosse herab Reiter heransprengten, die alsobald für das Jagdgefolge des Fürsten erkannt wurden; er selbst voran. Sie hatten, in den hintern Gebirgen jagend, die Brandwolken aufsteigen sehen und durch Thäler und Schluchten, wie auf gewaltsam hetzender Jagd, den geraden

Weg nach diesem traurigen Zeichen genommen. Ueber die
steinige Blöße einhersprengend, stutzten und starrten sie, nun
die unerwartete Gruppe gewahr werdend, die sich auf der
leeren Fläche merkwürdig auszeichnete. Nach dem ersten Er=
leunen verstummte man, und nach einigem Erholen ward,
was der Anblick nicht selbst ergab, mit wenigen Worten er=
läutert. So stand der Fürst vor dem seltsamen, unerhörten
Ereignis, einen Kreis umher von Reitern und Nacheilenden
zu Fuße. Unschlüssig war man nicht, was zu thun sei; an=
zuordnen, auszuführen war der Fürst beschäftigt, als ein
Mann sich in den Kreis drängte, groß von Gestalt, bunt und
wunderlich gekleidet wie Frau und Kind. Und nun gab die
Familie zusammen Schmerz und Ueberraschung zu erkennen.
Der Mann aber, gefaßt, stand in ehrfurchtsvoller Entfernung
vor dem Fürsten und sagte: Es ist nicht Klagenszeit; ach,
mein Herr und mächtiger Jäger, auch der Löwe ist los; auch
hier nach dem Gebirg ist er hin; aber schont ihn, habt Barm=
herzigkeit, daß er nicht umkomme, wie dies gute Tier!

Der Löwe? sagte der Fürst; hast du seine Spur? —
Ja, Herr! Ein Bauer dort unten, der sich ohne Not auf
einen Baum gerettet hatte, wies mich weiter hier links hinauf;
aber ich sah den großen Trupp Menschen und Pferde vor
mir; neugierig und hilfsbedürftig eilt' ich hierher. — Also —
beorderte der Fürst — muß die Jagd sich auf diese Seite
ziehen; ihr, ladet eure Gewehre, geht sachte zu Werk; es ist
kein Unglück, wenn ihr ihn in die tiefen Wälder treibt; aber
am Ende, guter Mann, werden wir Euer Geschöpf nicht
schonen können; warum wart Ihr unvorsichtig genug, sie
entkommen zu lassen? — Das Feuer brach aus, versetzte
jener; wir hielten uns still und gespannt; es verbreitete sich
schnell, aber fern von uns; wir hatten Wasser genug zu
unserer Verteidigung, aber ein Pulverschlag flog auf und
warf die Brände bis an uns heran, über uns weg; wir über=
eilten uns und sind nun unglückliche Leute.

Noch war der Fürst mit Anordnungen beschäftigt; aber
einen Augenblick schien alles zu stocken, als oben vom alten
Schloß herab eilig ein Mann heranspringend gesehen ward,
den man bald für den angestellten Wächter erkannte, der die
Werkstätte des Malers bewachte, indem er darin seine Wohnung
nahm und die Arbeiter beaufsichtigte. Er kam außer Atem
springend, doch hatte er bald mit wenigen Worten angezeigt:
oben hinten der höhern Ringmauer habe sich der Löwe im

Sonnenschein gelagert, am Fuße einer hundertjährigen Buche, und verhalte sich ganz ruhig. Aergerlich aber schloß der Mann: Warum habe ich gestern meine Büchse in die Stadt getragen, um sie auszuputzen zu lassen? er wäre nicht wieder aufgestanden; das Fell wäre doch mein gewesen, und ich hätte mich dessen, wie billig, zeitlebens gebrüstet. *quia mea*

Der Fürst, dem seine militärischen Erfahrungen auch hier zu statten kamen, da er sich wohl schon in Fällen gefunden hatte, wo von mehreren Seiten unvermeidliches Uebel herandrohte, sagte hierauf: Welche Bürgschaft gebt Ihr mir, daß, wenn wir Eures Löwen schonen, er nicht im Lande unter den Meinigen Verderben anrichtet?

Hier diese Frau und dieses Kind, erwiderte der Vater haftig, erbieten sich, ihn zu zähmen, ihn ruhig zu erhalten, bis ich den beschlagenen Kasten heraufschaffe, da wir ihn denn unschädlich und unbeschädigt wieder zurückbringen werden.

Der Knabe schien seine Flöte versuchen zu wollen, ein Instrument von der Art, das man sonst die sanfte, süße Flöte zu nennen pflegte; sie war kurz geschnäbelt wie die Pfeifen; wer es verstand, wußte die anmutigsten Töne daraus hervorzulocken. Indes hatte der Fürst den Wärtel gefragt, wie der Löwe hinaufgekommen. Dieser aber versetzte: Durch den Hohlweg, der, auf beiden Seiten vermauert, von jeher der einzige Zugang war und der einzige bleiben soll; zwei Fußpfade, die noch hinaufführten, haben wir dergestalt entstellt, daß niemand als durch jenen ersten engen Anweg zu dem Zauberschlosse gelangen könne, wozu es Fürst Friedrichs Geist und Geschmack ausbilden will.

Nach einigem Nachdenken, wobei sich der Fürst nach dem Kinde umsah, das immer sanft gleichsam zu präludieren fortgefahren hatte, wendete er sich zu Honorio und sagte: Du hast heute viel geleistet, vollende das Tagwerk! Besetze den schmalen Weg, haltet eure Büchsen bereit, aber schießt nicht eher, als bis ihr das Geschöpf nicht sonst zurückscheuchen könnt; allenfalls macht ein Feuer an, vor dem er sich fürchtet, wenn er herunter will. Mann und Frau möge für das übrige stehen. Eilig schickte Honorio sich an, die Befehle zu vollführen.

Das Kind verfolgte seine Melodie, die keine war, eine Tonfolge ohne Gesetz, und vielleicht eben deswegen so herzergreifend; die Umstehenden schienen wie bezaubert von der Bewegung einer liederartigen Weise, als der Vater mit anständigem Enthusiasmus zu reden anfing und fortfuhr:

Gott hat dem Fürsten Weisheit gegeben und zugleich
die Erkenntnis, daß alle Gotteswerke weise sind, jedes nach
seiner Art. Seht den Felsen, wie er fest steht und sich nicht
rührt, der Witterung trotzt und dem Sonnenschein; uralte
Bäume zieren sein Haupt, und so gekrönt, schaut er weit
umher; stürzt aber ein Teil herunter, so will es nicht bleiben,
was es war, es fällt zertrümmert in viele Stücke und be=
deckt die Seite des Hanges. Aber auch da wollen sie nicht ver=
harren; mutwillig springen sie tief hinab, der Bach nimmt
sie auf, zum Flusse trägt er sie. Nicht widerstehend, nicht
widerspenstig=eckig, nein, glatt und abgerundet, gewinnen sie
schneller ihren Weg und gelangen von Fluß zu Fluß, endlich
zum Ozean, wo die Riesen in Scharen daher ziehen und in
der Tiefe die Zwerge wimmeln.

Doch wer preist den Ruhm des Herrn, den die Sterne
loben von Ewigkeit zu Ewigkeit! Warum seht ihr aber im
Fernen umher? Betrachtet hier die Biene! Noch spät im
Herbst sammelt sie emsig und baut sich ein Haus, winkel=
und wagerecht, als Meister und Geselle. Schaut die Ameise
da! sie kennt ihren Weg und verliert ihn nicht, sie baut sich
eine Wohnung aus Grashalmen, Erdbröslein und Kiefer=
nadeln, sie baut es in die Höhe und wölbet es zu; aber sie
hat umsonst gearbeitet, denn das Pferd stampft und scharrt
alles aus einander, seht hin! es zertritt ihre Balken und
zerstreut ihre Planken, ungeduldig schnaubt es und kann nicht
rasten; denn der Herr hat das Roß zum Gesellen des Win=
des gemacht und zum Gefährten des Sturms, daß es den
Mann dahin trage, wohin er will, und die Frau, wohin sie
begehrt. Aber im Palmenwald trat er auf, der Löwe; ernsten
Schrittes durchzog er die Wüste: dort herrscht er über alles
Getier, und nichts widersteht ihm. Doch der Mensch weiß ihn
zu zähmen, und das grausamste der Geschöpfe hat Ehrfurcht
vor dem Ebenbilde Gottes, wornach auch die Engel gemacht
sind, die dem Herrn dienen und seinen Dienern. Denn in der
Löwengrube scheute sich Daniel nicht; er blieb fest und getrost,
und das wilde Brüllen unterbrach nicht seinen frommen Gesang.

Diese mit dem Ausdruck eines natürlichen Enthusiasmus
gehaltene Rede begleitete das Kind hie und da mit anmutigen
Tönen; als aber der Vater geendigt hatte, fing es mit reiner
Kehle, heller Stimme und geschickten Läufen zu intonieren an,
worauf der Vater die Flöte ergriff, im Einklang sich hören
ließ, das Kind aber sang:

Aus den Gruben, hier im Graben
Hör' ich des Propheten Sang;
Engel schweben, ihn zu laben,
Wäre da dem Guten bang?
Löw' und Löwin hin und wider
Schmiegen sich um ihn heran;
Ja, die sanften, frommen Lieder
Haben's ihnen angethan!

Der Vater fuhr fort, die Strophe mit der Flöte zu begleiten,
die Mutter trat hie und da als zweite Stimme mit ein.

Eindringlich aber ganz besonders war, daß das Kind die
Zeilen der Strophe nunmehr zu anderer Ordnung durch einander
schob und dadurch, wo nicht einen neuen Sinn hervorbrachte,
doch das Gefühl in und durch sich selbst aufregend erhöhte.

Engel schweben auf und nieder,
Uns in Tönen zu erlaben,
Welch ein himmlischer Gesang!
In den Gruben, in dem Graben
Wäre da dem Kinde bang?
Diese sanften, frommen Lieder
Lassen Unglück nicht heran;
Engel schweben hin und wider,
Und so ist es schon gethan.

Hierauf mit Kraft und Erhebung begannen alle Drei:

Denn der Ewige herrscht auf Erden,
Ueber Meere herrscht sein Blick;
Löwen sollen Lämmer werden,
Und die Welle schwankt zurück.
Blankes Schwert erstarrt im Hiebe;
Glaub' und Hoffnung sind erfüllt;
Wunderthätig ist die Liebe,
Die sich im Gebet enthüllt.

Alles war still, hörte, horchte, und nur erst als die Töne
verhallten, konnte man den Eindruck bemerken und allenfalls
beobachten. Alles war wie beschwichtigt, jeder in seiner Art
gerührt. Der Fürst, als wenn er erst jetzt das Unheil übersähe,
das ihn vor kurzem bedroht hatte, blickte nieder auf seine Ge=
mahlin, die, an ihn gelehnt, sich nicht versagte, das gestickte
Tüchlein hervorzuziehen und die Augen damit zu bedecken. Es
that ihr wohl, die jugendliche Brust von dem Druck erleichtert
zu fühlen, mit dem die vorhergehenden Minuten sie belastet
hatten. Eine vollkommene Stille beherrschte die Menge; man
schien die Gefahren vergessen zu haben, unten den Brand und
von oben das Erstehen eines bedenklich ruhenden Löwen.

Durch einen Wink, die Pferde näher herbeizuführen, brachte der Fürst zuerst wieder in die Gruppe Bewegung; dann wendete er sich zu dem Weibe und sagte: Ihr glaubt also, daß Ihr den entsprungenen Löwen, wo Ihr ihn an= trefft, durch Euren Gesang, durch den Gesang dieses Kindes, mit Hilfe dieser Flötentöne beschwichtigen und ihn sodann unschädlich sowie unbeschädigt in seinen Verschluß wieder zu= rückbringen könntet? Sie bejahten es, versichernd und be= teuernd; der Kastellan wurde ihnen als Wegweiser zugegeben. Nun entfernte der Fürst mit wenigen sich eiligst, die Fürstin folgte langsamer mit dem übrigen Gefolge; Mutter aber und Sohn stiegen, von dem Wärtel, der sich eines Gewehrs be= mächtigt hatte, geleitet, steiler gegen den Berg hinan.

Vor dem Eintritt in den Hohlweg, der den Zugang zu dem Schloß eröffnete, fanden sie die Jäger beschäftigt, dürres Reisig zu häusen, damit sie auf jeden Fall ein großes Feuer anzünden könnten. — Es ist nicht not, sagte die Frau; es wird ohne das alles in Güte geschehen.

Weiter hin, auf einem Mauerstücke sitzend, erblickten sie Honorio, seine Doppelbüchse in den Schoß gelegt, auf einem Posten als wie zu jedem Ereignis gefaßt. Aber die Heran= kommenden schien er kaum zu bemerken; er saß wie in tiefen Gedanken versunken, er sah umher wie zerstreut. Die Frau sprach ihn an mit Bitte, das Feuer nicht anzünden zu lassen; er schien jedoch ihrer Rede wenig Aufmerksamkeit zu schenken; sie redete lebhaft fort und rief: Schöner junger Mann, du hast meinen Tiger erschlagen: ich fluche dir nicht; schone meinen Löwen, guter junger Mann: ich segne dich.

Honorio schaute gerad vor sich hin, dorthin, wo die Sonne auf ihrer Bahn sich zu senken begann — Du schaust nach Abend, rief die Frau; du thust wohl daran, dort gibt's viel zu thun; eile nur, säume nicht, du wirst überwinden. Aber zuerst über= winde dich selbst! Hierauf schien er zu lächeln; die Frau stieg weiter, konnte sich aber nicht enthalten, nach dem Zurück= bleibenden nochmals umzublicken; eine rötliche Sonne über= schien sein Gesicht: sie glaubte, nie einen schönern Jüngling gesehen zu haben.

Wenn Euer Kind, sagte nunmehr der Wärtel, flötend und singend, wie Ihr überzeugt seid, den Löwen anlocken und beruhigen kann, so werden wir uns desselben sehr leicht bemeistern, da sich das gewaltige Tier ganz nah an die durch= brochenen Gewölbe hingelagert hat, durch die wir, da das

Hauptthor verschüttet ist, einen Eingang in den Schloßhof
gewonnen haben. Lockt ihn das Kind hinein, so kann ich die
Oeffnung mit leichter Mühe schließen, und der Knabe, wenn
es ihm gut deucht, durch eine der kleinen Wendeltreppen, die
er in der Ecke sieht, dem Tiere entschlüpfen. Wir wollen
uns verbergen; aber ich werde mich so stellen, daß meine
Kugel jeden Augenblick dem Kinde zu Hilfe kommen kann.

Die Umstände sind alle nicht nötig; Gott und Kunst,
Frömmigkeit und Glück müssen das Beste thun. — Es sei,
versetzte der Wärtel, aber ich kenne meine Pflichten. Erst
führ' ich Euch durch einen beschwerlichen Stieg auf das Ge=
mäuer hinauf, gerade dem Eingang gegenüber, den ich er=
wähnt habe; das Kind mag hinabsteigen, gleichsam in die
Arena des Schauspiels, und das besänftigte Tier dort herein=
locken. Das geschah; Wärtel und Mutter sahen versteckt von
oben herab, wie das Kind die Wendeltreppen hinunter in
dem klaren Hofraum sich zeigte und in der düstern Oeffnung
gegenüber verschwand, aber sogleich seinen Flötenton hören
ließ, der sich nach und nach verlor und endlich verstummte.
Die Pause war ahnungsvoll genug; den alten, mit Gefahr
bekannten Jäger beengte der seltene menschliche Fall. Er
sagte sich, daß er lieber persönlich dem gefährlichen Tiere ent=
gegen ginge; die Mutter jedoch, mit heiterem Gesicht, über=
gebogen horchend, ließ nicht die mindeste Unruhe bemerken.

Endlich hörte man die Flöte wieder: das Kind trat aus
der Höhle hervor mit glänzend befriedigten Augen, der Löwe
hinter ihm drein, aber langsam und, wie es schien, mit einiger
Beschwerde. Er zeigte hie und da Lust, sich niederzulegen;
doch der Knabe führte ihn im Halbkreise durch die wenig ent=
blätterten, buntbelaubten Bäume, bis er sich endlich in den
letzten Strahlen der Sonne, die sie durch eine Ruinenlücke
hereinsandte, wie verklärt niedersetzte und sein beschwichtigen=
des Lied abermals begann, dessen Wiederholung wir uns auch
nicht entziehen können.

> Aus den Gruben, hier im Graben
> Hör' ich des Propheten Sang;
> Engel schweben, ihn zu laben,
> Wäre da dem Guten bang?
> Löw' und Löwin hin und wider
> Schmiegen sich um ihn heran;
> Ja, die sanften, frommen Lieder
> Haben's ihnen angethan!

Indessen hatte sich der Löwe ganz knapp an das Kind
hingelegt und ihm die schwere rechte Vordertatze auf den
Schoß gehoben, die der Knabe fortsingend anmutig streichelte,
aber gar bald bemerkte, daß ein scharfer Dornzweig zwischen
die Ballen eingestochen war. Sorgfältig zog er die verletzende
Spitze hervor, nahm lächelnd sein buntseidenes Halstuch vom
Nacken und verband die greuliche Tatze des Untiers, so daß
die Mutter sich vor Freuden mit ausgestreckten Armen zurück=
bog und vielleicht angewohnterweise Beifall gerufen und
geklatscht hätte, wäre sie nicht durch einen derben Faustgriff
des Wärtels erinnert worden, daß die Gefahr nicht vorüber sei.

Glorreich sang das Kind weiter, nachdem es mit wenigen
Tönen vorgespielt hatte:

> Denn der Ewige herrscht auf Erden,
> Ueber Meere herrscht sein Blick;
> Löwen sollen Lämmer werden,
> Und die Welle schwankt zurück.
> Blankes Schwert erstarrt im Hiebe;
> Glaub' und Hoffnung sind erfüllt;
> Wunderthätig ist die Liebe,
> Die sich im Gebet enthüllt.

Ist es möglich, zu deulen, daß man in den Zügen eines
so grimmigen Geschöpfes, des Tyrannen der Wälder, des
Despoten des Tierreiches, einen Ausdruck von Freundlichkeit,
von dankbarer Zufriedenheit habe spüren können, so geschah
es hier, und wirklich sah das Kind in seiner Verklärung aus
wie ein mächtiger siegreicher Ueberwinder, jener zwar nicht
wie der Ueberwundene, denn seine Kraft blieb in ihm ver=
borgen; aber doch wie der Gezähmte, wie der dem eigenen
friedlichen Willen Anheimgegebene. Das Kind flötete und
sang so weiter, nach seiner Art die Zeilen verschränkend und
neue hinzufügend:

> Und so geht mit guten Kindern
> Seliger Engel gern zu Rat,
> Böses Wollen zu verhindern,
> Zu befördern schöne That.
> So beschwören, fest zu bannen
> Liebem Sohn ans zarte Knie,
> Ihn, des Waldes Hochtyrannen,
> Frommer Sinn und Melodie.

Reise der Söhne Megaprazons.

Fragmente.

Erstes Kapitel.

Die Söhne Megaprazons überstehen eine harte Prüfung.

Die Reise ging glücklich von statten; schon mehrere Tage
schwellte ein günstiger Wind die Segel des kleinen wohlaus=
gerüsteten Schiffes, und in der Hoffnung, bald Land zu sehen,
beschäftigten sich die trefflichen Brüder, ein jeder nach seiner
Art. Die Sonne hatte den größten Teil ihres täglichen
Laufes zurückgelegt; Epistemon saß an dem Steuerruder und
betrachtete mit Aufmerksamkeit die Windrose und die Karten;
Panurg strickte Netze, mit denen er schmackhafte Fische aus
dem Meere hervorzuziehen hoffte; Euphemon hielt seine
Schreibtafel und schrieb, wahrscheinlich eine Rede, die er bei
der ersten Landung zu halten gedachte; Alkides lauerte am
Vorderteil, mit dem Wurfspieß in der Hand, Delphinen auf,
die das Schiff von Zeit zu Zeit begleiteten: Alciphron trock=
nete Meerpflanzen, und Eutyches, der jüngste, lag auf einer
Matte in sanftem Schlafe.

Wecket den Bruder, rief Epistemon, und versammelt euch
bei mir! Unterbrecht einen Augenblick eure Geschäfte, ich habe
euch etwas Wichtiges vorzutragen. Eutyches, erwache! Setzt
euch nieder, schließt einen Kreis.

Die Brüder gehorchten dem Worte des ältesten und
schlossen einen Kreis um ihn. Eutyches, der Schöne, war
schnell auf den Füßen, öffnete seine großen blauen Augen,
schüttelte seine blonden Locken und setzte sich mit in die Reihe.

Der Kompaß und die Karte, fuhr Epistemon fort, deuten
mir einen wichtigen Punkt unserer Fahrt an: wir sind auf
die Höhe gelangt, die unser Vater beim Abschied anzeichnete,
und ich habe nun einen Auftrag auszurichten, den er mir

damals anvertraute. — Wir sind neugierig, zu hören, sagten die Geschwister unter einander.

Epistemon eröffnete den Busen seines Kleides und brachte ein zusammengefaltetes buntes seidnes Tuch hervor. Man konnte bemerken, daß etwas darein gewickelt war; an allen Seiten hingen Schnüre und Franzen herunter, künstlich genug in viele Knoten geschlungen, farbig, prächtig und lieblich anzusehen.

Es eröffne jeder seinen Knoten, sagte Epistemon, wie es ihn der Vater gelehrt hat. Und so ließ er das Tuch herumgehen; jeder küßte es, jeder öffnete den Knoten, den er allein zu lösen verstand; der älteste küßte es zuletzt, zog die letzte Schleife aus einander, entfaltete das Tuch und brachte einen Brief hervor, den er aus einander schlug und las:

Megaprazon an seine Söhne. Glück und Wohlfahrt, guten Mut und frohen Gebrauch eurer Kräfte! Die großen Güter, mit denen mich der Himmel gesegnet hat, würden mir nur eine Last sein ohne die Kinder, die mich erst zum glücklichen Manne machen. Jeder von euch hat, durch den Einfluß eines eignen günstigen Gestirns, eigne Gaben von der Natur erhalten. Ich habe jeden nach seiner Art von Jugend auf gepflegt, ich habe es euch an nichts fehlen lassen, ich habe den ältesten zur rechten Zeit eine Frau gegeben, ihr seid wackere und brave Leute geworden. Nun habe ich euch zu einer Wanderschaft ausgerüstet, die euch und eurem Hause Ehre bringen muß. Die merkwürdigen und schönen Inseln und Länder sind berühmt, die mein Urgroßvater Pantagruel teils besucht, teils entdeckt hat: als da ist die Insel der Papimanen, Papefiguen, die Laternen-Insel und die Orakel der heiligen Flasche, daß ich von den übrigen Ländern und Völkern schweige. Denn sonderbar ist es: berühmt sind jene Länder, aber unbekannt, und scheinen jeden Tag mehr in Vergessenheit zu geraten. Alle Völker Europens schiffen aus, Entdeckungsreisen zu machen; alle Gegenden des Ozeans sind durchsucht, und auf keiner Karte finde ich die Inseln bezeichnet, deren erste Kenntnis wir meinem unermüdlichen Urgroßvater schuldig sind; entweder also gelangten die berühmtesten neuen Seefahrer nicht in jene Gegenden, oder sie haben, uneingedenk jener ersten Entdeckungen, die Küsten mit neuen Namen belegt, die Inseln umgetauft, die Sitten der Völker nur obenhin betrachtet und die Spuren veränderter Zeiten unbemerkt gelassen. Euch ist es vorbehalten, meine Söhne, eine glänzende Nachlese zu halten, die Ehre eures Aeltervaters wieder

aufzufrischen und euch selbst einen unsterblichen Ruhm zu er=
werben. Euer kleines, künstlich gebautes Schiff ist mit allem
ausgerüstet, und euch selbst kann es an nichts fehlen; denn
vor eurer Abreise gab ich einem jeden zu bedenken, daß man
sich auf mancherlei Art in der Fremde angenehm machen, daß
man sich die Gunst der Menschen auf verschiedenen Wegen er=
werben könne. Ich riet euch daher, wohl zu bedenken, womit ihr
außer dem Proviant, der Munition, den Schiffsgerätschaften
euer Fahrzeug beladen, was für Ware ihr mitnehmen, mit was
für Hilfsmitteln ihr euch versehen wolltet. Ihr habt nach=
gedacht, ihr habt mehr als e i n e Kiste auf das Schiff getragen,
ich habe nicht gefragt, was sie enthalten. — Zuletzt verlangtet
ihr Geld zur Reise, und ich ließ euch sechs Fäßchen einschiffen;
ihr nahmt sie in Verwahrung und fuhrt unter meinen Segens=
wünschen, unter den Thränen eurer Mutter und eurer Frauen,
in Hoffnung glücklicher Rückkehr, mit günstigem Winde davon.

Ihr habt, hoffe ich, den langweiligsten Teil eurer Fahrt
durch das hohe Meer glücklich zurückgelegt; ihr naht euch den
Inseln, auf denen ich euch freundlichen Empfang, wie meinem
Urgroßvater, wünsche.

Nun aber verzeiht mir, meine Kinder, wenn ich euch
einen Augenblick betrübe — es ist zu eurem Besten.

Epistemon hielt inne, die Brüder horchten auf.

Daß ich euch nicht mit Ungewißheit quäle, so sei es
gerade herausgesagt: es ist kein Geld in den Fäßchen.

Kein Geld! riefen die Brüder wie mit e i n e r Stimme.
Es ist kein Geld in den Fäßchen, wiederholte Epistemon mit
halber Stimme und ließ das Blatt sinken. Stillschweigend
sahen sie einander an, und jeder wiederholte in seinem eignen
Accente: kein Geld! kein Geld?

Epistemon nahm das Blatt wieder auf und las weiter:
Kein Geld! ruft ihr aus, und kaum halten eure Lippen einen
harten Tadel eures Vaters zurück. Faßt euch! Geht in
euch, und ihr werdet die Wohlthat preisen, die ich euch er=
zeige. Es steht Geld genug in meinen Gewölben; da mag
es stehen, bis ihr zurückkommt und der Welt gezeigt habt,
daß ihr der Reichtümer wert seid, die ich euch hinterlasse.

Epistemon las wohl noch eine halbe Stunde, denn der
Brief war lang; er enthielt die trefflichsten Gedanken, die
richtigsten Bemerkungen, die heilsamsten Ermahnungen, die
schönsten Aussichten; aber nichts war imstande, die Aufmerk=
samkeit der Geschwister an die Worte des Vaters zu fesseln; die

schöne Beredsamkeit ging verloren, jeder lehrte in sich selbst zu=
rück, jeder überlegte, was er zu thun, was er zu erwarten habe.

Die Vorlesung war noch nicht geendigt, als schon die
Absicht des Vaters erfüllt war: Jeder hatte schon bei sich
die Schätze gemustert, womit ihn die Natur ausgerüstet, jeder
fand sich reich genug; einige glaubten sich mit Waren und
andern Hilfsmitteln wohl versehen; man bestimmte schon den
Gebrauch voraus, und als nun Epistemon den Brief zusammen=
faltete, ward das Gespräch laut und allgemein; man teilte
einander Plane, Projekte mit, man widersprach, man fand
Beifall, man erdichtete Märchen, man ersann Gefahren und
Verlegenheiten, man schwätzte bis tief in die Nacht, und eh
man sich niederlegte, mußte man gestehen, daß man sich auf
der ganzen Reise noch nicht so gut unterhalten hatte.

Zweites Kapitel.

Man entdeckt zwei Inseln; es entsteht ein Streit, der durch Mehrheit der Stimmen beigelegt wird.

Des andern Tages war Eutyches kaum erwacht und hatte
seinen Brüdern einen guten Morgen geboten, als er ausrief:
Ich sehe Land! — Wo? riefen die Geschwister. — Dort,
sagte er, dort! und deutete mit dem Finger nach Nordosten.
Der schöne Knabe war vor seinen Geschwistern, ja vor allen
Menschen, mit scharfen Sinnen begabt, und so machte er
überall, wo er war, ein Fernrohr entbehrlich. Bruder, ver=
setzte Epistemon, du siehst recht; erzähle uns weiter, was du
gewahr wirst. — Ich sehe zwei Inseln, fuhr Eutyches fort, eine
rechts, lang, flach, in der Mitte scheint sie gebirgig zu sein;
die andre links zeigt sich schmäler und hat höhere Berge. —
Richtig! sagte Epistemon und rief die übrigen Brüder an die
Karte. Sehet, diese Insel rechter Hand ist die Insel der
Papimanen, eines frommen, wohlthätigen Volkes. Möchten
wir bei ihnen eine so gute Aufnahme als unser Aeltervater
Pantagruel erleben! Nach unsres Vaters Befehl landen wir
zuerst daselbst, erquicken uns mit frischem Obste, Feigen, Pfir=
schen, Trauben, Pomeranzen, die zu jeder Jahreszeit daselbst
wachsen; wir genießen des guten frischen Wassers, des köst=
lichen Weines; wir verbessern unsre Säfte durch schmackhafte
Gemüse: Blumenkohl, Broccoli, Artischocken und Karden;
denn ihr müßt wissen, daß durch die Gnade des göttlichen

Statthalters auf Erden nicht allein alle gute Frucht von
Stunde zu Stunde reist, sondern daß auch Unkraut und
Disteln eine zarte und säftige Speise werden. — Glückliches
Land! riefen sie aus, wohlversorgtes, wohlbelohntes Volk!
Glückliche Reisende, die in diesem irdischen Paradiese eine
gute Aufnahme finden! — Haben wir uns nun völlig erholt
und wiederhergestellt, alsbann besuchen wir im Vorbeigehen
die andere, leider auf ewig verwünschte und unglückliche Insel
der Papefiguen, wo wenig wächst und das wenige noch von
bösen Geistern zerstört oder verzehrt wird. — Sagt uns
nichts von dieser Insel! rief Panurg, nichts von ihren Kohl-
rüben und Kohlrabis, nichts von ihren Weibern, ihr verderbt
uns den Appetit, den ihr uns so eben erregt habt.

Und so lenkte sich das Gespräch wieder auf das selige
Wohlleben, das sie auf der Insel der Papimanen zu finden
hofften; sie lasen in den Tagebüchern ihres Aeltervaters, was
ihm dort begegnet, wie er fast göttlich verehrt worden war,
und schmeichelten sich ähnlicher glücklicher Begebenheiten.

Indessen hatte Eutyches von Zeit zu Zeit nach den
Inseln hingeblickt, und als sie nun auch den andern Brüdern
sichtbar waren, konnte er schon die Gegenstände genau und
immer genauer darauf unterscheiden, je näher man ihnen kam.
Nachdem er beide Inseln lange genau betrachtet und mit
einander verglichen, rief er aus: Es muß ein Irrtum ob-
walten, meine Brüder. Die beiden Landstrecken, die ich vor
mir sehe, kommen keineswegs mit der Beschreibung überein,
die Bruder Epistemon davon gemacht hat; vielmehr finde ich
gerade das Umgekehrte, und mich dünkt, ich sehe gut.

Wie meinst du das, Bruder? sagte einer und der andere.

Die Insel zur rechten Seite, auf die wir zuschiffen, fuhr
Eutyches fort, ist ein langes flaches Land mit wenigen Hügeln
und scheint mir gar nicht bewohnt; ich sehe weder Wälder
auf den Höhen, noch Bäume in den Gründen; keine Dörfer,
keine Gärten, keine Saaten, keine Herden an den Hügeln,
die doch der Sonne so schön entgegen liegen.

Ich begreife das nicht, sagte Epistemon.

Eutyches fuhr fort: Hie und da seh' ich ungeheure Stein-
massen, von denen ich mich nicht zu sagen unterfange, ob es
Städte oder Felsenwände sind. Es thut mir herzlich leid,
daß wir nach einer Küste fahren, die so wenig verspricht.

Und jene Insel zur Linken? rief Alkides. — Sie scheint
ein kleiner Himmel, ein Elysium, ein Wohnsitz der zierlichsten,

häuslichsten Götter. Alles ist grün, alles gebaut, jedes Eckchen und Winkelchen genutzt. Ihr solltet die Quellen sehen, die aus den Felsen sprudeln, Mühlen treiben, Wiesen wässern, Teiche bilden. Büsche auf den Felsen, Wälder auf den Bergrücken, Häuser in den Gründen, Gärten, Weinberge, Aecker und Ländereien in der Breite, wie ich nur sehen und sehen mag.

Man stutzte, man zerbrach sich den Kopf. Endlich rief Panurg: Wie können sich ein halb Dutzend kluge Leute so lang bei einem Schreibfehler aufhalten! weiter ist es nichts. Der Kopiste hat die Namen der beiden Inseln auf der Karte verwechselt: jenes ist Papimanie, diese da ist Papefigue, und ohne das gute Gesicht unseres Bruders waren wir im Begriff, einen schnöden Irrtum zu begehen. Wir verlangen nach der gesegneten Insel und nicht nach der verwünschten; laßt uns also den Lauf dahin richten, wo uns Fülle und Fruchtbarkeit zu empfangen verspricht.

Epistemon wollte nicht sogleich seine Karten eines so groben Fehlers beschuldigen lassen; er brachte viel zum Beweise ihrer Genauigkeit vor; die Sache war aber den übrigen zu wichtig: es war die Sache des Gaumens und des Magens, die jeder verteidigte. Man bemerkte, daß man mit dem gegenwärtigen Winde noch bequem nach beiden Inseln kommen könne, daß man aber, wenn er anhielte, nur schwer von der ersten zur zweiten segeln würde. Man bestand darauf, daß man das Sichere für das Unsichere nehmen und nach der fruchtbaren Insel fahren müsse.

Epistemon gab der Mehrheit der Stimmen nach, ein Gesetz, das ihnen der Vater vorgeschrieben hatte.

Ich zweifle gar nicht, sagte Panurg, daß meine Meinung die richtige ist und daß man auf der Karte die Namen verwechselt hat. Laßt uns fröhlich sein! wir schiffen nach der Insel der Papimanen. Laßt uns vorsichtig sein und die nötigen Anstalten treffen!

Er ging nach einem Kasten, den er öffnete und allerlei Kleidungsstücke daraus hervorholte. Die Brüder sahen ihm mit Verwunderung zu und konnten sich des Lachens nicht erwehren, als er sich auskleidete und, wie es schien, Anstalt zu einer Maskerade machte. Er zog ein Paar violettseidne Strümpfe an, und als er die Schuhe mit großen silbernen Schnallen geziert hatte, kleidete er sich übrigens ganz in schwarze Seide. Ein kleiner Mantel flog um seine Schultern, einen zusammengedrückten Hut mit einem violett und goldnen

Bande nahm er in die Hände, nachdem er seine Haare in runde Locken gekräuselt hatte. Er begrüßte die Gesellschaft ehrerbietig, die in ein lautes Gelächter ausbrach.

Ohne sich aus der Fassung zu geben, besuchte er den Kasten zum zweitenmale. Er brachte eine rote Uniform hervor mit weißen Kragen, Aufschlägen und Klappen; ein großes weißes Kreuz sah man auf der linken Brust. Er verlangte, Bruder Alkides solle diese Uniform anziehen, und da sich dieser weigerte, fing er folgendergestalt zu reden an: Ich weiß nicht, was ihr übrigen in den Kasten gepackt und verwahrt haltet, die ihr von Hause mitnahmt, als der Vater unsrer Klugheit überließ, womit wir uns den Völkern angenehm machen wollten; so viel kann ich euch gegenwärtig sagen, daß meine Ladung vorzüglich in alten Kleidern besteht, die, hoffe ich, uns nicht geringe Dienste leisten sollen. Ich habe drei bankrutte Schauspielunternehmer, zwei aufgehobne Klöster, sechs Kammerdiener und sieben Trödler ausgekauft, und zwar habe ich mit den letzten nur getauscht und meine Doubletten weggegeben. Ich habe mit der größten Sorgfalt meine Garderobe komplettiert, ausgebessert, gereinigt und geräuchert; — —

Der Papimane erzählt, was in ihrer Nachbarschaft vorgegangen.

So sehr uns diese Uebel quälten, schienen wir sie doch eine Zeitlang über die wunderbaren und schrecklichen Naturbegebenheiten zu vergessen, die sich in unserer Nachbarschaft zutrugen. Ihr habt von der großen und merkwürdigen Insel der Monarchomanen gehört, die eine Tagreise von uns nordwärts gelegen war.

Wir haben nichts davon gehört, sagte Epistemon, und es wundert mich um so mehr, als einer unsrer Ahnherrn in diesen Meeren auf Entdeckungen ausging. Erzählt uns von dieser Insel, was Ihr wißt, damit wir beurteilen, ob es der Mühe wert ist, selbst hin zu segeln und uns nach ihr und ihrer Verfassung zu erkundigen.

Es wird schwer sein, sie zu finden, versetzte der Papimane.

Ist sie versunken? fragte Alciphron.

Sie hat sich auf und davon gemacht, versetzte jener.

Wie ist das zugegangen? fragten die Brüder fast mit einer Stimme.

Die Insel der Monarchomanen, fuhr der Erzähler fort, war eine der schönsten, merkwürdigsten und berühmtesten unseres Archipelagus; man konnte sie füglich in drei Teile teilen, auch sprach man gewöhnlich nur von der Residenz, der steilen Küste und dem Lande. Die Residenz, ein Wunder der Welt, war auf dem Vorgebirge angelegt, und alle Künste hatten sich vereinigt, dieses Gebäude zu verherrlichen. Sahet ihr seine Fundamente, so waret ihr zweifelhaft, ob es auf Mauern oder auf Felsen stand: so oft und viel hatten Menschen- hände der Natur nachgeholfen. Sahet ihr seine Säulen, so glaubtet ihr, alle Tempel der Götter wären hier symmetrisch zusammengestellt, um alle Völler zu einer Wallfahrt hierher einzuladen. Betrachtet ihr seine Gipfel und Zinnen, so mußtet ihr deulen, die Riesen hätten hier zum zweitenmal Anstalt gemacht, den Himmel zu ersteigen; man konnte es eine Stadt, ja, man konnte es ein Reich nennen. Hier thronte der König in seiner Herrlichkeit, und niemand schien ihm auf der ganzen Erde gleich zu sein.

Nicht weit von da fing die steile Küste an sich zu er- strecken; auch hier war die Kunst der Natur mit unendlichen Bemühungen zu Hilfe gekommen, auch hier hatte man Felsen gebauet, um Felsen zu verbinden, die ganze Höhe war terrassen- weise eingeschnitten, man hatte fruchtbar Erdreich auf Maul- tieren hingeschafft. Alle Pflanzen, besonders der Wein, Zi- tronen und Pomeranzen, fanden ein glückliches Gedeihen; denn die Küste lag der Sonne wohl ausgesetzt. Hier wohnten die Vornehmen des Reichs und bauten Paläste; der Schiffer verstummte, der sich der Küste näherte.

Der dritte Teil und der größte war meistenteils Ebene und fruchtbarer Boden; diesen bearbeitete das Landvolk mit vieler Sorgfalt.

Es war ein altes Reichsgesetz, daß der Landmann für seine Mühe einen Teil der erzeugten Früchte, wie billig, ge- nießen sollte; es war ihm aber bei schwerer Strafe untersagt, sich satt zu essen, und so war diese Insel die glücklichste von der Welt. Der Landmann hatte immer Appetit und Lust zur Arbeit. Die Vornehmen, deren Magen sich meist in schlechten Umständen befanden, hatten Mittel genug, ihren Gaumen zu reizen, und der König that oder glaubte wenig- stens immer zu thun, was er wollte.

Diese paradiesische Glückseligkeit ward auf eine Weise ge- stört, die höchst unerwartet war, ob man sie gleich längst hätte vermuten sollen. Es war den Naturforschern bekannt, daß die Insel vor alten Zeiten durch die Gewalt des unterirdischen Feuers sich aus dem Meer emporgehoben hatte. So viel Jahre

auch vorüber sein mochten, fanden sich doch noch häufige Spuren
ihres alten Zustandes: Schlacken, Bimsstein, warme Quellen
und dergleichen Kennzeichen mehr; auch mußte die Insel von
innerlichen Erschütterungen oft vieles leiden. Mau sah hier und
dort an der Erde bei Tage Dünste schweben, bei Nacht Feuer
hüpfen, und der lebhafte Charakter der Einwohner ließ auf
die feurigen Eigenschaften des Bodens ganz natürlich schließen.

Es sind nun einige Jahre, daß nach wiederholten Erd=
beben an der Mittagsseite des Landes, zwischen der Ebene
und der steilen Küste, ein gewaltsamer Vulkan ausbrach, der
viele Monate die Nachbarschaft verwüstete, die Insel im In=
nersten erschütterte und sie ganz mit Asche bedeckte.

Wir konnten von unserm Ufer bei Tag den Rauch, bei
Nacht die Flamme gewahr werden. Es war entsetzlich an=
zusehen, wenn in der Finsternis ein brennender Himmel über
ihrem Horizont schwebte; das Meer war in ungewöhnlicher
Bewegung, und die Stürme sausten mit fürchterlicher Wut.

Ihr könnt euch die Größe unseres Erstaunens denken,
als wir eines Morgens, nachdem wir in der Nacht ein ent=
setzlich Geprassel gehört und Himmel und Meer gleichsam in
Feuer gesehn, ein großes Stück Land auf unsere Insel zu=
schwimmend erblickten. Es war, wie wir uns bald über=
zeugen konnten, die steile Küste selbst, die auf uns zufam. Wir
konnten bald ihre Paläste, Mauern und Gärten erkennen,
und wir fürchteten, daß sie an unsere Küste, die an jener
Seite sehr sandig und untief ist, stranden und zu Grunde
gehen möchte. Glücklicherweise erhob sich ein Wind und trieb
sie etwas mehr nordwärts. Dort läßt sie sich, wie ein Schiffer
erzählt, bald da, bald dorten sehen, hat aber noch keinen festen
Stand gewinnen können.

Wir erfuhren bald, daß in jener schrecklichen Nacht die
Insel der Monarchomanen sich in drei Teile gespalten, daß
sich diese Teile gewaltsam einander abstoßen und daß die beiden
andern Teile, die Residenz und das Land, nun gleichfalls auf
dem offenen Meere herum schwämmen und von allen Stürmen
wie ein Schiff ohne Steuer hin und wieder getrieben würden.
Von dem Lande, wie man es nennt, haben wir nie etwas
wieder gesehen; die Residenz aber konnten wir noch vor einigen
Tagen in Nord=Osten sehr deutlich am Horizont erkennen.

Es läßt sich denken, daß unsere Reisenden durch diese
Erzählung sehr in Feuer gesetzt wurden. Ein wichtiges Land,
das ihr Ahnherr unentdeckt gelassen, ob er gleich so nahe vor=

beigekommen, in dem sonderbarsten Zustande von der Welt
stückweise aufzusuchen, war ein Unternehmen, das ihnen von
mehr als einer Seite Nutzen und Ehre versprach. Man zeigte
ihnen von weitem die Residenz am Horizont als eine große
blaue Masse, und zu ihrer größten Freude ließ sich westwärts
in der Entfernung ein hohes Ufer sehen, welches die Papi=
manen sogleich für die steile Küste erkannten, die mit gün=
stigem Wind, obgleich langsam, gegen die Residenz zu ihre
Richtung zu nehmen schien. Man faßte daher den Entschluß,
gleichfalls dahin zu steuern, zu sehen, ob man nicht die schöne
Küste unterweges abschneiden und in ihrer Gesellschaft, oder
wohl gar in einem der schönen Paläste, den Weg nach der
Residenz vollenden könne. Man nahm von den Papimanen
Abschied, hinterließ ihnen einige Rosenkränze, Skapuliere und
Agnus Dei, die von ihnen, ob sie gleich deren genug hatten,
mit großer Ehrfurcht und Dankbarkeit angenommen wurden.

Die Brüder saßen friedlich bei einander; sie unterhielten
sich von den neuesten Begebenheiten, die sie erlebt, von den
neuesten Geschichten, die sie erfahren hatten. Das Gespräch
wandte sich auf einen seltsamen Krieg der Kraniche mit den
Pygmäen; jeder machte eine Anmerkung über die Ursachen
dieser Händel und über die Folgen, welche aus der Hart=
näckigkeit der Pygmäen entstehen könnten. Jeder ließ sich
von seinem Eifer hinreißen, so daß in kurzer Zeit die Men=
schen, die wir bisher so einträchtig kannten, sich in zwei
Parteien spalteten, die aufs heftigste gegen einander zu
Felde zogen. Alkides, Alciphron, Eutyches behaupteten: die
Zwerge seien eben ein so häßliches als unverschämtes Ge=
schöpf; es sei in der Natur doch einmal eins für das andere
geschaffen: die Wiese bringe Gras und Kräuter hervor, da=
mit sie der Stier genieße, und der Stier werde, wie billig,
wieder vom edlern Menschen verzehrt. So sei es denn auch
ganz wahrscheinlich, daß die Natur den Zwerg zum Heil des
Kranichs hervorgebracht habe, welches sich um so weniger
leugnen lasse, als der Kranich durch den Genuß des soge=
nannten eßbaren Goldes um so viel vollkommener werde.

Die andern Brüder dagegen behaupteten, daß solche Be=
weise, aus der Natur und von ihren Absichten hergenommen,
sehr ein geringes Gewicht hätten und daß deswegen ein Ge=
schöpf nicht geradezu für das andere gemacht sei, weil eines
bequem fände, sich des andern zu bedienen.

Diese mäßigen Argumente wurden nicht lange gewechselt, als das Gespräch heftig zu werden anfing und man von beiden Seiten mit Scheingründen erst, dann mit anzüglichem bittern Spott die Meinung zu verteidigen suchte, welcher man zugethan war. Ein wilder Schwindel ergriff die Brüder, von ihrer Sanftmut und Verträglichkeit erschien keine Spur mehr in ihrem Betragen; sie unterbrachen sich, erhoben die Stimmen, schlugen auf den Tisch, die Bitterkeit wuchs, man enthielt sich kaum jählicher Schimpfreden, und in wenigen Augenblicken mußte man fürchten, das kleine Schiff als einen Schauplatz trauriger Feindseligkeiten zu erblicken.

Sie hatten in der Lebhaftigkeit ihres Wortwechsels nicht bemerkt, daß ein anderes Schiff, von der Größe des ihrigen, aber von ganz verschiedener Form, sich nahe an sie gelegt hatte; sie erschraken daher nicht wenig, als ihnen, wie mitten aus dem Meere, eine ernsthafte Stimme zurief: Was gibt's, meine Herren? Wie können Männer, die in einem Schiffe wohnen, sich bis auf diesen Grad entzweien?

Ihre Streitsucht machte einen Augenblick Pause. Allein, welche seltsame Erscheinung! Weder der überraschende Anblick des fremdartigen Schiffes, noch die ehrwürdige Gestalt dieses Mannes konnte einen neuen Ausbruch verhindern. Man ernannte ihn zum Schiedsrichter, und jede Partei suchte schon eifrig ihn auf ihre Seite zu ziehen, noch ehe sie ihm die Streitsache selbst deutlich gemacht hatten. Er bat sie alsdann lächelnd um einen Augenblick Gehör, und sobald er es erlangt hatte, sagte er zu ihnen: Die Sache ist von der größten Wichtigkeit, und Sie werden mir erlauben, daß ich erst morgen früh meine Meinung darüber eröffne. Trinken Sie mit mir vor Schlafengehen noch eine Flasche Madera, den ich sehr echt mit mir führe und der Ihnen gewiß wohl bekommen wird.

Die Brüder, ob sie gleich aus einer der Familien waren, die den Wein nicht verschmähen, hätten dennoch lieber Wein und Schlaf und alles entbehrt, um die Materie nochmals von vorn durchzusprechen; allein der Fremde wußte ihnen seinen Wein so artig aufzudringen, daß sie sich unmöglich erwehren konnten, ihm Bescheid zu thun. Kaum hatten sie die letzten Gläser von den Lippen gesetzt, als sie schon alle ein stilles Vergessen ihrer selbst ergriff und eine angenehme Hinfälligkeit sie auf die unbereiteten Lager ausstreckte. Sie verschliefen das herrliche Schauspiel der aufgehenden Sonne und wurden endlich durch den Glanz und die Wärme ihrer Strahlen aus dem Schlaf geweckt. Sie sahen ihren Nachbar beschäftigt, an seinem Schiffe etwas auszubessern; sie grüßten einander, und er erinnerte sie lächelnd an den Streit des vorigen Abends. Sie wußten sich kaum noch darauf zu besinnen und schämten sich, als er in ihrem Gedächtnis die Umstände, wie er sie gefunden, nach und nach hervorrief. Ich will meiner Arzenei, fuhr er fort, nicht mehr Wert geben, als sie hat, die ich Ihnen gestern in der Gestalt einiger Gläser Madera beibrachte; aber Sie können von Glück sagen, daß Sie so schnell einer Sorge los geworden, von der so viele Menschen jetzt heftig, ja, bis zum Wahnsinn ergriffen sind.

Sind wir krank gewesen? fragte einer; das ist doch sonderbar. — Ich kann Sie versichern, versetzte der fremde Schiffer, Sie waren vollkommen angesteckt, ich traf Sie in einer heftigen Krisis.

Und was für eine Krankheit wäre es denn gewesen? fragte Alciphron; ich verstehe mich doch auch ein wenig auf die Medizin.

Es ist das Zeitfieber, sagte der Fremde, das einige auch das Fieber der Zeit nennen, indem sie glauben, sich noch bestimmter auszudrücken; andere nennen es das Zeitungsfieber, denen ich auch nicht entgegen sein will. Es ist eine böse, ansteckende Krankheit, die sich sogar durch die Luft mitteilt; ich wollte wetten, Sie haben sie gestern abend in der Atmosphäre der schwimmenden Inseln gefangen.

Was sind denn die Symptome dieses Uebels? fragte Alciphron.

Sie sind sonderbar und traurig genug, versetzte der Fremde: der Mensch vergißt sogleich seine nächsten Verhältnisse, er mißkennt seine wahrsten, seine klarsten Vorteile, er opfert alles, ja, seine Neigungen und Leidenschaften einer Meinung auf, die nun zur größten Leidenschaft wird. Kommt man nicht bald zu Hilfe, so hält es gewöhnlich sehr schwer, so setzt sich die Meinung im Kopfe fest und wird gleichsam die Achse, um die sich der blinde Wahnsinn herumdreht. Nun vergißt der Mensch die Geschäfte, die sonst den Seinigen und dem Staate nutzen; er sieht Vater und Mutter, Brüder und Schwestern nicht mehr. Ihr, die ihr so friedfertige, vernünftige Menschen schienet, ehe ihr in dem Falle waret —

* * *

Kaum befanden sich unsere Brüder in dem leiblichen Zustande, in welchem wir sie gesehen haben, als sie bald empfanden, daß ihnen gerade noch das Beste fehlte, um ihren Tag fröhlich hinzubringen und zu enden. Alkides erriet ihre Gesinnungen aus den seinigen und sagte: So wohl es uns auch geht, meine Brüder, besser, als Reisende sich nur wünschen dürfen, so können wir doch nicht undankbar gegen das Schicksal und unsern Wirt genannt werden, wenn wir frei gestehen, daß wir in diesem königlichen Schlosse, an dieser üppigen Tafel einen Mangel fühlen, der desto unleidlicher ist, je mehr uns die übrigen Umstände begünstigt haben. Auf Reisen, im Lager, bei Geschäften und Handelschaften, und was sonst den unternehmenden Geist der Männer zu beschäftigen pflegt, vergessen wir eine Zeitlang der liebenswürdigen Gespielinnen unseres Lebens, und wir scheinen die unentbehrliche Gegenwart der Schönen einen Augenblick nicht zu vermissen. Haben wir aber nur wieder Grund und Boden erreicht, bedeckt uns ein Dach, schließt uns ein Saal in seine vier Wände, gleich entdecken wir, was uns fehlt: ein freundliches Auge der Gebieterin, eine Hand, die sich traulich mit der unsern zusammenschließt.

Ich habe, sagte Panurg, den alten Wirt über diesen Punkt erst auf die feinste Weise sondiert und, da er nicht hören wollte, auf die geradeste Weise befragt, und ich habe nichts von ihm erfahren können. Er leugnet, daß ein weibliches Geschöpf in dem Palaste sei. Die Geliebte des Königs sei mit ihm; ihre Frauen seien ihr gefolgt und die übrigen ermordet oder entflohen.

Er redet nicht wahr, versetzte Epistemon; die traurigen Reste, die uns den Eingang der Burg verwehrten, waren die Leichname tapferer Männer, und er sagte ja selbst, daß noch niemand weggeschafft oder begraben sei.

Weit entfernt, sagte Panurg, seinen Worten zu trauen, habe ich das Schloß und seine vielen Flügel betrachtet und im Zusammenhange überlegt. Gegen die rechte Seite, wo die hohen Felsen senkrecht aus dem Meere hervorstehen, liegt ein Gebäude, das mir so prächtig als fest zu sein scheint; es hängt mit der Residenz durch einen Gang zusammen, der auf ungeheuren Bogen steht. Der Alte, da er uns alles zu zeigen schien, hat uns immer von dieser Seite weggehalten, und ich wette, dort findet sich die Schatzkammer, an deren Eröffnung uns viel gelegen wäre.

Die Brüder wurden einig, daß man den Weg dahin suchen solle. Um kein Aufsehen zu erregen, ward Panurg und Alciphron abgesandt, die in weniger als einer Stunde mit glücklichen Nachrichten zurückkamen. Sie hatten nach

jener Seite zu geheime Tapetenthüren entdeckt, die ohne
Schlüssel durch künstlich angewandten Druck sich eröffneten.
Sie waren in einige große Vorzimmer gekommen, hatten
aber Bedenken getragen, weiter zu gehen, und kamen, um den
Brüdern, was sie ausgerichtet, anzuzeigen.

Ein vorgefundenes Stück des Planes.

Megaprazon erwacht und ruft Epistemon. Nachricht von
den Söhnen. Sie kommen an. Anrede. Sie haben sich
proviantiert. Lobrede auf die Häuslichen. Es wird alles
eingeschifft. Man geht zu Schiffe.

Golfo von Neapel. Weitere Reise. Fäßchen und Rede
des Megaprazon. Gedanken der sechs Brüder. Megaprazon
wirft das Fäßchen ins Meer. Entsetzen. Weitere Reise.
Der Steuermann behauptet, sie seien bei der Insel Papimanie.
Streit darüber. Entscheidung.

Sie fahren nach der andern Insel. Panurgs Vorschlag.
Wird bewundert. Er steigt aus, mit ihm X. und Y. Er
kriegt Schläge. X. rettet ihn; entschuldigt ihn. Man entdeckt den Irrtum. Sie werden gut aufgenommen. Die Papefiguen erzählen den Zustand ihrer Insel. Offerte, ob sie
bleiben wollen. Bedingungen; gefallen nicht. Gehen ab.

Fahrt nach Papimanie. Kommen nachts an. Steigen
aus. Maskerade. Machen sich auf den Weg. Nacht. Fangen
den Pygmäen. Bringen ihn aus Feuer. Erzählung des Pygmäen. Morgens nach Papimanie. Werden feindselig empfangen. Die Maskerade trägt nichts ein. Erkundigen sich
nach der nähern Insel. Erzählung von der Insel der Monarchomanen. Vulkan. Zerspalten der Insel in drei schwimmende Teile. Residenz. Man zeigt sie von fern. Abschied.

Sie fahren fort, legen sich bei Windstille vor Anker.
Politisieren des Nachts. Schlafen ein. Erwachen, sehen die
Insel nicht mehr. Schwimmende Einsiedler. Erzählung.
Versuche. Anzeige der Residenz. Abschied.

Finden die Residenz. Beschrieben. Tafel des Lebens 2c.
Absteigen. Kadavers. Kastellan. Besehen sich. Unleidlicher
Gestank. Einfall Panurgs. Werden in die See geworfen.
Die Residenz gereinigt. Man genießt.

Entdeckung des Panurg. Charis. Eifersucht der Brüder.
Prätension. Bedingung des Vaters. Sechse bereiten sich.
Morgen. Entdeckung. Beschreibung. Venus und Mars.
Trost der andern.

Der Hausball.

Eine deutsche Nationalgeschichte. *)

(1781.)

An den Leser.

Die neusten litterarischen Nachrichten aus der Haupt=
stadt unseres Vaterlandes versichern alle einmütiglich, daß
daselbst die Morgenröte des schönsten Tages einzubrechen an=
fange, und ob wir gleich uns ziemlich entfernt von jenen
Gegenden befinden, so sind wir doch auch geneigt, eben das=
selbe zu glauben. Denn gewiß, es kann eine Schar von
wilden Sonnenverehrern nicht mit einer größeren Inbrunst,
mit einem gewaltsameren Jauchzen und durch alle Glieder
laufenden Entzücken die Ankunft der Himmelskönigin begrüßen,
als unsre Wiener, freilich auf eine gleichfalls rohe Art, die
ersten Strahlen einer gesegneten Regierung Joseph des II.
verehren. Wir wünschen ihm und ihnen den schönsten Tag;
die gegenwärtigen Augenblicke aber gleichen jenen Stunden
des Morgens, wo aus allen Tiefen und von allen Bächen
aufsteigende Nebel die nächste Ankunft der Sonne verkündigen.

Unter vielen unlesbaren fliegenden Schriftchen haben wir
eine, gleichfalls unlesbare, vorgefunden, deren Inhalt dennoch
lustig und unterhaltend genug scheint, um unsern Lesern im
Auszuge mitgeteilt zu werden.

In der Klasse von Menschen, die ohne Einfluß auf die
Großen, und ohne von ihnen bemerkt zu sein, ihr eigenes, oft
behagliches, oft unbehagliches Leben führen, ließ sich ein Haus=
wirt einfallen, im Hornung einen Ball bei sich auf Subskription
zu geben.

---

*) Aus dem Tiefurter Journal, nach Burkhards Untersuchungen, von G. v. Loeper
in der Hempelschen Ausgabe zuerst gedruckt.

Er wollte nicht, wie er sagte, dadurch irgend einen Profit machen, sondern bloß seine guten Freunde zusammen in seinem Quartiere vergnügen, erbat die Erlaubnis hierzu von der Polizei und erhielt sie.

Unser Mann hatte viele Bekanntschaft und einen leidlich bürgerlichen Ruf. In kurzer Zeit unterzeichneten sich eine Menge Gäste beiderlei Geschlechts; sein enges Quartier, das durch mancherlei Meubles noch völlig verstellt war, machte die Bewirtung so vieler Personen unmöglich; er sah sich um und fand hinten im Hause einen großen zweideutigen Raum, der das Holz, die Hausgefäße, und was man sonst sich von dieser Art deuten mag, disher in sich gefaßt hatte, ließ geschwind alles auf die Seite schaffen, den Boden aufs möglichste säubern, die Wände abkehren und brachte nach seiner Art einen ganz schicklichen Platz zurecht.

Jeder von der Gesellschaft hatte zwei Gulden ausgezahlt, und unser Ballwerber versicherte dagegen, daß er den Saal wohl beleuchten, das Orchester stark besetzen und für ein gut zugerichtetes Souper sorgen wolle; Kaffee, Thee und Limonade sollten auch bereit sein. Maskenkleider könne ein jedes nach Belieben anziehen, nur die Larven müsse man entbehren, damit der Wirt hierüber nicht zur Verantwortung gezogen und gestraft werden möchte. Auf solche Art war die Anzahl auf hundertundsechs Personen festgesetzt; die Kasse, aus 212 Gulden bestehend, war in seinen Händen, als auf einmal ein großes Unheil den gänzlichen Umsturz derselben drohte.

Ein ausgelernter Wucherer hatte unserm teuren Wirt vor einem halben Jahre 100 Gulden dargeliehen, wofür er ihm 150 verschreiben mußte, das Präsent einer pinschbeckenen Uhr nicht mitgerechnet, welches er ihm vorher abgereicht hatte.

Dieser Wechsel war zur Klage gekommen, die Klage war bis zum Arrest getrieben, und der aufmerksame Gläubiger erhielt Nachricht von dem schönen baren Gelde, das sich in des Schuldners Händen befand. Er bringt auf den Gerichtsdiener, und dieser trifft unsern Unternehmer in der Hausthüre, als er eben im Begriff ist, mit der Magd auszugehen, um selbst diesmal den Markt zu besuchen; er kündigt ihm den Arrest an, wenn er die 150 Gulden nicht im Augenblicke erlegt.

Da wir vermuten können, daß alle unsre Leser sich einen solchen Vorfall vergegenwärtigen können, wo ein Mann, der 212 Gulden in der Tasche hat, sich mit 150 Gulden vom Arrest befreien kann, so begeben wir uns des rühmlichen Vorteils der Darstellung und sagen nur, daß er diese Summe nach manchem Kampf mit Thränen erlegte und noch dazu 43 Gulden vorläufig moderierte Kosten bezahlte.

Unser lieber Wirt saß voller Verzweiflung auf seinem Stuhle, als eben ein junger Mensch voll Respekt hineintrat und um sechs Billets zu dem Ball bat. Er legte einen Souveraindor demütig auf das Tischeck, nahm sechs Billets und empfahl sich, ohne auf die Verhaltungsordnung und erlaubten Gebrauch der Masken viel zu hören.

Der Anblick des Souveraindor, den der junge Geck gebracht hatte in dem Augenblick, daß der Unglückliche von den Dienern der gesetzlichen Ordnung ausgezogen worden war, brachte den halb Verzweifelten wieder zu sich selbst; er zählte sein Geld; es belief sich noch auf 31 Gulden 40 Kreuzer. Jetzt wohin damit? sprach er und dachte nach. Könnt' ich nur so viel erborgen, um meinen Ball zu geben! Wäre der Kredit hierzulande nicht so auf Schrauben gesetzt, lieh' mir nur einer 50 Gulden auf mein ehrlich Gesicht, ich wollte ihm gern zweimal so viel dafür verschreiben.

Und sogleich sprangen zwei lustige junge Bürschchen ins Zimmer, fragten um Erlaubnis, von dem Ball sein zu dürfen, legten Geld hin. Er gab die Billets dagegen, erlaubte ihnen, im Maskenkleide zu kommen, sie eilten fort, und er wünschte sich noch viel solcher Gäste.

Das Glück, das unsern Patron wieder anlächelte, ermunterte seinen Geist zu neuen Gedanken und Erfindungen, wie er sich weiter helfen könne. Es fiel ihm ein, jedermann werde en masque erscheinen, und er bedürfe also seines Galakleides mit goldenen Tressen nicht, womit er sich herauszuputzen gedacht hatte. Vielmehr würde es anständiger sein, wenn er sich gleichfalls maskiert sehen ließe. Seinen Rock, dem er Uhr und Schnallen nebst einer Dose zur Gesellschaft zu geben sich entschloß, wollte er bei einem diensthilflichen benachbarten Manne versetzen und hoffte mit dem darauf erhaltenen Gelde hinlänglich zu reichen.

Die Magd wird gerufen, die Stücke werden ihr eingehändigt. „Eilt, was Ihr könnt," sagt dieser Patron; sie behende zur Thür hinaus und stürzt unvorsichtig die dunkle Treppe hinunter. Ein entsetzliches Geschrei macht ihren Unfall und ein übel verrenktes Bein der ganzen Nachbarschaft kund. Und ehe der Hausknecht es gewahr wird und hinabeilt, hat man sie schon aufgehoben und zurecht gebracht. Er

übernimmt sie aus den mitleidigen Händen und fragt eifrig
nach den zu verpfändenden Sachen. Wehe ihm! Sie waren
der Unglücklichen im Schreck aus den Händen gefallen und
nicht mehr zu finden. Den Rock erblickte er noch, als ihn
eben einer unter den Mantel schieben und forttragen wollte.
Er fiel den Räuber mit großer Wut an, und als er die
übrigen Sachen von den Umstehenden gleichfalls mit Heftigkeit verlangte und sie als Diebe behandelte, so entstand ein
großes Murren, das sich bald in Schelten verwandelte und
mit Schlägen zu endigen drohte, wenn nicht ein vorüber-
gehender Prokurator, ein guter Freund, sich dreingemischt und
die Aufgebrachten besänftigt hätte.

Mit großer Heftigkeit und gewaltsamer Betrübnis erzählte nun unser Ballmeister den Unfall dem neuen Ankömmling.
Die Knaben, durch die Neugierde herbeigelockt, hielten das
Pathetische des Ausdrucks für Wirkung der Trunkenheit, sie
zischten und lachten ihn aus, wodurch die beiden Freunde
genötigt wurden, sich in das obere Zimmer zu begeben. Hier
wurde dem Prokurator der Vorfall umständlich erzählt und
ihm zuletzt das Kleid mit der Bitte vorgewiesen, 60 Gulden,
so viel als es unter Brüdern wert sei, darauf nur acht Tage
lang zu borgen. Der Freund bedachte sich und willigte endlich ein unter der Bedingung, daß ihm noch für seine ganze
Familie gratis die nötigen Billets abgegeben werden sollten.
Der gedrängte Ballgeber, dem das Gewissen wegen der zu
viel ausgegebenen Billets erwachte, der einen Augenblick die
Menge der Personen und die Enge des Platzes gegen einander maß, willigte nur gezwungen drein. Er ging nach dem
Kästchen und glaubte seinen Freund mit drei oder vieren
abzufertigen; wie erschrak und erstaunte er aber, als dieser
für sich, seine Frau, sieben Kinder, drei Dienstboten, eine
Schwester, ihren Mann, Hausleute und einige Bekannte, in
allem 36 Billets verlangte. Der Verdruß, den der Meister
beim Darzählen empfand, die Angst, die ihn überfiel, da er
wieder allein war, wurden bald durch die 60 Gulden ver-
scheucht, die der Prokurator in lauter Groschen überschickte.
Mit so viel barem Gelde versehen, ging er, von einem alten
Knecht begleitet, — denn die Magd konnte noch nicht wieder
auftreten, — in die Gewürz-, Kram- und Zuckerläden, bezahlte das eine, ließ das andere aufschreiben und bestellte
Wein in einem Kloster, wo er bekannt war. Nachmittags
erschien ein alter abgedankter Hofkoch mit seiner Frau, die

das Nötige zu der Mahlzeit vorbereiten sollten. Sie brachten in kurzer Zeit eine Menge Eßwaren zusammen, man rupfte die Vögel, spickte die Braten, sott die Schinken ab und beschäftigte sich, eine Anzahl Backwerk und viele Pasteten hervorzubringen. Die Krankheit der Magd, die Ungeschicklichkeit des Knechts hatten unsern Herrn genötigt, selbst eine Schürze vorzubinden und bald hier, bald da behilflich zu sein. Es war schon zwei Uhr nach Mitternacht, und die Pfanne hatte noch nicht geruht. Die alte Kochfrau, die sie bisher traktiert hatte, wurde auf eine andre Seite hingerufen und vertraute unserm Herrn auf einen Augenblick den heißen Stiel. Es schmerzte ihn an seinen zarten Händen, die Butter lief ins Feuer, und in dem Augenblick stand das übrige Fett in Flammen. Es spritzte, platzte, er warf die Pfanne weg und sah mit Entsetzen den Ruß in der übel geputzten Esse brennen. Er hielte nun alles für verloren. Die strenge Polizei und die akkurate Feuerordnung fielen auf seine bewegte Einbildungskraft. Er hörte die Trommeln schon gehen, sahe sein Haus umringt, das Wasser trieste ihm um die Ohren, und da er das eifrige Gießen der Spritzenleute kannte, so sah er schon seinen schön aufgetischten Vorrat in gleichem Augenblick in Gefahr, zu brennen und zu schwimmen.

Die resolutere Kochfrau hatte indessen einen Essenkehrer herdeigeholt; man versiegelte seinen Mund mit einem Dukaten, und ein Junge, der auf einem nassen Pfühl die brennenden Rußstücke und viel Qualm und Unrat herunter auf den Herd brachte, endigte das ganze Uebel auf einmal.

Die neue Arbeit, die nunmehr entstand, die Küche zu reinigen und die Ordnung herzustellen, brachte zugleich mit dem Schrecken unsern Hausherrn so außer sich, daß er gegen sechs Uhr halb ohnmächtig auf das Bette sinken mußte und dort in einem Zustande einschlummerte, den wir unsern Lesern sich vorzustellen überlassen.

Prosaischer Dialog zu Nicolais Freuden des jungen Werthers. 1775.*)

Lotte, im Negligé, Werther, im Hausfrack sitzend; sie verbindet ihm die Augen.

Lotte. Nein, Werther, das verzeih' ich Alberten mein' Tage nicht. Ich hab' ihn lieb und wert und bin ihm alles schuldig; aber mich dünkt doch, wenn einer einen klugen Streich machen will, soll er ihn nicht halb thun, soll nicht durch einen grillenhaften, läppischen Einfall alles verderben, was er etwa noch gut machen könnte. Wo ist da nur Menschenverstand, Gefühl, Delikatesse in seiner Aufführung? Der verfluchte Schuß! Es war ein Hanswursten-Einfall. Er sollte dich von deiner Verzweiflung kurieren und bringt dich fast um deine Augen — deine lieben Augen, Werther! Du hast seit der Zeit noch nicht hell daraus gesehn.

Werther. Sie brennen mich heut wieder sehr. Es wird besser werden. Albert hat's gut gemeint. Was kann man dafür, daß es die Leute gut meinen?

Lotte. Ich begreife nicht, wie du nicht gar ein Auge drüber verloren hast. Und deine Augenbrauen sind hin. (Sie küßt ihm die Stirne.)

Werther. Liebe Lotte!

Lotte. So schön gezeichnet, wie sie waren, werden sie nimmer wieder. Meint er doch wunder, was er gethan hätte; wenn er zu uns kommt, sieht er immer so freundlich drein, als wenn er uns glücklich gemacht hätte.

Werther. Hat er's nicht? Hat er mich nicht dir gegeben, dich mir? Bist du nicht mein, Lotte?

---

*) Zuerst von Frhrn. W. v. Biedermann unter dem auf der Handschrift befindlichen Titel: „Anekdote zu den Freuden des jungen Werthers" veröffentlicht. Die näheren Beziehungen des Ganzen ergeben sich aus dem 13. Buche von „Dichtung und Wahrheit". Die im Text vorkommenden Seitenbezifferungen beziehen sich auf Nicolais „Freuden des jungen Werthers".

Lotte. Wenn er denn Gelaſſenheit, Gleichgültigkeit ge=
nug hatte, das zu thun, kount' er's mit weit wenigerm Auf=
wand. Wäre er ſtatt ſeiner Piſtolen ſelbſt zu dir gegangen,
hätte geſagt: Werther, halt ein bißchen! Lotte iſt dein! Du
kannſt nicht leben ohne ſie, ich wohl! Alſo ſeh' ich als ein
rechtſchaffener Mann — Du lächelſt, Werther!

Werther. Setze dich zu mir, Lotte, und gib mir deine
Hand! Ein blinder Mann, ein armer Mann! (Er küßt ihre Hand.)
Ja, es iſt deine Hand, Lotte, die ich ſeit der erſten Berüh=
rung immer mit verbundenen Augen aus hunderten mit meinen
Lippen hätte herausfinden wollen. Du biſt wohl?

Lotte. Ganz wohl. Freilich geht's ein bißchen drunter und
drüber mit uns! Aber, weil's uns immer wunderlich ging —

Werther. Und die Leute, die unſre Sachen zurechtlegen
wollten, ihr Handwerk nicht verſtunden —

Lotte. Es mag gut ſein; nur ſollten ſie mit ihrer hoch=
weiſen Naſe nicht ſo oben drein ſehen. Das geſteh' ich dir
gern: Ich kanute Alberten immer als einen edlen, ruhigen
und doch warmen Mann; aber ſeit (pag. 23) der ganz ſata=
len Szene, wo er mir mit der unleidlichſten Kälte auffündigt,
mir die niedrigſten Vorwürfe macht, die ich dann in der Be=
klemmung meines Herzens ſo mußte hingehen laſſen, iſt er
mir ganz unerträglich. Ich liebte ihn wahrlich, ich hoffte, ihn
glücklich zu machen, ich wünſchte dich fern von mir — Und
ſo, Werther, — ich weiß noch nicht, ob ich dich habe.

Werther. Ich dächte, du wüßteſt's. Und behalten mußt
du mich nun einmal.

Lotte (ſcherzend). Nun, du biſt mir ſo gut als ein andrer.

Werther. Aber der andre hat dich noch nicht, Weibchen!

Lotte. Nun, nimm mir's nicht übel! Wenn, ich weiß
nicht welcher Teufel ihm auf dem Ritt (pag. 23) den Kopf
verrückt hätte, ich wäre nicht hier.

Werther. Und ich?

Lotte. Wo du könnteſt.

Werther. Lotte!

Lotte. Du lebſt, und ich bin zufrieden.

Werther. Das iſt nun doch Albertens Werk. Hab' ihm
Dank!

Lotte. Nicht gar. Kann einer nicht etwas für uns thun,
ohne Dank zu verdienen? Hätteſt du die Relation geleſen, die
er davon an Madame Mendelsſohn ſchrieb, du wärſt raſend
geworden. (Pag. 23—36 incl.)

Werther. Wie so? Was, meine Liebe?

Lotte. Erst mußte ich lachen, daß er von der ganzen Sache nichts begriffen, nicht die mindeste Ahnung von dem gehabt hatte, was in deinem und meinem Herzen vorging. Hernach verdroß mich's, was er sich den Bauch streicht und thut, als wenn er im März vorausgesehen hätte, daß es Sommer werden würde. Und was du für eine Figur drinne spielst mit dem Sauschuß vorm Kopf! Du meinst immer, du wärst tot (pag. 29), und sprichst immer so vernünftig (ibidem). — Was machen deine Augen, mein Bester?

Werther. Sie sehn dich nicht.

Lotte. Sieh doch, wie artig!

Werther. Freilich nicht wie (pag. 42) ehemals.

Lotte. Nein, von der Relation zu reden — sieh, wie er die besten, wärmsten Stellen deiner Briefe parodiert und sie, wie ein Zahnarzt die ausgerissenen Zähne um seinen stattlichen Hals hängt, mit viel Gründlichkeit zeigt, wie unrecht man gehabt habe, mit solchen Maschinen von Jugend auf zu kauen. Ich wär' ihm feind geworden, wenn ich das könnte. Es ist so garstig!

Werther. Was geht das mich an!

Lotte. Ich sagte dir immer, du solltest mit deinen Papieren vorsichtiger umgehen. Wie wenig Menschen fühlen solche Verhältnisse, und von den kalten Kerls nimmt jeder draus, nicht was ihn freut, sondern was ihn ärgert, und macht seine eigne Sauce dazu. Vide totum opus!

Werther. Du bist doch immer die liebe Lotte — findst da alles sehr dumm und bist im Grund doch nicht bös. Küß mich, Weibchen, und mach', daß wir zu Nacht essen! Ich möchte zu Bette, ob ich gleich spüre, daß mich meine Augen werden wenig ruhen lassen.

Lotte. Die verfluchte Kur!

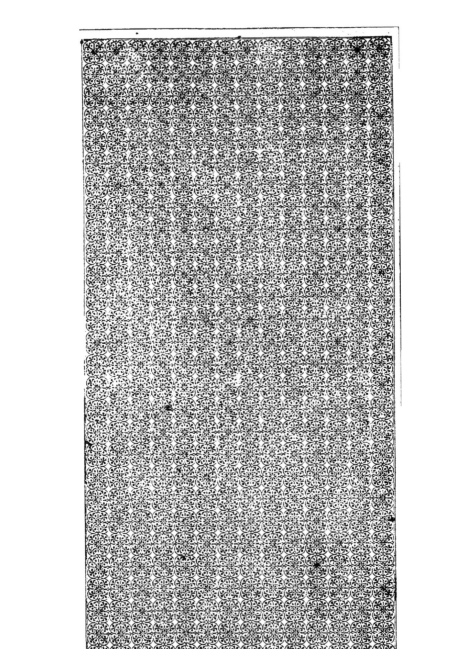

Lightning Source UK Ltd.
Milton Keynes UK
UKHW021314250219
337978UK00013B/1828/P